Petra Anders

Poetry Slam im Deutschunterricht

Aus einer für Jugendliche bedeutsamen kulturellen Praxis Inszenierungsmuster gewinnen, um das Schreiben, Sprechen und Zuhören zu fördern

Schneider Verlag Hohengehren GmbH

Die vorliegende Arbeit wurde im Fachbereich Sprach- und Literaturwissenschaften, Didaktik des Deutschen, im Dezember 2009 an der Universität Bremen als Dissertation angenommen.

Titelbild: andriz / Dichterschlacht

Gedruckt auf umweltfreundlichem Papier (chlor- und säurefrei hergestellt).

Bibliografische Information der Deutschen Nationalbibliothek

Die Deutsche Nationalbibliothek verzeichnet diese Publikation in der Deutschen Nationalbibliografie; detaillierte bibliografische Daten sind im Internet über ›http://dnb.d-nb.de‹ abrufbar.

ISBN: 978-3-8340-1012-4 – **3. Auflage**

Schneider Verlag Hohengehren, 73666 Baltmannsweiler
Homepage: www.paedagogik.de

Alle Rechte, insbesondere das Recht der Vervielfältigung sowie der Übersetzung, vorbehalten. Kein Teil des Werkes darf in irgendeiner Form (durch Fotokopie, Mikrofilm oder ein anderes Verfahren) ohne schriftliche Genehmigung des Verlages reproduziert werden.

© Schneider Verlag Hohengehren, Baltmannsweiler 2015.
    Printed in Germany. Druck: Djurcic, Remshalden

Für Tom

Vorwort zur 3. Auflage:

Poetry Slam für Jugendliche unter 20 Jahren (U20-Poetry Slam) ist ein dynamisches und sich eigenständig weiterentwickelndes Handlungsfeld: Während von 2004 bis 2012 der U20-Poetry Slam zusammen mit der Deutschsprachigen Poetry Slam-Meisterschaft stattfand, gibt es seit 2013 jährlich eine eigene U20-Poetry Slam-Meisterschaft für Deutschland, Österreich und die Schweiz.

Für alle, die sich für die Vermittlung von Poetry Slam interessieren – insbesondere Lehrende an Schulen und Universitäten sowie Workshopleiter – ist im Schneider Verlag Hohengehren in der Reihe „Deutschdidaktik aktuell" meine Monografie „Poetry Slam. Unterricht, Workshops, Texte und Medien" erschienen, die teilweise auf dieser Dissertation beruht und mit weiteren Unterrichtsverfahren angereichert ist und eine breitgefächerte Anthologie von Slam Poetry aus den Jahren 2001 bis 2011 enthält. Zu empfehlen ist weiterhin die von Bas Böttcher und Wolf Hogekamp 2014 herausgegebene „Poetry Slam Fibel" (Satyr Verlag), die eine Werkschau einschlägiger und sprachlich interessanter Slam-Texte von 55 AutorInnen aus 20 Jahren Poetry Slam in Deutschland präsentiert. Diese Veröffentlichung von Printtexten und Audiofiles kann zusammen mit den zahlreichen Webpräsenzen, die über die Namen der AutorInnen oder die jeweiligen Meisterschafts-seiten (z. B. www.u20slam2015.de) abrufbar sind, als Materialgrundlage dienen, um das Format kennenzulernen, aber auch um textanalytisch im Unterricht zu arbeiten.

Die literaturwissenschaftliche Auseinandersetzung mit Poetry Slam steht weiterhin aus. Hier bieten sich u. a. Überlegungen zur Intertextualität, zu Paratexten im Poetry Slam und zur Inszenierung der AutorInnen an.

Nach wie vor freue ich mich über Fragen und Anregungen zum Literaturformat Poetry Slam, die ich gerne unter panders@gmx.com entgegennehme.

Petra Anders, Berlin 2015

EINFÜHRUNG	**5**
I Forschungsstand	7
II Fachdidaktischer Forschungsansatz	11
1 DARSTELLUNG: KULTURELLE PRAXIS DES POETRY SLAM	**18**
1.1. Veranstaltungsformat	18
1.1.1 Regeln	21
1.1.2 Abgewandelte Formen	27
1.1.3 Mediale Adaptionen	32
1.1.4 Frühere Dichterwettbewerbe	40
1.2 Text und Performance	**45**
1.2.1 Rolle der Schriftlichkeit und Mündlichkeit	56
1.2.2 Inszenierung des Sprechers und des Textes	69
1.2.3 Slam Poetry als Gegenwartsliteratur	73
2 ANALYSE: POETRY SLAM FÜR JUGENDLICHE	**79**
2.1 Handlungsfeld U20-Poetry Slam	83
2.2 Forschungsdesign	92
2.2.1 Textanalyse der Slam Poetry von Jugendlichen	97
2.2.2 Qualitative Interviews mit Jugendlichen	131
2.2.3 Teilnehmende Beobachtung der Workshops für Jugendliche	150
2.3 Gesamtauswertung	**171**
3 MODELLIERUNG: POETRY SLAM IM DEUTSCHUNTERRICHT	**195**
3.1 Unterrichtsmaterialien	**195**
3.1.1 Poetry Slam-Workshop-Reader aus den USA	195
3.1.2 Poetry Slam in Lehrwerken für den Deutschunterricht	207
3.1.3 Slam Poetry als Jugendlyrik	213
3.2 Curriculare Anbindung	**217**
3.2.1 Literarisches Schreiben	224
3.2.2 Mündlicher Sprachgebrauch	231
3.2.3 Zuhören	248
3.2.4 Umgang mit AV-Medien	252
3.2.5 Lehrkompetenzen	273
3.3 Verfahren	**279**
3.3.1 Einstieg: Einen Poetry Slam simulieren	279
3.3.2 Produktion: Team-Texte schreiben und vortragen	282
3.3.3 Rezeption: Text und Performance analysieren	284
3.3.4 Bewertung: Auftritte beurteilen und Texte bewerten	298
3.4 Poetry Slam als Bundeswettbewerb	**302**

4. FAZIT UND AUSBLICK	319
5 LITERATUR- UND MEDIENVERZEICHNIS	322
6 ANHANG (CD)	341

GLOSSAR

Alzpoetry	Projekt von Gary Glazner, bei dem Poeten Altenheime besuchen, wo sie zur Unterhaltung der Bewohner sehr bekannte Gedichte vortragen, die auch Demenz- oder Alzheimerkranke meist noch wieder erkennen.
Battles	Unmittelbare Wettkämpfe zwischen zwei oder mehreren Poeten. Das Publikum entscheidet per Akklamation über den Gewinner
Beatbox	Eine Kunstform, bei der ein Mensch nur mit seinem Körper Rhythmus und Klang, manchmal sogar Lieder erzeugt und Percussion-Geräusche imitiert.
Featured Poet	Jemand, der bei einem Poetry Slam im Rahmenprogramm auftritt, aber nicht am Wettbewerb teilnimmt. Mitunter auch „Performance Poet" genannt. Aussprache: „fietschert Poet"
Glazner, Gary	Einer der Begründer der USA-weiten Poetry Slam-Szene sowie des Alzpoetry Projects.
Holman, Bob	Gründer des New Yorker Poetry Slam. Gründer des Bowery Poetry Clubs.
HipHop	Weltweit verbreitetes und lokal ausdifferenziertes Musikgenre afro-amerikanischer Herkunft, basiert auf Rap-Gesang und einem charakteristischen Beat-Rhythmus; weitere Elemente dieser Jugendkultur sind Graffiti, Scratching und Breakdance.
Open Mic	Offenes Mikrofon, d. h. jeder, der will, darf auftreten. Eine Jury ist nicht vorhanden. Aussprache: „Open Meik"
Poesie Clip / Poetry Clip	Poetry Clips sind Filme von ca. 5 Minuten Länge, in denen ein Slam-Poet seinen eigenen Text in die Kamera spricht, wobei eine andere Kulisse als die Bühne gezeigt wird.
Performen	Auftreten – unter Einsatz von Stimme und Körper.
Performance	Auftritt – unter Einsatz von Stimme und Körper.
Slammen	Als Slam-Poet auf einem Poetry Slam auftreten.
Slammer	Andere Bezeichnung für Slam-Poet.
Slamily	Newsgroup der deutschsprachigen Poetry Slam-Szene, die die der Organisation von Veranstaltungen und der Diskussion dient: http://de.groups.yahoo.com/group/slamily; Slamily wird auch allgemein die Gemeinschaft der Slam-Aktivisten genannt.

SLAM (+ Jahreszahl)	Jährlich in abwechselnden Städten im deutschsprachigen Raum stattfindende Poetry Slam-Meisterschaft.
Slam-Community/ -Szene	Alle, die bei Poetry Slams auftreten, zuschauen und mitorganisieren, auch „Slamily" (siehe oben) genannt.
Slam-Master	Veranstalter und Gastgeber, manchmal auch Moderator eines regelmäßigen, meist lokal ansässigen Poetry Slam; oft lädt der Slam-Master jedoch wechselnde Moderatoren aus der Slam-Szene ein und bezahlt diese. Slam-Master vergeben auf ihren lokalen Poetry Slams die Startplätze für die jährliche Meisterschaft SLAM2009, SLAM2010 usw. und beraten beim Slam-Master-Meeting auf den Slam-Meisterschaften über Regeln und über die Organisation der Slam-Szene.
Slampapi	In der amerikanischen und deutschen Poetry Slam-Szene gebräuchlicher Spitzname für Marc Kelly Smith
Slam-Poet	Jemand, der bei einem Poetry Slam auftritt und am Wettbewerb teilnimmt.
Slam Poetry/ Slam-Texte/ Slam Poesie / Performance Poesie	Die Texte, die selbstverfasst sind und von ihrem Verfasser auf einem Poetry Slam vorgetragen werden. Grundsätzlich ein sehr offener Begriff, alle Formen von Texten sind zulässig.
Smith, Marc Kelly	Erfinder des Poetry Slam. Gründer des ersten Poetry Slam in Chicago.
Poet	Jemand, der in Verbindung mit der Poetry Slam-Szene eigene Texte vorträgt. Aussprache: „Poh-eht"; nicht „Pou-it" wie im Englischen.
Textbox	Von Bas Böttcher entwickelte und von ihm und Timo Brunke betriebene mobile und durchsichtige Box, in der (Slam-)Poeten auftreten, gesehen und über Kopfhörer vom Publikum gehört werden.
WDR-Slam	Der wöchentlich im Fernsehsender WDR ausgestrahlte Poetry Slam, der von Jörg Thadeusz moderiert wird.

Danksagung

Auf meinem Weg in die kulturelle Praxis und zurück in den Deutschunterricht gab es wichtige Begleiter:

So machte mich Lydia Daher mit ihrem Auftritt beim Berliner Bastard-Slam erstmals auf Poetry Slam neugierig. Die Kunst vieler anderer Performerinnen und Performer, allen voran Nora Gomringer und Sebastian Krämer, hat meine Neugier in Begeisterung und schließlich in Forschergeist verwandelt.

Wilfried Stascheit hatte als erster den Mut, Poetry Slam in sein Verlagsprogramm aufzunehmen. Bas Böttcher war eine große Unterstützung bei meinen ersten Poetry Slam-Workshops. Wolf Hogekamp hat mir die Chance gegeben, die Durchführung des U20-Poetry Slam 2007 in Berlin zu meistern. Danke!

Die Interviews mit den Schülerinnen und Schülern gelangen vor allem durch die unkomplizierte Zusammenarbeit mit Alex Dreppec und Eileen Vardag. Ein großes Dankeschön geht an meine Freundin Astrid Vits, die schnell und professionell die Transkription der Interviews übernommen hat.

Besonders danken möchte ich Dr. Susanne Helene Becker für ihren innovativen didaktischen Blick und Herrn Prof. Clemens Kammler für die kompetente Begutachtung der Arbeit.

Am wichtigsten für meine wissenschaftliche Vertiefung des Themas „Poetry Slam im Deutschunterricht" war mein Doktorvater Prof. Dr. Matthis Kepser. Er motivierte mich durch sein Vertrauen in meine Forschung, sein echtes Interesse am Thema und seinen hohen wissenschaftlichen Anspruch. Herr Kepser ermutigte mich, die Fan-Brille abzunehmen und einen genaueren Blick zu wagen – die Ergebnisse sind in diesem Buch zu finden.

Meinem Mann Tom Brägelmann ist dieses Buch gewidmet. Er hat mir nicht nur seine Liebe, sondern auch Zeit, Frohsinn und ein wichtiges Zitat für dieses Buch geschenkt.

Einführung

Lyrik gilt bei Schülern und Lehrern „allgemein als ‚schwierige' Gattung" (Abraham/ Kepser 2009, 150). So stellt Waldmann fest:

Nicht jeder der Schüler [...], mit denen man eine größere oder kleinere Unterrichtseinheit [...] über Lyrik durchführen möchte, ist den Umgang mit Gedichten gewohnt. Für manche ist Lyrik ein etwas entlegener und auch nutzloser, für nicht wenige ein schwieriger, anspruchsvoller und einschüchternder Bereich der Literatur (2003, 5).

Doch wird ein Poetry Slam[1] angekündigt, dann stehen Jugendliche dafür Schlange. Eine Schülerin der 11. Klasse beschreibt ihren ersten Poetry Slam für Leute unter 20 aus der Zuschauerperspektive:

Der U20-Poetry Slam zeigte, dass sich Jugendliche für Poesie interessieren. Ich habe eine solche Anzahl von Leuten im Publikum sowie auf der Bühne nicht erwartet!"

Poetry Slams sind Veranstaltungen, die in Clubs und Kneipen im deutschsprachigen Raum (Deutschland, Österreich, Schweiz, Liechtenstein) in über 100 Städten monatlich stattfinden. Auf der Bühne tragen Personen jeden Alters innerhalb eines Zeitlimits von circa fünf Minuten ihre selbst geschriebenen Texte vor. Das ganze Publikum oder eine aus dem Publikum vom Moderator ausgewählte Jury stimmt per Punktvergabe ab, wer der beste Poet der jeweiligen Veranstaltung ist und einen symbolischen Preis erhält.

Poetry Slams sind wegen der Aktualität der vorgetragenen Texte, der immer wieder neuen Texte und nicht zuletzt wegen der „coolen" Performance der Slam-Poeten, die sich mal lustig, mal nachdenklich, mal verdreht-grotesk und auch oft gesellschaftskritisch auf der Bühne gebärden, für Erwachsene wie für Jugendliche reizvoll. Langeweile kommt kaum auf, denn die Beiträge wechseln sich wie in der Diskothek in Fünf-Minuten-Abfolge ab und der Moderator und ein DJ sorgen für angeregte Stimmung zwischendurch. Speziell für Jugendliche ausgerichtete Poetry Slams gibt es in den USA bereits seit 1996 – organisiert von „Youth Speaks" (San Francisco) und „Urban Word" (New York) gehören sie mit zahlreichen Workshops zum größten Sprachförderungsprojekt an der Ost- und Westküste (vgl. www.youthspeaks.org).

---

[1] Poetry Slam wird in dieser Arbeit nicht – wie in anderen fachdidaktischen Publikationen zu diesem Thema (vgl. Frederking/ Bekes 2009, Abraham/ Kepser 2009) mit Bindestrich (Poetry-Slam) geschrieben, sondern die Schreibung ohne Bindestrich wird beibehalten, weil sie so in der kulturellen Praxis üblich ist.

Auch im deutschsprachigen Raum machen immer mehr Jugendliche in Workshops und auf lokalen Poetry Slams oder sogar bei den deutschsprachigen U20-Poetry Slam-Meisterschaften aktiv mit.

Die lebendige kulturelle Praxis des Poetry Slam ist wirkliche Gegenwartsliteratur (vgl. dazu Kammler 2002) und könnte für Jugendliche ein Mittel der literarischen Sozialisation und ein attraktiver Zugang zur Literatur, speziell zur oralen Dichtung, sein. Die meisten Slam-Texte sind alltagsnah, leicht verständlich und in verschiedenen Medien rezipierbar. Zugleich wirken sie durch Klang und Rhythmus lyrisch.

Die US-amerikanische Autorin O'Keefe Aptowicz bezeichnet Slam Poetry geradezu als „a gateway drug [d.i. Einstiegsdroge] to poetry" (2008, 340). Dies alles spricht dafür, „aus der Praxis des Poetry Slam auch ein neues Inszenierungsmuster für den Deutschunterricht zu gewinnen" (Abraham/Kepser 2009, 209).

Ob und wie Jugendliche an der kulturellen Praxis gegenwärtig teilhaben und welche deutschdidaktischen Möglichkeiten das Handlungsfeld zukünftig bietet – samt der Herausforderungen, die durch die Urwüchsigkeit des Poetry Slam entstehen –, soll in dieser Arbeit dargestellt, untersucht und modelliert werden.

I Forschungsstand

In der literaturwissenschaftlichen Forschung ist Poetry Slam als Teil der Gegenwartsliteratur bisher nur marginal wahrgenommen worden:

Boris Preckwitz wendet 1997 in seiner Magisterarbeit den interaktionsästhetischen Ansatz auf Poetry Slam an. Er sieht das Literaturformat als „kommunikatives literarisches Handeln" (Preckwitz 2002, 40) an; die Slam-Bewegung habe die Literaturvermittlung zum Ziel. Die einzelne Veranstaltung diene der sozialen Integration und die performative Textpräsentation der Ausbildung einer „personalen literarischen Identität" (ebd.) des Poeten sowie der Teilnehmer im Publikum. Preckwitz versucht als erster, einen Kriterienkatalog für Slam Poetry zu erstellen. Diese Genre-Kriterien sind: Publikumsadressierung, Textverständlichkeit, lebensweltlichem Themenbezug, Freiheit der Form sowie Oralität. Preckwitz betont jedoch, dass diese Kriterien nur für jene Texte gelten würden, bei denen der Slam-Poet die Interaktion mit dem Publikum ausschöpfe. Er nennt diese „Textsorte" „Performance-Poem" (ebd.). Seinen interaktionsästhetischen Ansatz bringt er auch in den Folgejahren in Einzelveröffentlichungen unter, von denen als neueste die Essaysammlung „Spoken Word & Poetry Slam" 2005 erschien. Darin will er veranschaulichen, wie durch partizipative Veranstaltungsformate die Kunst und das Leben eine Einheit bilden.

Stephan Porombka stellt in seinem Aufsatz „Slam, Pop und Posse. Literatur in der Eventkultur" (2002) die Performance der Slam Poetry als besonderes Merkmal heraus. Diese sei für die Beurteilung eines Vortrags sogar ausschlaggebend und daher wichtiger als der Text selbst. Enno Stahl spricht demzufolge von Slam Poetry als einem „Veranstaltungs- und Auftritts-Genre" (2003). Er grenzt die Slam Poetry, die er als Live-Literatur sieht, von dem Social Beat, das ein Untergrund-Netzwerk war, ab (Stahl 2003, 258). Detailliert und anhand eigener Erfahrungen schildert er die frühe Geschichte des Poetry Slam in Deutschland.

Mederer bezeichnet Slam Poetry 2003 als Performance-Poesie der Postmoderne, die „abseits der Massenmedien" stattfinde und kaum wahrgenommen werde (Mederer 2003, 179). Er stellt bei seiner literaturwissenschaftlichen Einordnung fest, dass „seit den Anfängen [...] eine quantitative Abnahme der amerikanischen Texte zu Gunsten der deutschsprachigen festzustellen" sei.[2] Außerdem seien die „kulturkritischen Töne noch leise, der revolutionäre Gestus aber unüberhörbar; ästhetisch wird Anschluss an die gemäßigtere politische Lyrik Brechts gesucht." Die zahlreichen Parodien, die er findet – wie z. B. Timo Brunkes „Imitation einer

---

[2] Vgl. z. B. Beatty, P. et al: Slam! Poetry. Heftige Dichtung aus Amerika. Berlin 1993: Hierin sind noch zwei Drittel der Texte amerikanischen Ursprungs.

versepischen Idyllendichtung von Johann Heinrich Voß" – sind nach Mederer von den Slam-Poeten „bewusst als Selbstparodie des professionellen Schriftstellers inszeniert". Gemeinsames Merkmal der auf einem Poetry Slam vorgetragenen Dichtung sei „[d]ie Tendenz eine extrem individualistische Meinung zu vertreten" sowie die auf „akustischer Selbstdarstellung beruhend[e] und momentbetont[e] Wirkungsästhetik".

Westermayr kategorisiert die Slam Poetry nach Themen und „Grundmustern", wie z. B. Selbstreflexionen und Milieuschilderungen, und nach Präsentationsformen wie Gedicht, Monolog und Prosaminiatur (Westermayr 2004, 61–75). Dabei stellt sie die These auf, dass der Monolog im Gegensatz zur Prosa und zum Gedicht am ehesten Interaktion mit dem Publikum zulasse.

Hildebrandt untersucht die „Performanz der Bild-Assoziation im Poetry Slam" und arbeitet „Ansätze zu einer intermedialen Poetik" heraus. Mit Hilfe von Interviews (u.a. mit Marc Smith, Bas Böttcher, Nora Gomringer) erkundet sie das „literarische und kulturelle Feld des Poetry Slam" (Hildebrandt 2006, 101) und stellt fest, dass „die Oralität und die 'Face-to-face-Interaktion' zur Entstehung einer ‚Community', also einer Poetry Slam-Gemeinschaft, besonders wichtig" (ebd.) seien. Sie betrachtet Poetry Slam ebenso wie Preckwitz wegen der Abgrenzung zur Kulturindustrie als eine Art „Kunst als Anti-Kunst":

Der leichte Zugang, auch für Laien oder junge Dichter, die interaktive Einbindung des Publikums in den performativen Prozess und in den Ablauf der Slam-Veranstaltung und der Authentizitätsanspruch des Slammers und der Wettbewerbscharakter suggerieren Nähe und Intimität zum Zuschauer; ein Spiel zwischen Poet und Publikum, das in dieser Art bei anderen literarischen Formaten nicht entsteht. Wahrnehmung und Bild-Assoziationen des Rezipienten werden dadurch beeinflusst (Hildebrandt 2006, 101).

Wie Poetry Slam in der deutschen Presse wahrgenommen wird, untersucht Kutsch 2007 in ihrer Staatsexamensarbeit. Ihre Analyse von 197 Zeitungsartikeln lokaler und überregionaler Zeitungen aus dem Zeitraum von 1996 bis 2006 ergibt, dass Poetry Slams „als Spektakel wahrgenommen" (Kutsch 2007, 60) werden, bei denen „viele schlechte und wenige gute Slam-Poeten" (ebd.), die jedoch nur als „Hobbypoeten" (ebd.) bezeichnet werden würden, eine „Vielfalt" (ebd.) an Texten vortragen. Die Bewertung durch die Jury werde als „ungerecht" (ebd., 61) beurteilt und die Performance der Poeten „untergeordnet thematisiert" (ebd.). Die untersuchten Zeitungen würden zuvorderst ihre Servicefunktion für den Leser erfüllen und Veranstaltungen ankündigen (ebd., 59).

Stephan Ditschke veröffentlichte bis dato zwei Aufsätze, die sich mit der Inszenierung im Poetry Slam beschäftigen. In „Wenn ihr jetzt alle ein bisschen klatscht ..." (Ditschke 2007) wertet er eine auf empirischen Erhebungen basierte Untersuchung aus, um die Hypothese zu bestätigen, dass das Publikum solche Auftritte positiv bewertet, bei denen Text und Performance zusammenpassen. Auch in „Ich sei dichter, sagen sie" (2008) analysiert er sehr detailliert drei Performances auf einem Poetry Slam und kommt zu dem Schluss, dass eine positive Bewertung maßgeblich von der Authentizität des Sprechers bzw. der von ihm geschaffenen Akteursfigur abhängt.

In der US-amerikanischen populären Rezeption des Poetry Slam sind die folgenden Veröffentlichungen repräsentativ und auch für einen größeren Leserkreis interessant:

Der Erfinder des Poetry Slam, Marc Kelly Smith, brachte zusammen mit Joe Kraynards „The Complete Idiots' Guide to Slam Poetry" (2004) heraus, das gewiss keine wissenschaftliche Abhandlung ist, jedoch sehr anschaulich sowohl die Entstehung des Literaturformates in Chicago erklärt als auch Slam-Poeten konkrete Hinweise für das Texten, Performen und Touren gibt.

Einen Überblick über 20 Jahre Poetry Slam in New York City bietet das mit Interviews angereicherte Sachbuch „Words in your Face" von Cristin O'Keefe Aptowicz (2008). Das Buch zählt zu den von der „Washington Post" ausgewählten fünf besten 2008 erschienenen Büchern über Dichtung. Für ihre Monografie interviewte O'Keefe Aptowicz zahlreiche wichtige Personen aus der Poetry Slam-Szene der letzten 20 Jahre und bringt dadurch ganz unterschiedliche Perspektiven zu Wort, wie u. a. den Slam-Poeten Saul Williams, den ehemaligen Slam-Master des Nuyorican Poets Café Bob Holman, den Slam-Poeten und -Kritiker John Hall, die Organisatorin des Youth-Poetry Slam Jen Weiss und die Wissenschaftlerin Susan Somer-Willet. O'Keefe Aptowicz betont, dass es zwar eine Geschichte des Poetry Slam gebe, diese aber nur von Insidern der Szene mündlich tradiert werde. Die Poeten seien also auch für ihre eigene Kulturgeschichte die „society's libraries" (O'Keefe Aptowicz 2008, 4). Diese Art der Archivierung sei zwar für eine Bewegung, die ihre Ursprünge in der oralen Kultur sieht, nahe liegend. Doch sei für die Allgemeinheit und für den Rückblick ein Versuch der schriftlichen Archivierung, der über die Form einer Einführung in einer Anthologie hinausgehe, wichtig. In ihrem Buch vertritt sie die These, dass die Entwicklung des Poetry Slam in New York in drei Wellen (1990–1996, 1996–2001, 2001–2007) erfolgte. Als Auslöser für diese Wellenbewegung betrachtet sie drei unterschiedliche Medien: die gedruckte Anthologie „Aloud. Voices from the Nuyorican Poets Café" (Holman/ Algarin 1994), den Dokumentationsfilm „Slam Nation. The Sport of Spoken Word" (Devlin, 1998) und die Fernsehshow „Def Poetry" von und mit Russell Simmons (seit 2001). Diese hätten 1. die Popularität des Poetry Slam maßgeblich gesteigert, 2. den Auftretenden ein – jeweils unterschiedliches – Selbstverständnis als Poeten vermittelt und 3. die Erwartungen der Zuschauer an einen „typischen" Poetry Slam verändert.

Somer-Willet (Texas, USA) führt 2009 die kulturwissenschaftlich ausgerichtete Studie „The Cultural Politics of Slam Poetry" durch: Sie wirft dabei einen Blick auf die Beziehungen, die Slam-Poeten mit ihren Zuschauern durch Performances aufbauen und die auf Rasse und Identität beruhe (vgl. www.susansw.com/JMMLASomersWillett.pdf). Das Buch legt dar, auf welche Weise manche Poeten die Politik der „political correctness" der amerikanischen Kultur strategisch für eine gute Punktbewertung ausnutzen. Außerdem greift die Autorin den Gedanken auf, dass eine gewisse Punktwertung auch etwas über den Juror und seine Einstellung gegenüber bestimmten Themen und Persönlichkeiten aussagt. Somer-Willet zeigt, dass Poetry Slams nicht nur Kultur reflektieren, sondern vielmehr Kultur konstruieren und konstituieren, indem zwischen Auftretenden und Publikum innerhalb des öffentlichen Live-Auftritts gesellschaftliche Werte ausgehandelt werden.

Sowohl im deutschsprachigen als auch im englischsprachigen Raum stammen die Autoren der Forschungsliteratur mehrheitlich aus der Poetry Slam-Szene (wie z. B. Stefan Ditschke, Boris Preckwitz, Enno Stahl, Susan Somer-Willet, Cristin O'Keefe Aptowicz, Marc Kelly Smith). Dieses Phänomen untersucht Andrea Römer in ihrem Dissertationsvorhaben. In ihrer Arbeit möchte sie „die Konstruktionen und Strategien aufzeigen, durch die Poetry Slam in das Leben der individuellen SlammerInnen und der ‚slamily' als Gemeinschaft integriert wird und umgekehrt" (E-Mail an Anders, 2008).

II Fachdidaktischer Forschungsansatz

Zwischen Poetry Slam und Schule bildet sich schon seit einigen Jahren eine Allianz heraus:

Während erste Unterrichtsvorschläge von praktizierenden Lehrern veröffentlicht wurden (vgl. Mederer 2003, Anders 2004/ 2007), boten die Akteure des Poetry Slam den Schulen mit mehr oder weniger Erfolg Workshops an und warben – auf unkonventionellem Weg, wie z. B. durch spontan organisierte Vorführungen im Klassenraum – für ihr Format junge Poeten und neue Zuschauer an. Durch soziale Prozesse innerhalb der Slam-Szene entstand ein eigenes Feld für Jugendliche: der U20-Poetry Slam. Dieses Handlungsfeld trägt vermutlich zur literarischen Sozialisation Jugendlicher bei. Bei diesem „Prozess der Aneignung von und Auseinandersetzung mit Literatur" muss „das Medium der Schrift nicht immer eine prominente Rolle spielen" (Gölitzer 2005, 203).

Das Potenzial, das der Poetry Slam für den Deutschunterricht hat, wird auch von der Deutschdidaktik gesehen (Abraham/ Kepser 2005, 133; 2009, 153; Anders/ Abraham 2008, Basisartikel). Da zu den Bestandteilen des Formates das Schreiben, das Lesen, das Sprechen, das Zuhören sowie das Nachdenken über Sprache gehört und Slam Poetry zudem intermedial rezipierbar und produzierbar ist, wird Poetry Slam sowohl für die Literatur- als auch für die Sprach- und Mediendidaktik interessant.

Erstens kann ein tragbares und motivierendes Konzept für den Lyrikunterricht entwickelt werden, da Poetry Slam Teil der gegenwärtigen Jugendkultur ist. Ein neues Inszenierungsmuster für den Deutschunterricht ist also direkt aus der kulturellen Praxis zu gewinnen (Abraham/ Kepser 2009, 209).

Zweitens sind die im Poetry Slam aufgeführten Texte, die sogenannte Slam Poetry, ein „Zwitter" aus Mündlichkeit und Schriftlichkeit (Abraham 2008, 163); sie können für die Geschichte und die Gegenwart des oralen Paradigmas (dazu Frederking et al. 2008, 26ff) sensibilisieren. Die Auseinandersetzung mit Poetry Slam kann dabei auch die Medienkompetenz der Schüler fördern.

Drittens bietet sich Poetry Slam auch zur Vermittlung des reflexiven mündlichen Sprachgebrauchs sehr gut an (vgl. dazu Abraham 2008), da die Texte mündlich präsentiert und beurteilt werden. Berkemeier (2006) hat in ihrer empirischen Arbeit eine Grundlage für die Förderung der Kompetenzen im Präsentieren und Moderieren im Deutschunterricht geschaffen. Das Poetry Slam-Format könnte sich gut als Vorbereitung auf diese komplexen Anforderungen in der mündlichen Kommunikation eignen.

Poetry Slam gilt aufgrund des genannten Schulbuchs (Anders 2004/ 2007) und zahlreicher Zeitschriftenbeiträge (Anders 2005, Anders/ Brieske 2007, Anders/ Kutsch/ Biere, Anders/ Krommer 2007, Anders/ Metha 2008) als „didaktisch und methodisch gut erschlossen" (Abraham/ Kepser 2009, 154).

Das bisherige Material mag für Unterrichtszwecke vorerst ausreichend sein. Damit der Deutschunterricht den Jugendlichen aber die konkrete Teilhabe an der kulturellen Praxis ermöglichen oder erleichtern kann, und die kulturelle Praxis wiederum positive Auswirkungen auf die Kompetenzbildung haben kann, lohnt eine Begutachtung und Evaluation der Schnittstellen zwischen schulischen und außerschulischen Lehr- und Lernkontexten. Die vorliegende Arbeit fragt also nicht nur, wie Poetry Slam Jugendliche für Literatur motivieren kann, sondern auch danach, wie Jugendliche in der bisherigen kulturellen Praxis des U20-Poetry Slam handeln und welche Gratifikationen sie selbst aus ihrem Handeln ziehen. Im optimalen Fall entsteht ein produktiver Kreislauf zwischen dem Deutschunterricht und der kulturellen Praxis Literatur:

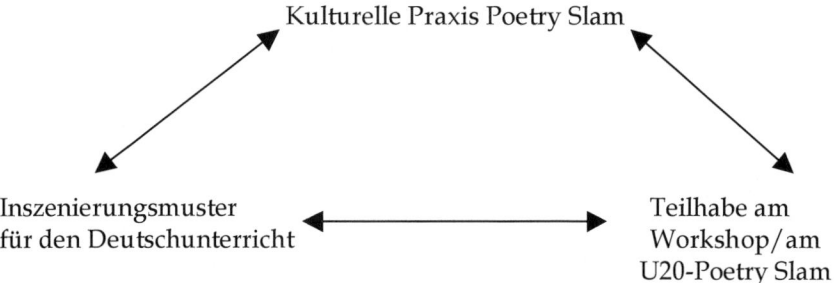

Dieser an der kulturellen Praxis ausgerichtete Ansatz eignet sich für Poetry Slam besonders gut, da dieses Veranstaltungsformat ein (nahezu weltweit) existierendes Handlungsfeld ist, in welchem die Akteure als mehr oder weniger laienhafte Poeten, als Moderatoren und als ein Literatur konsumierendes und beurteilendes Publikum die kulturelle Praxis mitgestalten. Außerdem ist ein wichtiges Merkmal des Poetry Slam, dass er für neue Teilnehmer offen ist: Jeder kann grundsätzlich Veranstalter, Moderator, Poet oder Publikum sein. Dieses niedrig schwellige Angebot macht sich in den Zuschauerzahlen, in der Beteiligung unterschiedlichster Autoren und schließlich auch an den Texten bemerkbar, die nicht immer anspruchsvoll sind. Poetry Slam kann aber für Rezipienten wie Produzenten eine leicht zu erwerbende „Eintrittskarte" für die Welt der Literatur werden. Die Teilnahme als Zuschauer oder Poet könnte es den Jugendlichen ermöglichen, nicht nur rezeptive, sondern auch produktive literarische Kompetenz aufzubauen, die im Deutschunterricht bislang vernachlässigt worden ist:

„Literarische Produktion durch Schüler/-innen und damit die [...] poetische Kompetenz spielt [...] kaum eine Rolle" (Abraham/ Kepser 2009, 64).

Zu den weiteren Besonderheiten des Handlungsfeldes gehört, dass die Rezeption und die Partizipation am Poetry Slam intermedial möglich sind: Das Format bietet sowohl schriftlich vorliegende Texte (Anders 2008) als auch Performances und wird über digitale Medien wie auch live auf der Bühne präsentiert. Die vorliegende Arbeit geht deswegen von einem weiten Textbegriff aus (vgl. Abraham/ Kepser 2009, 29), um das ganze Format des Poetry Slam abzubilden und zu erfassen. Dieser Textbegriff umfasst als Texte nicht nur schriftliche Erzeugnisse, sondern auch mündliche Äußerungen und nonverbale, visuelle und auditive Mitteilungen wie Hörfeatures, Performances und Filme (vgl. Nöth 2000, 392).

Slam-Texte werden hier als themen- und formoffene sowie mündlich präsentierte Texte über Alltagsbegebenheiten betrachtet, die am ehesten in das Genre der „populären Unterhaltungsliteratur" (vgl. Abraham/ Kepser 2009, 33) passen. Dass weder die Texte noch die Autoren zur sogenannten Höhenkamm-Literatur zählen und dass im literarischen Feld des Poetry Slam kaum ökonomisches Kapital eingenommen wird, ist den meisten Akteuren klar. Doch sind die Übergänge fließend: Der ehemalige Slam-Poet Michael Lentz gewann den Ingeborg-Bachmann-Preis und wird vom Feuilleton der überregionalen Presse lobend erwähnt, und Slam Poetry wird auch an Orten vorgetragen, an denen ein mutmaßlich anspruchsvolleres Publikum vorzufinden ist, wie z. B. in Schauspielhäusern oder bei Tagungen (vgl. z. B. Petersberger Forum 2009).

Ob allerdings für den Poetry Slam mit dessen steigender Popularität und Anerkennung auch qualitativ hochwertigere Texte produziert werden, oder ob gar aus der Poetry Slam-Szene Schriftsteller hervorgehen, deren Werke zur Höhenkammliteratur zählen könnten, muss weiter abgewartet werden. Manche Kritiker vermuten eher, dass Dichterwettbewerbe die heutige Literaturproduktion lädieren:

[...] dabei fehlt [bei Michael Lentz] doch alles: das Gefühl für die Form, dafür, was geht und was nicht mehr geht, ein grundsätzliches Stilempfinden, das einem halbwegs bei Troste seienden und wenigstens erwachsenen Autor verböte, im Jahre 2003 innere Monologe, Bewußtseins- und Assoziationsströme nicht nur zu gebrauchen, was einfältig genug wäre [...], ohne eine Spur von Ironie und Grazie, einfach so und frei heraus, weil's so schön nach Entäußerung, Hochmoderne und poète maudit klingt – den literarischen Flurschaden, den Open Mike-Wettbewerbe und Slam Poetry über die Jahre angerichtet haben, könnte bei Gelegenheit auch mal wer untersuchen" (Gärtner 2006, 109f.).

Dieses Urteil ist sicherlich plakativ und ungerechtfertigt gegenüber der Poetry Slam-Szene, es lässt jedoch erahnen, dass es manchem Slam-Poeten schwer fallen mag, den Kokon dieser Szene zu verlassen.

Für Jugendliche könnten sich jedoch gerade aus der einfach gestalteten, mündlich präsentierten Kunstform Slam Poetry und aus dem in der Jugendkultur angesiedelten Format Gratifikationen ergeben. Sie begreifen bei der Beschäftigung mit Poetry Slam vielleicht, dass ihnen eine Möglichkeit geboten wird, eigene Interessen zu erkennen und zu verfolgen. Dann verstehen sie eventuell, dass Literatur einen „Gebrauchswert" (Pieper et al. 2004, 201) haben kann, weil der geübte Umgang mit Literatur die Wahrnehmung von Bildungschancen fördert. Slam Poetry könnte sowohl dem Interesse der Jugendlichen an kognitiver Durchdringung der in den Texten geäußerten Perspektiven dienen als auch die Wünsche der Jugendlichen nach emotionaler Anregung und literarischem Genuss befriedigen.

Folgender Herausforderung sollte sich die deutschdidaktische Perspektive auf Poetry Slam jedoch stellen: Der Klassenraum ist kein Veranstaltungsort, der wie etwa ein Club en vogue wäre, und der Lehrer hat in den wenigstens Fällen eigene Erfahrung als Slam-Poet. Will er Poetry Slam als kulturelle Praxis vermitteln, ist er auf außerschulische Lernorte angewiesen, denn nur dort wird Slam Poetry lebendig. Die außerschulisch lehrenden Slam-Poeten verfügen vermutlich wiederum nur über wenig durchdachte Lehrkonzepte und über autodidaktisch erworbene Lehrkompetenzen, weswegen die von der Poetry Slam-Szene durchgeführten Workshops oftmals interessante didaktisch-methodische Möglichkeiten verschenken, nicht entdecken oder kaum weiterentwickeln. Es soll jedoch auch zukünftig nicht darum gehen, Workshops zu verschulen und Deutschunterricht als kreative Probebühne auszurichten, sondern eine bessere Verzahnung zwischen schulischen und außerschulischen Lehr- und Lernkontexten zu erreichen, damit die teilnehmenden Schüler bereits vorhandene Kompetenzen nutzen sowie neue Fähigkeiten und Fertigkeiten entwickeln und – auch in anderen Unterrichtszusammenhängen – erfolgreich einbringen können.

Damit diese Verzahnung realisierbar wird, geht dieses Buch in einem Dreischritt aus analytischer Darstellung, empirischer Untersuchung und Entwicklung eines lernbereichsbezogenen Modells vor:

Das erste Kapitel stellt die kulturelle Praxis des Poetry Slam als Veranstaltung systematisch vor. Um Poetry Slam als Lerngegenstand transparent zu machen, ist eine literaturgeschichtliche Einordnung des Dichterwettbewerbs und die Darstellung der Entstehung des Poetry Slam in den USA seit 1985 und im deutschsprachigen Raum seit 1995 wichtig. Eine solche Darstellung unterstützt den sachanalytischen Teil der Unterrichtsvorbereitung. Zur Veranschaulichung und Erläuterung der kulturellen Praxis des Poetry Slam bot es sich hierbei an, manchmal längere Quellen und Passagen auf Englisch zu zitieren; diese wurden nicht immer übersetzt, weil eine Übersetzung insoweit auch trügen kann, was die amerikanische Poetry Slam-Szene „deutscher" aussehen ließe, als sie ist; die Quellen dürften aber dennoch verständlich sein. Die „Insider-Begriffe", die in der Szene kursieren, werden aber den Lesern in einem Glossar (siehe S. 2) erklärt. Um Poetry Slam als Lernmedium nutzbar und zugänglich zu machen, wird die Rolle der Schriftlichkeit und Mündlichkeit herausgearbeitet, die für die Didaktik des Schreibens und Zuhörens wichtig ist.

Ob Poetry Slam für Jugendliche individuell, sozial und kulturell bedeutsam werden kann, muss von einer empirischen Grundlage aus verifiziert werden. Diese empirische Studie des außerschulischen Handlungsfeldes U20-Poetry Slam ist im zweiten Kapitel zu finden. Dieses Handlungsfeld ist aus der Poetry Slam-Szene explizit für Jugendliche entstanden und nimmt seit 2004 bereits selbst einen festen Platz in der kulturellen Praxis ein. Die für dieses Buch durchgeführte qualitative Analyse des U20-Poetry Slam fokussiert die Frage, welche Gratifikationen Jugendliche durch ihre bisherige Teilnahme am Handlungsfeld Poetry Slam erhalten haben. Die empirische Analyse bezieht sich auf Selbstauskünfte, die Jugendliche in qualitativen Interviews im Jahr 2006 geäußert haben, auf die Texte, die Jugendliche im Jahr 2007 geschrieben haben und auf Beobachtungen von Workshops, die 2007 und 2008 stattgefunden haben.

Der Verfasserin lag ein Korpus von 31 Texten vor, die alle als Qualifikationstexte zur Teilnahme an der deutschsprachigen Meisterschaft SLAM2007 berechtigten. Ein solcher Korpus ist der Forschung erstmalig zugänglich, da die Veranstalter der vorherigen und nachfolgenden U20-Slam-Meisterschaften diese Qualifikationstexte nicht systematisch gesammelt und veröffentlicht haben. In dieser Textsammlung liegt ein repräsentatives Potenzial, weil die enthaltenen Texte nicht einfach unverbunden nebeneinander stehen: Sie stammen aus unterschiedlichen Ländern (Deutschland, Österreich, Schweiz) und in Deutschland aus vielen verschiedenen Bundesländern (Bayern, Baden-Württemberg, Niedersachsen, Bremen, Schleswig-Holstein, Nordrhein-Westfalen, Berlin, Hamburg). Sie sind auch unter verschiedenen Rahmenbedingungen entstanden (so gab es unterschiedliche Workshop-Leiter, freies Schreiben alleine oder im Team) und wurden von weiblichen und männlichen Jugendlichen unterschiedlichen Alters (von 11 bis 20 Jahren) aus unterschiedlichen Schulformen (Hauptschule, Gymnasium) verfasst. Doch vor allem haben die Texte eben eines ganz zentral gemeinsam: Sie sind Texte von Gewinnern lokal durchgeführter Poetry Slam-Vorrunden für die U20-Poetry Slam-Meisterschaft im Jahr 2007. D. h., diese Texte haben die Autoren in Hinblick auf ein gemeinsames Ziel geschrieben, nämlich für die Teilnahme am U20-Poetry Slam und somit an der bundesweit und international ausgerichteten kulturellen Praxis. Und diese Teilnahme haben ihnen die Texte ermöglicht.

Durch die genaue Analyse, die für dieses Buch erfolgte, können bedeutsame Aussagen über die Machart und die Qualität dieser von Jugendlichen produzierten Texte gemacht werden. Der Textkorpus wird dazu nach Themen und Gattungen unterteilt und sprachwissenschaftlich auf Merkmale der Jugendsprache und des Parlando-Stils untersucht.

Die Rahmenbedingungen für diese literarische Produktion werden im nächsten Schritt erforscht: Die befragten Jugendlichen berichten über ihre Schreib- und Auftrittserfahrungen in dem Handlungsfeld U20-Poetry Slam; einige von ihnen beschreiben dabei auch die Arbeit in den begleitenden Workshops.

Die untersuchten Texte sowie die qualitativen Interviews sind Selbstauskünfte von Jugendlichen. Sie vermitteln nicht nur, wie Jugendliche in dem Handlungsfeld agieren, sondern auch, wie sie über sich, ihr Schreiben und Performen und über die kulturelle Praxis sprechen. Zu dem Artikulationsmuster gehört auch die in den Aussagen der Jugendlichen deutlich werdende Trennung von kultureller Praxis und dem Schulunterricht. Diese von Schülern geäußerte Abgrenzung ist ernst zu nehmen, da Poetry Slam zwar einerseits ein Motivator für den Literaturunterricht sein kann, andererseits aber die Didaktisierung eines (sub-)kulturellen Handlungsfeldes, das bereits zum Freizeitbereich einiger Schüler gehört, auch seine Grenzen haben wird.

Nachdem die Verfasserin in den Jahren 2006 und 2007 das deutschsprachige Handlungsfeld untersucht hat, schaute sie sich in den Jahren 2007 und 2008 die kulturelle Praxis der Jugend-Poetry Slam-Szene in New York und San Francisco genauer an: Die Youth-Poetry-Slam-Bewegung in den USA wird von den Veranstaltern „Urban Word" (New York) und „Youth Speaks" (San Francisco) bereits seit 1996 organisiert. Die dort mit viel Engagement betriebene kulturelle Praxis ist nach dem Eindruck der Verfasserin den Akteuren der deutschsprachigen Poetry Slam-Szene jedoch so gut wie unbekannt. Ebensowenig haben diese Akteure die bereits vorliegenden Unterrichts- und Workshopmaterialien aus den USA bisher wahrgenommen, geschweige denn gesichtet. In diesem Buch werden diese Lehrmaterialien analysiert und in die in Deutschland bekannten didaktischen Ansätze eingeordnet. Die Grundlagen dieses interkulturellen Vergleichs sind Interviews mit Slam-Poeten und Workshop-Leitern sowie Abläufe und Inhalte je eines Workshops von James Kass, Prentice Powell und Gary Glazner, die zu den wichtigsten Figuren der US- amerikanischen Poetry Slam-Szene gehören. Die in den USA praktizierten pädagogisch-didaktischen Ansätze, die vor allem für Angehörige ethnischer und ausgegrenzter Minderheiten entwickelt wurden, sollen helfen, alternative didaktische Konzepte in das deutschsprachige U20-Poetry Slam-Feld zu bringen und das Handlungsfeld auch für Jugendliche mit Migrationshintergrund interessanter und zugänglicher zu machen.

Aus der Erkenntnis, dass die Deutschdidaktik auch eine praktische Wissenschaft ist, welche „mit empirischen Verfahren die vorfindliche Realität [beschreibt] und mit didaktischen Modellen auf ihre Gestaltung [zielt]" (Ossner 2001, 23), leitet sich das dritte Kapitel ab:

Aus den Kenntnissen des Veranstaltungsformates (Kapitel 1) sowie den von Schülern genannten Gratifikationen und den pädagogischen Impulsen aus den USA (Kapitel 2) entwickelt die Verfasserin ein Modell für einen Deutschunterricht, der den Jugendlichen die Teilnahme an der kulturellen Praxis erleichtern und ermöglichen soll.

Wenn Poetry Slam beispielsweise nach dem Vorbild der Bundeswettbewerbe organisiert würde, könnten die innerschulischen und außerschulische Lehr- und Lernkontexte – didaktisch-methodisch professionalisiert – in Kooperation gebracht werden. Außerdem erhielten die Jugendlichen, die sich besonders als Live-Poeten engagieren möchten, die Entfaltungsmöglichkeiten, die für eine lebendige kulturelle Praxis notwendig bzw. wünschenswert sind.

Zugleich könnte der schulische Lernort den Poetry Slam als Lernmedium für weitere Handlungsfelder fruchtbar machen – etwa für den mündlichen Sprachgebrauch oder für den Umgang mit Film. So zeigt das dritte Kapitel, wie die aus der Filmdidaktik bekannten Methoden wie das Schreiben von Erinnerungsprotokollen, der „Kulturplausch" über gemeinsam gesehene Filme oder das analytische und kreative Schreiben zum Film (vgl. Abraham 2009) auch sehr gut bei der Rezeption von Performances und der Produktion von Textverfilmungen eingesetzt werden können. Diese filmdidaktischen Methoden unterstützen das Zuhören sowie das Zusehen, das am Beispiel des Poetry Slam besonders gut geschult werden kann. Der Umgang mit den AV-Kurzformaten des Poetry Slam würde wiederum dazu dienen, erste Schritte in Richtung Filmanalyse zu gehen.

Poetry Slam im Deutschunterricht bedeutet also nicht, dass die Schüler, wie im außerschulischen Lernort, zu Slam-Poeten oder Slam-Veranstaltern ausgebildet werden, sondern dass sie durch Poetry Slam Fähigkeiten und Fertigkeiten im Schreiben, Sprechen, Zuhören und im Umgang mit AV-Medien erwerben, die sie für schulische und außerschulische, gegenwärtige und zukünftige Herausforderungen und Chancen und zum Aufbau von Kompetenzen nutzen können.

1 Darstellung: Kulturelle Praxis des Poetry Slam

1.1. Veranstaltungsformat

Am 20. Juli 1986 fand der erste Poetry Slam in Chicago statt (Heintz, in: www.e-poets.net/library/slam/converge.html). Von da an entwickelte sich weltweit eine Szene, die mit sehr ähnlichen Regeln und im gegenseitigen Austausch „Performance Poesie" in der Öffentlichkeit vorträgt und durch regionale und überregionale Meisterschaften einen Wettbewerb organisiert, der im deutschsprachigen Raum bisher ohne Dachverband und mit wenig Anbindung an den regulären Literaturmarkt funktioniert.

Unter dem englischen Begriff „Poetry Slam" können sich immer noch wenige Lehrende und auch nur wenige Schüler etwas vorstellen. Poetry Slam (auch: der Slam, oder, als Bezeichnung der jährlichen Meisterschaft: der SLAM) ist die Bezeichnung für die Veranstaltung des Dichterwettbewerbs. Auf Deutsch wird Poetry Slam auch mit „Dichterschlacht" oder „Dichterwettkampf" übersetzt (www.dichterschlacht.de). Mit „Poetry" oder „Slam Poetry" wird die im Wettbewerb aufgeführte oder vorgelesene Dichtung bezeichnet. Ob das Wort „slam" sprachgeschichtlich auf den altnorwegischen Begriff „slamra" (zuschlagen) zurückgeführt werden kann, ist fraglich, die einzige nachprüfbare Quelle verweist auf das Schwedische (http://dictionary.reference.com/browse/Slam). Bekannt ist das Wort aus dem Sport: Dort bezeichnet es einen Sieg, zum Beispiel im Tennis (Grand Slam), oder eine bestimmte Art, den Basketball im Korb zu versenken (Slam Dunk). Im englischen Original hat „to slam" viele Bedeutungen, wie z. B. jemanden schlagen, (eine Tür) zuknallen, schlagen, jemanden heruntermachen etc. Gemeinsam ist diesen Bedeutungen, dass sie aggressiv wirken.

Der amerikanische Slam-Poet K-Swift knallte bei der Frage der Verfasserin nach der Wortbedeutung von „slam" spontan ein dickes Buch auf einen Schreibtisch und antwortete grinsend: „That's it!". Poetry Slam-Erfinder Marc Kelly Smith[3] bezeichnet Slam Poetry als Texte, „which hit the bullseye", die also ins Schwarze treffen (Smith 2004, 59). Auch „bullseye" ist ein Sportausdruck und bezeichnet im Dart-Sport einen Volltreffer in die Mitte der Zielscheibe. Selbst den Ausdruck „Slam" hat Smith aus Sportbegeisterung gewählt. Den Gründungs-Mythos erzählt er selbst wie folgt:

---

[3] Marc Kelly Smith, geb. 1948, war Bauunternehmer (engl. „constructor"), und nicht, wie durch falsche Übersetzung tradiert, Bauarbeiter (engl. „construction worker") und bereits vor der Gründung des Poetry Slam als Hobbydichter aktiv (Interview mit der Verfasserin am 18.3.2005 in Würzburg).

„Why slam? How did you come up with this name?" möchte einer der Anglistik-Studenten wissen. Die Erklärung lässt nicht lange auf sich warten. Marc Smith scheint öfters auf diese Frage geantwortet zu haben. „Ein Reporter hat mich angerufen und gefragt: ‚Marc, was ist der Name deiner neuen Show?'" berichtet der Dichter. In dem Moment habe er gerade das Chicago Cops Baseball Team im Fernsehen geguckt, versetzt sich Smith gedanklich 13 Jahre zurück. „‚Slam' war das Wort, das mir in dem Moment einfiel, eigentlich ein Begriff aus dem Basketball". „Slam" – habe sich super angehört. „Also sagte ich dem Reporter, dass unsere Show Poetry Slam heißt" (Ackermann 2005).

Das „Slammen" kann also bedeuten, dass ein Poet etwas schnell und treffsicher auf den Punkt bringt, eine Aussage dem Publikum präzise und durchsetzungsstark darbietet bzw. Zuhörer mit einer eigenen Meinung konfrontiert. Darin stecken drei rhetorische Eigenschaften, die auf der Bühne wichtig und in vielen Slam-Texten stilistisch wiederzuentdecken sind: Ein Text enthält eine eigene Meinung, oft eine Pointe und ist ein Angebot an das Publikum, sich mit einem Thema bzw. einer Meinung auseinanderzusetzen.

Dass sich die Vortragenden als „Poeten" bzw. Slam-Poeten bezeichnen, wirkt zunächst etwas altertümlich und entspricht kaum dem modernen Charakter der Veranstaltung. Vermutlich ist das Wort „poet" zusammen mit der Veranstaltung Poetry Slam direkt aus dem englischsprachigen Raum in die deutsche Sprache übernommen worden. Ein „poet" bezeichnet im Englischen wie im Deutschen einen Dichter, der sich eher lyrischen als epischen oder dramatischen Werken widmet. In Deutschland dient der Begriff zur Abgrenzung zu den traditionellen Begriffen Schriftsteller, Dichter, Autor. Wichtig ist, dass diese Abgrenzung in den USA so nicht unbedingt möglich ist, weil dort „Poet" eben der allgemeingültige Begriff ist: Ein Slam-Poet ist eben auch ein Poet. Das lässt vermuten, dass es der Slam-Szene in Amerika um den Anschluss an die übrige Poesie-Kultur geht, während es in Deutschland zunächst wichtig war, sich auch begrifflich von der traditionellen Lyrik abzusetzen.

Poetry Slam ist nicht nur eine Einzelveranstaltung, sondern auch eine Literaturbewegung, die sich aufgrund der Initiative Einzelner sowie der Unterstützung durch kulturelle Institute seit mehr als 20 Jahren entwickelt hat:
In der New York Times stand am 3. März 1988 das erste Mal ein sehr kurzer Artikel mit dem Titel „It's Pure Poetry, for Cheers or Jeers" über den Chicagoer Poetry Slam. Darin wird der Poetry Slam als eine neuartige Veranstaltung vorgestellt, die von Marc Smith erfunden wurde um gerade diejenigen Besucher anzusprechen, die von pretentiöser bzw. anmaßender Prosa abgeschreckt wurden:

The ‚Slam,' as it is known here, is Mr. Smith's brainchild, to bring poetry to average people who might otherwise feel intimidated by more pretentious prose. ‚Too much of poetry tries to put itself above the audience', Mr. Smith said. ‚Poetry should be true and honest and direct. And people shouldn't be afraid of poetry. People shouldn't be afraid to say >Hey, that stinks.<' [...] Most of the people who come to the Slam have never been to poetry readings (Johnson 1988).

Der New Yorker Schriftsteller und Veranstalter Bob Holman wurde dadurch auf die Veranstaltung aufmerksam (O'Keefe Aptowicz 2008, 38). Gary Glazner startete kurz darauf den Poetry Slam in seiner damaligen Heimatstadt San Francisco. Er erlaubte auch Musik und Requisiten auf der Bühne – weshalb auch Poeten wie die Beat-Autorin Ruth Weiss, die mit einer Jazz-Band performte, auftraten. Der Poetry Slam passte sich manchmal auch dem Publikum und deren Erwartungen an: „Chicago is a working class city and the poetry reflects that whole „I-am-for-the-little-guy"-attitude." (Seasholtz, in ebd., 99). Der erste national ausgerichtete Poetry Slam, der zwischen Chicago, New York und San Francisco in San Francisco im Jahr 1991 ausgerichtet wurde, trug die karnevalesken Züge, die Glazner dem Event gab:

I tried my hardest to give the event a circus-like feel. I hired Whitman McGowan to be barker out in front of the show, like at the freak show on Coney Island (Glazner, in: ebd., 47f.).

Es waren neun Poeten im Wettkampf und rund 200 Zuschauer anwesend, was Glazner für die damaligen Verhältnisse als Erfolg einschätzte (ebd.). Paul Beatty gewann diesen ersten National Poetry Slam und konnte von der Siegprämie (2000 Dollar) ein Buch mit seinen Texten veröffentlichen, das Bob Holman herausbrachte (ebd., 51).

Zwei jahre später, 1993, hatte Perry Farrell die Idee, mit einem Zelt durch die USA zu touren, das Slam Poetry bekannter machen sollte. Das „Lollapooza's Spoken Word Revival Tent" begleitete Bands wie die Beasty Boys und bot neben gesprochener Poesie auch verrückte Spiele zur Unterhaltung an. Bei jedem der 35 Stops des Zeltes wurde auch ein Poetry Slam ausgerichtet. Die Poeten wurden Perry Farrell durch lokale Poetry Slam-Master empfohlen und konnten zwei Wochen mittouren. Es kamen insgesamt mehr als tausend Poeten auf die Bühne. Das Zelt stellte das Format Poetry Slam in vielen Städten erstmalig vor und trug dazu bei, dass neue Poetry Slams, z. B. in Austin, Dallas oder Pittsburgh gegründet worden sind. Shappy Seasholtz aus Chicago tourte als „road poet" permanent mit dem Zelt und sorgte dafür, dass die von Marc Smith eingeführten Slam-Regeln eingehalten wurden. Wichtig für den Aufbau der Slam-Community war auch Juliette Torrez, die während der Lollapalooza-Tour Kontaktdaten, u. a. auch die erst kürzlich in Mode gekommenen E-Mail-Adressen, sammelte.

Als die Tour im Jahre 1995 keinen Poetry Slam mehr integrierte, trafen sich die Poeten stattdessen auf dem National Poetry Slam, der seitdem einen großen Zuwachs an Teilnehmern fand (vgl. ebd., 96f.).

In Deutschland war anfangs maßgeblich die Berliner Literaturwerkstatt aktiv, die bereits 1993 Slam-Poeten aus den USA zu Lesungen nach Berlin einlud. Das Goethe-Institut in New York ermöglichte im Jahr 1995 die Teilnahme ausgewählter deutscher Autoren an dem deutschsprachigen „Nuyorican Poetry Festival".

Der frühere Berliner Club „Ex'n Pop" und die Münchener Kneipe „Substanz" waren die ersten deutschen Clubs, in denen regelmäßige Poetry Slams veranstaltet wurden; einzelne Poeten in Düsseldorf und Hamburg organisierten zudem Einzelevents. Am 3. Oktober 1997 wurde im Berliner Ex'n Pop dann mit 15 Teilnehmern die erste selbstgegründete deutsche Slam-Meisterschaft durchgeführt, die der aus Bremen angereiste Rap-Musiker Bas Böttcher im Alter von 22 Jahren gewann. Die Meisterschaft wird bis heute jährlich im Herbst fortgesetzt – bis 2004 unter der Abkürzung GIPS („German International Poetry Slam"), da seit 2001 auch die Schweiz und Österreich an der deutschsprachigen Szene partizipieren und diese zur zweitgrößten Slam-Szene der Welt machen. Die Slam-Master einigten sich in Stuttgart 2004 auf die Bezeichnung SLAM mit entsprechender Jahreszahl, um das wichtigste Ereignis der Szene zu benennen. Seit 2008 sind an den Meisterschaften auch deutschsprachige Teilnehmer aus Liechtenstein beteiligt. Die Bezeichnung „deutschsprachig" ist geografisch gemeint, denn die Textbeiträge sind in allen Sprachen erlaubt. So stellte der Slam-Master des Berliner Poetry Slam „spokenwordberlin", Wolf Hogekamp, für den SLAM2004 in Stuttgart eine in Berlin lebende, aber aus Texas stammende Künstlerin namens Flow auf, die englischsprachige Texte bei den Meisterschaften performte. Da die Vortragenden von dem Publikum und der Jury auf Anhieb verstanden werden möchten, slammen sie jedoch meistens Texte auf Deutsch.

1.1.1 Regeln

Die Regeln des Poetry Slam formen das Veranstaltungsformat, seinen Ablauf und die Aufgaben der Beteiligten. Deren Entstehung wird im Folgenden kurz skizziert:

Von November 1984 bis September 1986 experimentierte Marc Smith zusammen mit dem achtköpfigen Chicago Poetry Ensemble in der „Get Me High"-Lounge in unterschiedlichen Poetry Shows, in denen Texte statt gelesen neuerdings aufgeführt wurden. Das performative Dichten probierten die Poeten per „trial and error" autodidaktisch aus (vgl. Smith 2004, 9f.). Kostüme und Gesang konnten wie in einem Kabarett genutzt werden. Der erste Poetry Slam startete als „Uptown Poetry Slam" in dem neuen Club „Green Mill" von Dave Jemilo, der dem Chicago Poetry

Ensemble aufgrund ihres großen Erfolges den Sonntagabend für eine eigene Show anbot. In den ersten Jahren dieses Poetry Slams waren jede Form der Unterhaltung, auch Musik und Theaterstücke sowie Tanz auf der Bühne erlaubt, wenn die Kunst mit Worten dominierte. Ebenso wie der Name „Poetry Slam", so entstand auch der Wettbewerb eher aus Zufall, wie Smith in einem Interview berichtet:

> [The „Green Mill Show" is a three hour show] and we did get the last 50 minutes and one night we thought fill this with let´s doing a competition. So it was actually an afterthought to do the competition. What was great at the competition was that it did work. People came to see who will win. [...] What does happen now is that the competition makes people try harder and the cream does come to the top (Smith, in: Hildebrandt 2006, 16).

Der Zufall gehört offensichtlich zu einem typischen Artikulationsmuster der Poetry Slam-Szene. Trotzdem haben sich die Muster etabliert: Poetry Slam gilt in der Szene als ein Format. Dieser Begriff wird üblicherweise für TV-Sendungen verwendet, die einem bestimmten inhaltlichen bzw. strukturellen Muster folgen und nach ökonomischen Gesichtspunkten innerhalb der Fernsehlandschaft positioniert sind. Poetry Slam läuft nach den von Marc Kelly Smith angeregten Regeln ab. Smith hat zwei traditionelle Elemente der bisher üblichen Lesungen übernommen: das Open Mic und den „Featured Poet".

Ein Open Mic ist ein „offenes Mikrofon": Jeder kann einen beliebigen Text ohne Zeitbeschränkung und ohne Jurywertung vortragen. Die Funktionen eines „Featured Poets" sind vielfältig: Er stimmt die Jury ein, indem er ein paar Texte vorliest, die von der Jury beurteilt werden, ohne dass er an dem darauffolgenden Wettbewerb teilnimmt. Das Publikum und die im Wettbewerb auftretenden Poeten erhalten dadurch einen Einblick, ob die Jury eher großzügig oder geizig Punkte verteilt. Der „Featured Poet", der üblicherweise aus der Poetry Slam-Szene kommt, profitiert von einem solchen Auftritt, da er eine längere Lesezeit bekommt, mehrere Texte vortragen kann und dafür auch – im Gegensatz zu den Slammern im Wettbewerb, die nur die Reisekosten erstattet bekommen – mit einem Pauschalhonorar bezahlt wird.

Als neues Element zu der offenen Lesung kam durch Smith der Vortragswettbewerb hinzu. Alan Wolfe schuf zwar das Motto „The point is not the point, the point is poetry", das er u.a. in dem Spielfilm „Slam Nation", in dem er als Moderator gezeigt wird, äußert (Devlin 1996, Min. 11:20) und das besagt, dass es nicht um das Gewinnen, sondern um das Vortragen von Texten gehe. Das Format ist aber wesentlich durch den Wettbewerb geprägt. Daran wird auch Kritik geübt, z. B. von dem New Yorker Schriftsteller John Hall:

> *I mean, it was very much like a sporting event, and I was interested in poetry in large part because it was like the antithesis of sports. [...] And um, it [d.i. the Poetry Slam, P.A.] seemed to me like a very macho, masculine form of poetry and not at all what I am interested in (John S. Hall, in: O'Keefe Aptowicz 2008, 289).*

Entscheidend für den fairen Ablauf eines Poetry Slam ist die Rolle des MC (Master of Ceremonies):

> *In poetry before, for the most part the emcee would start the show with these long boring rambles where the poet was published, where they had studied, standard workshop bios. The new slam emcee was funny. [...] Smith idea of poet-emcee as entertainer and Holman's style of emcee as always speaking in poetry changed how people felt about attending poetry events. Variations of that style can now be seen at hundreds of slams around the country on any given night (Glazner, in: ebd., 49).*

Poetry Slams laufen nach vier Grundregeln ab, die von Moderator zu Moderator, von Slam zu Slam variiert werden können, jedoch bei Meisterschaftsveranstaltungen eingehalten werden:

> *I make the distinction of National Slam versus local slam, because on the local level anything goes. You may decide how you want to run your slam and are encouraged to experiment and find what works for your audience (Glazner 2000, 13).*

Die Regeln für einen Poetry Slam sollen vor allem ähnliche Wettbewerbsbedingungen für alle Auftretenden schaffen und die Aufmerksamkeit der Zuschauer auf das selbstverfasste gesprochene Wort (und nicht auf Requisiten o. Ä.) lenken.

1. *Perform your own work*
2. *Perform in three minutes or less*
3. *No props or costumes*
4. *Scores range from 0 to 10 or down to minus infinity*   (Smith 2004, 32)

Es sollen also selbstverfasste Texte (Regel 1) innerhalb eines Zeitlimits (Regel 2) ohne Kostüme oder Hilfsmittel (Regel 3) mit anschließender Publikumsbewertung (Regel 4) aufgeführt werden. Die zweite und vierte Regel markieren die Abgrenzung zur Autorenlesung. Die Beurteilung erfolgt nach Smith durch eine fünfköpfige Jury, wobei bei jeder Abstimmung die höchste und niedrigste Punktzahl gestrichen wird, sodass als Höchstpunktzahl 30 Punkte erreicht werden können. Die Möglichkeit, auch Minuspunkte abzugeben, ist bei Smiths eigenem Poetry Slam in Chicago sowie bei einigen anderen Slams, jedoch nicht generell üblich. Bei einigen Poetry Slams werden Beurteilungen für Text und Performance getrennt abgegeben.

Im deutschsprachigen Raum gilt meist folgendes Regelwerk: Die öffentlichen, meist monatlich stattfindenden Veranstaltungen geben den Live-Poeten pro Auftritt „gefühlte" fünf Minuten. Der Auftritt darf kein reines Gesangsstück sein, auch Kostümierung verstößt gegen die allgemeinen Regeln. Eine Publikumsjury bewertet die Aufführung des Textes, d. h. nicht nur seine inhaltliche, sondern auch seine vortragstechnische Gestaltung (Mimik, Gestik, Verständlichkeit, eigene Anmoderation, Kontextuierung, Einsatz der Stimme) (vgl. z. B. www.myslam.de). Als idealen Ablauf für einen Poetry Slam bezeichnet John Hall den New Yorker „Urbana-Poetry Slam", der mit einem Open Mic beginnt, einen „Featured Poet" anschließt und dann den Wettbewerb für zehn Slam-Poeten eröffnet (John S. Hall, in: O'Keefe Aptowicz 2008, 293).

Üblicher Ablauf eines Poetry Slam in Deutschland

1. Die Slam-Poeten, die auftreten möchten, melden sich beim Betreten der Veranstaltung (oder während der Veranstaltung) an der Kasse oder bei dem Moderator an (und erhalten freien Eintritt).
2. Der Moderator begrüßt das Publikum.
3. Der Moderator erläutert die Regeln und ermittelt (meist per Los) die Reihenfolge der auftretenden Slam-Poeten, deren Namen (meist auf eine Tafel) geschrieben werden.
4. Der Moderator vergibt die Stimmtafeln (oder Rosen, Dichtungsringe etc. je nach Abstimmungsmodalitäten) an die von ihm willkürlich aus dem Publikum gewählte Jury (aus drei bis zehn oder mehr Juroren) und erläutert die Abstimmungsregeln (z. B. Beurteilung nach jedem Poeten oder nach den ersten drei Poeten; gleichzeitiges Hochhalten der Stimmtafeln, Löschung der höchsten und niedrigsten Punktzahl)
5. Der Moderator bittet einen (meist bekannten) „Featured" Poeten auf die Bühne, der als „Opferlamm" außerhalb des Wettbewerbs auftritt, für Stimmung sorgt und an dessen Auftritt die Jury ihre erste Abstimmung testen kann. (In den USA beginnt der Poetry Slam mit einem ritualisierten „Disclaimer", also einer einschränkenden Vorrede, durch den Moderator, der den Wettbewerbsgedanken der Veranstaltung abschwächt, vgl. Smith 2004, 35).
6. Der Poetry Slam-Wettbewerb beginnt, indem der Moderator unter Applaus des Publikums die einzelnen Slam Poeten oder Teams (von maximal sechs Personen) nacheinander auf die Bühne bittet, diese die vorher bekannt gegebene Zeit (von meist fünf Minuten) für ihre Aufführung nutzen, und nach dem Auftritt durch die Jury beurteilt werden. Die Punkte werden (auf der Tafel) notiert.
7. Meist treten ca. 12 Slam-Poeten pro Veranstaltung auf; nach den ersten sechs Auftritten wird eine Pause eingelegt, in der ein DJ Musik macht und das Publikum entspannen kann.
8. Bei Gleichstand erfolgt ein Stechen, die Poeten sollten also mehr als einen Text in petto haben, können nach Absprache aber auch mit demselben Text erneut auftreten.
9. Bei der Siegerehrung werden symbolische Preise verteilt.
10. Der Moderator kündigt den Termin für den nächsten Poetry Slam an.

Das Format des Poetry Slam ist durch seine verbindlichen Regeln eine Art kulturelles Ritual: Die Dichtung auf der Bühne ist nach Smith nicht dazu da, den Poeten zu würdigen, sondern die Gemeinschaft zu zelebrieren. Damit werden die „Slammer" ein Teil des Publikums und sprechen das aus, was jeder im Publikum aussprechen könnte (vgl. Smith 2004, 7f). Dieser Ansatz sowie die Publikumsabstimmung haben den Ruf des Poetry Slam als einer demokratischen Einrichtung begründet (vgl. www.slampapi.com). Tatsächlich hat der Poetry Slam noch vor der Etablierung des Internets und den zahlreichen Online-Sozialnetzwerken wie Facebook oder StudiVZ sowie öffentlich einsehbaren Homepages und Blogs ermöglicht, dass Einzelne eine eigene Meinung und ihre Kunst unmittelbar vor einer versammelten Öffentlichkeit kundtun können, ohne an die Regeln und Hierarchien des Literaturmarktes gebunden zu sein. Ob die Künstler heute jedoch nicht nur wegen des von Smith beschworenen Gemeinschaftsgefühls, sondern auch aus kommerziellem Interesse an Poetry Slams beteiligt sind, ist fraglich:

Freibier, Fans und Fahrtgeld – das war der Lohn, für den Poetry Slammer lange auftraten. Doch mit zunehmender Popularität verdienen viele Hobbydichter ordentlich Geld. Die einstige Subkultur ist auf dem besten Weg, zur gewöhnlichen Stand-up-Comedy zu mutieren (Alexander 2009).

Da Poetry Slam immer noch maßgeblich im Rahmen der unkommerziellen Einladungskultur der lokalen Slam-Master stattfindet, verdienen die Slam-Poeten ihren Lebensunterhalt eher durch ihre zahlreichen anderen Aktivitäten als Kabarettisten (z. B. Marc Uwe Kling) oder Schriftsteller (z. B. Alex Dreppec), Hörspielautoren (z. B. Xóchil A. Schütz) oder durch Stipendien und Preise (z. B. Nora Gomringer).

Auch wenn man in Deutschland gerade den Trend bemerkt, dass auf Poetry Slams eher lustige Texte vorgetragen werden, heißt das nicht, dass dies eine endgültige Entwicklung ist. In den USA hat es diesen Trend auch vor ein paar Jahren gegeben, derzeit werden jedoch zunehmend ernstere Texte mit Erfolg beim Publikum performt. Inzwischen haben die einzelnen Poetry Slam-Veranstaltungen in New York unterschiedliche Profile für die unterschiedlichen Vortragsarten und Stilrichtungen ausgebildet:

NYC-Urbana, particularly, you kind of got the poets that [...] didn't take it as serious. [...] They could write more satirical pieces, or funnier pieces. [...] At LouderARTS, there was a sense that that was where the serious poets went to go hone their craft, or whatever, that's where the more literary poets [were, P.A.]. Then there was the Nuyorican, where, that's where you went to perform, those were the performance poets, you know? Those were the ones that knew how to play the crowd (Edward Garcia, in: O'Keefe Aptowicz 2008, 207).

Neben den Einzeldarbietungen sind auch Team-Vorträge erlaubt. In den USA bilden die besten Poeten eines Poetry Slam, die für die nationalen Meisterschaften qualifiziert worden sind, ein Team. In diesem Team treten sie gegen andere, ebenso gebildete Teams an. Entweder schreiben die Teams einen neuen Text, den sie gemeinsam performen, oder sie kombinieren mehrere ihrer Einzel-Texte miteinander zu einem Team-Text. Möglich ist auch, dass ein Text für den nationalen Wettkampf genommen wird und dann von der ganzen Gruppe vorgetragen wird. Die Verteilung der Sprechrollen kann in diesem Fall auch so sein, dass der Verfasser des einen Textes diesen vorträgt und die anderen Team-Mitglieder Neben- und Hintergrundgeräusche machen oder etwa den Refrain oder einzelne Verse im Chor sprechen. Im deutschsprachigen Raum bilden sich die Teams je nach Belieben durch Zusammenarbeit mehrerer Slam-Poeten, die bei lokalen Poetry Slams unter den Einzelbeiträgen auftreten. Bei den jährlichen Meisterschaften trennen die Veranstalter jedoch meist den Einzel- und Team-Wettbewerb: Es treten Einzel-Vorträge gegen Einzel-Vorträge und Teams gegen Teams an.

Ein Poet kann sich auch kritisch mit den Regeln des Poetry Slam auseinandersetzen: Sebastian Krämer schmetterte zum Beispiel bei den deutschsprachigen Meisterschaften 2003 in Darmstadt/ Frankfurt mit dem Text „Über Mikrofone" gegen den Einsatz von Mikrofonen, indem er das eigene Mikrofon bei einem Auftritt vor rund 1000 Personen in einer Fabrikhalle ausstöpselte. Er regte damit die Auseinandersetzung über die Frage an, ob Mikrofone ebensolche Hilfsmittel wie Instrumente und damit bei einem Poetry Slam nicht erlaubt seien. Im Finale der Meisterschaften in Stuttgart 2004 verwendete er als „Textblatt" seinen Laptop auf der Bühne, was auch als Requisit gelten könnte. Bei den Meisterschaften 2006 in München spielte er mit der Regel „Kein Gesang", indem er in der Anmoderation des Textes „Raucher stinken" (2006, in: Anders 2008, 43f.) beteuerte, er würde den Text so schlecht singen, dass dies niemand als Gesang bezeichnen würde.

Ein neues Element zur Vergabe von Startplätzen bei den Meisterschaften sind die sogenannten Wildcards, die der Berliner Slam-Poet und Moderator Paul Hofmann ausgetüftelt hat und die 2007 zum Einsatz kamen: Hier werden Poeten, die im Laufe des Jahres Poetry Slams außerhalb ihrer eigenen Heimatstadt gewinnen, mit Punkten belohnt. Die überregional erfolgreichsten Slam-Poeten werden als Wildcards bei den Meisterschaften gesetzt und treten also nicht für einen Slam, sondern mit eigenem (Künstler-)namen an. Mit diesem System soll die Macht der Slam-Veranstalter bei der Anmeldung ihrer Vertreter bei den Meisterschaften verringert werden; außerdem wird der „Slam-Tourismus" (d. i. das viele Auftreten auf unterschiedlichen lokalen Poetry Slams im Unterschied zum oftmaligen Auftreten beim Poetry Slam in der Nähe des eigenen Heimatortes), den viele Poeten während des Jahres bestreiten, positiv sanktioniert: Wer viel reist und erfolgreich in unterschiedlichen Städten auftritt, kann viele Punkte erhalten und damit seinen Startplatz sichern.

1.1.2 Abgewandelte Formen

Die Organisatoren der Poetry Slam-Meisterschaften sind sehr kreativ, wenn es darum geht, abgewandelte Formen des Poetry Slam als Rahmenprogramm des jährlichen Festivals zu integrieren: Bei dem SLAM2007 war der „Tier-Slam" sehr beliebt, bei dem Texte rund um das Thema Tier geslammt worden sind. Der Münchner SLAM2006 organisierte einen „Cover-Slam", bei dem Slam-Poeten Texte von anderen Slam-Poeten vortrugen. Anna Kistner coverte dort z. B. Wolf Hogekamps Kult-Text „Bye Bye", indem sie seine Sprechweise und Körpersprache – zur großen Überraschung von Wolf Hogekamp – täuschend echt imitierte. Der „Prop-Slam" ist eine weitere beliebte Spielart, bei dem die Slam-Grundregel „keine Requisiten" außer Kraft gesetzt wird. Die Poeten dürfen bei ihrem Vortrag endlich einmal Verkleidung, Musikinstrumente oder Requisiten einsetzen.

Lokale Veranstalter integrieren ebenfalls abgewandelte Formen des Poetry Slam in ihr Jahresprogramm. So gibt es als „Motto-Slam" z. B. die jährliche, um Silvester herum stattfindende „Sex-Revue" des Berliner Bastard-Slam, bei der Texte zum Thema Sexualität vorgetragen werden. In Hannover fand im Mai 2009 ein Slam zum Thema „Liebe" statt. Der „Verlag der deutschen Wirtschaft" hat im Juni 2009 einen Poetry Slam für Slammer unter 25 Jahren ausgeschrieben, bei dem bisher unveröffentlichte Texte zum Thema „Heimat" vorgetragen worden sind, um dem hochkarätigen Publikum auf dem Petersberger Forum neue Ideen und Ansichten von jungen Leuten zu vermitteln. In Bremen fand 2007 ein Poetry Slam für Jugendliche zu dem Thema „Das Böse" statt, für den die Jugendlichen Textideen aus der gleichnamigen Ausstellung im Übersee-Museum (http://jugendlyrikbremen.wordpress.com/poetry-slam-im-ubersee museum-bremen) erhielten.

Die Veranstalter aus München – und inzwischen auch aus Hamburg und Berlin – sind sehr erfolgreich mit dem „Dead-or-Alive-Slam", den sie in Zusammenarbeit mit den Münchner Kammerspielen bzw. dem Hamburger Schauspielhaus und der Berliner Schaubühne ausrichten. Bei diesem Slam treten Slam-Poeten („Alive") mit eigenen Texten gegen Schauspieler an, die in die Rolle verstorbener Dichter („Dead") wie Friedrich Schiller, Gottfried Benn oder Ingeborg Bachmann schlüpfen und deren Texte auswendig vortragen.

Der „Drama-Slam" (vgl. www.dramaslam.eu) wurde 2009 zum fünften Mal in Wien unter Mitarbeit der Slammerin Mieze Medusa veranstaltet. 2008 begann der „Drama-Slam" als „Poetry Slam-Format für Minidramen" auch in Berlin bekannt zu werden. Dabei tragen vier Schauspieler (zwei Frauen und zwei Männer) nach kurzer Einführung der Autoren deren Texte szenisch vor. Das Publikum entscheidet über die beiden besten Mini-Dramen. Die beiden Autoren der besten Stücke stehen sich dann im Finale mit weiteren eigenen Texten gegenüber und müssen selbst sowie mit Unterstützung zweier Schauspieler ihre Texte in kurzen Intervallen der Publikumsjury vorspielen. Wer die meisten Punkte erhält, gewinnt.

In einigen Städten, z. B. in Bremen, Hamburg und Braunschweig, findet in regelmäßigen Abständen ein Kurzfilm-Slam statt. Bei diesem Format zeigen Filmemacher ihre auf ein Zeitlimit begrenzten, meist experimentellen Kurzfilme über einen Beamer. Das Publikum bestimmt per Jury den besten Film der jeweiligen Veranstaltung.

Ein Film-Poetry Slam steht beim Programmkino Cinema-Quadrat in Mannheim im Programm: Lieblingsfilme können z.B. nacherzählt, in Texten beschrieben werden, das Medium Film kann kritisch beleuchtet, auch Schauspieler parodiert oder einfach ein Filmrahmen in dem eigenen Text erzählt werden.

Auch wissenschaftliche Texte können geslammt werden: In Darmstadt gibt es seit 2006 den „Science Slam", bei dem jeder Vortragende 10–15 Minuten Zeit hat und als Hilfsmittel Projektor und Laptop oder Folie benutzen darf. Aufgerufen sind Akademiker und Studenten aus allen Forschungsbereichen, die vor einem größeren Publikum einen allgemein verständlichen Kurzvortrag halten wollen. Es soll pointiert und locker referiert werden, die Vorträge sollten jedoch wissenschaftlichen Ansprüchen genügen. Die Lokalpresse äußerte sich ausgesprochen positiv über die Vortragenden. Anhand der folgenden Rezension wird aber deutlich, dass selbst wissenschaftliche Vorträge auf Lacher im Publikum abzielen:

Gleich zu Beginn der zweiten Vorrunde wurde das Auditorium Augen- und Ohrenzeuge eines fulminanten Vortrags von Professor Jens Hoffmann. Titel des Vortrages war „Psychologie von Stalkern, Risikoeinschätzung und Fallmanagement". Beeindruckend war die Lässigkeit, mit der Hoffmann mit einem halb gefülltem Weizenbierglas, in schwarzer Hose, schwarzem Jacket und weißem Hemd auf die Bühne schlenderte. Sein Vortrag war stringent, prägnant und unterhaltsam; er ging in Interaktion mit dem Publikum. Zum Schluss plädierte Hoffmann für eine Zwangstherapie von Stalkern, da diese zumeist keine Krankheitseinsicht hätten. (aus: Wissenschaft kann auch fröhlich sein, Darmstädter Echo 02.10.2006)

Auch in Hamburg finden seit 2009 halbjährlich „Science Slams" statt. Interessant ist, dass hier im Gegensatz zu literarischen Poetry Slams Gesprächsrunden zur Anschlusskommunikation geplant werden:

Wissenschaft als Bühnenstück, das soll in Hamburg keine Eintagsfliege bleiben. Es soll wieder einen Science Slam geben, sagt Julia Offe – am besten mit „Platz für anschließende Gesprächsrunden", aber ohne sauna-ähnliche Zustände (www.spiegel.de/unispiegel/wunderbar/0,1518,625410,00.html)

Eine stärkere Verfremdung des Poetry Slam-Formats ist der „Book-Slam", der laut der gleichnamigen Homepage (vgl. www.bookslam.de) von Stephanie Jentgens von der Akademie Remscheid entwickelt worden ist. Die Regeln des Poetry Slam werden hier dazu benutzt, um Bücher vorzustellen. Allerdings handelt es sich nicht um selbstgeschriebene, sondern um bereits veröffentlichte Werke. Der Book-Slam wird daher auch als „Veranstaltungsform der Leseförderung" (ebd.) verstanden und gehört nicht zu Aktivitäten der „Slamily", sondern der Bibliotheken oder schulnahen Veranstalter. Im Vordergrund stehen Präsentationsformen, die innerhalb eines Zeitlimits von drei Minuten erfolgen sollen und durchaus mit Props angereichert sein können: Jugendliche bereiten zu ihrem Lieblingsbuch z. B. ein Quiz vor, drehen einen Werbespot oder führen ein fiktives Interview mit dem Buch oder dem Autor.

Noch offener sind Veranstaltungen wie das von Georg Büsch organisierte Salzburger „Lyrik-Atelier" (www.sternenkino.at/alt/filme/inliebe.htm), bei dem Slam Poetry nur den roten Faden bildet, auf der Bühne aber auch künstlerische Aktivitäten wie Action Painting und Kurzfilm-Präsentationen stattfinden, oder aber die von Lino Wirag unter dem Namen „Live.Poetry" präsentierten Action-Writing-Duelle in Pforzheim, bei denen zwei Poeten an je einem Laptop auf der Bühne sitzen und nach den aus dem Publikum vorgegebenen Wörtern live ihre Texte schreiben und vorlesen (vgl. www.linowirag.de/vita.htm).

Die von Bas Böttcher entwickelte „Textbox" (www.textbox.biz) ist ein schalldichter Raum, in dem ein Poet in ein Mikrofon spricht. Die Zuschauer setzen sich die an der Box angebrachten Kopfhörer auf, um die Stimme des Poeten zu hören. Durch Plexiglas sehen sie die Körpersprache des Künstlers. Böttcher lädt in seine Textbox gezielt Slam-Poeten, aber auch Schriftsteller ein. Die Präsentationen erfolgen nacheinander, ohne dass ein Wettbewerb stattfindet. Die Textbox hat sich als geeignete Präsentationsform von gesprochener Dichtung auf (Buch-)messen und Open-Air-Veranstaltungen erwiesen (vgl. dazu auch Anders/ Krommer 2007), da die Poesie akustisch sauber übermittelt und nicht durch andere Geräuschequellen verwässert wird.

Poesie als reine Aufführungskunst ohne Stimme, nur per Gestik und Mimik, sieht man bei Gebärdensprachpoesiefestivals, die im deutschsprachigen Raum in Berlin und in Bern (Schweiz) stattfinden. Das Festival ist ein wichtiger Bestandteil der Gehörlosenkultur in Deutschland, vor allem im Zusammenhang mit der Anerkennung der Gebärdensprache und dem zunehmenden Gebärdensprachbewusstsein der deutschen Gehörlosengemeinschaft (www.gehoerlosenbund.de). Erstaunlicherweise gleicht das Format des Poesiefestivals der Gebärdensprache fast exakt dem des Poetry Slam, obwohl zwischen beiden Szenen ursprünglich keinerlei Absprachen oder persönliche Kontakte bestanden.

In der Schweiz gibt es hingegen eine stärkere Zusammenarbeit, die auch den Jugend-Poetry Slam betrifft.

Die deutschsprachigen Meisterschaften der Gebärdenpoesie finden seit 1991 durch die Initiative von Gunter Trube alle zwei Jahre statt; im Mai 2006 wurde das 6. Gebärdensprachfestival in Berlin veranstaltet. Im Wettbewerb um einen symbolischen Preis – die „Goldene Hand" – präsentieren gehörlose Poeten ohne Einsatz der Stimme und ohne Kostüme und Requisiten Geschichten und Gedichte. „Die Gestaltung der Beiträge ist frei, sie können humorvoll, tragisch erzählen, Erfundenes oder Erlebtes darstellen"(vgl. http://sprachennetz.blogspot.com/2006_03_01_archive.html).

Die tatsächlich performten Beiträge von 2006 tragen Titel wie „Gehörloser der Zukunft", „Identität", „Wir sind Deutschland!" oder „Das Wunder Gottes" (vgl. www.nehrke-clan.de/weltgebaerdensprachfestival2006.htm), die darauf hinweisen, dass sich die Gehörlosen darin mit ihrer Stellung in der Gesellschaft auseinandersetzen.

Workshops zur Gebärdensprachpoesie bereiten die Teilnehmer auf das Festival vor; einige Gehörlose arbeiten als sogenannte Poesiedarsteller. Die möglichst fließende Verbindung der einzelnen Gebärden ist ein Kriterium für eine gelungene Performance.

Die Teilnehmer sind in die folgenden Gruppen eingeteilt: Männer, Frauen, Gruppen (Teams), Profis. Als Profis zählen diejenigen, die bereits Preise bei Gebärdensprachfestivals im In- und Ausland (z. B. Skandinavien, wo es eine aktive Workshop- und Festivalkultur der Gebärdensprachpoesie gibt) gewonnen haben. Die einzelnen Gruppen treten gesondert an. Auch ein Kinder- und Jugendwettbewerb ist dem Wettstreit der Erwachsenen angeschlossen, in dem um das „Goldene Händchen" gebärdet wird. 2006 nahm bereits ein Dreijähriger mit einem Beitrag über einen Uhu teil. Wie beim Poetry Slam stimmt eine willkürlich gewählte Publikumsjury über den besten Poeten ab.

Wie auch bei den Poetry Slam-Meisterschaften treten mehr Männer als Frauen im Wettbewerb an; in der Profi-Gruppe 2006 gab es sogar ausschließlich Männer. Insgesamt ist die Teilnehmerzahl jedoch sehr gering: So bestand die Männer- wie die Frauengruppe aus je drei Einzelkandidaten, die Team-Gruppe aus nur vier gemischten Teams und die Profi-Gruppe aus fünf Einzelteilnehmern.

Die Organisation des Gebärdensprachfestivals scheint noch demokratischer als die der Meisterschaftern durch die „Slamily" zu sein: Für das 7. Festival 2008 wurde – wahrscheinlich auch aufgrund des Todes des Organisators Gunter Trube 2007 – ein Ideenwettbewerb ausgeschrieben, bei dem es um neue Impulse für die Regeln des Wettbewerbs geht. Unter anderem wird darüber nachgedacht, wie der Wettstreit zwischen Hörenden und Gehörlosen zu integrieren ist. Hörende sind bisher nur insofern als aktive Teilnehmer zugelassen, als sie zur Gruppe der CODA – Children of deaf adulds (Kinder gehörloser Eltern) gehören. Außerdem sollen die

Bewertungskriterien der Jury optimiert werden (vgl. www.gehoerlosenbund.de)

Das „Alzpoetry-Projekt" (www.alzpoetry.com) wurde 2004 von Gary Glazner in New York gegründet und findet in rund 70 Altersheimen und seit 2009 auch in Deutschland statt[4]. Das Projekt ist kein Poetry Slam, es arbeiten aber Jugendliche der Poetry Slam-Workshops mit. Die Veranstaltung ist für alle Beteiligten höchst erfreulich und produktiv: Die Jugendlichen lernten klassische Gedichte kennen und vor einer Zuhörerschaft vortragen. Um die Demenzkranken zu erreichen, müssen sie ihren Vortrag möglichst lebendig und publikumsorientiert, das heißt mit starker Mimik und Gestik und effektvollen Pausen und spannungsreicher Dramaturgie gestalten. Die demenzkranken älteren Menschen erkennen die von ihnen noch zu Schulzeiten gelernten Verse wieder, erfreuen sich an deren Bildkraft, Klang und Rhythmus und an Situationen, auf welche die sprachlichen Bilder übertragen werden können. Der Verstehens- und Erinnerungsprozess wird durch den moderierenden und vortragenden Performance Poeten sehr gut unterstützt.

---

[4] Eine der Veranstaltungen wurde von der Verfasserin am 7. August 2008 selbst beobachtet und verlief wie folgt: Das Pflegepersonal eines Seniorenheimes brachte circa 15 ältere Menschen in einem Gesellschaftsraum zu einem Stuhlkreis zusammen und kündigte die Veranstaltung an. Der Performance Poet betrat mit vier bis fünf Jugendlichen den Raum und machte sich persönlich per Händedruck und einem kurzen Gespräch mit den älteren Zuhörern bekannt. Sodann begann er bekannte Verse von Shakespeare zu rezitieren und fragte die ältere Generation, ob ihnen das bekannt sei. Sehr schnell reagierten einige Zuhörer mit Kopfnicken und Lächeln, zwei Teilnehmerinnen begannen in die Hände zu klatschen und eine ältere Frau setzte sogar mit dem nächsten Vers ein. Nacheinander kamen die Jugendlichen in die Mitte des Stuhlkreises und trugen sehr lebendig ein von ihnen jeweils ausgewähltes Gedicht vor. Der Performance Poet wiederholte für alle den Refrain und lud die älteren Menschen ein, den Refrain mit ihm zusammen zu sprechen, wobei er jeweils eine Zeile vorgab, welche die Zuhörer dann im Chor mitsprechen sollten. Dies ermöglichte eine besonders intensive Stimmung in der Gruppe.
Nach einigen weiteren Übungen (Verse erraten, zu zweit aufstehen und nach einem rhythmisch gesprochenen Refrain Tanzbewegungen machen etc.) regte er an, dass alle gemeinsam ein Gedicht entwickeln könnten. Dazu befragte er jeden in der Runde: „Was war das Schönste, was du in deinem Leben gesehen hast?" Die älteren Menschen reagierten unverzüglich und nannten einen wichtigen Eindruck ihres Lebens: Eine Frau erzählte zum Beispiel von dem ersten Lächeln ihres Kindes oder ein Mann beschrieb, wie er nach dem Zweiten Weltkrieg in seinen Heimatort in Polen zurückkehrte und sein Elternhaus inmitten der Zerstörung noch stand. Der Performance Poet filterte jeweils ein Schlüsselwort aus den Antworten heraus und ließ dieses auf einem Blatt von einem der Jugendlichen notieren. Am Ende der Veranstaltung improvisierte er aus den 15 genannten Begriffen ein Gedicht.

1.1.3 Mediale Adaptionen

Der Poetry Slam bringt nicht nur neue Veranstaltungsformen hervor, sondern wird auch von unterschiedlichen Medien adaptiert: Buch, Film und Fernsehen bieten neue Distributionswege und steigern die Anerkennung und den Bekanntheitsgrad der Poeten. Slam-Poeten veröffentlichen ihre Werke auch gern in neuen Medien wie der Plattform „YouTube" im Internet, vertreiben Hör- und Printbuch-Mixturen oder sie benutzen Videopublikationen. So passen sie mit ihren intermedialen Präsentationen gut in den Trend des audiovisuell geprägten Medienzeitalters.

Die Filmaufnahmen gehören im Gegensatz zur Live-Aufführung und zum Buch zu den audiovisuellen Medien, da sie „technisch erzeugte Verbindungen von bewegten Bildern und Tönen" (Frederking et al. 2008, 141) sind. Sie sind den Musikvideoclips sehr ähnlich, die ursprünglich ein „mit filmischen Mitteln repräsentiertes Musiktheater" (Weiß 2007, 21) waren, das sich aus Musikfilmen entwickelt hat und zur kostengünstigen Alternative zu Konzerttourneen und Live-Auftritten wurde. Die Musikindustrie unterscheidet performative, narrative und konzeptuelle Videoclips voneinander. Während narrative Clips eher Geschichten erzählen und Konzeptvideos visuelle Szenarien zu oder gegen die eingespielte Musik entwerfen, bringen in performativen Clips eine oder mehrere Personen mit Hilfe von Playbackverfahren ein Lied zur Aufführung: Diese Clips fungieren eher als Verkaufsinstrumente. Die Live-Mitschnitte von Slam-Poeten, die auf YouTube zu sehen sind, dienen hauptsächlich dazu, Präsenz in der Slam-Szene zu zeigen und von Veranstaltern gebucht zu werden. Merkwürdigerweise bringen Verlage zwar CD- und Print-Mixturen einzelner Poeten heraus, jedoch keine DVD-Print-Mixturen. Dabei ist die Produktion denkbar einfach: Ein Kameramann nimmt aus dem Zuschauerraum oder von einer Position auf der Bühne den performten Slam-Text auf, der Zuschauer des Mitschnittes kann bei der Betrachtung vor- und zurückspulen und einerseits die durch den Poeten inszenierte Aufführung genauer und wiederholt rezipieren, andererseits erfährt er auch etwas über die Inszenierung des Auftritts durch den Kameramann oder, falls vorhanden, den Regisseur.

Dass nicht der Poetry Slam selbst, sondern vor allem die aus ihm hervorgegangenen Medien das Format und seine Akteure bekannt und beliebt gemacht hat, zeichnet für den amerikanischen Poetry Slam die Autorin O'Keefe Aptowicz (2008) nach: So begann die erste Welle des New York Poetry Slam (1990–1996) damit, dass Bob Holman Bücher besonders erfolgreicher Slam-Poeten veröffentlichte. Das Debut (Beatty 1991) machte Paul Beatty, der als erster den amerikanischen National Poetry Slam gewonnen hatte:

Holman made the Nuyorican slam a promise land for emerged NYC poets with book publication on the brain [...] and they started coming to the Nuyorican with the distinct expectation that the slam could have a real effect on their careers (O'Keefe Aptowicz 51/62).

Mit „Aloud" veröffentlichten Holman und Algarin (1994) die erste Anthologie mit Texten, deren Autoren auf Poetry Slams auftraten. Miguel Algarin war und ist der Betreiber des weltweit bekanntesten und unter Slam-Akteuren legendären Poetry Slam-Austragungsorts, dem „Nuyorican Poets Café" in New Yorks East Village, der sich nicht zu fein dafür ist, auch bis heute regelmäßig als Türsteher in seinem Club zu arbeiten. In dieser Funktion lernte die Verfasserin ihn im folgenden Wortwechsel kennen:

P. A. „*Hi, I do research about the history of Poetry Slam.*"
M. A.: „*I am the history of Slam!*"

In der Anthologie findet man auch Dichter, die nie bei einem Slam aufgetreten sind oder die bereits verstorben waren, als der erste Slam in New York 1988 begann. Ausschlaggebend für einen Abdruck in „Aloud" war, „that the poetry [...] was vibrant, urban and practically begged to be read out loud" (O'Keefe Aptowicz 2008, 92). Das Buch ist bis heute durch seine guten Rezensionen sehr erfolgreich:

The popularity of the book was helped not only by the numerous spoken word TV projects, but by the friendly press it received, which praised the diversity of the voices and the freshness of the poetry as well as the book's substantial heft. The book went on to be selected by the NYPLibrary as a Best Book for High School Students and won the 1994 American Book Award (Ebd., 91).

„Aloud" war für viele Poeten in den USA ein Einstieg in die Slam-Szene und in das Konzept eines Poetry Slam. Das Buch war 2007 in seiner 20. Auflage und ist immer noch sehr populär, vor allem bei Schülern und Studenten, die damit auch für Vortragswettbewerbe („speech competitions") arbeiten. In Deutschland erschien in einem ähnlichen Konzept die Anthologie „Poetry! Slam! Texte der Popfraktion" (Neumeister/ Hartges 1996), bei der ebenfalls „weniger die faktische Slam-Teilnahme von Autoren als die Slam-Tauglichkeit von Texten [entschied]" (ebd. 14). Der Band ist in der Slam-Szene aus eben diesem Grund verpönt. Allerdings ist das Buch in seiner Machart stilbildend für die nächsten Anthologien zur Slam Poetry geworden: Es fügt den Texten Fotos und Anmoderationen zu den Autoren bei, im Vorwort wird auf den lokalen Slam in der Nähe des Lesers verwiesen („Support your local fanzine, join your local slam!", ebd., 15) und das Layout enthält Symbole, die auf das Veranstaltungsformat verweisen, wie z. B. das Mikrofon, das in Neumeister/ Hartges wie ein Gütesiegel auf der Titelseite prangt. Bei genauerem Hinsehen wird deutlich, dass das Layout sogar ganz individuell für jeden der Künstler gestaltet wurde – so viel Mühe gaben sich die Herausgeber der dann folgenden Anthologien der Slam-Szene nicht. Interessant an dem Buch ist außerdem, dass der Slam-Text „Arschloch 96" von Wolf Hogekamp (ebd., 69) enthalten ist, der die Anfänge des Poetry Slam in Deutschland markiert: Hogekamp war Betreiber des Berliner Clubs „Ex 'n Pop", wo Priscilla Be und Rick Maverick die ersten Poetry Slams in Berlin veranstalteten. Er las anfangs als einziger deutschsprachiger Autor vor englischsprachigen Zuhörern und Autoren – und von dieser Zeit zeugen die zahlreichen englischen Songtextzitate sowie Redewendungen in seinem Text.

Einschlägig für die Slam-Szene wurden die beiden Bände Planet Slam (Bylanzky, Patzak 2002, 2004) in der ausschließlich Texte von Slam-Poeten abgedruckt wurden, die auf dem Münchener Poetry Slam aufgetreten waren. Sie erreichten jedoch keine Absatzzahlen wie der amerikanische Bestseller „Aloud".

Zu den gedruckten Medien gesellten sich in Deutschland schnell die Hörmedien: Die Aufnahmen der 2001 in Hamburg ausgetragenen deutschsprachigen Meisterschaften wurden als CD veröffentlicht (Hoffmann und Campe 2002). Alex Dreppec et al. geben Aufnahmen von drei der sehr gut besuchten Darmstädter „Dichterschlachten" in hervorragender Qualität auf CD heraus (www.dreppec.de/publikationen.html) und inzwischen finden sich für jedermann kostenlos zugängliche Hörproben auf zahlreichen Webpages der Slam-Poeten bzw. der Slam-Veranstalter (vgl. z. B. www.spokenwordberlin.net.)

Weit wichtiger als Print- und CD-Anthologien unterschiedlicher Slam-Poeten ist für den Erfolg einzelner Poeten die Veröffentlichung einer eigenen Textsammlung in anerkannten Verlagen. Der Verlag Voland & Quist (Verlagsprogramm unter www.voland-quist.de) spezialisiert sich seit seinem Bestehen im Jahr 2004 auf Spoken Word- Poetry und gibt CD- und Text-Mixturen einzelner Poeten aus der Poetry Slam-Szene (wie z. B. Nora Gomringer und Bas Böttcher) und der Lesebühnen (wie z. B. michaEbeling und Volker Strübing) heraus. Während die Nähe zur Poetry Slam-Szene in der ersten Zeit noch ein positives Alleinstellungsmerkmal dieses Verlages sowie der dort veröffentlichten Poeten war, wird zunehmend Distanz gewahrt: In Nora Gomringers neuestem Gedichtband (2008) wird im Einband lediglich erwähnt, dass die Autorin Kontakte zu der Performance-Poetry-Szene in den USA hatte, während ihre Tätigkeit als Slam-Masterin in Bamberg und ihre Teilnahme an diversen Poetry Slam-Meisterschaften unberücksichtigt bleiben. Während Böttcher 2006 auf der Autorenseite des Verlages noch angekündigt wird als ein Poet, der „[i]n der deutschsprachigen Gegenwartslyrik exemplarisch für die lebendige Szene der Lesebühnen und Poetry Slams" stehe, besagt der Pressetext zu seinem zweiten Gedichtband, dass er zwar ein „einstmalige[r] Mitbegründer der deutschsprachigen Poetry-Slam-Szene" sei, nun aber „nun zunehmend ernstere Töne" (www.voland-quist.de, Suchbegriff: Bas Böttcher: Neonomade. Zum Autor) anschlagen würde.

  O'Keefe Aptowicz' Beobachtung, dass der Poetry Slam als Sprungbrett für Autoren dient, die sich mit zunehmendem eigenen Buch-

Erfolg von der Bewegung der gesprochenen Poesie distanzieren, dürfte auch auf die deutschsprachige Szene zutreffen.

Bob Holman und Bill Adler brachten in den Achtziger Jahren ein neues Element in den Poetry Slam in New York: Durch ihr Platten-Label „Nuyo Records" ermöglichten sie den Poetry Slammern, erfolgreich in Filmaufnahmen zu werden. Holman ist berühmt-berüchtigt dafür, dass er schon in den Anfangsjahren des New Yorker Poetry Slams den Fernsehsender MTV in das Nuyorican Poets Café holte. Zusammen mit Joshua Blum nahm er bereits 1988/89 Ausschnitte seines Poetry Slams im Nuyorican Poets Café auf Video auf. Die Unterschiede zwischen der Live-Veranstaltung und dem Video waren jedoch sofort offensichtlich:

So we videotaped this night, and it was a fantastic night, but the video came out terrible, just because it wasn't the same thing. And the trick was, well, how can we find the language to translate this to television? (Blum, in: Cristin O'Keefe Aptowicz 2008, 78).

Sie arbeiteten dann mit Joel Blumsack und Rick Reta zusammen, die für Fernsehsender Kurzdokumentationen machten und einzelne Poeten während einer gesonderten Veranstaltung für das Video filmten und die Clips verfremdeten: „[T]hey create psychedelic backgrounds with this little Atari computer [...]. And it really sort of captured the whole spontaneity, the spirit of it" (ebd.). Blum und Holman drehten mit den zu dieser Zeit beliebtesten circa zwölf Poeten wie Maggie Estep und John S. Hall ein ganzes Videotape und realisierten mit Mark Pellington die Reihe „Words in your face", die als erste Poetry-Clip-Produktion im Filmformat gilt: „And you know, this was the first time anyone had tried to bring production standards to poetry" (ebd., 80). Aus Sicht der performende Poeten war dieses Format zwar umstritten, sie nahmen jedoch teil. Die Poeten mussten ihre Texte extrem kürzen, es wurde insgesamt mehr auf schnell erfassbare Effekte statt auf Inhalt oder Ästhetik des Textes gesetzt:

The first poem I did was „Hey Baby" and it's like a three-minute poem, and it had to be thirty seconds, and I just couldn't. They had to do thirty takes of me doing the poem faster and faster and faster, until finally the final product was utterly incomprehensible. [...] [T]hey shot in a way that looks cool, they shot at Coney Island under the boardwalk, so it looked good. The poems didn't really matter to them (Maggie Estep, in: ebd., 69).

Nach der Serie „Words In Your Face" wurden zwei Staffeln „Spoken Word Unplugged" ausgestrahlt, die dann jedoch eingestellt wurden. Holman und Blum arbeiteten parallel an der Umsetzung ihres Projektes „The United States of Poetry", in dem sie unterschiedliche Stimmen Amerikas zusammenbrachten.

An diese Tradition knüpft 2007 der deutsche Filmemacher Rolf Wolkenstein mit der Video-Clip-Sammlung „Young American Slam Voices" an (2007).

Die fünf Videos von erfolgreichen Poeten der amerikanischen Poetry Slam-Szene zeigen die Künstler auf der Bühne der „Green Mill" in Chicago, in dem New Yorker „Bowery Poetry Club", sowie Aja-Monet, die am Union Square in New York City ihren Text performt.

Seit 2000 arbeitet Rolf Wolkenstein zusammen mit Bas Böttcher und Wolf Hogekamp an den sogenannten „Poetry Clips", von denen Hogekamp und Böttcher 2005 die erste Sammlung auf DVD veröffentlichten (Hogekamp/ Böttcher 2004). Auch wenn es selbstverständlich zahlreiche verschiedene Möglichkeiten gibt, Poesie zu verfilmen (vgl. z. B. den Animationsfilm zu Gabriel Vetters Text „Conny ihr Pony" unter www.youtube.com/watch?v=I-msySE1pK4), hat sich in der Poetry Slam-Szene das Konzept dieser Poetry Clips bis heute durchgesetzt: Wenn Poeten eine Verfilmung eines Slam-Textes planen, dann nehmen sie Kontakt mit Wolf Hogekamp auf oder Hogekamp spricht selbst Poeten an, wenn er deren Texte interessant für eine filmische Umsetzung findet. Das folgende Verfahren ist dann für den Dreh typisch geworden:

- Die Autoren sprechen die Texte selber;
- Hilfsmittel wie Kostüme und Requisiten sind erlaubt, da der Wettbewerbscharakter entfällt;
- ein Poetry Clip ist keine bloße Sichtbarmachung einer Bühnenperformance – eine Bühne wird in keinem der Clips gezeigt – sondern ist eine eigene, für den Zweck des Videos gedrehte künstlerische Aufführung vor neuer Kulisse.

Dass „die Autoren ihre Texte sprechen und sich dabei so inszenieren, als seien sie Stars, die sich für MTV oder VIVA ins Zeug legen müssen, um ihren aktuellen Hit in die Charts zu bringen" (Porombka 2006, 232), ist nur bei den wenigsten Clips (z. B. bei den Poetry Clips von Preckwitz und Böttcher) zu beobachten. Porombka betrachtet die Poetry Clips weiterhin als „Clip-Art" und grenzt sie von anderen heutigen feuilletonistischen sowie von journalistischen und dokumentarischen Kurzfilmen ab:

Denn bei allen soeben aufgezählten Formaten (vom Porträt im Feuilleton bis zum Clip in aspekte) kommt der Autor zwar ins Bild. Doch scheint es ihm verboten, Kontakt mit der Kamera aufzunehmen. Er muss immer so tun, als sei sie nicht anwesend. Nur so wird literarische Innigkeit, das Bei-sich-Sein und Beim-Text-Sein des Autors inszeniert. [...] Medienhistorisch gesehen geht der Autor damit [d.i. mit den Poetry Clips] in die Offensive [...]. Poetry Clips inszenieren also nicht nur Autorschaft. Sie setzen das Inszenieren selbst in Szene (Porombka 2006, 232).

In den Poetry Clip-Inszenierungen spielen die gewählten Kulissen eine wichtige Rolle: Sie greifen die Vergänglichkeit der mündlichen Darbietung thematisch auf, da viele Clips an Orten spielen, die nur eine begrenzte Zeit eine Rolle in der Stadtlandschaft spiel(t)en: Der Poetry Clip von Bas Böttcher ist vor dem „Haus des Lehrers" am Alexanderplatz in Berlin aufgenommen worden. Das Haus aus der ehemaligen DDR wurde während der Drehzeiten renoviert. Der „Chaos Computer Club Berlin" stattete die Etagen des Hochhauses vorübergehend mit der Videoinstallation aus, die im Hintergrund des Poetry Clips zu sehen ist. Sie illustriert den Inhalt des Textes „Hi Tec", der die Möglichkeiten der Computertechnik beschreibt. Sebastian23 slammt vor dem Reichstag, dessen Warteschlange sich ständig verändert, Wolf Hogekamp spricht in „Drogen" auf dem ehemaligen S-Bahnhof Lehrter Straße, wo heutzutage der Hauptbahnhof steht und Hogekamps neuester Clip „Es regnet Ponys" (noch unveröffentlicht) spielt vor dem im Abriss begriffenen Palast der Republik, Lars Ruppel und sein Team Renato Kaiser und Sebastian23 sind in „Über den Linden" auf der historischen Flaniermeile zum Brandenurger Tor zu sehen und Xóchil Schütz spricht einen Text im Pergamon Museum (www.youtube.com/watch?v=MqwyxPDtw-o). Die Poetry Clips sind also auch als Berlin-Geschichte interessant, da sie unterschiedliche Facetten einer Stadt zeigen und die Großstadt als Kulisse verwenden.

Die 21 auf DVD vertriebenen Poetry Clips erreichten vor allem die Zielgruppe Lehrer und Schüler (vgl. das Angebot der Schullizenzvertreiber unter www.lingua-video.com).

Seit einige Poetry Clips jedoch kostenlos online unter YouTube abzurufen sind (www.youtube.com/spokenwordberlin?gl=DE&hl=de) und auch zahlreiche neue Poetry Clips (z. B. Frank Klötgen: Will Kacheln, Nora Gomringer: Du baust einen Tisch) produziert worden sind und auf diesem Kanal von spokenwordberlin online zur Verfügung stehen, ist das Interesse an dem Medium gewachsen und führt Interessierte auch zum Live-Format zurück. Auch berichtete Hogekamp, dass er mit Lars Ruppel Kombinationen aus Kinovorführungen der Poetry Clips und Slam-Auftritten der im Clip zu sehenden Poeten durchgeführt hätte, und dafür ein auffallend großes Publikum gewinnen konnte (Interview mit der Verfasserin am 10. Juni 2009 in Berlin).

Ein Nachteil aller Live-Mitschnitte und Clip-Produktionen ist, dass weder den Charme des Live-Auftritts, noch den Wettbewerbsaspekt des Poetry Slam abbilden.

Dieses Manko versucht der Dokumentarfilm „Slam Nation" (Devlin 1998) auszugleichen. Der Regisseur Paul Delvin ist ein mit fünf Emmys ausgezeichneter Sportberichterstatter, der den Fokus seiner Betrachtung auf den Wettkampfgedanken ausrichtete. Er begleitete das New York National Team, bestehend aus Saul Williams, Beau Sia, muMs da Schemer und Jessica Care Moore, zum National Poetry Slam 1996 in Portland (Oregon). Der Film zeigt Ausschnitte aus den Vorrunden, dem Halbfinale und dem Finale, wobei die Kamera hauptsächlich die Poeten während der Performance aufnimmt. Als Bindeglied zwischen den einzelnen Auftritten werden Interviews mit bekannten Poeten der Szene wie Taylor Mali oder Marc Kelly Smith eingeblendet, die die Auftritte ihrer Kollegen kommentieren bzw.

über ihre eigenen Chancen im Wettbewerb sprechen. Einzelne Sequenzen wie ein Ausschnitt aus dem Slam-Master-Treffen, das traditionell am Vormittag vor dem Finale stattfindet, sowie ein Grillabend mit dem gemeinsamen Baseballspiel zeigen, wie die „Slamily" als Gemeinschaft funktioniert. Interessant sind die unterschiedlichen Abspielvarianten auf DVD: Wählt man die Kommentarfunktion, dann wird der gesamte Film mit Erläuterungen von Marc Smith und Taylor Mali unterlegt. Die Dokumentation wirkt dann tatsächlich wie ein Sportbericht. Die einzelnen Textaufführungen sind im „Special Play"-Modus abspielbar, d. h. dass, während der Film läuft, die Möglichkeit besteht, jede Performance in voller Länge anzuschauen und erneut in den Film zurückzuspringen.

Diverse Zeitungen lobten Devlins Film. Die Rezensenten betrachteten Poetry Slam durch den Film als populären Mainstream:

Filmmaker Paul Devlin's 1998 documentary SlamNation, [is] a high-energy story... its new DVD from Docurama shows how open-mic poetry has crossed over into mainstream culture much like Jazz and Hip Hop. It's also become a worldwide phenomenon (http://slamnation.com/Links Archive/REVIEWS/CinciCityBeat/artsbeat.shtml.htm).

Sie zweifelten aber daran, dass Slam Poetry je von der akademischen Welt wahrgenommen werden würde.

And if the emerging stars of this frenetecally high-powered oral literary genre are unlikely to supplant the long-running legends of world literature in academic status, they have helped make poetry sexy again in a way it hasn't been since the heyday of the Beats (ebd.).

Das deutsche Pendant dazu ist der für den Fernseh-Sender „Arte" gedrehte Film „Slam Revolution" (Wolkenstein 2007), der „die erste Film-Dokumentation [ist], in der die Entstehung, Entwicklung und globale Verbreitung des Erfolgsformats Poetry Slam konsequent beleuchtet wird" (www.slamnation.de). Der Film vermittelt auch den nicht der Poetry Slam-Szene zugehörigen Zuschauern einen interessanten Einblick in das globale Netzwerk und die Poetik des Poetry Slam – inklusive des U20-Poetry Slam. Nach seiner Fernsehausstrahlung wurde er u. a. auch an Schulen vertrieben (vgl. www.lingua-video.com) und in Workshops zum Poetry Slam benutzt. Bislang ist ihm jedoch nicht der Erfolg seines amerikanischen Vorgängers „Slam Nation" beschieden.

Die Serie „Def Poetry" war von 2002 bis 2007 eine Fernseh-Show, die von Russell Simmons produziert und durch Mos Def moderiert wurde. In der Sendung traten bekannte Slam-Poeten wie Beau Sia oder Taylor Mali auf, aber auch unbekannte Spoken Word-Künstler und Musiker wie Lou Reed, Kanye West und Alicia Keys trugen ihre Texte vor. Es galten zwar keine Regeln eines Poetry Slam, auch gab es keinen Wettbewerb, aber die Serie hatte durch die dort auftretenden Poeten Bezüge zur Poetry Slam-Szene.

In Deutschland strahlt der Fernsehsender WDR (www.wdr.de/tv/poetryslam) seit Februar 2007 ein Mal wöchentlich am Sonntagabend vier Staffeln mit je über 20 Runden aus, in denen Slam-Poeten, die z. B. bei der Darmstädter Dichterschlacht 2006 bzw. den deutschsprachigen Meisterschaften 2007 ausgewählt worden sind, im Wettbewerb mit dreiminütigen Beiträgen auftreten. Das Format des Poetry Slam wurde komplett übernommen und wirkt trotz der Studioatmosphäre recht lebendig. Die Fernseh-Show wird von Jörg Thadeusz moderiert und hat – wie im ursprünglichen Jazz-Club „Green Mill" in Chicago – auch eine Jazz-Band. Diese spielt die Musik zwischen den Auftritten live ein und bringt nach exakt drei Minuten einen Musikeinsatz, wenn Poeten das Zeitlimit überschreiten. Das Publikum, das in der Show auf dem Boden zu Füßen des Slam-Poeten sitzt, stimmt per Applaus über die Aufführungen ab.

Von verschiedenen, meist nicht aus der Slam-Szene stammenden Personen werden auch Online-Slams angeboten. Hier finden sich zwei Tendenzen: Entweder, es steht ein kommerzielles Interesse hinter dem Online-Slam und eine Marke wirbt mit dem populärer werdenden Poetry Slam für ihr Produkt:

Die Flatrate-Marke BASE [...] startet ab sofort auf Max Online einen Poetry Slam. Jeder kann dort beweisen, dass er das Zeug zum Poetry Slammer hat. Einfach ein Video mit einem selbstverfassten und selbst vorgetragenen Text aufnehmen und auf www.max.de hochladen (www.dsl-24.com/news/Base.html?nid=784).

Die andere Tendenz ist, dass Anbieter von Online-Slams mit dem Internet auf die Poetry Slam-Szene verweisen, wie z. B. der ArteWebSlam (www.arte.tv/de/kunst-musik/Poetry-Slam/WebSlam/1765212.html), bei dem die Gewinner einen Startplatz für die jährliche, auf „Arte" übertragene Berliner SlamRevue (Veranstalter: Martin Jankowski) bekommen.

Ein ausgezeichnetes intermediales Mittel zur Verknüpfung von Live-Veranstaltung und Internet, Poeten und Publikum ist ein Blog, wie er z. B. zu der Berliner Poetry Slam-Szene vorliegt: http://www.slamminpoetry.de. Die Betreiber des Blogs sind weder Slam-Poeten noch Veranstalter, sondern Zuschauer. Das Publikum erhält also die Möglichkeit, differenzierte Kommentare zu posten und eigene Wahrnehmungen auszutauschen. Trotzdem mutiert die Webseite nicht zum „Fan-Blog": Es vereinen sich sehr benutzerfreundlich Ankündigungen zu Poetry Slam-Veranstaltungen, kritische Zuschauerkommentare und Reviews, Live-Mitschnitte von Textperformances und Poetry Clips sowie Texte der Autoren. In einem solchen Blog-Format könnte die Zukunft der intermedialen Verknüpfung aller am Poetry Slam beteiligten Akteure und aller eingesetzten Medien liegen.

1.1.4 Frühere Dichterwettbewerbe

In der Literaturgeschichte gibt es zahlreiche Bezüge, die zum Poetry Slam und zur Slam Poetry hergestellt werden können:

Im historisch orientierten Literaturunterricht kann man Slam-Texte zum Ausgangspunkt machen für eine Reise in die Geschichte der oralen Dichtung, die vom Minne- und Meistersang, über die Kabarett- und Bühnendichtung des frühen 20. Jahrhunderts (Surrealismus, Dadaismus) und weiter zur Beat Generation bis hin zur Konkreten Poesie reicht (Abraham/ Kepser 2009, 154).

Auch in Veröffentlichungen zum Poetry Slam finden sich oft Anspielungen darauf, dass dieser Dichterwettbewerb eine lange Tradition habe:

„Slam Poetry ist nix Neues", beginnt Peter O. Chotjewitz sein Vorwort zur Anthologie „Kaltland Beat" von 1999 und verweist auf die „Jahrhunderte lange Tradition von Dichterwettkämpfen von der Antike über die europäischen Wettbewerbe der Meistersinger bis zu improvisierten Vortragswettbewerben auf den Marktplätzen von Sardinien den 1970er Jahren" (www.kultur-hessen.de/de/Szene/Poetry_Slam=21/index.phtml).

Hier wird auf die antiken und mittelalterlichen Bezüge näher eingegangen, da diese gerne ohne genauere Prüfung mit dem heutigen Veranstaltungsformat Poetry Slam gleichgesetzt werden:

Tatsächlich war im antiken Griechenland ein Dichterwettkampf eine „ganz alltägliche Begebenheit" (Heldmann 1982, 11) – doch glich er lediglich dadurch dem Poetry Slam, dass ein Wettbewerbsgedanke zwischen Dichtern während des Vortrags eine Rolle spielte. Ähnlichkeiten mit den Regeln des Poetry Slam finden sich hingegen nicht darin wieder.

Der erste überlieferte Wettkampf ist der in der Illias zwischen Thamrys und einem anderen Sänger. Berühmt wurde der anonym in der Schrift „Certanem Homeri et Hesiodi" geschilderte Wettstreit zwischen Homer und Hesiod (im 8. Jhr. v. Chr.), und dies vor allem, da Homer, der als Maßstab aller Dichtkunst galt, in diesem Wettkampf dem Bauerndichter Hesiod unterlag. Den Kernpunkt der Legende bildet die Erzählung, dass am Ende des Sängerwettstreits der König Panedes Hesiod bekränzt habe mit der Begründung, dass der Sieg dem gebühre, der zu Landbau und Frieden ermahne, nicht dem, der Krieg und Metzelei besinge (vgl. ed. 12). Ab 480 v. Chr. fanden in Griechenland die Tragödienwettkämpfe ihren Höhepunkt. Die berühmtesten Wettstreiter waren Aischylos und Sophokles. Auch hier entschied ein Herrscher, wie z. B. der Stratege Kimon, über Sieg und Niederlage.

In Rom stiftete Kaiser Caligula dann in den 30er Jahren n. Chr. die ersten Dichterwettkämpfe in griechischer und römischer Rhetorik. Sein Verwandter Nero richtete 60 n. Chr. nach griechischem Vorbild die Neronia ein, Spiele in Rhetorik und Dichtung, die alle fünf Jahre stattfinden sollten, und an deren Dichterwettbewerb er selbst teilnahm (vgl. Schickert 2005, 18).

Jahrzehnte später setzte Domitian die Tradition der Neronia fort, indem er die Quinquennalia oder ludi Capitulini Spiele zu Ehren der Minerva begründete, welche noch im 3. und 4. Jahrhundert n. Chr. stattfanden. Diese Spiele hatten auch einen politischen Zweck: Sie sollten den Herrschern talentierte Dichter sichern, welche in Kriegs- und Friedenszeiten den Mächtigen gebührend huldigten (ebd.). Nicht der demokratische Gedanke der Publikumsabstimmung, sondern das Dichten für einen Herrscher stand im Vordergrund der Wettbewerbe.

Im Unterschied zum heutigen Poetry Slam-Format gehörten die Lesungen oft zum Unterhaltungsprogramm während eines großen Essens. Außerdem präsentierten die Vortragenden nicht nur eigene Texte, sondern bedienten sich auch an Werken anderer:

Ein Bewusstsein dafür, dass es ihnen [d.i. die Autoren, P.A.] allein zustünde, ihren Text vorzutragen oder jedenfalls zu bestimmen, wer außer ihnen den Text vortragen dürfe, scheinen sie nicht gekannt zu haben (ebd., 92).

Ein paar Jahrhunderte später weist die gesellige Dichtung des Mittelalters Parallelen zu dem Format des Poetry Slam: So verweist Verlan auf Bezüge des Bänkelsangs zum Rap (vgl. Verlan 2005), die auch auf den Poetry Slam übertragbar sind. Der Name Bänkelsang stammt von „Bank, Bänkel" und beschreibt die Auftrittssituation eines fahrenden Sängers: Dieser stellte sich auf eine Bank, um vom Publikum wahrgenommen, das heißt gehört, gesehen und – in Form von Spendengeldern – gewürdigt zu werden. Ein Bänkelsänger hatte die Aufgabe sein Publikum zu unterhalten, über Ereignisse in anderen Ortschaften zu informieren und ernst gemeinte Ratschläge, oft verbunden mit einer Moral, zu präsentieren. Dazu verwendete er so genannte Zeitungslieder oder Moritaten, auch historische Lieder gehörten zum Repertoire. Er vermittelte per Gesang und Schautafeln Berichte von guten und schrecklichen Ereignissen (vgl. ebd., 294). Auch Slam Poetry setzt sich mit aktuellen Themen auseinander, die Poeten geben manchmal mit ihren Texten ein individuelles Statement oder Anliegen zu einem Thema ab, das sie berührt oder betroffen macht. Zum Bänkelsang zählt auch die Vagantendichtung. Sie bezeichnet weltliche lyrische Dichtung des 12. und 13. Jahrhunderts, die von namentlich nicht bekannten „Fahrenden" u. a. in Form von Liebes-, Tanz- und Scheltliedern sowie Parodien, Satiren und Schwänken präsentiert worden ist. Zu den besonderen Merkmalen dieser recht unterschiedlichen Formen sind der volkstümliche Ton, die persönliche, oft jugendlich-unbekümmerte Haltung, die Ursprünglichkeit, Wirklichkeits- und Naturnähe, sinnhafter Lebensgenuss und Daseinsfreude. Zu den Hauptthemen gehört die sinnliche Liebe zum einfachen Dorfmädchen sowie die scharfe Opposition gegen Autoritäten, insbesondere kirchliche und weltliche Würdenträger.

     Diese Fahrenden waren Gaukler, Spaßmacher, Musikanten, Sänger und Dichter, die von Stadt zu Stadt zogen und ihre Aufführungskünste auf

Jahrmärkten zeigten. Sie waren in Zünften zusammengeschlossen, befanden sich außerhalb der Ständeordnung und galten als unehrenhaft. Sie verfügten jedoch durchaus über Bildung: Die jungen Männer zogen während oder nach Abschluss eines Studiums durch die Lande und versuchten mit ihrer auf Latein verfassten mündlichen Dichtung Geld zu verdienen. Die Verankerung im Studentischen, das Umherschweifen von Ort zu Ort mit wechselndem Publikum, der Aufführungscharakter und die unterschiedlichen Formen der Dichtung weisen Parallelen zu den Akteuren und dem Handlungsfeld des Poetry Slam auf. Die als Zunft organisierte Gemeinschaft der Fahrenden kann mit der Infrastruktur der „Slamily" in Beziehung gebracht werden, in der Veranstalter unterschiedlicher Orte den umherreisenden Poeten bezahlte Auftritte organisieren und durch regelmäßige Großveranstaltungen ein Forum bieten.

Eine Bezugnahme auf die Kunst dieser früheren Gaukler schwingt auch in heutigen Presseartikeln mit: So bezeichnet die „Zeit" den Poetry Slam als „improvisierte[n] Song Contest der Hobbypoeten" (Die Zeit, 03.07.2003), seine Protagonisten werden von der Hessischen/ Niedersächsischen Allgemeinen als „Spaßdompteure" betitelt (vgl. Hessische/ Niedersächsische Allgemeine, 22.11.2004).

Direkte Bezüge auf den Minnesang sind in folgenden Slam-Texten wiederzufinden: Der Leipziger Slam-Poet Julius Fischer moderiert seine Aktualisierung „Unter der Morelle" (Greinus/ Wolter 2005, DVD, Menü: Vorrunden) des Tageliedes „Unter der linden" mit dem Bekenntnis an, er fühle sich von Walther von der Vogelweide inspiriert. Der Text selbst imitiert die Struktur dieses Minneliedes, variiert das Thema und arbeitet mit neuzeitlichen Begriffen. Auch in Bas Böttchers Text „Liebeserklärung an eine Chinesin" (Böttcher 2006) wird die hohe Minne imitiert bzw. parodiert, indem ein Rapper erfolglos um die Aufmerksamkeit seiner Angebeteten buhlt und schließlich „[s]einen Minnesang aus Mangel an Anklang ein[stellt]".

Ein Unterschied zwischen Slam Poetry und Minnesang besteht jedoch z. B. in der Schreibmotivation: Während Slam Poetry das eigene Erleben in den Vordergrund stellt bzw. vorgibt, authentisch zu sein, beruhte Minnesang als Gesellschaftslyrik auf Konventionen und diente neben der Unterhaltung höfischer Kreise der Anleitung und Aufrechterhaltung eines standesgemäßen Verhaltens. Die Minnesänger trugen ihre Werke am Hof zu eigener Musik vor. Während die Geselligkeit der adligen Hofkunst auf einer geschlossenen Sozialordnung beruhte, bei der die Repräsentanten demselben Stand angehörten, wollen die Veranstalter von Poetry Slams jedoch gerade die Öffnung und Demokratisierung des Literaturbetriebs befördern und damit unterschiedliche an Literatur oder an der Eventgestaltung des Poetry Slams interessierte Bevölkerungsschichten integrieren. Grundsätzlich ist die Bühne des Poetry Slam auch für jeden offen. Tatsächlich bestimmen jedoch die Aktivisten der Szene einen Großteil der Veranstaltungen, während Leute, die nur ein Mal oder nur ab und zu auf die Bühne treten, eher selten sind.

Die Tendenz, Bürgern den Zugang zu einer öffentlichen Bühne zu ermöglichen, geht auf die Singschulen der Meistersänger des 14. und 16. Jahrhunderts zurück: Diese entwickelten sich aus dem ritterlichen Minnesang und waren sein bürgerlicher Nachfolger – auch wenn der bürgerliche Meistersang keinesfalls mit den zwölf besten Minnesängern auf gleicher Höhe anknüpfen konnte. Mey gibt in seinem Grundlagenwerk zum „Meistergesang in Geschichte und Kunst" von 1901, das bis heute in Standardwerken (vgl. z. B. Wagenknecht 2007, 149) zitiert wird, eine ausführliche Beschreibung der Inhalte und Abläufe der Veranstaltungen, sodass auf dieses Werk trotz neuerer Erscheinungen (wie z. B. Baldzuhn 2008) zurückgegriffen werden soll. Mey setzt den Anfang der bürgerlichen Singschulen wie folgt fest:

1450 wird zuerst eine feste bürgerliche Singschule erwähnt, und zwar in Augsburg. [...] Die erste Tabulatur, von der wir wissen, ist 1540 zu Nürnberg aufgezeichnet worden. [...] Der größte, ja der einzige große Meistersinger, um dessen Persönlichkeit sich der ganze Meistersang gruppiert, ist unstreitig Hans Sachs (Mey 1901, 10ff.).

Wie bei einem Poetry Slam stimmte hier eine aus dem Bürgertum stammende Jury – die Gildenleitung, sogenannte Merker – über die Leistungen bürgerlicher Dichter ab, die in – allerdings stark hierarchisierten – Singerzünften organisiert waren und sich für ihre Darbietungen in Rathäusern oder Kirchen trafen und teilweise, wie in Nürnberg, auch eine eigene Bühne hatten. Sie betrieben das Meistersingen nicht berufsmäßig, sondern aus Liebhaberei, weshalb die Treffen meist sonn- oder feiertags stattfanden (ebd. 81).

Einem Poetry Slam ähnlich war der Ablauf: Die als Singschulen bezeichneten Wettbewerbe waren regelmäßig und öffentlich und wurden auf dem Marktplatz bekanntgegeben. Die Zuschauer zahlten ein geringes, aber freiwillig bestimmtes Eintrittsgeld, damit sich kein Pöbel ansammelte.

Wenn genug Leute beisammen waren und man die Teilnehmer festgestellt hatte, begann zunächst das Freisingen, hierbei durfte jeder nach Belieben singen. Als Texte waren außer Stoffen aus der Bibel noch wahre, ehrbare Begebenheiten, sowie Sprüche gestattet. Es wurde aber nichts gemerkt (d.i. auf Tafeln festgehalten und beurteilt, P.A.], weshalb die Singenden außer Beifall und Ruhm nichts dabei gewinnen konnten. [...] Nach dem Freisingen sang man ein gemeinsames Lied. [...] Darauf folgte nun das eigentliche Hauptsingen. In diesem waren nur biblische Stoffe erlaubt, und zwar musste der Vortragende Buch und Kapitel dem Merker angeben. Wenn der Sänger den Stuhl betreten und ein wenig pausiert hatte, rief ein Merker: „Fanget an!" und nach einem Gesätz oder Absatz „Fahret fort!" Nach beendetem Gesang machte der Sänger einem anderen Platz. Wenn alle Sänger, die singen wollten, es getan, zogen sich die Merker zur Beratung zurück. Der beste Sänger erhält für den Tag den Davidsgewinner, er ist der Übersinger (Mey 1901, 88f.).

Die Bezüge zu einem Poetry Slam sind deutlich im Ablauf und in der Rollenverteilung zu sehen: Den Part des Freisingens übernimmt heute der „Featured Poet" oder das Sprechen am Open Mic vor dem Wettbewerb. Der Moderator regelt – wie der frühere Merker – die einzelnen Auftritte. Der Wettbewerb wird mit der Siegerehrung beschlossen. Abweichend sind die Formen und Inhalte der Beiträge, das damals noch fehlende Zeitlimit, das ohne Einbezug des gesamten Publikums stattfindende Beurteilungsverfahren und die auf Perfektion ausgerichteten Qualitätsstandards. Auch wurden keine Sprechtexte, sondern Lieder vorgetragen, die sich nur die Gestaltung der Reime, aber nicht inhaltlich von der Bibelvorlage unterschieden.

Die Veranstalter waren zugleich die Vereinsvorsitzenden und die Merker, die die Vorträge im Wettbewerb beurteilten, indem sie sich die mündlich vorgetragenen Lieder merkten und im „Gemerk" (d.i. der Ort an dem die drei Merker saßen) folgende Aufgaben wahrnahmen:

Der erste las eifrig in einer vor ihm aufgeschlagenen Lutherischen Bibel, ob der Inhalt der betreffenden Lieder mit dem Verlaufe des vom Sänger angegebenen Kapitels oder Kapiteiles übereinstimmte. Der zweite [...] verglich das Lied mit den Regeln der Tabulatur und merkte die Fehler mit Kreide an. Der dritte schrieb die Reime auf und kontrollierte deren Stellung, indem er ebenfalls Verstöße notierte und bei neuen Weisen die Art des Gebändes feststellte. Der vierte endlich achtete auf den Ton. [...] In schwierigen Fällen mussten die Merker einen gelehrigen Beirat zuhülfe ziehen. Solche schwierigen Fällen dürfte wohl aller Vermutung nach ziemlich häufig sich ereignet haben, da es Leute von der allgemeinen und höheren Bildung eines Adam Puschmann[5] unter den Meistersingern zu allen Zeiten und an allen Orten jedenfalls nur äußerst wenige gegeben hat (Mey 1901, 86).

Als Qualitätsmaßstab galt – wie bei einem Poetry Slam – das Originäre: Der Dichter musste – auf einem Singstuhl stehend – eine eigene Weise vortragen und konnte damit zum Meister aufsteigen. Der Erfolg eines Liedes richtete sich jedoch nach sehr strengen Kriterien; es wurden auch Strafpunkte vergeben: Wer mehr als sieben Fehler machte, hatte sich versungen und schied aus. Der gelungene Vortrag musste sich u. a. an die Form der Meistersang- bzw. Barstrophen und an inhaltliche Normen – die Luther-Bibel war die einzige Quelle für die Komposition – halten und fehlerfrei im Ton und in der Gestaltung der Endreime sein. Als Preis winkte dem Gewinner, dem „Übersinger", eine Silberkette bzw. eine Schnur mit Münzen mit den Namen der Spender. Unabhängig von diesen stark reglementierten

---

[5] Adam Puschmann (*1532 in Görlitz, gest. am 4.April 1606 in Breslau) war Poet und Meistersinger, Schüler von Hans Sachs in Nürnberg.

und religiös geprägten Wettbewerben gab es im „Freisingen" auch Möglichkeiten, weltliche Themen, allerdings ohne offiziellen Wettbewerb, in Wirtshäusern vorzutragen.

Interessant ist, dass sich die volkssprachliche Literatur des Mittelalters und noch in der Frühen Neuzeit weniger in der Schrift als in der Aufführung durchgesetzt hat. Die literarische Rezeption war „Kommunikation unter körperlich Anwesenden" (Müller 1996, XI). Ebenso wie mittelalterliche Texte an ihre Aufführung gebunden waren, ist auch der neuzeitliche Slam-Text an seine Realisierung in der Aufführung gekoppelt.

1.2 Text und Performance

Slam Poetry kommt in allen drei „Repräsentationsformen" (Dürscheid 2003, 2) von Sprache vor: geschrieben, gesprochen und gebärdet. Wer sich erstmalig mit Poetry Slam beschäftigt, betrachtet Slam Poetry oft als Improvisationskunst. Tatsächlich entstehen die Texte aber selten spontan. Die auftretenden Poeten verfügen über ein Textrepertoire, das aus meist auswendig gelernten und mit hoher Konzentration performten Texten besteht, die manchmal auch außerhalb von Poetry Slams bereits veröffentlicht wurden bzw. auch in anderen Veranstaltungen wie dem Kabarett oder der Lesebühne glücken.

In der Slam-Szene gilt es als unausgesprochenes Gesetz, dass es kein Genre namens „Slam Poetry" gibt bzw. geben kann, da ein Poetry Slam ja eben eine offene Bühne ist, auf der alles vorgetragen werden kann, sofern es selbstverfasst ist. Allerdings nennt Marc Kelly Smith seinen eigenen „Idiot's Guide" lapidar „Slam Poetry" (Smith 2004), was aber auch ironisch gemeint sein könnte. Betrachtet man das Format des Poetry Slam mit seiner Zeitbegrenzung und der Adressatenorientierung als stilbildend (vgl. dazu Glazner 2000, 13), so kann Slam Poetry zunächst als Genre aller derjenigen Texte bezeichnet werden, die für den Poetry Slam geschrieben worden sind oder dort vorgetragen werden.

Nach O'Keefe Aptowicz ist den meisten auf der Slam-Bühne vorgetragenen Texten gemeinsam, dass sie von einer Einzelperson laut vorgetragen werden, ungefähr drei (in Deutschland rund fünf Minuten) dauern, meistens mit viel Selbstüberzeugung („much bravado") angereichert und in der ersten Person geschrieben worden sind (2008, 42). Sie schlägt vor, nicht von dem Text auszugehen, sondern von dessen Performance durch einen Slam-Poeten. Danach ist alles, was durch einen Slammer vorgetragen wird, Slam Poetry:

Why? Because a successful slam poet is a poet who excels at connecting with an audience. [...] The best slam poets can take the worst poem in the world, and – through performance and audience connection – make it new and alive and even brilliant. [...] When people complain about the poor quality of slam poetry [...] the performative power of these slam poets can sometimes be at fault (O'Keefe Aptowicz 2008, 43).

Diese Definition ist konsequent, denn da bei einem Poetry Slam nur Selbstverfasstes zugelassen ist, kann es nicht passieren, dass z. B. eine Ballade von Friedrich Schiller plötzlich als Slam Poetry bezeichnet wird, nur weil sie auf einem Poetry Slam performt wird. Aus dem Veranstaltungsformat leiten sich jedoch weitere Merkmale ab, die erfahrungsgemäß typische Slam-Texte charakterisieren:

1. Aktualität: Slam Poetry nimmt aktuelles Tagesgeschehen und mentale Modelle auf, überformt Alltägliches und reflektiert aus einer scheinbar authentischen, da auf der Bühne verkörperten Perspektive heraus, Themen, die gesellschaftliche Relevanz bzw. Nähe zum menschlichen Leben haben. Dies ist bereits an den Titeln vieler Slam-Texte erkennbar: „Generation Praktikum" (Marc-Uwe Kling), „Ich will keine Kinder, ich will Klone" (Volker Strübing), „Ikea" (Timo Brunke), „Raucher stinken" (Sebastian Krämer). Die zeitnahen Gedanken sind durch Beispiele illustriert sowie situativ verortet und damit leicht für den Rezipienten nachvollziehbar.

2. Klanglichkeit: Durch einen fließenden Lese- oder Vortragsstil (vocal delivery style) wirken deutschsprachige Slam-Texte oft wie ihre amerikanischen Spoken Word-Vorläufer liedartig (vgl. z. B. Xóchil A. Schütz, Pauline Füg), sind durch Arrangements von originellen Artikulationsmöglichkeiten (vgl. z. B. Dirk Hülstrunk) besonders expressiv oder durch Alliterationen und Binnenreime dem Rap nahe (vgl. z. B. Gauner). Geschichten im „Lesebühnenstil" sind aggregativ (mehrgliedrig)und eher additiv (auflistend), sie bieten durch ihre inhaltliche Komposition und den schnellen Vortrag nahezu rhythmische Einheiten (vgl. z. B. michaEbeling, Lara Stoll).

3. Interaktion: Anschlusskommunikation kann einerseits explizit durch den Poeten initiiert werden, indem dieser die Zuhörer zum Mitsprechen oder Zurufen von Buchstaben oder Worten animiert (vgl. zum Beispiel Anna Kistner) oder einen „kämpferischen Ton" anschlägt. Andererseits gelingt sie innerhalb des Textes thematisch, wenn wiedererkennbare Gefühle oder Situationen das Publikum den Plot miterleben lassen (vgl. zum Beispiel Felix Römer). Grundsätzlich entsteht Interaktion durch den Text, wenn dieser einen hohen Grad an rhetorischen Elementen (z. B. Appelle, rhetorische Fragen, Steigerungen) aufweist und somit als poetische Redesituation (vgl. z. B. Lars Ruppel) das Publikum unterhält, überzeugt bzw. zum Nachdenken auffordert. Als Veranstaltungsformat schafft Poetry Slam per se Anschlusskommunikationen, da über Bewertungen diskutiert wird und die Zuschauer die Performances der Poeten vergleichen.

4. Intertextualität: Slam Poetry speist sich weniger aus einem Archiv aus Alltagsbegriffen, sondern spielt vielmehr verfremdend mit mündlichen wie schriftlichen Genres (z. B. Märchen, Fabel, Zeitschriftenartikel, Telefongespräch, Gebet, Hymne, Ode). Besonders auffällig sind Wörter oder Textmuster, die auf andere Slam-Texte verweisen bzw. diese direkt zitieren (vgl. z. B. Tilman Döring). Da Slam-Poeten durch ihre hohe Reisetätigkeit viele verschiedene Kollegen auf anderen Slam-Bühnen erleben, werden rezipierte Wörter – bewusst oder unbewusst, d. h. auch reimbedingt – in die eigenen Texte aufgenommen (vgl. z. B. die Wörter „Pony", „Loop", „Aldi") und erzeugen innerhalb eines oder zwischen mehreren Texten das Literaturformat stabilisierende Redundanz.

5. Kürze: Das auf meist fünf Minuten pro Text begrenzte Veranstaltungsformat Poetry Slam ist stilbildend.
Im deutschsprachigen Raum ist zu beobachten, dass Slam-Texte vorwiegend lyrische Elemente wie Reimstrukturen haben oder dem Storytelling der Lesebühnen zuzuordnen sind. Vor allem Texte, die humoristisch sind, erobern seit einigen Jahren die Slam-Bühne und das Publikum. Sie sprechen von außergewöhnlichen Ereignissen (z. B. Böttcher: „Neulich im Imbiss ist was Krasses passiert"), die anekdotenhaft wirken, integrieren Witze und Kalauer, die das Publikum unterhalten sollen und den Kontakt zwischen Poet und Publikum vertiefen, und steigern sich oft bis zum sicheren Treffer am Textende:

The story has to finally hit a target and fulfill the audience's expectations off at the knees with as surprise. Nothing is more disappointing or frustrating than listening to a tale that has little or not payoff or a joke without a punchline (Smith 2004, 59).

Nach Zumthor gehören solches Anekdotenerzählen sowie Klatsch und Witze zu den Kennzeichen der mündlichen Dichtung. Sie ist an bestimmte alltägliche „spielerische oder kämpferische Übungen" gebunden (Zumthor 1990, 77). Der witzige Vortrag und doppeldeutige Wendungen bzw. Pointen gehören auch zu Erfolgsmerkmalen guter Comedians bzw. Kaberettisten und daher verwundert es nicht, dass von den elf Gewinnern der deutschsprachigen Meisterschaften 1997 bis 2008 allein sechs Erstplatzierungen aus dem Bereich Kabarett vertreten sind: Sebastian Krämer (2001 und 2003), Gabriel Vetter (2004), Marc-Uwe Kling (2006 und 2007) und Sebastian23 (2008). Bühnenerfahrung, eigene Anmoderation, Publikumsbezug und Textdramaturgie haben diese Poeten durch die Auftritte in (eigenen) Kabaretts professionalisiert. Sebastian Krämers Siegertext „Anna Lena" (2001) ist zum Beispiel in seiner Urform ein längerer Chanson, der innerhalb des Wettbewerbs auf die vorgegebenen fünf Minuten gekürzt gesprochen worden ist.

Zu den Gestaltungsmitteln der Komik zählt vor allem die Kontrastierung: Worte, Gesten, Mimik oder die Handlung selbst präsentieren widersprüchliche Prinzipien, die in Konflikt geraten. Schein und Sein, Anstrengung und Leistung, Erstrebtes und Erreichtes stehen in einem Missverhältnis, welches das Lachen erzeugt. Slam Poetry arbeitet mit allen genannten Mitteln der Komik, wobei die Schlusspointen in Slam-Texten typisch geworden sind. Einer der kürzesten Slam-Texte, ein Kalauer, stammt von Volker Strübing:

Warum ich nur Fleisch aus Massentierhaltung esse? Ich will doch nicht, dass glückliche Tiere sterben (www.volkerstruebing.de/lieder.html).

Komik entsteht auch durch lustige oder skurrile Sprach- und Klangspiele. So gibt es Slam-Texte, die durch Lautmalerei, Rhythmus, Reim, Wiederholung eine sinnliche Lust an der lautlichen Substanz der Sprache zeigen, ohne einen Anspruch auf inhaltliche Nachvollziehbarkeit zu erheben, wie z. B. „Nitti Gritti" von Wehwalt Koslowsky (2001) oder die Soundpoesie ARR BEITE von Dirk Hülstrunk (2006, in: Anders 2008, 28).

Da Slam-Texte – und gerade die humoristischen und klangorientierten Stücke – erst durch die Aufführung ihre volle Ausdruckskraft und Wirkung entfalten, macht es durchaus Sinn, bei Slam Poetry nicht von einem „originären Text-Genre" auszugehen, sondern von einem „zeitgenössischen Veranstaltungs- oder Auftritts-Genre" (Stahl 2003, 262) zu sprechen.

Die Performance gehört zu einem der signifikanten Merkmale der Slam Poetry. Der Berliner Slam-Poet Gauner brachte durch die folgende, bei einem Berliner Poetry Slam getätigten Anmoderation das allgemeine Verständnis, das in der Slam-Szene von Performance im Poetry Slam herrscht, auf den Punkt: „Poetry Slam gibt dem Gedicht die Energie zurück, die es beim Schreiben verloren hat".

Der Begriff der Performance geht auf den Sprachphilosophen Austin zurück, der ihn erfand, um Sprechereignisse zu beschreiben, bei denen sich der Ritus und der repräsentionale Sprachgebrauch nicht trennen (vgl. Krämer 2002, 325). Er bezeichnete performative Sprechakte als diejenigen, mit denen zugleich eine Handlung vollzogen wird, wie zum Beispiel mit den Verben „behaupten", „bitten", „grüßen". Diese als illokutionärer Akt bezeichnete Handlung kann nicht wahr oder falsch sein, sondern kann glücken oder nicht glücken. Das Glücken einer durch Sprechen vollzogenen Handlung ist nicht von der Intentionalität des Sprechenden abhängig, sondern von den Konventionen, die erfüllt sein müssen (vgl. Austin 1972, 29f.). Mersch kritisiert diesen klassisch gewordenen Ansatz der Sprechakttheorie, da „der Akt als Akt eigentümlich unterbelichtet" bleibe und sich die Sprechakttheorie daher „in erster Linie als eine Bedeutungstheorie, nicht eigentlich als eine Handlungstheorie" erweise (Mersch 2005, 38). Im Bereich der ästhetischen Performativität gehe es dagegen um den Aktcharakter selbst, um das „Erscheinenlassen der Prozessualität von Handlungen, um ihren einmaligen Gebrauch, ihre gewissenhafte Ausführung" (ebd.).

Dies kann gut bei performativen Sprechakten im HipHop-Battle beobachtet werden und ist auch übertragbar auf Poetry Slams:

Wenn auf Jams oder Battles das Publikum aufgefordert wird, durch Heben der Hände, durch Klatschen oder Auf- und Abspringen den Grad der Zustimmung kundzutun, dann zeigt sich: Der performative Akt vollzieht sich nicht nach dem Muster von richtig und falsch, sondern von Gelingen und Scheitern. Wenn das Publikum den Aufforderungen nicht folgt, ist der performative Akt missglückt. Ein gelungener performativer Akt leistet zweierlei: Er zitiert die feldspezifischen Konventionen und bewirkt deren Aktualisierung. Zugleich dient er der sozialen Positionierung desjenigen, der ihn durchführt, indem dieser in seiner seiner sozialen Rolle legitimiert wird (Klein/ Friedrich 2003, 198).

Dementsprechend weist Sybille Krämer darauf hin, dass Performativität nicht nur heißen kann, dass etwas getan wird, sondern auch heißt: Ein Tun wird aufgeführt (vgl. Krämer 2002, 331). Die „ursprünglichen Performativa", die zum Beispiel von Priestern oder Richtern geäußert worden sind, seien keinesfalls nur an den direkten Adressaten, den die Handlung betrifft, gerichtet, sondern an Zuhörer in der Öffentlichkeit. Nach Krämer wurzelt darin der „Aufführungscharakter" (ebd., 335). Krämer bezieht sich dabei auf den Mediävisten Zumthor, der den Begriff der Performance bereits in den 1980er Jahren als „Schlüsselwort einer Poetik der Stimme und der Inszenierung" gebrauchte, die er nicht nur für die eigentliche Oralität reklamiert, sondern auch für alle die Literaturen, in denen die Vorstellung und Rezeption von Texten an die sprachliche Aktualisierung und damit an den körperlichen Ausdruck und die wechselseitige Wahrnehmung im Raum der Kopräsenz gebunden bleibt. Zumthor definiert Performance als

komplexe Handlung, durch die eine poetische Botschaft gleichzeitig übertragen und wahrgenommen wird, hier und heute. Der Sprecher, der [oder die] Empfänger, die Umstände [...] sind konkret miteinander konfrontiert [...]. In der Performance überschneiden sich die beiden Achsen der gesellschaftlichen Kommunikation: diejenige, die den Sprecher mit dem Hörer verbindet; und diejenige, auf der sich Situation und Tradition vereinigen (Zumthor 1990, 29).

Die Kultur- und Theaterwissenschaften haben gegenüber den Sprachphilosophen und Mediävisten ein weitaus vageres Verständnis für den Begriff Performance (so auch: Klein/ Sting 2005, 10): Vorgeschlagen wird, als kleinsten gemeinsamen Nenner alles das eine Performance zu nennen, „was von denen, die es zeigen, als solche angekündigt wird" (Lehmann 2001, 245).

Das Spektrum, in dem sich Performances abspielen können, ist dementsprechend groß:

Performances können aus sozialen Ritualen bestehen, sie können als bewusste oder unbewusste Übernahme von Rollen erfolgen, Protest oder Konvention sein, profitversprechendes Business, reines Entertainment oder advantgardistische Kunst

– in all ihren Inhalten und Formen sind Performances kulturelle Praktiken, die erst in der Bezugnahme auf das soziale Feld, in dem sie stattfinden, verstehbar werden" (Klein/ Sting 2005, 9).

Seit Mitte der 1990-er Jahre – also weitaus später als bereits durch Zumthor in der Mediävistik erarbeitet – hat sich in den anglo-amerikanischen Performance Studies wie in den Theaterwissenschaften im deutschsprachigen Raum ebenfalls die Vorstellung durchgesetzt, dass das wesentliche Merkmal der Aufführung ihre Gegenwärtigkeit und Präsenz sei. Was die Aufführung zeigt und was sie an Bedeutung vermitteln möchte, entsteht „im hic et nunc einer auffällig gewordenen Gegenwart. Eine Aufführung hat Ereignischarakter" (Siegmund 2005, 61). Zu weiteren, davon abgeleiteten Merkmalen zählen „Einmaligkeit, Unwiederholbarkeit, Körperlichkeit und Flüchtigkeit", die eine Performance zu einem „anderen Medium der Wissensproduktion" machen (vgl. McKenzie, zit. nach Klein/ Sting 2005, o.S.).

Der Performancetheoretiker Richard Schechner ergänzt dazu die reproduktive Leistung der Performance:

Aufführung bedeutet: nie zum ersten Mal. Es heißt: vom zweiten bis zum x-ten Mal, heißt Verdoppelung von Verhalten [...] Wenn ich für den Begriff rekodiertes Verhalten eine persönliche Formulierung wählen würde, bedeutet dieser Ausdruck soviel wie „ich verhalte mich, als wäre ich jemand anderes, oder so wie es mir gesagt worden ist oder so wie ich es gelernt habe" (Schechner 1990, 160f).

Auch neuere Ansätze der Kulturwissenschaften heben die reproduktive Leistung der Aufführungskunst hervor:

Performative Akte haben demnach immer eine doppelte Dimension: Sie sind zum einen wirklichkeitskonstituierend, sind Produzenten kultureller Wirklichkeit, zum anderen aber sind sie immer auch deren Produkt, das Ergebnis ihrer ständigen Re-Inszenierung (Hentschel/ Hoffmann 2005, 138).

Aus diesen Überlegungen kann man die Schlussfolgerung ziehen, dass auch im Poetry Slam zwischen einer Aufführung und einer Inszenierung unterschieden werden sollte: Die Inszenierung ist die geplante Form des Vortrags, die sich ein Slam-Poet vor seinem Auftritt überlegt bzw. die er bereits bei vielen vorherigen Auftritten erfolgreich präsentiert. Die Aufführung hingegen ist die Performance, wie sie Zumthor definierte – nämlich die komplexe Handlung, die in dem Moment des Vortrags stattfindet.

Während Zumthor bereits die Dichtung früher oraler Kulturen als performativ bezeichnet, werden in Darstellungen aus den Theaterwissenschaften die ersten Ansätze einer Performance-Kunst erst im Dadaismus der 1920er Jahre (z. B. Klein/ Sting 2005, 9) gesehen. Mersch benennt als weitere Meilensteine der „Archäologie des Performativen" die Readymades von Marcel Duchamp, das automatische Schreiben der

Surrealisten, die Anthropometrien von Yves Klein und Jackson Pollocks Actionpainting. Auch die in den 1950er Jahren durchgeführten frühen Happenings von John Cage und Robert Rauschenberg verweisen bereits auf die spätere Fluxus-Bewegung oder den Wiener Aktionismus. Der Begriff „Happening" wurde 1958 von Allan Kaprow, einem Studienkollegen von John Cage, geprägt, als er das erste in New York organisierte (vgl. dazu Kaprows Nachruf in der New York Times: www.nytimes.com/2006/04/10/arts/design/10kaprow.html?_r=1&scp=2& sq=Allan+Kaprow&st=nyt).

Ab den 1960er Jahren wird die Bildende Kunst schließlich durch Aktionen wie die von Nam June Paik, Joseph Beuys oder Bazon Brock auf ihre „Performativwerdung" (Mersch 2005, 35f.) verwiesen, sie verlässt ihre festen Orte und begibt sich in die „Zeitlichkeit des Vollzugs selber". Performance als „Performing Art" entsteht dann in den 1970er Jahren innerhalb der „Umbruchprozesse zu einer spätmodernen Gesellschaft" (Klein/ Sting 2005, 11). Entscheidende Impulse für die neuesten Ausrichtungen von Performance-Kunst gaben die Postmoderne und die Feministische Performance. Grundlegend für die Bildende Kunst war die Auffassung, dass es keine Trennung zwischen Schaffensprozess und Werk geben sollte: „Ich bin für eine Kunst, die etwa anderes tut, als in einem Museum auf ihrem Arsch zu sitzen" (Claes Oldenburg, zit. nach Johnson 1971, 16f.).

Im Bereich der szenischen Kunst, also dem Theater, vollzogen sich Änderungen im Umgang mit Raum und Zeit: So ist die Performance im postdramatischen Theater eine „theatrale Praxis, die Räume herstellt, indem sie diese im und durch die Aufführung erst als theatrale Räume definiert" (Klein/ Sting 2005, 11). Das Spielen an öffentlichen Orten führt gleichsam weg von den Gewohnheiten des bürgerlichen Theaters und macht die Aufführung zu einem „öffentlichen Spektakel der Präsenz" (ebd.). Ebenso hat der Poetry Slam mit seiner Verortung in der Clubszene neue Räume für literarische Veranstaltungen gefunden. Allerdings führt sein Weg immer mehr zurück zu etablierten Theaterhäusern (Admiralspalast Berlin, Schauspielhaus Hamburg, Kammerspiele München), um das Format und seine Performer einer größeren Zielgruppe näher zu bringen und sich auf dem Literaturmarkt zu nobilitieren.

Dass Performance im Poetry Slam eine große Rolle spielt und als eigene Leistung wahrgenommen und gewürdigt wird, sieht man am deutlichsten durch die Abstimmungsmodalitäten offizieller Slam-Wettbewerbe: Das Publikum in den USA vergibt in der Regel je höchstens fünf Punkte für den Inhalt und wiederum je höchstens fünf Punkte für die Performance eines Auftritts, sodass insgesamt zehn Punkte pro Auftritt als Höchstpunktzahl gegeben werden können. Im deutschsprachigen Raum wird hingegen meist eine gemeinsame Jurynote für Inhalt und Performance gegeben. Eine der wenigen Ausnahmen bildet der Frankfurter Poetry Slam von Dirk Huelstrunk. Die Performance im Poetry Slam ist etwas, was als gleichwertig zum Inhalt eines Textes betrachtet wird und den Text sogar noch verstärkt:

Slam poetry attempts to invigorate poetry by giving equal weight to the poetry and the performance of it (Smith 2004, 9).

Ein Blick in die Geschichte des Poetry Slam zeigt dessen Entwicklung zu performativen Elementen genauer:

Die frühen Performance-Poeten der 1980-er Jahre hatten ihre Texte zunächst zum Vorlesen verfasst. Sie sahen sich durch die Open-Mic-Veranstaltungen und Leseabende der Buchhandlungen jedoch herausgefordert: Dort wurde Poesie vor einem kleinen Kreis von Interessierten, die meist selbst Poeten waren, „in monotone presentations" (Smith 2004, 7) abgelesen. Im „Get Me High Jazz Club" in Chicago machten es sich die auftretenden Dichter dagegen zur Aufgabe, neue Formen der Darbietung auszuprobieren: Noch bevor Marc Smith das Format des Poetry Slam erfand, galten Grundsätze, die das Image und Verständnis von Dichtung, Dichter und Publikum veränderten.

Da der Dichter auf einer Bühne steht, müsse er imstande sein, ein Publikum zu unterhalten: „You are competing with all other forms of entertainment!". Die Aufführung eines Textes wurde daher genauso wichtig wie das Schreiben des Textes selbst (vgl. Smith, 2004, 8f.).

Smith fasst die Techniken, die ein Performance Poet zur Vorbereitung seines Beitrags in der Öffentlichkeit beherzigen sollte, wie folgt zusammen:

- *Your function as a performance poet is to engage the audience, keep it entertained, and affect it in a meaningful way,*
- *Variations in volume, tempo, articulation, and other aspects of your performance keep the audience from dozing off [...]*
- *Performance exercises should exaggerate your movements, volume, tempo, facial expressions, and other aspects of your performance to help you stretch the limits and explore your range* (Smith 2004, 88f.)

Darin wird deutlich, dass Mimik und Gestik sowie prosodische Mittel (vgl. dazu Mayer 1999) wie Sprechgeschwindigkeit, Pausen, Lautstärke wesentliche Bestandteile der Performance sind. Aber der Schrifttext muss bereits so vorbereitet sein, dass diese performativen Elemente auch möglich sind. Um ihre Lesetexte aufführbar zu machen, haben laut Smith daher die frühen Performance-Poeten wie Wendell Berry zunächst die Textstellen gekürzt, welche den Text-Flow störten. Sie übten dann den präzisen und expressiven Ausdruck ihrer Gedanken, Ideen und Gefühle, sowie das „Auf den Punkt"- Bringen („to slam") ihrer Textideen. Ihr Ziel war es, mit dem Publikum zu kommunizieren und bei negativen Rückmeldungen aus dem Publikum den Text zu überarbeiten und die kritisierten Aufführungsteile zu verbessern, um dann damit erneut aufzutreten.

Die erfolgreiche Kommunikation zwischen Poet und Publikum, die sich auch auf der inhaltlichen Ebene vollzieht, ist für Smith zentral:

Performance poetry is the marriage of text and the artful presentation of spoken words on stage to an audience that has permission to talk back and let the poet performer know whether he or she is communicating effectively (Smith, 2004, 8).

Ein Beispiel zur Veranschaulichung dieses interaktiven Elements in der deutschsprachigen Slam-Szene ist die Aufführung „Du baust einen Tisch" von Nora E. Gomringer (www.youtube.com/watch?v=BkYWX6c6i-Y), bei der sie die Zuschauer nach der Aussage *„und ich dachte, du bautest einen ..."* zum abschließenden, gemeinsamen Ruf *„für mich!"* lenkt.

In den USA scheint jedoch der kommunikative Aspekt der Performance zentraler zu sein, da das Publikum nicht nur den ästhetischen, sondern auch einen sozialen Raum mit den Vortragenden teilt. Der Performer – oft ein Vertreter einer Minderheit, zum Beispiel der Homosexuellen, der Schwarzen, der Einwanderer etc. – ist ein Sprachrohr für das Publikum, das sich größtenteils auch aus Minderheiten zusammensetzt (vgl. www.nuyorican.org/AboutUs/AboutUs.html). Hier greift die These von Peggy Phelan, wonach sich soziale Minderheiten durch performative Kunst von vorgefertigten Rollenmustern befreien können (vgl. Klein/ Sting 2005, 10). Allerdings tauchen auf der amerikanischen Slam-Bühne auch und vermehrt Texte auf, die Klischees reproduzieren.

Auch wenn Slam Poetry nicht unbedingt sozialpolitischen Charakter hat, so schafft sie kraft ihrer Aufführung jedoch literarische und sinnstiftende Geselligkeit. Dies muss jedoch nicht dazu führen, dass Poeten und Publikum durch die Performance ein „kulturelles Gemeinschaftswerk" entstehen lassen, wie es der interaktionsästhetische Ansatz nachzuweisen versuchte (Preckwitz 2002, auch Dumschat 2005, 206). Denn die Textproduktion geht von dem Poeten aus, der den Text schreibend vorbereitet und das Publikum spielt keine gewichtigere Rolle als etwa bei einer Theateraufführung. Nicht das Hineinrufen, sondern das Zuschauen und Zuhören sowie die Beurteilung als die fundamentale Partizipation des Publikums sind in der Live-Aufführung entscheidend.

Die Annahme, dass bei einem Poetry Slam bei jedem im Publikum ähnliche Assoziationen und daraus generierende Kollektivbilder hervorgerufen würden, ist jedoch schwierig zu verifizieren. Diese These stützt sich lediglich auf das angenommene Kollektive, das sich in der gemeinsamen Identifikation der Akteure während einer Poetry Slam-Veranstaltung widerspiegeln soll (so Hildebrandt 2006). Sicherlich ist die performative Literaturveranstaltung an sich gemeinschaftsstiftend. Das Publikum ist aber nicht dazu da, den Textvortrag zu konstituieren, sondern die Aufführung (vor Publikum) zu ermöglichen. Eine Performance wird aus der Zuschauerperspektive z. B. wie folgt beschrieben:

Mein Fazit war schnell klar: Ich fühlte mich als Publikumsmitglied beim Poetry Slam besonders angesprochen. Ich durfte auch mal „yeah" oder „uäh" rufen und konnte mich ohne Schüchternheit, auch alleine dort sitzend, mitteilen, und manchmal bekam ich Reaktionen zurück. Die Gedichte bannten mich in ihrem eigentümlichen Rhythmus und wirkten auf mich als befreite Kunst: befreit von dem Anspruch 'hohe Kunst' zu sein. Da ich mich zuvor in Berlin nicht auskannte und die Stadt auch sehr hektisch sein kann, fühlte ich mich auf den Slam-Abenden wie in Watte gepackt, da sie mir Geborgenheit und Inspiration gaben. Ich konnte meiner Phantasie und den inneren Bildern, die ich durch die Geschichten erhielt, freien Lauf lassen (Hildebrandt 2006, 3).

Die Partizipation wird nicht nur durch den Textvortrag ermöglicht, sondern auch durch Einstellungen des Einzelnen („befreit von dem Anspruch, hohe Kunst zu sein") und die Art und den Ort der Veranstaltung. Die Aussagen eines Performers (vgl. nächte Seite) zeigen, wie ein Poet die eigene Performance lenken kann:

Die Initialzündung war definitiv der Auftritt im Nuyorican Poets Café in New York, wo ich zum ersten Mal diesen Geist gespürt habe, der über Poetry Slams schweben kann. Das ist einfach, wenn einer spricht und die Leute zuhören und die gleichen Gedanken teilen. So kann eine wahnsinnige Intimität hergestellt werden; nur dadurch, dass der Mann am Mikrofon oder die Frau am Mikrofon was sagt, teilen auf einmal 100 Leute im Raum die gleichen Bilder und Gedanken. Und je nachdem, was du erzählst, kannst du deine Partizipanten in ganz verschiedene Welten mitreißen, auch in sehr intime Welten, auch Abenteuerwelten. Im Grunde ist es eine Verschmelzung. Aber so etwas findet nicht immer statt (Böttcher, in: Lipczinsky 2005, 290).

Performatives Handeln beruht also „grundsätzlich auf einem Doppelbewusstsein des Performers, [...] mit dem [er] die aktuell aufgeführte Handlung von außen [mit den Augen des potentiellen Zuschauers] betrachte[t] und in ein Verhältnis zu einem tatsächlichen oder wünschenswerten Modell dieser Handlung setzt" (Carlson 1996, 4f). Der Performer versucht seinen Vortrag durch Inhalt, Prosodie und Körpersprache zu steuern (vgl. „je nachdem was du erzählst") und anhand des Feedbacks vom Publikum (und von der Jury) erfährt er, ob ihm dies geglückt ist.

Von den vier Kommunikationsstrukturen, die Flusser in seiner „Kommunikologie" (2000) beschreibt bildet der Theaterdiskurs am ehesten die Kommunikation bei der Literaturveranstaltung Poetry Slam ab: Monatlich stattfindende lokale Poetry Slams werden in Clubs oder Cafés veranstaltet, die eine theaterähnliche Raumaufteilung (konkave Wand → Sender → Kanal → Empfänger) haben. Meist organisieren Veranstalter die Räumlichkeiten dergestalt, dass die auftretenden Poeten eine erhobene

Stellung auf einer Bühne erhalten, während das Publikum – wie bei einem Popkonzert – emporschaut (vgl. zum Beispiel Pony Slam Hamburg, Slammer Filet Bremen, Bastard Slam Berlin, Substanz Slam München). Die konkave Wand konzentriert die Aufmerksamkeit auf den Vortrag und dient „als Trichter für die Sendung", während der Poet als Sendender das Gedächtnis ist, in dem „die zu verteilenden Informationen gelagert sind" (vgl. ebd., 21). Der Informationsträger sind entweder die schalltragende Luft allein, oder aber oft zusätzlich das Mikrofon samt Lautsprecheranlage, weil die meisten Slam-Poeten keine Sprechausbildung genossen haben, das Publikum im Hintergrund spricht und die Akustik ungünstig sein kann. Das Publikum übernimmt die Rolle der Empfänger, die innerhalb dieses Modells als „Gedächtnisse" bezeichnet werden, „in denen die verteilte Information gelagert wird, um später weitergegeben zu werden" (ebd., 21).

Nach Flussers Einteilung in Indikative, Imperative und Optative vermitteln die Vortragstexte eher normative und ästhetische Informationen als faktische Informationen (vgl. ebd., 18f.). Für einen erfolgreichen Diskurs muss der Poet „seine Empfänger zu zukünftigen Sendern machen", was bedeutet, dass er zum Einen den eigenen Informationen gegenüber treu bleiben muss, zum anderen seinen Text so wirkungsvoll gestalten soll, dass „die Empfänger die erhaltenen Informationen so im Gedächtnis lagern, dass sie sie später weitersenden können" (ebd., 20).

Die Kommunikationsstruktur des Theaterdiskurses ermöglicht nach Flusser einen „Fortschritt", indem „jeder Empfänger in der Lage ist, selbst auf die Wand zuzugehen, sich umzudrehen und zu senden, Revolution zu machen" (ebd.) – was dem ursprünglichen Anliegen von Marc Kelly Smith entspricht. Tatsächlich zieht sich das Publikum jedoch eher in eine passive Haltung zurück:

Schaut man sich im durchschnittlichen Slam-Zuschauerraum um, stellt man fest, dass die – bei Slams ursprünglich angedachte – aktive Rolle des Publikums inzwischen auf lautstarken Beifall, Jury-Wertungen und ab und zu ein paar (meist überflüssige) Zwischenrufe beschränkt ist. Das kann man natürlich so beibehalten. Dann stellt sich im Anschluss nur die Frage, was dieses Publikum noch von einem RTL-Publikum in irgendeiner Casting-Sendung unterscheidet. Vor allem, wenn man ins Auge fasst, welche Art von Slam-Beiträgen vom Durchschnittspublikum am lautesten beklatscht werden. Denn ein „aktives Publikum" zeichnet sich bitte nicht nur durch Lärm aus, sondern auch dadurch, dass die Zuschauer AKTIV MITDENKEN. Sobald etwas von literarischer Qualität präsentiert wird, ist das Publikum dazu gezwungen, sich ausnahmsweise mal nicht zurückzulehnen und sich von leichter Unterhaltungskost berieseln zu lassen. Stattdessen müssen sie sich über das Gehörte Gedanken machen und sich mit dem Text auseinandersetzen. Fakt ist: Ein Großteil der Zuschauer will das gar nicht. Man geht in erster Linie zum Slam, um sich unterhalten zu lassen, nicht, um mitzudenken. Leichte Comedy-Kost ist einfacher zu verdauen als ernste Lyrik. Diese

Tendenz führt dazu, dass sich Poeten zunehmend ans Publikum anpassen, was wiederum zur Folge hat, dass die Entwicklung (und Weiterentwicklung) des eigenen Stils unter den Tisch fällt, weil das an individuelle Entfaltung gebunden wäre, die mit den Vorlieben des Publikums möglicherweise nicht deckungsgleich ist. Wenn aber die Entwicklung eines eigenen literarischen Stils vernachlässigt wird und man als Slammer nur noch den Anspruch (?) hat, das Publikum mit den einfachsten Mitteln zu unterhalten, ist es nicht verwunderlich, verstärkt kopierte Texte zu hören – also erprobte Texte, welche die Interessen des Publikums bedienen (Michael Feindler, U20-Poetry Slammer und Kanarettist, in: slamily 17.05.2008).

Diese Kritik ist sehr ernst zu nehmen, vor allem wenn es darum geht, junge Poeten mit sogenannten Erfolgsstrukturen von Slam-Texten zum Schreiben zu motivieren (vgl. Kap. Literarisches Schreiben).

Der Theaterdiskurs ermöglicht zwar „Geräusche im Innern der Struktur" (Flusser 2000, 20), denn das Publikum ist „in verantwortlicher Position", da es die Möglichkeit hat, „unmittelbar auf die Sendung zu antworten" (Flusser 2000, 22), bei einem Poetry Slam wird diese Offenheit und demokratische Tendenz jedoch nicht immer ausgenutzt – wie das obige Zitat von Michael Feindler zeigt.

1.2.1 Rolle der Schriftlichkeit und Mündlichkeit

Slam-Texte werden von den Verfassern sorgfältig als Schrifttexte vorbereitet und erst nach Fertigstellung in die mündliche Version, also den Vortrag, übertragen. Das Aufschreiben der Slam-Texte dient nicht, wie etwa im Mittelalter, nur als Gedächtnisstütze für den mündlichen Vortrag, sondern viele Slam-Poeten bringen vollständig ausformulierte Texte bei der Aufführung mit auf die Bühne. Sie performen diese dann auswendig gelernt oder lesen sie teilweise oder ganz ab.

Weil durch Koch/ Oesterreicher (1985) die Möglichkeit besteht, zwischen konzeptionell und medial mündlichen wie schriftlichen Texten zu unterscheiden, soll im Folgenden die Slam Poetry mit Hilfe dieses Konzeptes genauer charakterisiert werden.

Koch/ Oesterreicher bezeichnen solche Äußerungen als konzeptionell mündlich, die in einer durch emotionale und raumzeitliche Nähe geprägten Kommunikationssituation geäußert werden. Diese Art der Mündlichkeit ist – wie zum Beispiel der Small Talk – an Kommunikationsbedingungen wie Privatheit, Vertrautheit, Situations- und Handlungseinbindung und einem hohen Grad an Dialogizität gebunden. Paraverbale (z. B. Lautstärke, Stimmlage) und nonverbale Ausdrucksmittel (z. B. Mimik, Gestik) spielen darüber hinaus als Versprachlichungsstrategien eine wichtige Rolle für diese Sprache der Nähe. Konzeptionelle Schriftlichkeit ist demgegenüber eher durch Distanz geprägt. So ist zum Beispiel eine wissenschaftliche Veröffentlichung durch Kommunikationsbedingungen wie Öffentlichkeit,

Fremdheit, Situations- und Handlungsentbindung und reine Monologizität charakterisiert (vgl. Koch/ Oesterreicher 1985, 9f.).

Betrachtet man die verschiedenen Äußerungsformen, die Koch/ Oesterreicher exemplarisch untersuchen, so ähnelt eine Slam Poetry-Darbietung am ehesten einer Predigt oder einem wissenschaftlichen Vortrag. Denn diese sind als phonisch realisierte Texte genauso wie der geschriebene Slam-Text weitgehend monologisch, vorgeplant und themafixiert – und damit konzeptionell schriftlich. Der Slam-Poet versucht – und zwar stärker als ein wissenschaftlicher Referent – seinen Text mittels der Performance emotional und situativ zu verankern. Genau an dieser Verankerung zeigt sich, dass Slam Poetry traditionell auf Gospel-Gesang, Spirituals und afro-amerikanischen Predigttexten, die zu den ästhetischen Wurzeln des Rap gehören (vgl. Werner 2007), zurückgeht.

Fasst man alle Unterscheidungsebenen zur konzeptionellen Schriftlichkeit und Mündlichkeit zusammen, ergibt sich für Slam Poetry das folgende Bild:

Während medial schriftliche Dichtung eher „einsam" (Zumthor 1990, 36) aufgenommen wird, ist Slam Poetry als medial mündliche Dichtung grundsätzlich für eine an einem Ort versammelte größere Öffentlichkeit gedacht. Der Grad der Öffentlichkeit, der von der Zahl der Gesprächsteilnehmer sowie der Größe des Publikums abhängt, variiert bei einem Poetry Slam von vereinzelten Besuchern bis zu einer riesigen Zuschauerzahl (z. B. bei den Finalveranstaltungen der Meisterschaften 2004 bis 2009).

Der Grad der Vertrautheit der Partner, von welchem die Gemeinsamkeiten der Gesprächspartner (vorherige gemeinsame Kommunikationserfahrungen, gemeinsames Hintergrundwissen) sowie der Charakter des Gesprächs (vertraut oder offiziell) abhängen, variiert ebenfalls, ist jedoch nicht mit einem Dialog unter Freunden zu vergleichen. Die emotionale Beteiligung, die sich auf die Affektivität zwischen den Gesprächspartnern und/ oder gegenüber dem Kommunikationsgegenstand bezieht, kann besonders hoch liegen, wenn der Vortragende ein aktuell brisantes Thema oder Anspielungen auf polarisierende Ereignisse oder Personen anbietet. Je nach Autor und Vortragstext variieren die Merkmale der Situations- und Handlungseinbindung, der Spontaneität und des Referenzbezuges: Versteht es der Poet, seinen Text an regionale, lokale bzw. zielgruppenspezifische Bedingungen anzupassen, dann entsteht mehr (simulierte) Nähe zum Publikum, was oft den Erfolg des Auftritts begünstigt, als wenn Texte nicht an die wechselnden Auftritts-Bedingungen und Publikumsinteressen angepasst werden. Vertrautheit – und damit Nähe zum Publikum – kann von Seiten des Poeten auch durch die Brückenfunktion der Anmoderation geleistet werden.

Die physische Nähe der Kommunikationspartner (Face-to-face-Kommunikation) ist bei einem Poetry Slam gegeben. Nach Zumthor funktionieren jedoch mündlich dargebotene poetische Botschaften trotz ihrer Öffentlichkeit „nur innerhalb einer begrenzten soziokulturellen Gruppe" (Zumthor 1990, 36). Die Kommunikationssituation während des Slam-Vortrags ist durch die raumzeitliche Nähe der beteiligten Partner charakterisiert. Die Partner sind in der Regel einander nicht bekannt, das Verhältnis beider ist durch die Beurteilungssituation im Wettbewerbsformat Poetry Slam beeinflusst. Aufgrund der Aktualität der Vortragstexte im Poetry Slam und der Anbindung an Alltagssituationen verfügen die Kommunikationspartner möglicherweise über gemeinsame Schnittmengen in den Wissens- oder Erfahrungsbeständen. Das kann jedoch nur vermutet werden. Die Anwesenheit der Partner und das Vertrauen, das sich durch die persönlich gefärbten Texte ergibt, ermöglichen möglicherweise emotionale Beteiligung und Expressivität. Wichtiger jedoch ist die Tatsache, dass in dieser Kommunikationssituation ein Moderator als verbindendes Glied zwischen beiden Kommunikationspartnern vermittelt. Er soll im Vorfeld eine wohlwollende Grundhaltung der Zuschauer gegenüber den Auftretenden bewirken und die Punktabfrage möglichst neutral kommentieren. Auch der Poet selbst übernimmt eine Mittler-Funktion zwischen sich, seinem Text und dem Publikum: Er moderiert sich selbst möglichst Vertrauen erweckend an und baut dem Publikum Brücken, damit es seinen poetischen Text besser verstehen kann.

Der Grad der Kooperation, der sich durch die direkte Mitwirkungsmöglichkeit der Rezipienten im Gespräch charakterisieren lässt, variiert von Text zu Text. Typische Lesebühnentexte arbeiten eher monologisch, während Interaktionstexte das Publikum integrieren (vgl. dazu die Textauswahl „Interaktive Texte", Anders 2008). Dialogizität, die sich an der Häufigkeit des Rollenwechsels in einem Gespräch bemisst, ist beim Poetry Slam kaum gegeben.

Der Grad der Spontaneität der Kommunikation, der für die Planungsmöglichkeiten der Gesprächsteilnehmer bestimmend ist, ist gering, und das auch bei den wenigen Freestyletexten, da sich das Publikum nicht als gleichwertiger Gesprächspartner variabel einbringen kann. In der Performance sind die Aufführung und die Rezeption direkt aneinander gekoppelt, der Fortgang der Kommunikation kann nur eingeschränkt durch Bestätigungsrufe, aber nicht durch Rückfragen gesteuert werden.

Dadurch, dass die Kommunikationspartner im selben Raum anwesend sind, stehen ihnen durch den Sichtkontakt neben verbalen Mitteln auch nonverbale Strategien wie Zeigegesten und Mimik zur Verfügung, mit denen sie auf den situativen Kontext Bezug nehmen können, ohne ihn zu versprachlichen. Diese nonverbalen Äußerungen nutzt vor allem der Vortragende, während der Zuschauer durch Klatschen, Schnipsen oder schlimmstenfalls Buh-Rufe auf den Vortrag positiv wie negativ Einfluss nehmen kann. Der Dialog ist einerseits rudimentär durch Hochhalten der Stimmtafel, andererseits in Gesprächen nach den Auftritten in literarischer Geselligkeit möglich. Er liegt jedoch nicht in der Kommunikationssituation des Vortrags selbst.

Der Grad der Themenfixierung ist relativ hoch und wird von dem Vortragenden und nicht von der Zuhörerschaft gelenkt. Die Auswahl eines Textes für den Auftritt bei einem Poetry Slam erfolgt in Abhängigkeit von der durch den Poeten wahrgenommenen Stimmung des Publikums und den poetischen Vorrednern: Nach sich steigernden, eher lustigen Texten empfiehlt sich zum Beispiel ein ironischer oder ernsterer Text, der die Aufmerksamkeit des Publikums erneut fesselt. Geht es um wichtige Platzierungen, zum Beispiel um den Einzug in ein Finale bei den deutschsprachigen Meisterschaften, so setzt der Poet seine Texte strategisch ein, um die Gunst des Publikums zu erhalten. Anders als bei einer Predigt oder einem wissenschaftlichen Vortrag ist die Auswahl des Textes also situativ variabel – sofern die Poeten bereits mehrere Texte zur Verfügung haben. Ist die Auswahl eingeschränkt, weil der Poet (noch) nicht so viele Texte verfasst hat, so kann die zum Textvortrag gehörende Anmoderation flexibel eingesetzt werden. Ein und derselbe Text erhält auch bei zweimaligem Einsatz während derselben Veranstaltung eine veränderte Wirkung, wenn der Slam-Poet z. B. plötzlich eine ironische Haltung gegenüber seinen eigenen Aussagen einnimmt. Jedoch geht die Sendung der Mitteilung stets vom Poeten und nicht vom Publikum aus.

Insgesamt ergeben die Kommunikationsbedingungen bei einem Poetry Slam eher das Bild distanzsprachlicher Texte, vor allem deshalb, weil das Publikum als Dialogpartner kaum Möglichkeiten der flexiblen Interaktion erhält. Merkmale der Nähesprache sind kaum vorhanden, während die Merkmale für die Distanzsprache eher die Rahmenbedingungen eines Poetry Slam beschreiben. Die Texte, die für den Poetry Slam vorbereitet werden, sind also eher konzeptionell schriftlich, da sie endgültig sind und nicht innerhalb des Kommunikationsprozesses entstehen. Auch wenn interaktive Elemente – wie das Zurufen von Wörtern – eingebaut sind, bleibt die Regie des Textes bei dem Sprechenden, der sich in exponierter Position auf der – meist erhöhten – Bühne befindet. Die Rückmeldung des Publikums in Form von Jurynoten ist rein schriftlich: Es werden lediglich Zahlen hochgehalten, die weder mündlich noch schriftlich begründet werden. Das Publikum signalisiert damit also auch eine erhebliche Distanz.

Der Annahme, dass bei einem Poetry Slam der auftretende Poet und das Publikum Dialogpartner sind (vgl. Preckwitz 2005, 56), muss daher auch an dieser Stelle widersprochen werden. Vielmehr handelt es sich, wie gezeigt, um eine Kommunikationssituation, bei der sich Publikum und Vortragende gerade nicht als gleichwertige Dialogpartner verstehen. Von einem variablen Sprecherwechsel, wie ihn Koch/ Oesterreicher für eine Sprache der Nähe annehmen (1985, 19), kann ebenso wenig ausgegangen werden. Slam Poetry-Texte unterscheiden sich in diesem Punkt auch von dialogischen, konzeptionell mündlichen E-Mail- und Chat- Kommunikationen. Diese Ergebnisse decken sich mit der Feststellung, dass Poetry Slam nach Flusser eher als Diskurs denn als Dialog zu charakterisieren ist.

Dürscheid führt das Modell von Koch/ Oesterreicher weiter, indem sie die Kategorien der synchronen, quasi-synchronen bzw. asynchronen Kommunikation beschreibt. Diese neuen Kategorien betreffen diejenigen Kommunikationsformen, die technisch neuer (als die Aufsätze von Koch/ Oesterreicher 1985, 18; 1994, 588) sind, wie Fax, E-Mail, eine Nachricht auf dem Anrufbeantworter, Chat, SMS etc. Dürscheid wendet diese Kategorien aber auch auf etablierte Kommunikationsformen wie den Vortrag an:

Insofern ist auch ein Vortrag eine asynchrone Form der Kommunikation. Der Kommunikationskanal wird in der Regel erst in der anschließenden Diskussion von der anderen Seite her geöffnet – mit den uns allen bekannten Schwierigkeiten beim Öffnen des Kanals (Dürscheid 2003, 8).

Der Poetry Slam gehört auch zu der asynchronen Kommunikation, weil das Publikum erst nach dem Auftritt des Poeten – oder störend dazwischen – eine Rückmeldung in Form von Punkten oder Zurufen gibt. Der Kommunikationskanal ist während des Vortrags nur von der Seite des Poeten her geöffnet. Schwierigkeiten ergeben sich auch hier bei der Öffnung des Kanals: Gespräche über Literatur finden beim Poetry Slam kaum statt.

Dürscheid zufolge geht das Modell von Koch/ Oesterreicher nicht auf die Tatsache ein, dass ein Vortrag für die mündliche Präsentation verfasst ist:

Ein Vortrag wird anders konzipiert als ein Text, der für die Lektüre bestimmt ist. Es werden Ausdrucksmittel eingeplant, die von der konzeptionellen Schriftlichkeit wegführen sollen, eben weil der Text für den Vortrag vorgesehen ist. Und nicht nur für die Planung des Vortrags, sondern auch für den Vortrag selbst gilt: Die Tatsache, dass man spricht, hat einen Einfluss auf den Duktus der Äußerung (Dürscheid 2003, 14).

Die hier genannten „Ausdrucksmittel" sind erstens Merkmale der mündlichen Dichtung. Sie sorgen dafür, dass ein Schrifttext im Vortrag besonders effektiv ist. Zweitens sorgen die Epiphänomene (vgl. Klein 1985, 17), also Stimmführung, Mimik, Gestik und Körpersprache sowie der Ton als Stilmittel dafür, dass und wie ein Text sprachlich umgesetzt wird.

Nimmt man an, dass diese Ausdrucksmittel „von der konzeptionellen Schriftlichkeit wegführen sollen" (ebd.), dann könnte dies auch eine Erklärung dafür sein, warum die Versuche, Slam Poetry gedruckt zu veröffentlichen, immer wieder auf Kritik stoßen: „[I]n gedruckter Form fehlt die Komplettierung der Werke durch ihren Vortrag" (Lübbert 2009, FAZ). Das recht negative Bild des Poetry Slam in der Presse ist mit der Konzeption dieser Literaturform zu begründen: Slam Poetry wird nach schriftsprachlichen Kategorien und nicht nach den Kategorien der medialen Mündlichkeit beurteilt und schneidet im Vergleich mit konzeptionell und medial schriftlichen Texten schlechter ab. Die Beschreibungskategorien sind bislang eher inhaltlich orientiert: Man diskutiert z. B. darüber, ob zu Slam Poetry eher ernste, tiefsinnige oder eher lustige, oberflächliche Texte gehören. Es fehlt bisher an Möglichkeiten, die Ausdrucksmittel der Slam Poetry adäquat, also unter Einbeziehung der von den Poeten eingesetzten Epiphänomene, zu beschreiben.

Hilfreich für eine adäquate Beschreibung könnten jedoch die Merkmale mündlicher Dichtung sein, wie sie Zumthor und Ong erarbeitet haben. Auch wenn Slam Poetry nicht einer oralen Kultur entspringt, wird diese Art der Poesie aufgrund der Performance immer wieder mit der oralen Kultur in Beziehung gesetzt:

Western civilization reckons back to the blind poet Homer whose epics were composed to be recited loud [...]. Slam poetry carries on this oral literary tradition [...] not only through their written words, but also through the art of performance (Smith 2004, 5).

In den USA nennt man als Traditionslinien der Slam Poetry vor allem die kulturellen Praktiken der afrikanischen Griots sowie den Blues; die Predigten von Baptistenpriestern; das Storytelling freie Assoziationen der Surrealisten und Protestsongs der Bürgerrechts-, Antikriegs- und Frauenbewegung; die rappenden Last Poets sowie Gil Scott-Heron (vgl. Weiss/ Herndon/ Morris 2001, 9).

Paul Zumthor, der 1983 die Schriften zur „Oral Poetry" von Ruth Finnegan weiterführte und Ansätze einer Poetik der mündlichen Dichtung entwickelte, unterteilt die Mündlichkeit noch genauer in die drei Bereiche der primären, der sekundären und der mediatisierten Oralität. Die reine Oralität habe sich „nur in archaischen, seit langem verschwundenen Gemeinschaften ausgebreitet (Zumthor 1990, 33). Die sekundäre oder gemischte Oralität sei von der Schrift bestimmt bzw. davon abgeleitet. Die Texte der Slam Poetry zählen dementsprechend zur sekundären Oralität, denn sie stammen von deutschsprachigen Poeten, bei denen jeder Ausdruck „von einer gebildeten Kultur" (ebd., 32) beeinflusst ist. Die dritte Stufe, die mediatisierte Oralität, spielt bei den von der Slam-Szene entwickelten Aufzeichnungsformen der Live-Literatur (Poetry Clips, Aufführungsmitschnitt) eine Rolle.

In oralen Kulturen wurden für die Speicherung von Inhalten des sozialen Gedächtnisses sogenannte Gedächtnisspezialisten wie Druiden oder Griots (vgl. dazu Dorsch 2006) herangezogen, die durch Mnemotechniken der Sprache, wie zum Beispiel Parallelismus, Reim, Rhythmus, Modulation in speziellen Riten das vorhandene Wissen mit Hilfe von Tanz, Malerei, Gesang und Musik inszenierten. Die mnemotechnisch funktionale mündliche Überlieferung war eine „multimediale Inszenierung, die alle Möglichkeiten des gemeinsamen Wahrnehmungsraums nutzt, insbesondere auch die vielfältigen Möglichkeiten der Stimme" (Becker-Mrotzeck 2003, 73).

Das kulturelle Gedächtnis ist seit der Erfindung der Schriftlichkeit von oraler Kommunikation unabhängig. Die Schrift ist auch das Basismedium für neuere Medien, welche wiederum dabei helfen, das kulturelle Gedächtnis zu verstetigen bzw. zu „verdauen" (vgl. Ehlich 1994, 19). Der Buchdruck leitete die Dominanz des literalen Paradigmas ein und machte die „Präsenz- und Menschmedienkultur als einer produktiven Live-Darstellungskultur [zu] einer Speicher- und Printmedien-Kultur (Faulstich 1996, 127). Ausgehend von dem „Technikboom" im 19. Jahrhundert (vgl. Faulstich, 2004a, 23ff.) wurde die Dominanz des literalen Paradigmas aber durch Plurimedialität ersetzt: Eine „Renaissance des Oralen und Piktoralen" begann (Frederking et al., 2008, 40), die durch audio-visuelle Medien geprägt wurde.

Im 20. Jahrhundert führte Alfred Döblin sogar die Zeichen des von ihm wahrgenommenen Sprachverfalls auf das Verschwinden der Mündlichkeit bzw. der Reduktion literarischer Sprache auf Schrift zurück. Die lebende Sprache gehe in „ungenügender Weise" in die schriftliche ein. Er sah im Rundfunk, speziell im Radio, die Möglichkeit, den Dichtern wieder den „eigentlichen Mutterboden jeder Literatur" zu bieten (Döblin 1929, 254f.). Der Boom der Hörbücher stellt in neuester Zeit ein „medienkulturgeschichtliches Phänomen" dar (Frederking et al. 2008, 43), da es die literale Vorlage oral präsentiert. Ähnlich verhält es sich mit Slam Poetry.

Die von Walter Ong aufgestellten Charakteristika oraler Kulturen (vgl. Ong 1987, 42) könnten dabei nützlich sein, die im Poetry Slam vorgetragenen Texte näher zu charakterisieren.

Nach Ong ist Oralität

1. *stark rhythmisch*
2. *eher additiv als subordinierend,*
d.h. bezüglich der Syntax neigen orale Menschen zu additiven Verbindungen („und"), statt zu solchen wie „damit", „dann", „deshalb", die hierarchische Strukturen entstehen lassen,
3. *eher aggregativ als analytisch,*
d.h. Wörter werden zu mehr oder weniger festen Formeln zusammengefügt (z. B. die schöne Prinzessin, der tapfere Soldat),
4. *redundant oder nachahmend,*
d.h. Wiederholungen und Ausschweifungen bieten dem Sprecher Zeit zur gedanklichen Weiterentwicklung der Rede und vermindern akkustische Verständnisprobleme des Zuhörers,
5. *konservativ oder traditionalistisch,*
d.h. das Konservieren von gewonnenem Wissen beansprucht in oralen Kulturen

sehr viel Energie und Zeit; intellektuelles Experimentieren riskiert den Verlust solchen Wissens,

6. nahe am menschlichen Leben,

d.h. Wissen wird in Bezug zur menschlichen Lebenswelt gewonnen und verbalisiert, indem die fremde, objektive Welt in das unmittelbare, bekannte Miteinander überführt wird,

7. kämpferisch im Ton,

d.h. in oralen Kulturen wird Sprache oft für verbale, intellektuelle Kämpfe eingesetzt,

8. eher einfühlend und teilnehmend als objektiv-distanziert,

d.h. Lernen und Wissen bedeutet für eine orale Kultur eine nahe, einfühlende gemeinsame Identifikation mit dem Wissensstoff,

9. homöostatisch,

d.h., dass orale Gesellschaften irrelevant gewordenes Wissen abwerfen, um ihr Gleichgewicht zu erhalten und

10. eher situativ als abstrakt,

d.h. Begriffe oder Objekte etc. erhalten in der oralen Welt ihre konkrete Bedeutung erst in der Situation ihrer Anwendung in der Lebenswelt.

Während das Schreiben das Denken zu einem verlangsamten Fortgang zwinge und redundante Prozesse re-organisiere, fördere eine orale Darbietung die Redundanz. Ong nennt drei Gründe für Redundanz, die aus der Vortragssituation selbst entspringen: akustische Probleme während einer Darbietung, Vermeidung inhaltlicher Missverständnisse bei der Zuhörerschaft und die Aufrechterhaltung des Redeflusses des Sprechers (ebd., 46). Die „Redundanz und Wiederholung des Gesagten" hielten innerhalb eines Textes den Sprecher wie den Hörer „auf dem Pfad des Diskurses" (ebd., 45).

Slam-Poeten sind ganz ähnlichen Bedingungen unterworfen: Sie müssen bei dem Verfassen des Textes die Geräuschkulisse während der Darbietung in einem Club berücksichtigen und angesichts der Fluktuation des Publikums immer wieder Anschlussmöglichkeiten innerhalb des Textes bieten:

Es ist auch sinnvoll, wiederholende Elemente einzubauen, weil die Partizipanten nicht – wie die Leser im geschriebenen Text – noch mal zurückspringen können (Böttcher, in: Lipczinsky 2005, 292).

Diese wiederholenden Elemente finden sich vor allem im Refrain, aber auch in anaphorischen Satzanfängen und inhaltlichen Redundanzen wieder (vgl. z. B. Lars Ruppel: Bread Pitt, Anhang).

Auch Zumthor betont die Wichtigkeit der Redundanz in mündlichen Texten (Zumthor 1990, 42) und hebt hervor, dass mündliche Dichtung nicht von einem Mangel, sondern von seiner eigenen Qualität her betrachtet und definiert werden sollte (ebd., 24). Von der mündlichen Literatur wie dem Märchen oder dem Schwank grenze sich mündliche Dichtung durch die

Intensität ihrer Merkmale ab: Nach Zumthor ist sie strenger formalisiert und mit klareren Strukturierungsmerkmalen versehen (ebd., 41). Für Vortragstexte empfiehlt er:

Nur äußerste Kürze würde ein globales Erfassen möglich machen. Der Hörer vollzieht die an ihn gerichtete Rede mit und entdeckt an ihr als Einheit nur das, was davon haften bleibt in seinem Gedächtnis, das immer mehr oder weniger unsicher ... ja sogar trügerisch ist, wenn der Redner es versäumt, seine Worte mit Anhaltspunkten zu versehen (Zumthor 1990, 36).

Der Slam-Poet muss also Mittel der Redundanz und – noch nicht näher bestimmte – „Anhaltspunkte" bei der Konzeption der Slam Poetry berücksichtigen. In den amerikanischen Workshop-Readern sowie in Marc Kelly Smiths „Idiots Guide to Slam Poetry" wird zu diesem Zweck die Verwendung einer konkreten Sprache, der „Concrete Language", empfohlen:

Basic to all good writing is concrete language, or words and phrases that project on the minds of the audience vivid images, sounds, actions, and other sensations. If your text is rich with imagery, your audience will see, smell, and taste what you're telling them (Smith 2004, 48ff.).

Außerdem sollte ein Performance Poet von eigenen Erfahrungen sprechen und dazu dynamische Verben verwenden, um Handlungen schnell und einfach nachvollziehbar zu machen (ebd. 62).

Zu Stilmitteln der Slam Poetry, die Redundanz erzeugen und den Text strukturieren, gehören ferner die Wiederholung von Wortgruppen, zum Beispiel mit Rückbezug auf den Titel, aber auch die Veranschaulichung von Gedanken durch themenverwandte oder -ähnliche Beispiele.

Ong hebt hervor, dass orale Kulturen trotz der redundanten Texte nicht minder originell und entdeckend seien: Die erzählerische Originalität zeige sich „nicht im Erfinden neuer Geschichten, sondern im Geschick, eine besondere Interaktion mit dem Publikum herzustellen" (Ong 1987, 47). Die zu erzählende Geschichte werde dem Publikum und der Situation angepasst, neue Elemente würden eingefügt. Das Publikum müsse darüber hinaus „zum Partizipieren veranlasst" werden, und zwar „oft genug auf nachdrückliche Art" (ebd., 47). Dies ist z. B. in „Chaos total" von Felix Römer (2004, in: Anders 2008, 86–89) der Fall: Der Slam-Poet fordert das Publikum auf, den Refrain „Im Fernsehen sah das anders aus" mitzusprechen bzw. zu grölen. Dazu hebt er – wie ein Dirigent – an den entsprechenden Textstellen beide Arme hoch.

In oralen Kulturen wird Wissen durch „ständige Wiederholung" (Ong 1987, 46) tradiert und damit konserviert, sodass die Mitglieder der Gesellschaft bzw. deren Geist mit dem Bewahren beschäftigt sind. Sie ist bei Slam-Texten besonders auffällig, da die Autoren oft verfremdend mit mündlichen wie schriftlichen Genres (z. B. Märchen, Fabel, Zeitschriftenartikel, Telefongespräch, Gebet, Hymne, Ode) spielen. Die verschiedenen Formen von Intertextualität wie Zitat, Anspielung, Nachahmung, Parodie, Übersetzung oder Medientransformation lassen sich in Slam Poetry gut nachweisen (vgl. auch Bricolagetechniken, Kap. Textanalysen der Slam Poetry von Jugendlichen). Besonders auffällig in Slam Poetry erfahrener Slammer sind Wörter oder Textmuster, die auf andere Slam-Texte verweisen bzw. diese direkt zitieren, sowie die namentliche Nennung von Slamily-Mitgliedern (z. B. Julius Fischer: „[...] andere tragen Tische" als Anspielung auf Nora Gomringers Text „Du baust einen Tisch", in dem es heißt: „trägst Tische über eine Kreuzung"; Stefan Seyfarth: „Hätten wir da nicht einen Gaude oder eine Gomringer", in Anspielung auf Robert Gaude und Nora Gomringer; Bleu Broode zitiert „Geh, lauf los" aus dem Text von Sebastian23 „Ärger die Monotonie" usw.).

Slam-Poeten finden und rezipieren ihr Material für intertextuelle Bezüge u. a. auf ihren vielen Reisen, während denen sie auf vielen Slam-Bühnen auftreten und andere Mitglieder ihre Community treffen. Intertextuelle Bezüge haben unterschiedliche Funktionen: Sie stabilisieren das Literaturformat und die Community. Sie dienen als Schreibanregung für eigene Texte, vor allem, wenn erfolgreiche Textmuster als Impulse verwendet werden. Gleichzeitig ist Intertextualität ein Mittel, die im Poetry Slam gesetzte Regel, eigene Texte zu präsentieren, ironisch zu brechen. Die Slam-Szene setzt sich dementsprechend sehr intensiv mit dem Thema Intertextualität auseinander:

Dieses bayrische Remake des Eminem-Klassikers „Stan" aus dem Jahre 2000 war zunächst nur als Schreibübung für mich gedacht. Ich wollte schon immer mal auf bayrisch rappen, hatte aber erstaunlicherweise nie den Zugang zu meiner eigentlichen Muttersprache gefunden, aber mit Hilfe der Eminem-Vorlage konnte ich endlich meinen ersten bayrischen Rap-Text schreiben. Dass ich damit auf Slams auftreten dürfte, daran habe ich zunächst nicht einmal gedacht, denn man darf ja nur Selbstgeschriebenes performen. Als Ko & Rayl [d.i. Slam-Master aus München, P.A.] dann zu meiner Überraschung grünes Licht gaben, bin ich natürlich mit dem Text aufgetreten, und er kommt auch außerhalb von Bayern hervorragend an. Nun aber die Frage: Remake, Hommage, Anspielung, Übersetzung oder Plagiat? Ganz ehrlich: Wenn mich ein MC disqualifizieren würde, könnte ich das verstehen und akzeptieren. Auch wenn die eigene künstlerische Leistung durchaus hoch ist, verstößt der Text eigentlich gegen die Slamregel „Nur Selbstgeschriebenes!" – auch wenn ich jede Zeile natürlich selbst in meiner Sprache und mit meinen Motiven geschrieben habe. Hmmm, sehr schwierig, auch im Hinblick auf CD-Veröffentlichung sehe ich „Bavarian Stan"-mäßig eher schwarz. Was meint ihr? (Von anonym, in der Slamily-Newsgroup im Mai 2008 gepostet).

Ong spricht weiterhin von „aggregativen statt analytischen" Ausdrücken, den Formeln, zu denen Formulierungen wie „schöne Prinzessin" oder „tapferer Ritter" gehören. In aktueller Slam Poetry gibt es diese formelhaften

Phrasen als Binnenreime wie „krasse Hassreden" (Böttcher, 2006), „unermesslich hässlich (Heun, 2007) und „entlegende Gegenden" (Sebastian23, 2006), die immer wieder von Poeten verwendet werden.

Während Ong allgemein von rhythmischem Sprechen als Zeichen von Oralität ausgeht, verweist Zumthor auf die Lautregel, die an beliebiger mündlicher Literatur feststellbar sei. So würden Alliteration, Skandierung der Rhythmen oder Verkettungen von Wörtern zu Tonsuggestionen das Sprachmaterial verändern und verdichten. Es entstünden zum Beispiel absurde Texte, litaneihafte Anhäufungen, Onomatopöien oder Lautreihen (Zumthor 1990, 124f.). Zumthor macht darauf aufmerksam, dass die genannten Strukturen und Lautregeln auch bei den ersten von der Industriegesellschaft hervorgebrachten mündlichen Dichtungen, den Chanson-Sängern wie zum Beispiel Jaques Brel, sowie bei Pop-Festivals zu finden seien (ebd., 126). An diese zentralen musikalischen Elemente knüpft auch Bas Böttcher an, wenn er betont, dass sich die Produktion mündlicher Dichtung an der Musik orientiere:

Ich muss genau schauen, wie ich die Sätze so hinbekomme, dass sie einer Melodiefigur entsprechen. Ich sollte auch von vornherein wissen, an welcher Stelle ich atme (Böttcher, in: Lipczinsky 2005, 292).

Für ein Symptom der Dynamik des Gebens und Nehmens in oralen Kulturen hält Ong die Formen der Schmährede und Lobpreisung. In Slam Poetry sind diese jedoch ironisch gebrochen (vgl. z. B. Lars Ruppel: Ich hasse Kinder, www.youtube.com/watch?v=2PfeAxf3Z7k; Timo Brunke: Hymne auf den Abwasch, in: Anders 2004/ 2007, 131–133).

Der Kontext des Kampfes, den Ong bei oralen Kulturen sieht, ist im Wettbewerb zu spüren. Nach Ong werde die Zuhörerschaft durch Redewendungen oder Rätsel provoziert und animiert, dem Poeten eigene Formeln oder Sprüche entgegenzuhalten (Ong 1987, 49). Die Schlusspointe dient in manchen Slam-Texten der Auflösung von Rätselhaftem. So lässt Gauner z. B. das Publikum raten, wer oder was seine große Liebe ist – während der Aufführung wird deutlich, dass er damit den Rap meint (vgl. z. B. Gauner: Immer noch lieb' ich dich, in: Anders 2008, 63f).

Die Verunglimpfung der Mutter des Gegners ist heute das Dissen (dissen, engl. für „to disrespect") in der HipHop-Kultur. Dies gehört nach Ong zu den Restbeständen des „dozens" oder „flyting" (Zanken) in oralen Kulturen. Sieger ist derjenige Sprecher, der das Publikum auf humorvolle Weise für sich gewinnt. Die Beleidigungen sind meist frei erfunden und dienen dem Wettkampf und der Performance (vgl. Kage 2002, 42). Diese Art der „stilisierten Redeschlacht" (Ong 1987, 49) taucht im Poetry Slam als Prahlen mit der eigenen Tapferkeit oder als Schmähung anderer auf, wie in dem Siegertext des U20-Poetry Slam-Gewinners 2004, Lino Wirag (2004) deutlich wird:

„Kritische Anmerkungen zur HipHop-Kultur" (Lino Wirag, 2004)

Was kuckt ihr mich so an? - Hab ich euch was getan?
Ist irgendwas verkehrt an meinem ganzen Drum und Dran?
Ich kann doch irgendwie spür'n, dass ihr von mir barsch denkt,
Ich kann doch auch nichts dafür, dass mir die Hose am Arsch hängt.
Sonst sieht doch kein Schwein meine Calvin Klein
Und außerdem hat Mama gesagt, ich wachs da noch rein.
Und meine Mütze macht nur deshalb eine Rückwärtsbiege
Damit ich an der Stelle keinen Sonnenbrand kriege.
Die viel zu weiten Hemden sind von meiner fetten Schwester
Die studiert jetzt Phisolophie im dritten Semester.
Aber nicht, dass ihr glaubt, ich bin irgend so ein lauer Penner;
Denn ich bin nicht nur der Größte hier und intimer Frauenkenner,
Sondern auch politisch interessiert und motiviert.
Und wenn da irgendeiner falsch regiert und abkassiert:
Dann kann ich mich tierisch auf drüber regen!
Ich weiß zwar nicht, was Hartz IV ist – aber ich bin dagegen!
[Fuck Erbschaftssteuerreform!]
Auch beim letzten Urnengang wollt ich mich nicht blamieren
Ich hatte zwar kein Dunst von panaschiern und kumulieren:
Also hab ich mich nicht mit Entscheidungskrebs gequält,
Und hab wie jeder Hip-Hopper die REPs gewählt.
Ich weiß, ihr seid beeindruckt, doch erwartet nicht zuviel:
Bis gestern hab ich noch gedacht, die UNO wär'n Kartenspiel.
Ein paar Tipps: Damit es euch nicht wie der letzte Track ergeht.
Ihr werde euch mal verklickern, wie ein guter Dreck entsteht:
Ihr müsst nur immer daran denken, wenn ihr euch 'n Bierchen zischt,
Dass ihr danach beim Scratchen nicht die Herdplatte erwischt!
Es gibt Leute, die behaupten, ich würde Englisch singen,
Weil ich keinen im Deutschen graden Satz zusammenbringen,
Aber das ist not true! No! I tell you!
Das haben die asslochs doch nur erfounded,
Weil sie neidisch sind, dass mein beat so gut soundet.
Ich bin your Feind, dein persönlicher D-Day
Du hast doch gestern noch gedacht, 'ne Biet Box gibt's bei Ebay!
Und ich bin besser im Bett als du, das ist nicht bös gemeint
Hat mir nur gestern deine Mutter vorgeweint.

Ebenso wie hier Lino Wirag gegen eine andere Jugendkultur polemisiert, richtet sich auch Julian Heun, der U20-Poetry Slam-Gewinner von 2007, in seinem Siegertext „U-Bahn Terkan und ich" gegen „Prolls" mit nichtdeutscher Sprachherkunft (vgl. Anhang, Text 31).

Das Publikum kann sich laut Smith auch direkt in den Vortrag einbringen: Durch Fingerschnipsen, Fußtrampeln und Jaulen kann ein unzufriedenes Publikum in der Green Mill die Performance zerstören (Smith 2004, 23). Auch erwartbare Reime werden durch „Guess-the-Rhyme" („Rate-den Reim")-Spiele, bei denen ein Zuhörer den nächsten Reim in den Vortrag ruft, missachtet. Frauenfeindliche Inhalte werden durch den „Feminist Hiss", ein lautes Zischen, verhindert oder gestoppt. Für Männer gibt es entsprechend den „Masculine Grunt". Zustimmung wird durch den „Beatnik Snap" – ein Schnipsen – kundgetan (vgl. O'Keefe Aptowicz 2008, 39).

Im sprachlichen Ausdruck würde nach Ong das Wissen immer in engem Bezug zum menschlichen Miteinander dargeboten bzw. in die Nähe zum menschlichen Leben gerückt werden. Faktenwissen sei nicht in lehrbuchartigen Abhandlungen, sondern immer in konkreten, nachvollziehbaren Handlungen verpackt; zu vermittelnde historische Orte oder Personen würden zum integralen Bestandteil von erzählten Geschichten werden. Auch Anweisungen für spezifische Arbeitsaufträge bzw. die (Handwerks-)Arbeiten selbst würden sich in Geschichten finden und nicht in abstrakten, vom menschlichen Leben abgehobenen Theorien. Ong berichtet darüber hinaus von Feldstudien, bei denen nicht-literalisierte Personen zur Beschreibung von Gegenständen zwar einige Eigenschaften aufzählen, jedoch zur persönlichen, situativen Erfahrung zurückkehrten und Verwendungsmöglichkeiten oder Erlebnisse schildern (vgl. Ong 1987, 58) würden. Die Beurteilung einer sprachlichen Leistung richte sich nicht nach dem Grad der Abstraktion, sondern nach der Lebenserfahrung und konkret praktizierten Kenntnissen.

Die Anbindung an Alltägliches ist im Slam eher ein künstlerisches Stilmittel und kein kulturelles Hilfsmittel mehr, mit dem Wissen konserviert oder vermittelt werden soll. Die Nähe zum menschlichen Leben, also zur Lebenswelt, dient der Interaktion mit dem Publikum und der Glaubwürdigkeit der eigenen Performance, nicht aber der gesellschaftlichen Aufgabe der Bewahrung und Erhaltung des Wissens. Einfach gesagt: Texte wie Konecnys „Zen und die Kunst Kartoffeln zu schälen" (unter: www.myvideo.de/ watch/4028457/ Jaromir_Konecny_ Zen_und_die_ Kunst_Kartoffeln_zu_schaelen_Poetry_Slam) werden heutzutage sinnbildlich genutzt, sie fungieren jedoch nicht mehr als Arbeitsanleitung zum Kartoffelschälen, die Konecny in dem Text gibt.

Die „alltägliche und anhaltende physische Drangsal des Lebens", mit der die Präsenz der Gewalt in frühen verbalen Kunstformen von Ong erklärt wird, wird heutzutage möglicherweise durch Texte über Existenzangst (Hartz IV, Arbeitslosigkeit etc.) ausgedrückt.

1.2.2 Inszenierung des Sprechers und des Textes

Slam-Texte, die einen expliziten Ich-Sprecher erzählen lassen, von Alltagsbeobachtungen handeln und vom Verfasser selbst vorgetragen werden, werden von dem Publikum nahezu automatisch mit der Person bzw. Persönlichkeit des Vortragenden verbunden. Auch Texte, die über die Situation des Schreibens berichten oder die eigene Person karikieren, lassen Vermutungen über das Verarbeiten von selbst erlebten Situationen deutlich zu, in einigen Texten verschwimmt die Grenze zwischen Rolle und Sprecher ganz.

Einen Orientierungsrahmen für das Textverständnis bietet die Anmoderation. Hier sind unterschiedliche Anmoderationsarten zu unterscheiden:

1. Keine Begrüßung: Die Performance beginnt direkt mit dem Text.
2. Einleitung zum Text: Hier werden Gegebenheiten/ Thema des Textes und Motivation für das Schreiben des Textes erläutert oder im einfachsten Fall auch nur aufgezählt, wie viele Texte folgen.
3. Bezug zum Ort/ Thema: Begrüßung wie „Hallo Winthertur, ich bin xx aus xx."
4. Selbsterklärung/ Positionierung: Erklärung, warum sie an diesem Slam teilnehmen, welche Literatur sie mögen, dass sie nervös sind etc.
5. Reaktionen auf den Slam: Kommentare zu dem bisher gelaufenen Slam, zu einzelnen Vorträgen, zur Jury oder zur Stimmung im Publikum.

(Burki 2003, 53)

Die Anmoderationen gehören bereits zur Rhetorik des Textes, wie an dem folgenden Beispiel deutlich wird: So moderierte ein vollschlankes 15-jähriges Mädchen einen Text über eine Bulette mit dem Satz „Ein dickes Mädchen kann keinen Poetry Slam gewinnen" an – und gewinnt prompt Sebastian Krämers „Scheinbar"-Slam im Juli 2007. Das Kokettieren mit dem Kontrast von Person und Poetenrolle ist hier geglückt und wurde auch auf anderen Poetry Slams, bei denen die Jugendliche auftrat, erfolgreich eingesetzt. Diese Widersprüchlichkeit zwischen verbaler und para-Botschaft bezeichnet man als „Kanaldiskrepanz" (Scherer 1977, 177).

Die Zuschauer und auch die Poeten können sich beim Poetry Slam auf ein Inszenierungs-Spiel einlassen, sofern sie – laut Porombka – genügend Medienkompetenz haben:

Ähnlich dem autobiographischen Pakt, den Philippe Lejeune für das Lesen von Autobiographien nachgewiesen hat - und durch den geregelt ist, dass der Leser einfach daran glaubt, dass es sich um einen autobiographischen Text handelt, obwohl er es fortwährend bezweifeln könnte, gehen Leser mit literarischen Texten von Gegenwartsautoren einen Pakt ein, der Zweifel an der Echtheit des Image zumindest zeitweise außer Kraft setzt. Leser, die über genügend Medienkompetenz verfügen, können wohl beides: sich dem Schein des Inszenierten hingeben, darüber hinaus aber auch das Changieren zwischen echtem und gemachtem Autorenimage genießen. Gegenwartsautoren, die über genügend Medienkompetenz verfügen, tun etwas ganz Ähnliches: Sie geben sich der eigenen Selbstinszenierung hin, setzen darüber hinaus aber immer auch das Changieren zwischen Inszenierung und Authentizität in Szene (Porombka 2006, 16).

Die Echtheit, das heißt die vermeintliche Identität zwischen Sprecher und Verfasser in Slam Poetry, gehört zum Diskurs der Popkultur. Denn im Pop meint Selbstinszenierung nicht ein Rollenspiel, das vom Eigentlichen, Authentischen abweicht oder ablenken soll, sondern die Inszenierung ist ein Bestandteil von Identität geworden, deren Suche in und durch die Darstellung stattfindet (vgl. Klein 2005, 49).

Wenn Slam-Poeten in ihren Texten also mit Ich-Sprechern arbeiten, so fühlen sie sich in Handlungsalternativen ein, die sie mit dem Text auch wieder ablegen bzw. im realen Leben intensivieren können. So berichtet Nora Gomringer, ihre Gedichte seien

wie dramatische Monologe, es regt sich ein Ich auf, die unterschiedlichen Perspektiven und Facetten dieses Ichs kommen zur Sprache (Interview mit der Verfasserin, Literaturwerkstatt 12.04. 2007).

Mit diesen Ich-Sprechern wird teils eine Identität inszeniert, teils sind die inszenierten Identitäten aber auch Produkte der erst durch die Textarbeit erlebten Persönlichkeitsbildung.

Während in Chicago bereits von Anfang an die Texte mit Einsatz der Körpersprache und der Stimmführung aufzuführen, begannen die New Yorker Poeten wie Dana Bryant und Edwin Torres erst 1992, auswendig gelernte Texte auf der Bühne zu performen:

They were using their bodies a lot and their voices a lot and she was a great singer and would add that element to it. [...] The level of writing was so high, and suddenly they were performing" (Smith 2004, 47).

So unterschiedlich die Auftritte der Performance Poeten auch sind, es kristallisieren sich zumindest für den deutschsprachigen Raum doch typische Muster in der Art der Präsentation heraus. Diese lassen sich – sowohl für Einzel- als auch Teamdarbietungen – in drei Kategorien einteilen, je nachdem, ob die Mimik und Gestik der Poeten direkt auf das Publikum, auf das Genre oder auf einzelne Textstellen bezogen sind.

1. Publikumsanimierende Inszenierung:

Hier spricht der Slam-Poet in der Anmoderation das Publikum an, mit ihm gemeinsam den dann folgenden Text oder Auszüge daraus zu gestalten. Das Publikum kann dabei z. B. den Refrain mitsprechen (Sebastian23: Ärger die Monotonie, unter www.wdr.de/tv/poetryslam/videos /runde13/ sebastian_rabsahl.jsp), in einem Kanon Textpassagen wiedergeben (Heiner Lange: Wurst, unter: www.youtube.com/watch?v=4J1wEPGMd10;

Kanongesang des Publikums ab Min. 3:11), den Anfangsbuchstaben eines vorhersagbaren Strophenbeginns laut mitsprechen (Anna Kistner: ABC der Körbchengrößen, in: Anders 2008, 81f), Hintergrundgeräusche machen (Bleu Broode, Großstadtdschungel, live performt in der Universität Bremen im Mai 2009, derzeit noch nicht auf YouTube zu sehen) oder wie in HipHop-Veranstaltungen durch Zuruf Wörter vorgeben, die der Poet in seinen Text integriert (Tobi Borke: diverse improvisierte Texte ohne Titel, http://archiv.literadio.org/get.php/766pr431).

Das Publikum wird durch diese Interaktionsmöglichkeit stärker mit dem Inhalt des Textes und dem Poeten in Verbindung gebracht, die Stimmung wird meist euphorischer und die Punktvergabe kann dadurch entsprechend positiver ausfallen. Publikumsanimierende Slam-Texte werden daher oft strategisch eingesetzt, um in Vorentscheiden oder Finalveranstaltungen eine gute Punktwertung zu erhalten.

2. Genretypische Inszenierung:

Nicht nur die Texte, sondern auch die Vortragenden können nach unterschiedlichen Genres kategorisiert werden, die sie vorzugsweise performen. Besonders eindeutig ist diese genretypische Performance bei Rap-Poeten (z. B. Gauner, Bas Böttcher, Telheim, Dalibor, Tilman Döring), Storytellern (z. B. michaEbeling, Volker Strübing, Nadja Schlüter, Katinka Buddenkotte) und Kabarettisten (z. B. Sebastian Krämer, Gabriel Vetter) zu beobachten, deren eigenes Marketing auf der Genre-Zugehörigkeit beruht. Sie werden dementsprechend bei Anmoderationen durch den Moderator oder durch sich selbst dem Publikum vorgestellt. Mimik und Gestik ist dann weniger auf einen bestimmten Text abgestimmt, sondern repräsentiert das Genre, für das der Poet oder die Poetin steht. So sind bei den Rap-Poeten etwa rhythmische Armbewegungen aus dem Rap (Vgl. z. B. Dalibor www.youtube.com/watch?v=qqBZICT7h9g), bei Storytellern die über einen Lesetext gebeugte Haltung und das schnelle Sprechtempo und bei Kabarettisten die ironische Kommentierung von Textaussagen auf der Meta-Ebene typisch.

3. Textbezogene Inszenierung:

Diese verlangt vermutlich die genaueste Vorbereitung, da nicht nur auf den Rhythmus des Textes und den sogenannten „Flow" (fließende Klangstrukturen, vgl. Czikszentmihalyi 1991) geachtet werden muss, sondern auch inhaltlich gearbeitet wird. Die Slam-Poeten heben durch prosodische bzw. paraverbale Mittel bestimmte Textstellen hervor: Lara Stoll schwingt ihr Becken bei dem Wort „Powershift" in ihrem Text „Weshalb ich manchmal gerne ein John Deere Traktor 7810 Powershift mit Gewicht in der Fronthydraulik wäre", Sebastian23 hebt einen Arm und ruft auffordernd „Geh", um den Refrain in „Ärger die Monotonie einem

Schlachtruf ähnlich einzuleiten, Wehwalt Koslowsky verwendet unterschiedliche Tonhöhen, um verschiedene Sprecherrollen innerhalb eines Textes zu verdeutlichen, Julian Heun nimmt in „Bernd sein Hawaihemd" Dialekte an, um die regionalen Eigenarten seiner Protagonisten zu markieren und Frank Klötgen veranschaulicht durch Tasten seiner Hände an einer virtuellen Wand pantomimisch das eigene Gefangensein in dem Text „Ich will Kacheln" (unter www.myslam.de/media_items/list_pp/73). Diese körpersprachlichen bzw. paraverbalen Mittel machen einen Text für das Publikum anschaulicher. Sie werden gewöhnlich bei Auftritten an unterschiedlichen Orten oder in verschiedenen Medien (Poetry Clip, Hör-CD) sehr ähnlich eingesetzt und gehören damit zu dem Text dazu.

Zur Interaktion mit dem Publikum dienen vor allem publikumsanimierende und textbezogene Performances. Genretypische Performances bringen vermutlich eher dann Punkte in der Wertung ein, wenn in der Jury entsprechende Rap-, Lesebühnen- oder Comedy-Fans sitzen.

In den USA geht die derzeitige Entwicklung weg von der körpersprachlich betonten Performance hin zum bloßen Sprechen des Textes, zur textbezogenen Performance. Die Poeten reduzieren ihre Rolle als Performer und nutzen lediglich Schnelligkeit und Lautstärke, um den Vortrag zu akzentuieren. Damit rückt der Text mehr in den Vordergrund[6]. Außerdem wird suggeriert, es handle sich um einen Text, der auch schriftlich fixiert ist. Möglicherweise ist dies eine Reaktion auf Rezensionen wie die von Brantley in der „New York Times" (2002):

These lines, like most in the show, sound better than they read. You need to experience firsthand the body language that makes the verbal language spin and the voices that seem to get high off their own inflections.

Denn auch hier wird deutlich gesagt, dass Slam Poetry eher für die Performance als für den Printdruck als geeignet ist. Das bedeutet für die Poeten, dass ihre Veröffentlichungsmöglichkeiten im Printbereich schwinden, gerade weil sie so gute und geübte Performer sind. Möglich, dass sie, um Chancen für den Printdruck zu erlangen, zukünftig die Bühne anders nutzen: Sie tragen dann Texte so vor, dass die Zuschauer (und die zuschauenden Verlagsagenten) sich auch einen Abdruck im Buch vorstellen können.

---

[6] Vgl. dazu die Auftritte von Marty McConell (www.youtube.com/watch?v=1X5Pj5w2i20 und www.youtube.com/watch?v=xJcmf1qGt9U).

1.2.3 Slam Poetry als Gegenwartsliteratur

Slam Poetry und Poetry Slam lässt sich einerseits im HipHop, andererseits in der gegenwärtigen Pop-Literatur verorten:

Nach den Merkmalen zu urteilen, die nach Klein/ Friedrich (2003, 10f.) für den HipHop typisch sind, sind Poetry Slam und HipHop verwandte Kulturen. Denn HipHop ist erstens eine „Kultur der Produzenten" – die Medien (z. B. Videoclips, CDs) sind nicht kreativitätshemmend, sondern regen zu eigenen Produktionen an. Auch beim Poetry Slam ist das Mitmachen ausdrücklich erwünscht. Zweitens ist HipHop eine theatrale Kultur, da sie sich über eine Anzahl kultureller Performances bildet. Jede gelungene Performance aktualisiert die Grundregeln, Werte und Ideale der HipHop-Gemeinschaft. Im Poetry Slam existiert zwar kein „klares Ordnungssystem" (Klein/ Friedrich 2003, 11), auch ein Wertekanon oder kollektiv geteilte Ideale sind schwerlich zu finden, aber die Regeln des Poetry Slam geben Strukturen vor, an denen sich die Beiträge messen lassen. Drittens ist HipHop eine performative Kultur, bei der der Körper eine zentrale Rolle spielt und die körperlich-sinnliche Erfahrung wesentlich ist. Poetry Slam vermittelt ebenfalls seine Texte mit Körpereinsatz, allerdings reduziert, da die Performance nicht durch Tanz und Musik unterstützt wird.

Obwohl es zunächst innerhalb der Hip Hop-Szene nicht angesagt war, bei einem Poetry Slam aufzutreten, wurde in den USA die Slam-Bühne aber für diejenigen ein Exil, die sich nicht dem zunehmend aggressiver werdenden Rap zugehörig fühlten (O'Keefe Aptowicz 2008, 9): „Along with Hip Hop [the slam] became the strongest force to bring poetry to everyday life" (Holman, in: ebd., 25). Auch in Deutschland treten sogenannte Rap-Poeten (z. B. Gauner, Tilman Döring, Stefan Dörsing, Fiva) auf Poetry Slams auf.

Da sich Slam Poetry aus dem Alltag speist und das Format Poetry Slam ein Club-Event ist, scheint sich hier die eher lyrische, mündlich kommunizierte Spielart der ansonsten eher episch ausgerichteten Pop-Literatur einen Platz erobert. Vergleicht man Slam Poetry mit der gegenwärtigen Pop-Literatur[7], so fällt auf, dass in beiden Literaturströmungen jugendkulturelle und populäre Begriffe benutzt werden.

---

[7] Verbindungen zu Pop 1, d.h. der Beat-Generation, gibt es in der Poetry Slam-Bewegung in den USA bis heute, z. B. durch Bob Holman, der an der Columbia University bei Kenneth Koch studierte und Beat-Poeten zu Poetry Slams einlud oder durch Lawrence Ferlinghetti, der in San Francisco den Youth Poetry Slam mit Buchgeschenken unterstützt und den heutigen Poetry Slam als Fortführung der Beat-Generation betrachtet (Interview mit Jach Hirschman, 4.2. 2007, San Francisco).

[Beide] versuchen unterhaltend zu erzählen und verzichten auf eine literarische Kunstsprache (im traditionellen Sinne). Beide integrieren Elemente der populären Kultur und Musik [...], da diese aus der alltäglichen Perzeption nicht mehr wegzudenken ist (Stahl 2003, 273).

Die für die Pop-Literatur typische Nähe zur Musik wird im Poetry Slam über Paratexte deutlich: Der Name der Berliner Autorengruppe „Agrarberlin" ist eine Anspielung auf das berüchtigte Berliner HipHop-Label Aggroberlin, Teams wie SMAAT vermarkten sich wie eine Boygroup (vgl. das Musikvideo zu „SMAAT Love", in www.youtube.com/watch?v=JfX8k5LmEcs). In den Labels der Poetry Slam-Veranstalter wird nicht nur das gesprochene Wort (z.B. „spokenwordberlin", „youthspeaks", „sag an"), sondern auch das Zusammenspiel der Künste (z.B. in Kiel: „Assemble Art") deutlich. Die Nähe zu Musikformaten ist auch im Veranstaltungsablauf offensichtlich: Ein Poetry Slam ähnelt in der Raum- und Sprecherinszenierung einem Pop-Konzert – oder der Struktur einer Hitparade; die Länge der einzelnen Beiträge orientiert sich an der Länge von üblichen Popsongs.

Deutlich wird, dass in der Pop-Literatur – wie in der Slam Poetry – das eigene Leben nicht mehr von einer Elterngeneration, sondern von der Generation selbst erklärt wird. Autoren erzählen über Jugend und Adoleszenz bzw. die damit verbundenen Erfahrungen, da sie dazu einen geringen Abstand haben bzw. diese gerade selbst erleben. Die tagebuchartige Erzählweise erleichtert zudem die Rezeption (vgl. Gansel 2003, 234).

Thematisch beschäftigen sich Popliteraten mit Erlebnissen des Einzelnen in der Wohlstandswelt, wie Einsamkeit, Entfremdung, Sexualität, Gewalt und Verlust einer Partnerschaft. Außerdem wird in der Pop-Literatur deutlich, dass die Jugend in der Postmoderne ihre klaren Konturen verloren hat (Gansel 2003, 239), die Stufenfolge von Schulzeit – Ausbildung – Berufseintritt – Heirat – Familiengründung werde aufgebrochen und diese stelle zugleich – wie beispielsweise in Nick Hornbys „High Fidelity" (1995) – hohe Anforderungen an die Protagonisten. Eine Reflexion über Gesellschaft, Berufsfindung oder Politik finde jedoch kaum statt, stattdessen kreisen die Protagonisten um Alltagsbanalitäten:

Die Beschreibungsliteratur [ist] beliebt, weil sie schildert, was wir alle sehen, und erzählt, was wir alle erleben. Die Verlage drucken kaum noch etwas anderes. Sie lieben den Neorealismus. Die großen Realisten aber wussten, dass sie die Realität, die sie abzuschildern schienen, nach ihrem eigenen Bild geformt hatten. Und zweitens wussten sie, dass ein simples Wort nie nur ein simples Wort ist, sondern einen Hall erzeugt, in dem alles mitschwingt, das Ensemble der Wörter drumherum und vor allem auch der Bedeutungsraum, den die Literatur und ihre Überlieferung immerzu verändert (Greiner 2008).

Ob Pop-Autoren wie Stuckrad-Barre, Kracht oder Henning-Langerecht in ihren Texten ihren Alltag auch kritisch reflektieren, ist fraglich. Einige Slam-Poeten bemühen sich dagegen, auch kritische Töne von der Bühne aus zu verbreiten:

> *Häng deine Hoffnung an ein Plastikschwein made in Taiwan,*
> *häng deine Hoffnung an ein' Pflasterstein und andern Kleinkram*
> *Zur Show gibt es Kitsch,*
> *zum Popstar das Image,*
> *zur Schönheit die Bräunung,*
> *zum Glück gibt's die Täuschung.*
> *Also:*
> *Dran glauben!*
> *Kram kaufen!*
> *Augen schließen!*
> *Den Schwindel genießen!*
>
> (Aus: Böttcher 2009, 8)

Wesentlich bei der Abgrenzung von Pop-Literatur und Slam Poetry ist die Rolle der Performance: Slam Poeten greifen stärker auf lyrische Gestaltungsmittel zurück, um die Klanglichkeit ihrer Texte zu unterstreichen, während Pop-Literatur fast ausschließlich episch ist. Außerdem gibt es statt der Selbstinszenierung des Ich-Erzählers in Pop-Romanen bei Slam Poetry die explizite Übernahme einer Sprecherrolle, in die sich das Publikum hineinversetzen können soll. Tendenzen der Wertungslosigkeit in der Pop-Literatur, die durch offenen Schluss, oberflächliche Beschreibungen, Entscheidungslosigkeit und „Looser"-Pathetik erzeugt wird, kommen in Slam Poetry auch vor, durch Schlusspointen und Adressatenorientierung und appellativer Textfunktion wirken die Texte jedoch engagierter.

Pop-Literatur zeichnet sich nach Baßler weiterhin dadurch aus, dass sie zwar realistisch erzählt, statt individueller Erfahrungen jedoch eine Situation als Essenz von ähnlich erlebten Situationen zeigt (Baßler 2002, 23). Der Autor bilde dazu Archive, in denen er sich selbst bewegt. Diese bestünden zum Beispiel aus Begriffen der den Autoren umgebenden Medien- und Markenwelt. Damit unterscheide sich Pop-Literatur von einer bildungsbürgerlichen Tradition, deren Autoren im emphatischen Sinne Literatur als Kunst produzieren wollten, welche „so zeitlos und schwerwiegend wie möglich und also in größtmöglicher Distanz zur kapitalistischen Waren- und Medienwelt" (ebd., 164) sei.

Baßler stellt weiterhin fest, dass Pop-Literaten statt narrativer Muster „vielfältige Verfahren der Katalogisierung und Listenbildung" nutzten, die sich „ideal als Werkzeuge zur ersten Archivierung" eignen würden (vgl. ebd., 186). Es ginge diesen Autoren bei der Beschreibung von Situationen nicht um unverbrauchte, „erste Worte", mit denen sie Ereignisse schildern, sondern um den „Import und die Verarbeitung bereits existierender, längst enzyklopädisch aufgeladener Wörter, Redeweisen, diskursiver Zusammenhänge und Vorstellungskomplexe in die Literatur" (ebd.). Die genannten Markennamen hätten keine Bedeutung für die Handlung (ebd., 88); durch das Sammeln und Generieren sollten jedoch „intersubjektive Plausibilitäten des Paradigmas" entstehen, an denen wiederum, wenn sie funktionieren, das „ästhetische Gelingen des Textes" hänge (ebd., 104). Paradigmen sind daher für Baßler die Herzstücke aller popliterarischen Verfahren zwischen Sammeln und Generieren (vgl. ebd., 102).

Diese Verfahren kann man auch an Texten beobachten, die bei Poetry Slams vorgetragen werden: Sebastian Krämer hat z. B. seine Kabarett-Nummer „HipHop" (vgl. www.youtube.com/watch?v=IEolHbBfUj0) für die Slam-Bühne in die Form eines Monologs gebracht. Er schlüpft als Sprecher in eine Rolle, um das Archiv der Marke HipHop imitierend zu charakterisieren, die Selbststilisierung im HipHop lächerlich zu machen und damit das Publikum zu unterhalten. Bas Böttcher reiht in seinem Gedicht „Meine Paradiese" (Böttcher 2006) zahlreiche verschiedene Konsumartikel (*„Tabak, Tic Tac, Six Packs, Kit Kat, Nic Nac's, Bifi, Beck's, Faxe, Big Boxes, Twix, Mixery und Kaugummi, Kaugummi, Kaugummi"*) aneinander, die vor allem der lautlichen Strukturierung dienen und interessante Klangeffekte erzeugen. In diesen beiden Beispielen werden, wie in zahlreichen anderen Slam-Texten auch, echte Marken(-bestandteile) textfunktional verwendet. Wie bei der Pop-Literatur wird der profane Raum (hier: HipHop-Geste oder Konsumartikel) als etwas Neues in das kulturelle Archiv der Literatur überführt.

Allerdings brechen zahlreiche Texte dieses popliterarische Verfahren des Archivierens, Generierens und Sammelns auch auf: Der Listentext „Bread Pitt" (2006) von Lars Ruppel (vgl. www.youtube.com/watch?v=CODlDvpckXo) ist auf den ersten Blick ein aus der Nennung bekannter Brotsorten bestehender Text, der durch die Anaphern einem Gedicht ähnelt. Der Prosatext „Grand Slam oder Das große Krabbeln" (2005, in: Anders 2008, 70-76) von michaEbeling ist eine Kurzgeschichte, bei der zunächst auffällt, dass sie aneinandergereihte Handymarken und -bestandteile enthält. An beiden Slam-Klassikern wird bei genauerem Lesen deutlich, wie der Text über das bloße Archivieren hinausgeht:

Ruppel schildert in den kurzen Anfangszeilen eine fiktionale Situation, in der ein Bäcker dem Sprecher ein Wunschbrot backen würde. In den nächsten 25 Zeilen werden katalogartig Brotsorten aufgelistet, die dem unvoreingenommenen Hörer suggerieren, dass diese in den unterschiedlichsten deutschsprachigen Regionen bekannt seien. Recherchiert man jedoch die einzelnen Begriffe, so ergibt sich, dass es sich – außer bei „Pumpernickel" – um komplett erfundene Brotsorten handelt. Diese Täuschung gelingt, da der Verfasser mit jeder Benennung das

Paradigma, nach denen Brotsortennamen gebildet werden, nachahmt: Auf einen realen Ortsnamen („Berlin", „Lüneburg", „Gießen") folgt eine möglichst anschauliche, auch lautmalerische („Krachten") Bezeichnung, die aus dem Wortfeld „Brot" stammt bzw. partielle Synonyme verwendet („Klumpen", „Pfund", „Stulle", „Mehlbrocken"). Alle Brotsortennamen haben die Funktion, das bezeichnete Brot als möglichst mächtig und kraftvoll zu beschreiben. Diese Eigenschaft wird bis zum Ende des Textes konsequent gesteigert, sodass aufgrund der stark übertriebenen Darstellungen, die durch den anaphorischen Satzanfang „Ein Brot" zusätzlich hervorgehoben werden, eine komische Wirkung entsteht. Nicht nur die Ortsnamen, sondern auch die zitierten realen Ereignisse aus der Tagespolitik wie der Tsunami oder das Verschlucken an einer Bretzel durch den US-Präsidenten G.W. Bush sowie Anspielungen auf Markennamen bzw. Slogans aus der Werbung („da hilft auch kein Rennie mehr", „Brot für die Welt") erzeugen einen ironischen Grundton.

Ganz ähnlich verfährt michaEbeling. Er entwickelt die Idee eines Handyrennens, die in einen wirklichkeitsnahen Kontext eingebunden ist: Der Text beginnt mit der Aufzählung tatsächlich existierender und – per Internet – leicht recherchierbarer Wettbewerbe („Race across America", „Badwater Ultramarathon"). Auch der Ort („Prenzlauer Berg"), an dem das Rennen stattfindet, wirkt noch authentisch, ist jedoch bereits funktional verfremdet – das Archiv der hippen Berliner Cafés wird bedient, der sprechende Name („Beam me up") des hier genannten Cafés ist jedoch erfunden. Das Handyrennen selbst wird mittels eines Katalogs an gesammelten modernen Handymarken beschrieben, die einzige Ausnahme ist das völlig veraltete Modell Siemens S 35 mit dem – ebenfalls sprechenden – Namen Zapotek (d.i. ein brutaler, aber auch hinterlistiger Ork), mit dem der Protagonist das Rennen schließlich gewinnt. Nicht nur dadurch wird glamouröse Markenwelt ironisch gebrochen. Auch die Listen weisen ironische Anspielungen auf:

So mischen sich unter die durchaus korrekten technischen Bezeichnungen, die das Innenleben und die Funktionalität der modernen Handygeräte charakterisieren, bereits Irrläufer: In die Handys sind nicht nur technische Besonderheiten, sondern auch ein „Rasierapparat" und eine „American Expresscard" integriert. Gegen Ende des Textes parodiert der Sprecher das Paradigma, das in der Werbung typisch für die Beschreibung von Handygeräten ist: Komposita aus Anglizismen bzw. Lehnwörtern und deutschen Begriffen werden verwendet, allerdings sind diese größtenteils sinnentleert („gegenläufige Kompaktkommunikatoren") und frei erfunden („Windkanaloptimiertes Downhillgehäuse"). Diese Begriffe sind in drei langen Absätzen aneinandergereiht und imitieren nicht nur die sprachliche Gestaltung der Handywerbung, sondern auch deren penetrante Wirkung, die vor allem in den mehrfach wiederholten letzten Wörtern (*RUFRUF MICHMICH ANAN*) deutlich wird.

Die hier gezeigte Parodien der popliterarischen Archivierungsverfahren bergen Vorteile für Schreiber und Hörer: Indem das Paradigma, nach dem Markenwaren konstruiert werden, durchschaut und kreativ verfremdet wird, sind die Texte nicht wie die der Pop-Literatur kurzlebig (vgl. Baßler 2002, 166), sondern zeitlos; sie sprechen nicht über Marken, sondern über Marketingstrategien. Der Leser oder Hörer fühlt sich nicht – wie bei popliterarischem Insiderwissen – ausgeschlossen, sondern integriert, vor allem, wenn er selbst von den Mechanismen der Werbewelt genervt ist. Er braucht die gesammelten, aufgelisteten Begriffe nicht zu kennen, schnell wird deutlich, dass sie frei erfunden sind. Baßler resümiert über die Leserschaft der Pop-Literatur, dass sich dieses

mehr oder minder junge Publikum dieser Literatur selbst nicht ganz unsouverän in seiner von Markt und Medien dominierten sprachlichen und lebensweltlichen Umgebung bewegt, dass es nicht einfach von ihr beherrscht und korrumpiert wird, wie uns die Alten sungen, sondern durchaus in der Lage ist, im Umgang mit ihr zu wählen, abzuwägen und, auch ironisierend, seine Positionen abzustecken (ebd., 187).

Diese Feststellung ist also auch für Slam-Poeten und einige ihrer Texte gültig, da sie die Werbung und den Markenfetischismus nicht nur, wie die Popliteraten, abbilden, sondern bereits parodieren.

2 Analyse: Poetry Slam für Jugendliche

Poetry Slam ist generell ein Format für die Jugend, wenn man davon ausgeht, dass diese Veranstaltung meist in einem Club stattfindet und dieser ein symbolischer Ort ist: der Lebensraum der Jugend- und Popkultur (Klein/ Friedrich 2003, 175). Das Konzept der „Jugend" wird nicht nur durch das reale Alter und die biologische Entwicklung bestimmt, sondern auch durch rituelle Praktiken: So sind „Events [...] identitätsstiftende Ereignisse und der Club der entsprechende Ort, wo Jugendliche jugendlich sein können und dabei zugleich Distinktion zu dem gesellschaftlichen Leitbild Jugend schaffen" (ebd., 173).

Nach Hurrelmann lassen sich drei Phasen des Jugendalters unterscheiden: Die frühe Jugendphase der 12- bis 17-Jährigen als pubertäre Phase, die mittlere Jugendphase der 18- bis 21-Jährigen als Nachpubertät und die späte Jugendphase der 22- bis 27-Jährigen, die sich im Übergang in die Erwachsenenrolle befinden (Hurrelmann 2005, 41). Das Handlungsfeld Poetry Slam hat insgesamt Teilnehmer im Alter von 10 bis 75 Jahren (die älteste aktive Slammerin ist Marlene Stammerjohanns aus Oldenburg). Die meisten Slam-Poeten sind jedoch zwischen 22 und 35 Jahre alt, wobei durchaus eine Kerngruppe in der späten Jugendphase ausgemacht werden kann, betrachtet man die derzeitig auf den Bühnen erfolgreichen Poeten wie Sebastian23, Lars Ruppel, Felix Römer, Ken Yamamoto, Telheim, Marc Uwe Kling etc. Im Handlungsfeld des U20-Poetry Slam nehmen überwiegend, wie später noch gezeigt werden wird, die 17- bis 20-Jährigen teil, die eher zur mittleren Jugendphase gehören. Vereinzelt gibt es aber auch Teilnehmer zwischen 11 und 14 Jahren.

Mit dem Terminus „Jugendliche" sind in dieser Studie die Personen gemeint, die sich in der frühen oder mittleren Jugendphase befinden, also zwischen 11 und 20 Jahre alt sind.

Die Angehörigen dieser Lebensphasen sind natürlich individuell sehr unterschiedlich. Gemeinsam ist den Jugendlichen aber „das unruhige und aufwühlende Sondieren mit der intensiven Suche nach der eigenen Identität" (ebd., 23) bei gleichzeitiger Randstellung in der Gesellschaft:

Über den Ausbildungs- und Qualifikationssektor erhalten die Angehörigen der Lebensphase Jugend nur einen vagen Vorgeschmack vom 'Ernstcharakter' der Erwerbsarbeit, denn sie sind [...] von der Produktion und der gesellschaftlichen Reproduktion der Gesellschaft abgekoppelt. Genau hierdurch aber ist es ihnen möglich, die zur Verfügung stehende Zeit und Energie in Aktivitäten im Konum-, Medien- und Freizeitsektor zu investieren, der zu einem zentralen Industrie- und Dienstleistungszweig moderner Gesellschaften geworden ist [...] (ebd.).

Jugendliche können nach Hurrelmann nur eine erfolgreiche Individuation und Identität ausbilden, wenn sie vier zentrale Aufgaben lösen, die aufeinander bezogen sind, und zwar die Entwicklung einer intellektuellen und sozialen Kompetenz, die Entwicklung eines inneren Bildes von der Geschlechtszugehörigkeit, die Fähigkeit zur Nutzung von Geld- und Warenmarkt und die Entwicklung von Werteorientierung und politischer Teilhabe (Hurrelmann 2005, 27). Die Übernahme der Konsumentenrolle und die Entwicklung einer politischen Bürgerrolle erfolgt dabei zuerst, nämlich die erste bereits ab 10 bis 15 Jahren, zweitere zwischen 10 und 18 Jahren (Hurrelmann 2005, 39). Die Übergänge in die Berufs- und in neue Familienrollen siedelt Hurrelmann tendenziell später an. Das Konsumverhalten und die politische Teilhabe dürften also zentrale Themen der Zielgruppe des Handlungsfeldes U20-Poetry Slam sein. Ferner ist für die Jugendphase allgemein die Suche nach Orientierung und Sinngebung charakteristisch (vgl. Hurrelmann 2005, 31). Das Schreiben von alltagsnaher Slam Poetry könnte daher ein Katalysator für die Auseinandersetzung mit sich und der Gesellschaft sein.

Seit 2004 gibt es in Deutschland von der Poetry Slam-Szene und von schulischer Seite aus Bestrebungen, Jugendliche für Poetry Slam zu begeistern, sie zum Mitmachen zu motivieren und den Poetry Slam als Teil der Gegenwartsliteratur an Schulen zu vermitteln (u.a. Anders/ Abraham 2008). Die explizite Einbeziehung von Jugendlichen in die kulturelle Praxis des Poetry Slam war in der deutschsprachigen Poetry Slam-Szene zunächst umstritten und wurde von einigen Akteuren kritisch kommentiert:

Ein Poetry Slam ist ein Format, das bis zu einem gewissen Grade eine gefestigte Persönlichkeit und eine gewisse literarische Erfahrung voraussetzt. Nach allem, was ich in den letzten sieben Jahren an Slams, Hiphop Battles etc. gesehen habe, kann ich nur sagen: Für Menschen unter 18 ist der Slam einfach nichts. Die werden vom Publikum eher belächelt, kriegen innere Krisen oder haben einfach noch zuwenig Lebenserfahrung, um „etwas zu sagen zu haben". Auf Poetry Slams fallen so junge Leute grundsätzlich gnadenlos durch.
Außerdem ist der Wettbewerbsgedanke des Slam, der selbst erfahrenen Performern immer wieder Schwierigkeiten macht, für „absolute Beginner" absolut tödlich. Die Teenager können mit den Formen von Zustimmung und Ablehnung einfach noch nicht pragmatisch umgehen. In den USA gibt es gelegentlich schon „High School Slams": Ich finde das eine Pervertierung – wer als junger Mensch mit Literatur anfängt, soll sich ausprobieren dürfen, nicht aber unter Wettbewerbsdruck geraten (Boris Preckwitz in einer E-Mail an Anders, 2003).

Aus ähnlichen wie den hier genannten Gründen rät auch Slam-Pionier Bob Holman aus den USA von Poetry Slam im Grundschulbereich ab[8]. Für die Highschool empfiehlt er ein solches Projekt jedoch unbedingt:

---

[8] Für Grundschulen sind bisher nur wenige Konzepte entstanden (z. B. Anders/ Hofmann/ Lauterburg 2008). Jugendliche, die sich im Handlungsfeld eigenständiger als Grundschüler bewegen können, sind eine eher geeignete Zielgruppe.

The greatest energy in slam right now is with youth program, in high schools and colleges. I wouldn't recommend slam for pre-highschool. It's just too painful, you know? But I love there to be slam teams, leagues, uniforms and cheerleaders – just as there are with sports – and have that be part of the budget for athletics."
(Holman, in: O'Keefe Aptowicz 2008, 282)

Auch von der jugendlichen Zielgruppe selbst gibt es, wenn auch selten geäußerte, Kritik an U20-Poetry Slams, deren bisher durchgeführte Organisation einige Jugendliche zu überfordern scheint bzw. für Teilnehmer, Eltern und Lehrer zu wenig transparent ist. Die Bremer Gewinnerin des dort durchgeführten U20-Poetry Slam-Vorentscheids meldete sich zum Beispiel plötzlich und unerwartet von der Teilnahme an der deutschsprachigen Meisterschaft SLAM2007 ab, als sie per Rundmail von den Veranstaltern erfuhr, dass ein Startgeld von Euro 16,00 gezahlt werden soll:

Hallo!

Was ist eigentlich der Preis für den Zweitplatzierten? Und was bekommt der dritte? Und was für Überraschungen kommen noch auf die Slammer zu? Ich bitte, mich nicht falsch zu verstehen, 16 Euro [Startgeld, P.A.] sind nicht die Welt ... Aber Jugendförderung sieht anders aus. [...]

Ich empfinde diese ganze Veranstaltung als Schikane, Verarsche, reine Abzocke. Junge Menschen nach Berlin locken, ihnen eine angebliche große Karriere zu versprechen... Nein, ich will das nicht unterstützen. Ich spar mir die Zeit, den Stress und das Geld. Wer weiß, was noch alles auf mich zukommt, denn ich weiß nicht, ob Sie es mitgekriegt haben, aber ich käme bei einer Arbeitskollegin meiner Mutter unter. Also NICHT bei allen anderen. Außerdem schreibe ich am 2., 4. und 8. 10. eine Klausur. Vorbereitungen lass ich manchmal sausen, wenn es sich lohnt (Ich kanns mir auch leisten). Aber nicht mal eine Reise nach San Franzisko kann mich locken, im Gegenteil. Ich wollte nicht nach Berlin, ich habe die Zweitplatzierte gefragt, ob sie nicht möchte, aber sie meinte, den Stress wollte sie sich nicht antun. Vielleicht haben Sie mehr Glück bei [...] Oder Bremen ist nicht dabei. Tut mir Leid. Ich jedenfalls empfehle mich und werde einige andere Ziele weiterverfolgen (E-Mail der Jugendlichen an Anders, 2007).

Diese Jugendliche hatte offensichtlich trotz ihres Talentes und ihres Vorrunden-Sieges gar keine Motivation, an der Meisterschaft teilzunehmen, fühlte sich durch ihre erfolgreiche Teilnahme an den Workshops aber dazu verpflichtet. Auch hat ihr vermutlich ein direkter Ansprechpartner gefehlt. Außerdem war die Zeitspanne zwischen den Workshops und der Vorrunde und der tatsächlichen Meisterschaft zu groß: Sie hatte im Dezember 2006 und im Januar und Februar 2007 an vorbereitenden Workshops in Bremen teilgenommen, bei denen sie lediglich zwei Workshopleiter kennengelernt hatte. Nach der Vorrunde im Februar 2007 wurde ihr nur die E-Mail-

Adresse einer Workshop-Leiterin sowie die Homepage www.slam2007.de mitgeteilt, die über die Organisation der Meisterschaft 2007 Auskunft gab. Erst im Oktober 2007 war der Termin für ihren eigentlichen Auftritt bei dieser Meisterschaft. Doch in der Zwischenzeit wurden lediglich Rund-Mails an alle Jugendlichen verschickt, die wie sie bei den lokalen Vorrunden gewonnen hatten.

Der bloße E-Mail-Kontakt war für diese Jugendliche offensichtlich zu unpersönlich und unverbindlich, so dass sie nicht genügend motiviert wurde, auf eigene Faust und Kosten und ohne Begleitung von Bremen nach Berlin zu fahren. Da es zu diesem Zeitpunkt leider auch noch keinen lokalen Poetry Slam in Bremen gab, hatte sie – im Gegensatz zu anderen U20-Poetry Slammern – keinen Ansprechpartner vor Ort, an den sie sich hätte wenden können oder bei dessen Poetry Slam sie erneut zur Übung und Selbstvergewisserung hätte auftreten können. Wäre im Deutschunterricht vor- und nachbereitend zum Poetry Slam gearbeitet worden, hätte der Deutschlehrer möglicherweise ein Ansprechpartner sein können, der sie, die auf jeden Fall Talent zum Schreiben und Performen bewiesen hatte, durchaus unterstützt hätte. Die Reaktion der Jugendlichen zeigt aber auch, dass solche Angebote wie eine Fahrt nach Berlin oder eine Reise nach San Francisco eher Stress verursachen und als extrinsische Motivation zur Teilnahme an einem Literaturwettbewerb nicht unbedingt notwendig sind.

Andererseits gibt es auch Beispiele dafür, dass Jugendliche allein in der Freizeit den Poetry Slam für sich entdecken und keine weitere Unterstützung benötigen:

Ich habe Slam über jemanden in der Theatergruppe kennengelernt. Dann bin ich da mal hingegangen, hab mir das angesehen und war dann echt fasziniert von der ganzen Angelegenheit. Ich wollte es dann auch mal versuchen, es dauerte dann aber noch ein halbes Jahr, bis ich dann wirklich auf die Bühne gegangen bin. Ja, so hat es angefangen. [Ich habe] einfach schon vor der ganzen U20-Geschichte angefangen [...] zu slammen und mich immer ohne Workshops durchgeboxt [...]. Da habe ich halt meine Erfahrung für mich schon gesammelt, ich weiß, worauf man achten muss (Interview einer Jugendlichen mit Anders, November 2006).

In den folgenden Kapiteln soll zunächst aufgezeigt werden, wie Poetry Slam und Slam Poetry mit und für Jugendliche bisher organisiert und vermittelt wurde, welche Unterschiede zwischen der didaktischen Ausrichtung in den USA und Deutschland bestehen und wie das Handlungsfeld zukünftig der kulturellen Praxis entsprechend didaktisiert werden kann, um die der Individuation, aber auch Sozialisierung und Enkulturation von Jugendlichen zu unterstützen.

2.1 Handlungsfeld U20-Poetry Slam

Der Begriff „Handlungsfeld" stammt von Hubert Ivo (1975) und wurde in Anlehnung an Abraham/ Kepser (2009, 13ff.) gewählt. Er verdeutlicht erstens, dass Literatur nicht mehr nur ein (fest umrissener) Gegenstand des Unterrichts ist, sondern ein Feld darstellt, an dem Jugendliche als Akteure teilhaben und dieses selbstständig (mit-)gestalten können. Zweitens wird der U20-Poetry Slam in dieser Studie auch zum empirischen Forschungs-Feld. Innerhalb der zahlreichen Felder, die die qualitative Sozialforschung zur Untersuchung anbietet, kann man den U20-Poetry Slam am ehesten in die Kategorie der Subkultur einordnen (Kategorien nach Flick 2009, 143), wogegen auch nicht die punktuelle finanzielle Förderung des U20-Poetry Slam durch das Bundesministerium für Bildung und Forschung (BMBF) im Jahr 2007 spricht, weil Subkulturen oft teilweise vom Staat subventioniert werden.

Die Rolle der hier empirisch Forschenden und ihr Zugang zum Handlungsfeld stellen sich wie folgt dar: Die Verfasserin hat seit 2003 in Vorbereitung für ein Schulbuch regelmäßig Interviews mit Vertretern der Slam-Szene geführt und war bei gut 100 Poetry-Slam-Veranstaltungen als Zuschauerin dabei. Sie hielt aus beruflichem Interesse Kontakt zu den Akteuren des Handlungsfeldes, war jedoch niemals selbst als Slam-Poetin aktiv. Ab 2006 organisierte sie mit Wolf Hogekamp und Sebastian Krämer die Deutschsprachige Meisterschaft in Berlin. Dadurch erhielt sie Zugang zu den befragten Jugendlichen, den eingesandten Texten und den veranstalteten Workshops. Im Rahmen der Kategorien „Fremdheit und Vertrautheit", die Flick zur Beschreibung der Forscherrolle vorschlägt (ebd., 149), agierte die Verfasserin als „Eingeweihte" (Adler/ Adler 1987, 21), da sie die Poetry Slam-Meisterschaften im Jahr 2007 mitorganisiert hat. So konnte sie es unternehmen, die Slam-Szene von innen zu begreifen, um diese dann aber aus der – ihrer beruflichen Ausbildung entsprechenden – deutschdidaktischen Perspektive zu untersuchen. Gerade bei dieser Rolle als „Eingeweihte" müssen ethische Kodices (vgl. dazu Flick 2009, 56) bei der empirischen Forschung eingehalten werden. Die persönlichen Angaben der interviewten Jugendlichen wurden deswegen anonymisiert, außerdem wurden die Kontextinformationen sparsam verwendet. Eine Anonymisierung ist bei den Autoren der U20-Slam Poetry leider nicht möglich, weil die untersuchten Texte online öffentlich zugänglich sind. Eine Zuordnung ist daher leicht möglich. Die Workshopleiter werden unter anderen Namen geführt, um ihre berufliche Sphäre so gut wie unter den Umständen möglich zu schützen.

Wer empirisch arbeitet, steht vor dem Problem, dass die Forschung „die Welt, die sie untersuchen will, immer nur in denjenigen Versionen antrifft, die von der Welt im jeweiligen Feld existieren bzw. von den interagierenden Subjekten (gemeinsam oder konkurrierend) konstruiert werden" (Flick 2009,

110). Das Handlungsfeld des U20-Poetry Slam veränderte sich in den Jahren 2004 bis 2009 weniger qualitativ als vielmehr quantitativ: Die Workshops und Teilnehmerzahlen bei den U20-Poetry Slam-Meisterschaften nahmen stetig zu. Während bei den deutschsprachigen U20-Slams 2004 und 2005 eher nach Teilnehmern gesucht wurde, als dass sich zu viele Jugendliche angemeldet hätten, lag die Nachfrage 2006 und 2007 deutlich höher: Es gab erheblich mehr Jugendliche, die auftreten wollten, als Startplätze zu vergeben waren. Das könnte daran liegen, dass die Veranstalter der Meisterschaften die Anzahl der Startplätze öffentlich in der Slamily ausgeschrieben hatten, womit sie die lokalen Veranstalter explizit ermutigten, einen U20-Slammer zu qualifizieren und zu nominieren.

Die Organisation des U20-Poetry Slam im deutschsprachigen Raum ist seit 2004 kontinuierlich im Aufbau. Sie erfolgte ohne Kenntnis oder gar Austausch und Verknüpfung mit den bereits bestehenden Strukturen in den USA. In Deutschland wurde der Begriff „U20" geprägt, in Anlehnung an die Bezeichnung für die Turniere der Jugend-Nationalmannschaft im Fußball und anderen Sportarten. Diese Assoziation – so dachte man – könnte motivierend auf Jugendliche wirken, und das auch auf weniger Sport-affine, weil Poetry Slam ja keine Sportart im eigentlichen Sinne ist.

Auf zwei Tagungen der Stiftung „Kunst und Recht" in den Jahren 2004 und 2005 kamen die an dem U20-Poetry Slam interessierten Slam-Aktivisten zusammen und tauschten sich untereinander – und auch im Gespräch mit Marc Kelly Smith, der zu der Tagung im Jahr 2005 eingeladen worden war – aus (vgl. www.stiftung-kunstundrecht.de/start.php?M=u20-tagung-oberwesel). Die vielen unterschiedlichen Idee wurden zu gemeinsamen Konzepte zusammengebracht. So kann man sagen, dass sich der Poetry Slam seit 2004 in Deutschland in zwei grundlegende Formen aufgefächert hat: Bei der einen Form ist der Poetry Slam eine Veranstaltung mit offener Bühne, also für jede Person zugänglich. Auch ein Kind oder ein Jugendlicher egal welchen Alters kann an solch einem Poetry Slam teilnehmen[9]. Die andere Form, der U20-Poetry Slam, ist jedoch altersgebunden: Personen über 20 Jahre dürfen nicht im U20-Wettbewerb auftreten.

---

[9] Für Poetry Slams als künstlerische Veranstaltungen dürfte § 5 Tanzveranstaltungen des Jugendschutzgesetzes gelten, der besagt, dass Kinder bis 22 Uhr und Jugendliche unter 16 bis 24 Uhr bei Tanzveranstaltungen anwesend sein dürfen, wenn „
die Tanzveranstaltung von einem anerkannten Träger der Jugendhilfe durchgeführt wird oder der künstlerischen Betätigung dient [...]" (http://bundesrecht.juris.de/juschg/__5.html)

Poetry Slam
- Für jeden, altersunabhängig, offen
- Findet am Abend (zwischen 20 und 1 Uhr) statt
- Veranstaltungsort: meist Kneipen, Clubs
- Durchschnittlicher Eintrittspreis ca. Euro 5,-
- Überwiegend studentisches Publikum zwischen ca. 20 und 50 Jahren
- Texte, die eher Leute ab 18 Jahren ansprechen
- Deutschsprachige Meisterschaft seit 1997

U20-Poetry Slam
- Auftretende Poet/innen bis 20 Jahre
- Findet meist am Nachmittag/ frühen Abend statt (18–20 Uhr)
- Veranstaltungsort: Kinder-/ Jugendtheater, Schulaula, Cafés
- Eintritt ca. Euro 2,- bis Euro 4,-
- Überwiegend jugendliches Publikum zwischen ca. 10 und 22 Jahren, auch: Lehrer und Eltern/ Verwandte
- Texte von Gleichaltrigen
- Deutschsprachige Meisterschaft seit 2004

Einige wenige Poetry Slams werden auch von Jugendlichen für Jugendliche organisiert und moderiert, wie z. B. der Usingen-Slam (seit 2005, www.poetry-slam-usingen.de), der Slam der Jungmann-Schule Eckernförde (seit 2007) und der Bremer Nord-Slam (seit Mai 2009). Alle anderen U20-Poetry Slams werden innerhalb von Schulprojekten mit anleitenden Lehrern organisiert oder von den erwachsenen Veranstaltern lokaler Poetry Slams initiiert.

Um an der deutschsprachigen Meisterschaft teilnehmen zu können, benötigt jeder Slam-Poet einen regulären Startplatz, mit dem er sich bei den (jährlich wechselnden) Veranstaltern der Meisterschaften meldet. Jedes Jahr organisiert die Slam-Szene einer anderen Stadt die Meisterschaften, wobei die Reihenfolge der Städte informell unter den Slam-Mastern der einzelnen lokalen Poetry Slams ausgemacht wird.

U20-Poeten können sich qualifizieren, wenn sie bei einem regelmäßig stattfindenden Poetry Slam einen der ersten drei Plätze oder bei einem U20-Poetry Slam den ersten Platz gewonnen haben. Diese Poetry Slams müssen öffentlich sein, dürfen also nicht nur im Rahmen eines Workshops stattgefunden haben. Bisher fanden in den folgenden Städten U20-Poetry Slam-Meisterschaften während eines SLAM statt:

Jahr	Gastgeber-Stadt	U20-Poetry Slam-Meisterschaften Anzahl der U20-Slam-Poeten	Anzahl der Zuschauer	Gewinner/-in (Herkunft)
2004	Stuttgart	12 im Finale	ca. 1000	Lino Wirag (Pforzheim)
2005	Leipzig	12 im Finale	ca. 300	Nadja Schlüter (Koblenz) Krisha Kops (München)
2006	München	16 im Finale	ca. 300	Lara Stoll (Schaffhausen, CH)
2007	Berlin	33 in Vorrunden, 12 im Finale	ca. 2000	Julian Heun (Berlin)
2008	Zürich	35 in Vorrunden, 12 im Finale	ca. 1100	Bleu Broode (Bremen)
2009	Düsseldorf	35 in Vorrunden 12 im Finale	ca. 800	Yasmin Hafedh (Wien)
2010	Essen	47 in Vorrunden		

An der Tabelle sieht man deutlich, dass nach dem ersten sehr erfolgreichen U20-Poetry Slam in Stuttgart, für den viele Schulen mobilisiert worden waren, die Veranstalter aus München und Leipzig den U20-Poetry Slam weniger prominent ausgerichtet haben: In München fand die Veranstaltung fern ab von dem eigentlichen Geschehen in dem Theater Schauburg statt, wohin sich kaum ein Zuschauer der sonstigen Meisterschafts-Veranstaltungen „verirrte". In Leipzig wurde der U20-Poetry Slam zwar im selben Veranstatungsraum wie die Slams der Erwachsenen durchgeführt, die Veranstaltung war jedoch am frühen Nachmittag und die Veranstalter konnten auch kaum Schulklassen mobilisieren. In Berlin und Zürich dagegen wurden sogar Vorrunden für die U20-Poetry Slammer veranstaltet. Es hatten sich bereits doppelt so viele Teilnehmer wie in München anmelden können. Für den Slam2010 steht die bisher höchste Anzahl an U20-Startplätzen in den Vorrunden zur Verfügung.

Die dauerhafte Etablierung der durch den jährlichen SLAM angeregten Workshops ist unterschiedlich. Die Workshops bleiben vereinzelte Angebote[10], wie zum Beispiel in der Region Leipzig und Dresden (Gastgeber SLAM2005), oder schwingen sich wie in Stuttgart oder in der Schweiz zu einer Jugend-Liga auf, die jedes Jahr wieder mit Vorrunden stattfindet.

---

[10] Die Workshopangebote werden je nach Bedarf und in Absprache mit einzelnen Lehrer/-innen organisiert. Auf den U20-Slam-Tagungen 2004 und 2005 der Stiftung „Kunst und Recht" wurde ein interner Tarif festgelegt, der für die Buchung von Slam-Poeten bundesweit als Richtschnur gilt. Schulen bringen dieses Geld durch Eltern- und Fördervereine auf; der Friedrich Bödecker-Kreis, der Lesungen von Autoren in Schulen finanziert, hat bisher nur Bas Böttcher in seine Datenbank aufgenommen (vgl. www.boedecker-kreis.de).

Üblicherweise machen die jeweiligen Veranstalter der deutschsprachigen Meisterschaft und die Slam-Master der einzelnen Städte im Vorfeld der U20-Poetry Slam-Meisterschaft die Veranstaltung des Poetry Slam bei der Lehrerschaft bekannt. Die Akquise von Teilnehmern für Workshops erfolgt meist nach folgendem Ablauf:

1. *Kontakt mit Schulen bzw. Schulämtern*
2. *„Schnupperslam" oder Slam-Revue (einige Slammer tragen auf einer Informationsveranstaltung an der Schule kurz Texte wie auf einem Poetry Slam vor)*
3. *Multiplikatorenveranstaltung für die Lehrer*
4. *Start der Workshops, ca. 6 Monate vor der Ausrichtung des SLAM*
5. *Arbeit in den Workshops*
6. *Durchführung einer oder mehrerer lokaler Vorrunden*
7. *Durchführung des deutschsprachigen U20-Poetry Slams innerhalb des SLAM mit Ermittlung des bestplatzierten Slammers.*

In Stuttgart ist aus dem SLAM2004 eine bis heute bestehende Jugendliga entstanden, die unabhängig von den bundesweiten U20-Poetry Slams aktiv ist. Ähnlich wie in den USA werden im Rahmen dieser Jugendliga ganzjährig Poetry Slams für Jugendliche veranstaltet. Die Gewinner sind jedoch von Seiten der Veranstalter (Tobi Borke, Matthias Gronemeyer) nicht automatisch für den bundesweiten U20-Poetry Slam qualifiziert, sondern es werden dafür durch die Veranstalter Poeten gesondert vorgeschlagen. Seit Juli 2007 veranstaltet Stuttgart eine als „Europameisterschaft" titulierte Veranstaltung mit Teilnehmern aus St. Gallen, Stuttgart und Berlin.

In der Schweiz wird der U20-Poetry Slam bisher in neun Kantonen konsequent außerschulisch durchgeführt. Die jeweiligen Gewinner qualifizieren sich direkt für den jeweiligen deutschsprachigen U20-Poetry Slam und erhalten dort eine mit den Veranstaltern vereinbarte Anzahl an Startplätzen. Die Schweizer U20-Poetry Slam-Liga (www.u20slam.ch) wird von Martin Otzenberger und Richi Küttel geleitet und in weiteren Kantonen sukzessive aufgebaut.

In München wurde für den SLAM2006 eine Zusammenarbeit mit dem Jugendtheater „Schauburg" ins Leben gerufen. Daraus entstand ein kontinuierliches Angebot an Workshops in drei „Teildisziplinen" (Storytelling, Rap-Poesie und lyrische Formen), das seither weitergeführt wird. Die Slam-Master Ko Bylansky und Rayl Patzak organisieren im süddeutschen wie schweizerischen Raum zahlreiche Poetry Slams und ermöglichen durch die „Kiezmeisterschaften" eine Anbindung der Jugendlichen an die erwachsene Szene.

In Berlin nahmen 2007 ca. 40 Berliner Schüler an den kostenlosen Workshops teil. Die zehn Workshopleiter führten im Zeitraum Februar bis Mai zu je fünf Terminen à drei Stunden je einen Workshop in relativ festen Gruppen von zwei bis zehn Schülern durch. Die Schüler kamen aus unterschiedlichen Schulen, jedoch fast ausschließlich vom Gymnasium. Lernorte waren das Kinder- und Jugendtheater „Atze", schuleigene Räume und Räume von Stiftungen (Kreuzberger Kinderstiftung, Creativ-Centrum Neuköllner Leuchtturm). Die Workshopteilnehmer probierten ihre Texte im Vorfeld auf den vier lokalen Berliner Bühnen (Bastard Slam, Scheinbar, Rosis, Kato Slam) aus und qualifizierten sich in fünf extra veranstalteten U20-Poetra Slam-Vorrunden vor und nach den Sommerferien für das deutschsprachige Festival SLAM2007. 2008 war diese Jugend-Liga sehr ähnlich organisiert und mündete in dem „Dicht it! Festival" vom 02. bis 04. 10. 2008, auf dem die Startplätze der Berliner Jugendlichen für die deutschsprachigen Meisterschaften in Zürich (SLAM2008) vergeben wurden. 2009 entwickelte sich aus dem Festival ein fester U23-Poetry Slam namens „dicht it" in einem Club in Berlin-Neukölln, der selbstständig Startplätze für die Meisterschaft in Düsseldorf (SLAM2009) vergibt.

Generell gibt es z. B. folgende Möglichkeiten, Workshops zu organisieren:

Modul	Workshopleiter	Teilnehmer	Förderer/Organisator
Workshop-Tournee als „Slam-Expedition", 3-stündiger Auftritt	Je einzelne Poeten aus der aktuellen Slam-Szene	22 Schulen bundesweit/CH	Bundesweite Förderer wie das BMBF, im „Jahr der Geisteswissenschaften"
16-tägiger Sommerkurs		12 von Schulen ausgewählte Schüler/innen aus Hessen/Rheinland-Pfalz	Regionale Institutionen wie die Kinder-Uni Hessen
3–4-stündige Schreib- und Performance-Workshops		Ca. 8 Schüler pro Workshop, bundesweit/CH	Lokale Vereine wie „Sprechzimmer e.V."

Jugendlichen können jedoch auch ohne vorherige Teilnahme an Workshops an einem U20-Poetry Slam-Finale teilnehmen. Sie haben dann oft schon durch Teilnahme an lokalen Poetry Slams Bühnenerfahrung erworben, und ihr Eintritt ins Handlungsfeld ähnelt daher am ehesten dem der heute erfolgreichen älteren Slam-Poeten: Diese sind durch das Verfassen von Songtexten (so z. B. Gauner, Bas Böttcher, Fiva) oder durch Teilnahme an

Lesebühnen (z. B. michaEbeling) oder Kabarettfestivals (z. B. Sebastian Krämer) zum Poetry Slam gekommen:

Also, ich hab erstmal mir einen angeschaut in Frankfurt im BCN-Café, und hab dann zu dem Freund gesagt: „Ich geh da hoch, und ich gewinn." Und er nur so... (tippt sich an die Stirn) Und, ja, war dann aber so! (Alex Dreppec, im Interview mit Anders, August 2006).

Jugendliche, die Poetry Slam selbstständig entdecken und ihre Texte auch ohne pädagogische Begleitung auf der Bühne erproben, sind jedoch die Ausnahme. Lokale Veranstalter wie Alex Dreppec (Darmstadt), Wolfgang Lüchtrath (Koblenz) oder Lars Ruppel (Marburg) unterstützen diese Eigenaktivitäten. Ein Beispiel für solch einen erfolgreichen Autodidakten ist ein Jugendlicher (*1989), der nach kleinen Auftritten zur Teilnahme an der Darmstädter Dichterschlacht (dem Slam mit den meisten Besuchern in Deutschland) eingeladen wurde. Er reiste dann, auch zusammen im Team, z. B. mit anderen Slam-Poeten durch Deutschland und nahm sogar an einer Präsentation von Poetry Slam im Rahmen des Europafestes 2007 vor ca. 1000 Zuschauern am Brandenburger Tor in Berlin teil. Seit 2004 tritt er nun regelmäßig bei der Darmstädter Dichterschlacht erfolgreich auf und nimmt seit 2005 an den deutschsprachigen Meisterschaften teil. Er ist noch unter 20 Jahren und schließt zur Zeit die Schule mit dem Abitur ab. Seine vielen Slam-Auftritte versuchte er so zu organisieren, dass seine schulischen Leistungen nicht übermäßig darunter litten. Solch eine intensive Teilhabe an der kulturellen Praxis ist für die meisten Schüler aufgrund ihrer schulischen Verpflichtungen kaum möglich.

In Foren, in Interviews oder per E-Mail beschreiben Lehrer, wie sie mit ihrer Klasse ein Poetry Slam-Projekt durchgeführt haben, das sie meist mit der Organisation eines eigenen Poetry Slams abgerundet haben. Dieses Projekt wird an Lyrik-Unterrichtseinheiten angebunden oder durch Kontakt mit Workshopleitern als Projektwochenthema geplant. Manchmal entwickeln Lehrer auch gemeinsam mit ihren Schülern ein Konzept für ihr Poetry Slam-Projekt, das sodann entweder in der Aula der Schule, z. B. während der Projektwochen, oder z. B. in einem Café in der Nähe der Schule präsentiert wird. Die (lokale) Slam-Szene wird durch Gastauftritte oder Absprachen zwischen Lehrern und Slam-Mastern eingebunden.

Eine Kooperation mit der lokalen Slam-Szene ist besonders zu empfehlen, wenn man seinen eigenen Poetry Slam aufbauen möchte. Slam-Poeten können dabei als „Featured Poets" im Vorprogramm außerhalb des Wettbewerbs eingesetzt werden, um mehr Publikum anzulocken, oder beim Wettbewerb mitmachen, um eine Mindestanzahl von Slam Poeten zu garantieren, damit der neue Slam gleich von Anfang an durchgeführt werden kann:

Zwischen Minden und Hannover liegt Stadthagen. Dort gibt es eine IGS und den eifrigen Cederick, der den Slam an seine Schule bringt. Es werden noch Slammer gesucht, die Texte zum Thema Rassismus haben, da dies zuvor im Unterricht und einem Slamworkshop behandelt wurde. Die Themavorgabe ist keine Pflicht, es wäre aber schön, wenn Rassismus ein Aspekt des Textes wäre. Am Dienstag, den 30.9. um 19 Uhr. Fahrtkosten nach Absprache! (Tobi Kunze, Slam-Poet aus Hannover, Forumsbeitrag in www.myslam.de, 17.9.2008)

In den USA strukturiert sich das Handlungsfeld des Jugend-Poetry Slam etwas anders: Die Organisation „Urban Words" wurde 1999 in New York gegründet und verfolgt das Motto „The next generation can speak for itself" – Jugendliche sollen (und müssen) für und über sich selbst sprechen. Jährlich nehmen rund 15.000 Jugendliche an Workshops im Kreativen und journalistischen Schreiben sowie HipHop teil. Urban Word arbeitet dafür u.a. mit den New Yorker Slam-Poeten innerhalb und außerhalb des Klassenzimmers zusammen. Die Jugendlichen gehen auch selbst an Schulen, um anderen Schülerinnen und Schülern Slam Poetry nahe zu bringen und die literarische Sozialisation zu fördern:

At first, we probably did a lot more exposure to spoken word, now [2005, P.A.] it's like probably the opposite, more exposure to poets that the students should know but have never heard of – like Whitman. We've started last summer doing individual poet seminars, which are kind of interesting. Actually the young people requested that. We send the teenagers into schools to teach as well, and because once you put them in a positiob of authority as a teacher, they start to recognize what they know as a writer. [...] Part of the pedagogy is to introduce poetry to students, and also poetic forms (Jen Weiss, in: O'Keefe Aptowicz 2008, 306).

Jährlich wird ein Jugend-Poetry Slam mit verschiedenen Vorrunden veranstaltet, der Teil der Jugendkultur in New York ist:

[A]nd one of the things that we did early on was establish it as a youth-only and youth-run space, so parents were not to be involved (ebd., 308).

Tatsächlich waren bei der von der Verfasserin besuchten Vorrunde im März 2009 im Nuyorican Poets Café New York abgesehen von dem Personal zur Organisation der Veranstaltung nur Jugendliche anwesend. Die meisten Jugendlichen, die es bis in die Endrunde der Jugend-Meisterschaften schaffen, slammen jedoch laut Weiss nicht im Erwachsenen-Slam weiter (ebd.). Die Organisatoren schließen daraus, dass die Jugendlichen nicht primär an eine Karriere als Schriftsteller oder spoken word-Poet denken, sondern an dem Austausch mit anderen interessiert seien. Jugendliche hätten kaum Räume zum Versammeln in größerer Anzahl, außer bei Konzerten, diese seien aber zu teuer geworden:

Schools are not the places where you get the exchange, like where teenagers get to talk [...] Urban Word [is] the last space that teenagers can gather (ebd., 314).

Poetry Slam dient nicht nur der literarischen Bildung, sondern ist auch Teil der Sozialarbeit. So wird der Jugend-Poetry Slam direkt von Sozialarbeitern eingesetzt, um Kinder und Jugendliche zu erreichen:

I am assistant director at an agency that reaches out over eight thousand kids in NYC. I've used slam to really reach out to kids that have otherwise been unreachable. I always concentrate on the hard-luck kids [...]. I see that poetry and slam and just spoken word in that sense, reaches them, in the sense that nothing else can. It becomes their language, it becomes their culture. They see it so much more as something that they can do, something that reflects their community, their feelings or emotions, their sense of style and sense of self (Edward Garcia, in: O'Keefe Aptowicz 2008, 211).

Beteiligte des Projektes betonen auch die Chancen der Integration von Jugendlichen durch U20-Poetry Slams:

For [the students who competed in teen slams] it was anything but a lark. It was about getting people to hear their thoughts and hear their writing and take them seriously. It was about getting honest feedback from a real, live audience, which, of course, is what any writer needs most of all [...]. Slam poetry also created this amazing community, where sensitive, smart kids from the south side and the west side and the north side of the city, kids of different races and backgrounds, kids who were often seen as loners and oddballs in their own schools, all got to know each other. They had a little scene (Glass, Vorwort, in: Smith 2004).

Poetry Slam ist zwar ein Format, das – wie gezeigt worden ist – aus den USA stammt. Im Jugendbereich gibt es jedoch genau gesehen wenig Überschneidungen zwischen den Jugend-Poetry Slams in den USA und dem U20-Poetry Slam im deutschsprachigen Raum. Das liegt vor allem an der unterschiedlichen Klientel: In den USA wird der Poetry Slam als kreative Betätigung für Angehörige von ethnisch oder sozial ausgegrenzten Minderheiten genutzt, um eigene Meinungen zu finden und zu vertreten; in Deutschland gehen eher die Jugendliche in Workshops oder zu Veranstaltungen, die sich für das literarische Schreiben und das Vortragen interessieren. Es gab keinen einzigen Jugendlichen mit offensichtlichem Migrationshintergrund in der vorliegenden Studie: Weder die hier befragten Workshopteilnehmer noch die Teilnehmer der bisherigen U20-Poetry Slam-Meisterschaften von 2004 bis 2008 waren nicht-deutscher Sprachherkunft. Dies kann daran liegen, dass erstens die Workshop-Leiter und die Slam-Poeten der erwachsenen Slam-Szene ebenso alle Deutsch als Muttersprache sprechen und daher Jugendliche nichtdeutscher Sprachherkunft keine Identifikationsangebote erhalten, dass zweitens kaum Hauptschulen in das Handlungsfeld integriert sind und dass drittens ein Wettbewerb namens „deutschsprachige" Meisterschaften suggeriert, dass nur deutsche Texte aufgeführt werden dürften – obwohl diese Bezeichnung geografisch gemeint ist.

Die Anbindung an die künstlerische Szene der Erwachsenen ist in Deutschland durchaus erwünscht, während die Jugendlichen in den USA eher eigene Gruppen bilden und sich von den Erwachsenen abgrenzen. Wie genau die Jugendlichen im deutschsprachigen Raum im Handlungsfeld agieren und welche Unterschiede zwischen den Workshop-Angeboten im In- und Ausland (USA) bestehen, soll im Folgenden untersucht werden.

2.2 Forschungsdesign

Empirisch abgesicherte Erkenntnisse über die literarische Sozialisation liegen bis heute noch kaum vor (Kammler 2002, 5). Dieses Buch nimmt sich dieses Desiderats an.

Die Verfasserin geht von der Annahme aus, dass U20-Poetry Slam individuelle, soziale und kulturelle Gratifikationen für Jugendliche bereithält und Literatur dadurch für Jugendliche bedeutsam werden könnte. Diese Forschungsperspektive orientiert sich an der Tradition des symbolischen Interaktionismus, der „eher subjektiven Bedeutungen und individuellen Sinnzuschreibungen nachgeht" (Flick 2009, 82). Die konkrete Fragestellung dieser Untersuchung lautet dementsprechend: Welche individuellen, sozialen und kulturellen Gratifikationen hält Poetry Slam für Jugendliche bereit?

Um die bereits bestehende kulturelle Praxis des Handlungsfeldes U20-Poetry Slam zu untersuchen, ist davon auszugehen, dass drei zentrale Quellentypen über den Forschungsgegenstand Auskunft geben können: erstens die literarischen Textvorlagen, die die Jugendlichen geschrieben haben; zweitens die von Jugendlichen gemachten Aussagen über ihre Erfahrungen im Handlungsfeld und drittens die durch Film, teilnehmende Beobachtung und Online-Umfrage gewonnenen Daten über die Inhalte und Abläufe der Workshops.

Die untersuchten Quellen sind zwar in außerschulischen und nicht in schulischen Lernsituationen enstanden. Trotzdem gehört die Untersuchung zur empirischen Unterrichtsforschung (vgl. dazu Kammler 2002), weil die in dieser Studie begutachteten Workshops als Lehr- und Lernkontexte für das Handlungsfeld typisch sind und durchaus die Vermittlung von Fertigkeiten und Fähigkeiten zum Ziel hatten. Die Ergebnisse helfen dabei, die durch Poetry Slam erfahrenen Gratifikationen für den Aufbau von Kompetenzen in unterschiedlichen Lernbereichen im dritten Kapitel zu nutzen.

Durch Triangulation (vgl. Flick 2000c) wird das vorliegende Material vernetzt und verglichen. Durch die wechselseitige Ergänzung im methodischen Blick auf den Gegenstand werden blinde Flecken reduziert (vgl. Flick 2009, 44) und es können deutschdidaktische Folgerungen abgeleitet werden. Die Analysen der Texte und der Inhalte und Abläufe der Workshops ergänzen und relativieren die Daten, die über die Perspektiven der Jugendlichen Aufschluss geben. Visuelle und verbale Daten ergänzen sich.

Der hermeneutische Prozess dieser Studie vollzieht sich auf fünf Ebenen: Die Konzeption/ Hypothesenbildung sowie die Gesamtauswertung bilden den Rahmen der gesamten Untersuchung. Die Datenerhebung und Datenauswertung werden für jeden Quellentyp einzeln durchlaufen und in der Gesamtauswertung vernetzt (vgl. Becker/ Elias/ Hurrelmann. 1999, 155). Die Gütekriterien der Studie (Repräsentativität, Reliabilitätssicherung und Valididätsprüfung) werden ebenfalls für jeden Quellentyp gesondert dargestellt. Die Datenerhebung wird üblicherweise unterteilt in Beschaffung, Selektion und Autopsie (Begutachtung) (vgl. z. B. Becker et al. 1999, 159). Zum Zeitpunkt der Erforschung des Handlungsfeldes 2006/ 2007 standen bei allen drei Quellentypen nur wenige repräsentative Daten zur Verfügung. Deswegen war kaum Selektion möglich und nötig: 2006 war beispielsweise bundesweit nur ein schulnahes Poetry Slam-Projekt bekannt (in Usingen); es gab erst eine Meisterschaft (und zwar die hier untersuchte Meisterschaft SLAM2006 in München), bei der Jugendliche aus ganz unterschiedlichen Bundesländern und Ländern aufgetreten sind; und es gibt bis heute nur eine einzige Sammlung von Qualifikationstexten für die Teilnahme bei der U20-Poetry Slam-Meisterschaft, d.i. der hier untersuchte Korpus der Texte von 2007, die öffentlich[11] zugänglich sind.

Alle drei der untersuchten Quellentypen haben jedoch insofern repräsentativen Charakter, als dass sie das bestehende Handlungsfeld beschreiben: Der Textkorpus besteht aus 31 Qualifikationstexten, die explizit für die Teilnahme an der Deutschsprachigen Jugend-Meisterschaft 2007 entstanden sind. Die 27 befragten Jugendlichen aus Workshops, von der Meisterschaft SLAM2006 und aus dem schulnahen Projekt in Usingen repräsentieren exemplarisch die zum Zeitpunkt der Studie üblichen Zugänge zum Handlungsfeld. Die untersuchten Workshops spiegeln die seit 2004 typisch gewordenen Abläufe und Inhalte von Poetry-Slam-Workshops wider.

In der Studie werden die Aussagen von 13 Jungen und 14 Mädchen ausgewertet. Es sind von den ursprünglich geführten 34 Interviews nur diese ausgewählt worden, die für die Fragestellungen ergiebig waren. Insgesamt ist die Teilnahme am Handlungsfeld so verteilt, dass mehr Jungen als Mädchen aktiv als Slam-Poeten schreiben und performen. Das ist eine erfreuliche Tatsache, da gerade die 16- bis 17-jährigen männlichen Jugendlichen sich eher weg vom Buch entwickeln.

---

[11] Die Homepage ist am besten über folgenden Weg zu erreichen: Eingabe von www.slam2007.de, Rubrik Teilnehmer, Rubrik U20-Teilnehmer, oder unter: www.abc-dermenschheit.de/coremedia/generator/wj/de/05__Veranstaltungen/Wettbewerbe/Sieger_20Vorrunden_20des_20U20-Poetry-Slams.html

Die Performance von Texten auf einer Bühne scheint sie aber wieder zurück in die Welt des Schreibens und (Vor-)lesens zu holen (vgl. dazu auch Garbe 2007).

Der Forschungsprozess in dieser empirischen Studie ist eher linear als zirkulär: Die Aussagen der Jugendlichen, die analysierten Texte und die untersuchten Lehr- und Lernkontexte gelten für diese Studie als exemplarisch, so dass damit die oben genannte Frage, welche individuellen, sozialen und kulturellen Gratifikationen Poetry Slam für Jugendliche bereithält, bearbeitet werden kann.

Die Festlegung der Samplingstruktur erfolgte schrittweise. Diese Auswahlstrategie orientiert sich am „theoretischen Sampling" (vgl. Glaser/ Strauss 1967/ 1998, 53): Die Entscheidungen über die Auswahl und Zusammensetzung des empirischen Materials wurde im Prozess der Datenerhebung und -auswertung gefällt. Nachdem die Schülerinterviews (von August bis November 2006) abgeschlossen waren, kam die Begutachtung der Workshops (ab Dezember 2006 bis März 2008) hinzu. Die Analyse der Texte kam zur Kontextualisierung (vgl. Wolff 2000) im März 2008 hinzu, um zu zeigen, dass auch an den Schreibprodukten der Jugendlichen durch intensivere Workshoparbeit bzw. eine Unterstützung durch den Unterricht Optimierungen möglich sein könnten. Um die Arbeitsweise der Workshop-Leiter genauer zu prüfen und festzustellen, ob die Inhalte und Abläufe in Workshops bis 2009 annähernd stabil geblieben sind, ist zusätzlich eine Online-Umfrage (Januar 2009, vgl. Anhang) durchgeführt worden.

Dass die etablierten Workshop-Strukturen der USA in das Sampling einbezogen werden sollten, war der Verfasserin relativ früh klar, da sie erwartete, in der „Wiege" des Poetry Slam effektive Methoden kennenzulernen und weitere Impulse zur Vermittlung von Poetry Slam im Unterricht zu erhalten. Als Teilnehmerin der Workshops in den USA (März 2007 und August 2008) war sie nicht – wie in Deutschland – eine „Eingeweihte", sondern konnte in der Rolle der „professionell Fremden" (Agar 1980) arbeiten.

Eine „theoretische Sättigung" der Kategorien ist bei diesem Handlungsfeld, wie auch in der empirischen Forschung allgemein, schwierig (vgl. Glaser/ Strauss 1967/ 1998, 69). Sicher wäre es wichtig, noch weitere Workshops zu sichten, vor allem die gut funktionierende Workshop-Struktur in der Schweiz und die in Stuttgart und Tübingen in Kooperation mit Schulen durchgeführten Projekte. Außerdem wäre es interessant, die bisher befragten Jugendlichen in einer Langzeitstudie zu beobachten und zu untersuchen, ob und wie sie weiterhin in diesem oder anderen literarischen Handlungsfeldern agieren und ob Poetry Slam langfristig zur literarischen Sozialisation beitragen kann. Bisher gelingt eine langfristige Perspektive nur, indem man die Jugendlichen, die an den U20-Poetry Slam-Meisterschaften von 2006, 2007 und 2008 teilgenommen haben, befragen würde.

Obwohl das Handlungsfeld ganz entscheidend von den Zuschauern und der Publikumsjury geprägt wird, sind diese Personen in dieser Studie nicht befragt worden. Die Verfasserin hat einige Stichprobeninterviews mit jugendlichen Zuschauern des U20-Poetry Slam 2006 in München durchgeführt. Diese Interviews waren jedoch wenig aussagekräftig, weil sich die Befragten in erster Linie als cool stilisiert hatten und uneingeschränkt mitgerissen und begeistert waren.[12] Das Publikum ist unmittelbar nach einen Poetry Slam anscheinend nicht gut in der Lage, seinen Eindruck in differenzierte Worte zu fassen, vielleicht auch, weil es sich nicht so intensiv auf den Poetry Slam vorbereitet hat wie die Akteure. Die Gratifikationen für Zuschauer werden deswegen aus den Texten und Aussagen der schreibenden Akteure abgeleitet.

Eine andere Möglichkeit der empirischen Studie wäre es gewesen, statt unterschiedliche Quellen zu verwenden, nur mit immer denselben Akteuren und ihren Schreib- und Performanceprodukten zu arbeiten. Die Texte der Workshopteilnehmer und der Usinger Schüler waren jedoch nicht repräsentativ für U20-Slam Poetry, da sie nur im geschützten Raum, also im Workshop-internen Poetry Slam oder im Schulprojekt vorgestellt worden sind. Die Poeten der untersuchten U20-Slam Poetry von 2007 hätten wiederum nur im Rückblick befragt werden können, da die Texte erst im Juli 2007 veröffentlicht worden sind, und erst im März 2008 analysiert wurden – deren Entstehungsprozess aber weit vorher stattfand. Der 16-tägige Workshop, an dem die befragten Jugendlichen teilgenommen hatten, wurde selbst nicht beguachtet, da dieser Workshop nicht repräsentativ für die typischen Workshops ist, denn die üblicherweise durchgeführten Workshops dauern nur drei bis vier Stunden. Die Teilnehmer des 16-tägigen Workshops wurden jedoch deshalb als Interview-Partner ausgewählt, da diese Jugendlichen dort längere und intensivere Schreiberfahrungen machen konnten und vermutlich dementsprechend mehr zu erzählen haben als Teilnehmer der üblichen kurzen Workshops. Letzere Teilnehmer wurden stichprobenhaft auch interviewt, äußerten sich jedoch nur sehr kurz (und in dem Stil „Der Workshop war cool, ich würde nichts verändern"). Hier hätte es sich gelohnt, die Teilnehmer vor und nach dem Workshop zu befragen, um deren Erwartungen und Erfahrungen zu vergleichen.

Aufnahmen der Performances der Textvorlagen für den U20-SLAM2007 wären ein sehr wichtiges und lohnendes Quellenmaterial für die empirische Untersuchung gewesen. Aber leider standen der Verfasserin nur die Performances der im Finale von Berlin aufgetretenen U20-Slam-Poeten

---

[12] Eine empirische Analyse des erwachsenen Publikums liefert jedoch in Kürze Stephan Ditschke (www.uni-goettingen.de/de/53907.html), dessen Ergebnisse vermutlich auch die Forschung zum Handlungsfeld U20-Poetry Slam bereichern könnte.

Julian Heun und Robert Stripling via YouTube zur Verfügung. Robert Stripling performte dabei einen anderen als den Qualifikationstext. Daher wurde auf eine Analyse verzichtet. Der Slam-Text von Julian Heun wird im Rahmen der Unterrichtsverfahren (vgl. Kap. 3) analysiert.

Die in dieser Arbeit durchgeführte Studie bietet eine Zustandsbeschreibung des Handlungsfeldes U20-Poetry Slam im Zeitraum von August 2006 bis Januar 2009, die aus Momentaufnahmen (vgl. Flick 2009, 182) zusammengestellt ist[13]. Die chronologische Reihenfolge des Forschungsprozesess (Interviews mit Jugendlichen, Analyse der Workshops und Textanalyse) wurde aufgebrochen:

Zunächst werden die tatsächlich entstandenen Slam-Texte vorgestellt, dann die subjektiven Erfahrungen der im Handlungsfeld agierenden Schüler und drittens die Beobachtungen der Workshops. Dies erschien logischer, da sich der Fokus dann, ausgehend von den Schreibprodukten, immer mehr in Richtung der Lehr- und Lernkontexte entwickelt. An die Gesamtauswertung schließt sich dann im dritten Kapitel die deutschdidaktische Modellierung an.

---

[13] Alle transkribierten Interviews sowie die hier analysierte U20-Slam Poetry liegen im Anhang auf CD vor.

2.2.1 Textanalyse der Slam Poetry von Jugendlichen

Datenerhebung

Das dauerhafte Produkt, das im Handlungsfeld U20-Poetry Slam entwickelt wird, ist der Text, sprich: die U20-Slam Poetry. Auch wenn letztlich die Performance des Textes die für alle sichtbare Handlung ist, wird zuvor ein Text ausgearbeitet, der als Grundlage für den Bühnenauftritt dient. Während die Texte aus dem zugrundegelegten Korpus eindeutig dokumentiert sind, hatten deren Performances während der Vorrrunden an vielen verschiedenen Orten stattgefunden, wobei sie nicht gefilmt wurden. Die Performances, als flüchtige Darbietungen, standen deswegen für diese Untersuchung nicht zur Verfügung. Es konnten darum im Folgenden nur diese Texte und nicht deren Performances untersucht werden, was aber den Vorteil hat, dass die Textanalyse von Anderen nachvollzogen und überprüft werden kann.

In der empirischen Forschung gehören diese Texte zu Dokumenten, die „unabhängig von der Forschung im Alltag erstellt" (Flick 2009, 323) wurden. Die Texte sind zwar persönliche Dokumente der Autoren, aber öffentlich zugänglich (Scott 1990, 14): Da U20-Poetry Slam ein Projekt innerhalb des „Jahres der Geisteswissenschaften 2007" war, wurde vom Bundesministerium für Bildung und Forschung (BMBF) ein Textportal für die Qualifikationstexte für den U20-Poetry Slam 2007 angelegt (vgl. U20-Slam Poetry-Textportal 2007), das online abrufbar und leicht zugänglich ist[14]. Die Qualifikationstexte sind zudem im Anhang abgedruckt. Dieser Korpus bietet sich, wie oben dargelegt, als repräsentatives Material an. Das online zugängliche Textportal war nicht nur für diese wissenschaftliche Untersuchung sehr nützlich, sondern es hatte auch einen pädagogischen Effekt: Die teilnehmenden Jugendlichen bekamen dadurch schon zwei Monate vor Beginn der Meisterschaften einen Einblick in die Arbeit der jeweils anderen U20-Poetry Slammer. Außerdem erhielten sie ein öffentliches Forum für ihre Texte. Auch wenn sie bei der Meisterschaft nicht erfolgreich sein würden, wurde ihr Engagement durch diese Vorab-Veröffentlichung bestätigt und anerkannt. Zugleich wurde den Jugendlichen durch die Vergleichstexte klar, welche Qualitäten ihrer Mitbewerber hatten, was als Ansporn beim Schreiben der neuen Texte für das Finale gewirkt haben dürfte. Die Texte halten die vier Qualitätsregeln ein, nach denen Dokumente als Quelle für die empirische Forschung verwendet werden können: Sie sind authentisch, unzweifelhaften Ursprungs, repräsentativ und verständlich (vgl. Scott 1990, 6). Denn ein Porträt jedes Teilnehmers mit kurzen biografischen Angaben (Alter, Herkunft, Hobbies) ist neben dem

---

[14] Mit Hilfe einer Suchmaschine kommt der User über Eingabe des Texttitels oder des Namens des jeweiligen U20-Slam Poeten auf den vollständigen Text.

jeweiligen Qualifizierungstext ebenfalls auf dem Textportal veröffentlicht und verbürgt dadurch zusätzlich die Authentizität und somit Glaubwürdigkeit der Texte. Diese Glaubwürdigkeit der Texte könnte jedoch – aus Sicht der Autoren – verzerrt (vgl. ebd.) sein, da sie hier nur als schriftliche Texte untersucht werden, ohne dass die Performance eine Rolle spielt.

Das Textkorpus umfasst 31 Textbeiträge[15]. Die Hauptschule ist insgesamt mit nur zwei Schülern vertreten (Text 27 und Text 12), die ihre Startplätze infolge der Initiative „Lüneburg liest" (www.netzwerk-lesefoerderung.de/content/blogcategory/41/44/) erhalten hatten. Die anderen Schüler besuchten eine weiterführende Schule. Das Durchschnittsalter der Autoren lag bei 18 Jahren.

Das Programm der deutschsprachigen Meisterschaften SLAM2007 (vgl. www.slam2007.de) zeigt die Namen und Auftritte aller Teilnehmer der U20-Poetry Slam-Vorrunden. Außerdem veranschaulicht er, wie eng die U20-Slam-Veranstaltungen mit den Veranstaltungen der erwachsenen Slam-Poeten verknüpft sind: So fanden beide Final-Veranstaltungen nacheinander vor etwa demselben Publikum und in demselben Saal (Admiralspalast Berlin, 1700 Zuschauer) statt.

---

[15] Insgesamt haben sich 36 Teilnehmer für die deutschsprachigen U20-Poetry Slam-Meisterschaften über ihren lokalen U20-Poetry Slam qualifiziert. Zu diesen Teilnehmern kamen noch weitere vier U20-Poetry Slammer, die sich am zweiten Tag des Festivals für das Bundesland Berlin qualifizierten und an den bundesweiten Vorrunden am 05.10. 2007 teilnahmen, deren Texte jedoch im Vorfeld nicht schriftlich vorlagen und daher an dieser Stelle nicht berücksichtigt werden. Nach Geschlechtern getrennt ergibt sich folgendes Bild: Insgesamt nahmen 14 weibliche Jugendliche (inklusive ein Mädchen aus einem gemischten Team) und 26 männliche Jugendliche teil. Vergleicht man diese Verteilung mit der Meisterschaft der Über-Zwanzigjährigen, bei der von 100 Slam-Poeten nur zehn Frauen gemeldet waren, kann man feststellen, dass die Mädchen als Teilnehmer von Poetry Slams langsam aufholen.
Die Teilnahme von Teams fiel dagegen spärlich aus: Nur ein männliches Team (München) und ein gemischtes Team (Tübingen) aus je zwei Personen qualifizierte sich für die Jugendmeisterschaften. Möglicherweise wurde in den vorbereitenden Workshops nur selten auf diese Möglichkeit der Teilnahme hingewiesen. Die Jugendlichen könnten auch noch nicht so teamfähig bzw. -bereit sein wie ihre älteren Poeten-Kollegen. Zudem ist ein Team auch schwieriger zu organisieren: Wenn diese Jugendlichen im Team weiterhin an Poetry Slams teilnehmen wollen, müssen sie sich zeitlich geschickt koordinieren, was alleine einfacher ist als im Team.
Der Altersdurchschnitt der insgesamt 40 gemeldeten Teilnehmern lag bei recht genau 18 Jahren. Der älteste Teilnehmer war 20 Jahre alt, die jüngste Teilnehmerin war elf Jahre alt. Sie trat im Team mit ihrem älteren Bruder auf; der jüngste Einzelteilnehmer war ein 13-jähriger Schweizer, der von seiner Mutter auf das Festival begleitet worden ist. Da diese beiden Teilnehmer die einzigen Kinder dieser Jugend-Meisterschaft waren, wird im Folgenden von Jugendlichen statt von Kindern und Jugendlichen gesprochen. Drei Texte (Scholz, Fregin, Gracz) sind nicht vorab eingereicht worden und werden daher nicht berücksichtigt.

Datenauswertung

Empirisches Arbeiten führt dazu, „die Grenzen zwischen den Bereichen Literatur und Sprache zu überschreiten. [...] Bei der Analyse von Schüleraufsätzen beispielsweise muss man sowohl literaturwissenschaftliche als auch sprachwissenschaftliche Kategorien heranziehen, wenn es sich um Erzählungen, Inhaltsangaben oder Erörterungen über literarische Texte handelt" (Kammler 2002, 9f). Auch bei der Untersuchung der U20-Slam Poetry ist eine Verbindung beider Bereiche, der Sprachwissenschaft und der Literaturwissenschaft, sinnvoll:

> Überblicksartig werden daher die Texte zunächst nach Themen und Gattungen eingeordnet – im Korpus sind Reinformen (Lyrik, Erzählungen) sowie auch Mischformen (Texte mit lyrischen und erzählenden Elementen) vertreten –, damit deutlich wird, worüber und mit welchen Mitteln Jugendliche schreiben. Eine eingehende Darstellung des gesamten Textkorpus' nach Gattungszugehörigkeit oder -merkmalen ist jedoch nicht notwendig, weil alle Texte die mediale Mündlichkeit sowie die jugendliche Sprechweise gemeinsam haben. Deswegen schließen sich spezielle Untersuchungen aller 31 Texte nach sprachwissenschaftlichen Kategorien an, um jugendsprachliche Besonderheiten zu beschreiben und den medial mündlichen Aspekt der Texte durch die Merkmale des „Parlando-Stils" (dazu sogleich) näher zu fassen. Dazu wurden zunächst alle 31 Texte von der Verfasserin jeweils einer ausführlichen Textanalyse unterzogen, um einen Gesamtüberblick zu gewinnen. Aus diesen 31 Textanalysen hat die Verfasserin sodann exemplarisch diejenigen ausgewählt, die im Rahmen dieser Studie am besten dazu beitragen, die sprachwissenschaftlichen Analysekriterien zu veranschaulichen. Untersucht wird also nicht „das Individuelle, Orginelle oder Innovative – das wäre das Interesse einer literar-ästhetischen Perspektive – [...] sondern [...] ein Netzwerk von Texten [...]" (Becker/ Elias/ Hurrelmann 1999, 167), bzw. ein Netzwerk von Texten konzeptioneller Schriftlichkeit und medialer Mündlichkeit.

Schlobinski et. al. haben vor allem konzeptionell oder medial mündliche Jugendsprache von Gymnasiasten untersucht. Die Performance von U20-Slam Poetry dürfte ebenfalls ein „konkrete[s] Sprechereignis" mit „sprachlichen Formen in Gebrauchskontexten" (Schlobinski/ Heins 1998, 12) sein, da die Slam Poetry von Jugendlichen für den mündlichen Vortrag vor Gleichaltrigen verfasst worden ist. Die von Schlobinski eruierten Merkmale zur jugendlichen Sprechweise müssten daher auch bei U20-Poetry Slam-Texten vorkommen. Allerdings können die U20-Slam Poetry-Texte nicht als ethnografische Zeugnisse der Mündlichkeit gelesen werden. Eher ist anzunehmen, dass sie – wie Parlando-Texte – mündliche Sprachstile gezielt nutzen und mit ihnen in ihren konzeptionell schriftlichen Texten als Effekt spielen, um die Sprechsituation live und authentisch wirken zu lassen.

Parlando ist nach Sieber eine „Gegenbewegung zur verstärkten Stellung der Distanzsprache in der Schriftlichkeit" (Sieber 1998, 181), die ihren Ursprung eher in sozialen als in sprachlichen Veränderungen hat. Parlando ist ein Indiz dafür, dass die konzeptionelle Mündlichkeit in neuerer Zeit auch vermehrt in geschriebenen (schulischen) Textsorten vorkommt – und dies scheint auf eine Veränderung kommunikativer Grundmuster zu verweisen (ebd., 190). Zu den zentralen Merkmalen von Parlando gehören die Orientierung an der Mündlichkeit sowie die Thematisierung eigener Erfahrungen und die hohen Ansprüche an Direktheit und Authentizität.

Themen

Bei den 31 untersuchten Texten aus den Vorrunden zur Meisterschaft 2007 kristallisieren sich fünf Kategorien heraus:

In die Kategorie „Über das Schreiben" fallen Texte, die sich explizit mit dem Schreibprozess sowie der Motivation und den Möglichkeiten des Schreibens von Slam Poetry auseinandersetzen. Die Kategorie „Gesellschaftskritik" enthält Texte, in welchen sich die Schreiber sehr engagiert mit Problemen im sozialen Miteinander bzw. im Wirtschaftssystem auseinandersetzen und nach Lösungen suchen. Vor allem der übermäßige und unreflektierte Warenkonsum der „ersten Welt", die Manipulation des Einzelnen durch die Medien und die durch Umweltzerstörung und mangelnde Visionen entstehende Perspektivlosigkeit werden angeklagt. In der Rubrik „Skurrile Ereignisse" sind Texte zusammengestellt, die über eine ausgefallene Situation berichten, die aus dem Alltag des Sprechers stammt bzw. stammen könnte. Davon abzugrenzen sind die Fantasiegeschichten (Text 7, Text 16, Text 20), in denen der Sprecher bewusst in eine fiktive Rolle schlüpft. Diese sind der Kategorie „Gedanken- und Formexperimente" zugeordnet, in denen die Schreiber originelle inhaltliche oder formale Ideen entfaltet haben. Sie spielen mit Gestaltungsmitteln, ohne dass ein direkter Bezug zu eigenen Erlebnissen oder ein (politisch engagierter) Appell an die Zuhörerschaft deutlich würde. Die Kategorie „Schreiben über Gefühle" enthält schließlich Texte, die Emotionen (Liebe, Hass, Wut, Eifersucht) und die Suche nach Identität in den Vordergrund stellen. Auch wenn die Texte ein hohes Maß an Authentizität suggerieren, ist es auch hier möglich, dass die Verfasser in Rollen geschlüpft sind, um sich zu schützen oder um spannendere Erlebnisse (als die selbst erlebten) zu schildern.

Analyse der Themen und Gattungen in U20-Slam Poetry 2007

Themen	Gattung	Texttitel
Über das Schreiben		
Gegen die innere Leere anschreiben	Gedicht, redeähnlich (freie Verse)	Ohne Titel (Wir passen uns an), (28)
Über Möglichkeiten des Schreibens von Slam Poetry	Gedicht, redeähnlich (ohne Reime)	Ich will Profi sein (4)
Schreiben als Verarbeitung	Prosatext	Poesie (27)
Gesellschaftskritik		
Ungleiche Lebensverhältnisse	Prosa als Anmoderation für Ballade	Luxuskreuzfahrt (30)
Schulbildung, Rolle von Theorie und Praxis	Prosatext	Von einem, der auszog das Lernen zu fürchten (23)
Kritik an Konsum, eigener Perspektivlosigkeit	Gedicht, redeähnlich (unregelmäßiges Versschema)	LaStimpaCt – Verlorene Kinder (2)
Perspektivlosigkeit	Gedicht, redeähnlich (Anaphern, Metaphern)	Lost Generation reloaded (8)
Kritik an der Konsumwelt	Gedicht, redeähnlich (unregelmäßiges Versschema)	Bomben (14)
Kritik an der Konsumkultur,	Gedicht, redeähnlich (freie Verse)	Indie-Visum (15)
Kritik an passiver Lebensführung	Gedicht, redeähnlich (freie Verse)	Faultiere (24); Teamtext
Kritik an Kapitalismus	Gedicht, redeähnlich	Ohne Titel (Ich sprech zu Coca Cola) (22); Teamtext
Skurrile Ereignisse		
Erziehung/ Elternabend	Prosatext	Ronnies Vater (11)
Verkaterter Morgen	Prosatext	Erwachen (5)
Rauchen	Prosatext	Ein Schatz (26)

Schreiben über Gefühle

Impressionen einer Zugfahrt, düstere Erinnerungen	Prosatext	Die Wand (6)
Eifersucht, Liebeskummer	Gedicht (freie Verse)	Ohne Titel (Ich habe dich gestern mit ihr gesehen (29)
Familienschicksal, eigene Biografie	Prosatext	Die Wende meines Lebens (12)
Identitätssuche	Gedicht (freie Verse)	Ohne Titel (Sollte man mich fragen) (25)
Gewalt, Auseinandersetzung mit dem Vater	Gedicht, redeähnlich (freie Verse)	Ohne Titel (Ihm ist – als ob es 1000 Stäbe gäbe)
Identität, Rolle innerhalb einer Liebesbeziehung	Gedicht (freie Verse)	Für jemanden, den ich noch nicht fand (10)
Schwärmerei	Gedicht (freie Verse)	Ich weiß (19)
Melancholie, eigene Lebensentwürfe mit denen anderer vergleichen	Gedicht (freie Verse)	U-Bahn Terkan und ich (31)
Abschiedsgedanken/ Liebeskummer	Gedicht (freie Verse)	Letztes Hemd (17)

Gedanken- und Formexperimente

Zufälle im Leben	Prosatext	Das ist unwahrscheinlich Wahrscheinlich (18)
Schizophrenie	Monolog mit Erzählerkommentaren	Gruppenmonolog (20)
Mordverfahren	Prosatext mit durchgängigem (End-)reim	Zur falschen Zeit am falschen Ort (16)
Autorennen	Prosatext mit wörtlicher Rede	Mensch, Mika! (7)
Zukunft, Kräftemessen von Natur/ Industrie	Gedicht (Ballade mit Endreim)	Aus Fleisch werde Stahl (9)
Verhältnis von Theorie und Praxis in der Wissenschaft	Gedicht (Abzählreim)	Einstein (13)
Abschiedsgedanken eines Reisenden	Gedicht (Endreim)	Nach mir die Pflastersteine (21)
Liebesbeziehung	Prosatext als Anmoderation mit Gedicht (Endreim)	Metaphorisches Duell/ Zerstörte Harmonie (3)

Gattungen

Die Länge aller Texte resultiert aus dem Fünf-Minuten-Format. Reine Erzählungen sind ca. 600 Wörter lang, lyrische Texte kommen mit weniger Wörtern aus. Oft wird in den fünf Minuten auch gleichzeitig non-verbal performt, sodass die fünf Minuten nicht immer komplett mit Text gefüllt werden.

Fünf der Texte mischen gattungsspezifische Muster: In zweien dient ein Prosatext als Anmoderation für die dann folgende Ballade (Text 3, Text 30), ein Text ist in Schriftform als Prosatext formatiert, weist jedoch durchgängige End- oder zahlreiche Binnenreime auf (Text 16). Der „Gruppenmonolog" (Text 20) ist dramatisch gestaltet, er besteht aus wörtlicher Rede, die durch Erzählerkommentar durchbrochen wird. Sieben Texte sind eher Erzählungen, in denen über eine zusammenhängende Situation oder über ein Ereignis berichtet wird.

Insgesamt überwiegen aber eindeutig lyrische Formen: 17 Texte sind Gedichte, davon erinnern vier Texte (Text 9, Text 21, Text 17, Text 29) durch Endreim bzw. strukturierte Strophen an klassische Gedichtformen, die weiteren weisen freie Verse auf. Die Inhalte und die Formen korrelieren: Sehr subjektive Themen wie Liebeskummer oder Identitätssuche werden – wie traditionell üblich – in Gedichtform mitgeteilt. Allerdings weisen die Gedichte der Slam Poetry nicht unbedingt eine überstrukturierte Sprache auf, sondern sind eher Bekenntnistexte (vgl. dazu auch Poier 2008, 44). Neun der lyrischen Texte sind wie ein Sprechgesang oder eine Rede gestaltet: Sie reihen Behauptungen und Beispiele aneinander, die durch Anaphern, Binnenreime und Refrain miteinander verbunden sind und Appellcharakter besitzen. Der folgende Beispieltext, der auch im Original so formatiert ist, wie auf der Folgeseite abgedruckt, veranschaulicht diese Form der redeähnlichen Gedichte und soll nun exemplarisch ausführlicher besprochen werden:

Lost Generation reloaded[16] (Mimi Meister, 2007)

Ich bin wie ihr.
Wir alle sind gleich in unserem verzweifelten Streben nach Glückseligkeit.
Doch wir kommen nicht weit, weil uns Weltkriege, Krisen, Computerspiele, falsche Ziele und falsche Idole den Weg blockieren.

Wir klauen uns Vorbilder und Ideale aus längst vergangenen Tagen weil wir hier im jetzt keine haben, denen nachzueifern sich lohnt.
Wir sind es gewohnt in einer Welt zu leben, aus der wir - umgeben von Umweltkatastrophen und Terrorphilosophen, die Selbstmord preisen – flüchten müssen, um den Lebenszug nicht entgleisen zu lassen.
Wir leben in einer Welt, in der fünfjährige sich gegenseitig erschießen und erstechen, in der Regeln brechen Alltag ist und die Grenze zwischen „legal" und „verboten" verwischt.
Wir sind die „Lost Generation", die verlorene Generation, die im großen Meer der Impressionen und Expressionen untergeht.
Eine Generation die sich selbst nicht versteht und in sich selbst verloren geht.
Wir haben keine Ziele mehr, zu viele Ideale sind auf der Strecke geblieben.
Die Erwartungen und Definitionen verschieben sich.
Nicht gesund sein und glücklich sein mit Familie und Freunden, sondern reich werden, viel haben und ungesund abmagern sind die Ziele unserer Generation.
Halbverhungerte Supermodells und alkoholabhängige Popstars setzen die Maßstäbe, als ob es nichts anderes im Leben gäbe als reich und berühmt zu sein.
Jeder lebt für sich allein und schlägt sich so durch.
Alles muss möglichst schnell gehen, nichts darf im Weg stehen, weil man dann anhalten müsste und Zeit verlöre auf dem Weg zur Spitze der Einsamkeit.
Alles ist Business, ist Geschäft. Jeden Tag Stress und keine Ruhepausen mehr.
So geht das Individuum verloren.
Wir denken, die Menschheit ist auserkoren, die Zukunft zu regieren.
Wenn wir so weiter machen werden wir diese Regierung verlieren, weil es nichts mehr zu dominieren gibt.
Die Menschen beginnen die Sklaverei zu lieben, wenn ihre Glieder aufhören, gegen die Ketten zu rebellieren.
Die Schlieren der Bequemlichkeit legen sich über die Welt.
Ob es uns gefällt oder nicht, wir verschwinden dahinter und ein immerwährender Gefühlswinter gewinnt die Oberhand.
Depression wird Volkskrankheit.
Kein Mensch überlebt die Einsamkeit ohne an ihr zu zerbrechen.
Wir leben in einer Welt voll von verlogenen Versprechen, von Krieg und Zerstörungswut.
Wir leben in einer Welt, in der „Frieden" heißt, dass Bomben woanders fallen, das Schüsse woanders knallen und Schreie von anderen Wänden hallen.

---

[16] Alle Texte und Textauszüge von Jugendlichen werden in unkorrigierter Originalversion abgedruckt.

Wir leben in einer Welt, in der es schwer ist zu leben.
Wir sind die „Lost Generation", die „Verlorene Generation", und wir müssen alles geben,
dass es anders wird.
Wir müssen aufhören uns selbst zu bemitleiden.
Wir müssen uns endlich entscheiden, ob wir aufgeben oder aufstehen wollen,
ob schweigen oder reden.
Wir sind nicht die „Generation Hair".
Wir brauchen keine sexuelle Revolution und Gleichberechtigung ist alltäglich geworden.
Wir haben keinen Vietnamkrieg, gegen den sich Menschenhorden und -massen erheben.
Wir leben in einer Welt, in der Atomkraft den Strom schafft, den unsere Computer fressen.
Nur die Besten der Besten kommen hoch im Leben, weil sie alles geben um bloß keine
Chance zu verpassen.
Sie glauben alles zu gewinnen, doch ihre Träume zerrinnen wie Sand.
Nichts in der Hand stehen sie am Ende vor Luzifers Toren.
Wir fühlen uns auserkoren, die Welt zu regieren, als Krone der Schöpfung.
Aber das sind wir nicht.
Wir sind nur ein Witz, den Gott gemacht hat und über den er lauthals gelacht hat, als er
fertig
mit erzählen war.
Wir sind keine „Kriegs- oder Nachkriegsgeneration", unser Deutschland vereinigt.
Aber auch, wenn hier keine Juden, Moslems und Christen gepeinigt werden, passiert das in
anderen Ländern.
Auch, wenn hier keine Kindersoldaten mit Gewehren Mutter Erdens Leib mit ihrem Blut
tränken, passiert das in anderen Ländern.
Auch, wenn hier keine Menschen an dreckigem Wasser verrecken, passiert das in anderen
Ländern.
Auch, wenn hier Frieden herrscht, ist woanders Krieg.
Wir müssen den Sieg der Lethargie über das verkappte Genie verhindern,
damit wir unseren Kindern mal Kollektivfrieden bieten können.
Wir sind noch lange nicht verloren.
Wir sind die „New Generation", die neue Generation, die eine neue Aufgabe hat. Die aus 3
Welten EINE macht und die das Potential für Frieden hat.
Eine neue Generation, die sich global erheben kann.
Hinnehmen ist Sklaverei.
Aufwachen ist Freiheit.

Der Titel des Textes „Lost Generation reloaded" spielt möglicherweise auf die „Verlorene Generation" an, womit allgemein die Generation der um 1883 bis 1900 geborenen Amerikaner gemeint ist; insbesondere hat Gertrude Stein damit den Künstlerkreis um Ernest Hemingway und Scott Fitzgerald bezeichnet. Im vorliegenden Text ist die derzeitige Generation der Unter-Zwanzig-Jährigen gemeint. Wie die damaligen Künstler, die für Kulturkritik standen und die amerikanische Oberflächlichkeit anprangerten, versucht sich die Sprecherin des vorliegenden Textes an einer kritischen Sicht auf die durch Medien und die Wirtschaftsverhältnisse geprägte Gegenwart.

Das Attribut „reloaded" heißt „wiederbelebt" oder „neu aufgeladen" und ist aus der Musik-, Computer- und Filmbranche bekannt – zum Beispiel heißt der zweite Teil der bei Jugendlichen beliebten Matrix-Trilogie „Matrix reloaded" (www.imdb.com/title/tt0234215). Die Autorin will mit ihrem Text eine kritische „New Generation" mobilisieren. Um die Motivationskraft dieses „Reload" zu erreichen, suggeriert die Sprecherin schon zu Textbeginn eine vertrauensvolle Nähe zum Publikum („Ich bin wie ihr") und lädt die Zuhörer zur Identifikation mit den dann folgenden Aussagen ein. Da der Text für eine U20-Veranstaltung geplant worden ist, kann die Sprecherin davon ausgehen, dass sie auf „ihre Generation", also Gleichaltrige oder ein zumindest jugendnahes Publikum stößt. Die Aussage wird durch die Verallgemeinerung „Wir alle sind gleich" weiter vertieft und durch die – oft anaphorische – Verwendung des Pronomens „wir" durch den ganzen Text hindurch aufrechterhalten. Die Sprecherin konstituiert die eigene Generation durch Abgrenzung von der gegenwärtigen Erwachsenenwelt, die als „verlogen" wahrgenommen wird, von der 68er Generation, der „Hair-Generation", die politische Meilensteine wie Gleichberechtigung und sexuelle Befreiung erringen konnte und von der „Kriegs- und Nachkriegsgeneration", die wirtschaftliche Aufbauarbeit leisten musste.

Im Laufe des Textes entwirft die Sprecherin eine kritische Beschreibung der Gegenwart: Der Mensch müsse erfolgreich sein in einer Welt, die keine Ideale und Werte mehr zu kennen scheint und die durch Krieg und Umweltkatastrophen zerstört werde. Mit Hilfe einiger konkreterer Beispiele („Wir leben in einer Welt, in der Fünfjährige sich gegenseitig erschießen", „halbverhungerte Supermodels und alkoholabhängige Popstars setzen die Maßstäbe") und zahlreichen Verallgemeinerungen und Hyperbeln („Alles muss möglichst schnell gehen", „Jeder lebt für sich allein", „Wir haben keine Ziele mehr") versucht sie die erlebte Welt zu veranschaulichen. Dabei setzt sie die von der Wirtschaft und von den Medien vorgezeichnete Realität den eigenen Wünschen und Werten gegenüber: „Nicht gesund sein und glücklich sein mit Familie und Freunden, sondern reich werden, viel haben und ungesund abmagern sind die Ziele unserer Gesellschaft".

Stilistisch wurde mit einigen Klangelementen – vor allem mit Binnenreimen wie „Maßstäbe"/ „gäbe", „verlieren"/ „dominieren", „schnell gehen"/ „im Weg stehen", „Atomkraft den Strom schafft" – gearbeitet, die den Text flüssiger wirken lassen und ihn trotz der teilweise sperrigen Sätze („ Wir sind es gewohnt in einer Welt zu leben, aus der wir [...] flüchten müssen, um den Lebenszug nicht entgleisen zu lassen") zu einem Sprechtext machen. In der Mitte des Textes richtet die Sprecherin einen ersten Appell an ihr Publikum: „Wir müssen aufhören uns selbst zu bemitleiden. Wir müssen uns endlich entscheiden, ob wir aufgeben oder aufstehen wollen, ob schweigen oder reden".

Die Frage, wofür oder wogegen sich die neue „Verlorene Generation" einsetzen sollte, bleibt zunächst unklar. Auch wenn vor „Bequemlichkeit" und „Gefühlswinter" gewarnt wird und Werte wie Freundschaft und Familie als wichtiger als das Streben des Einzelnen nach beruflicher Karriere angesehen wird, werden keine Anhaltspunkte dafür gegeben, in welchen politischen oder gesellschaftlichen Bereichen aktives Handeln nötig wäre. Weder aktuelle Kriegsschauplätze noch innenpolitische Themen wie Kinderarmut oder Sicherheitspolitik werden genannt. Schlagwörter wie die im Binnenreim genannten „Umweltkatastrophen"/ „Terrorphilosophen" wirken inhaltsleer, apokalyptisch („im großen Meer der Impressionen und Expressionen untergeht") und ähnlich plakativ wie die von der Sprecherin selbst angeprangerte Berichterstattung in den Medien. Unstimmig wirkt auch die Klage darüber, dass das Individuum verloren geht, wenn gleichzeitig das Publikum wie selbstverständlich im Kollektiv („Wir alle sind gleich") angesprochen wird.

Im letzten Teil des Textes steigert sich die Klage der Sprecherin – indem sie konkrete Ereignisse benennt, vollzieht sie die Wandlung vom Allgemeinen zum Konkreten und wird in ihrer Rede selbst zur aktiv Handelnden: In anaphorischen, parallel gebauten Sätzen („Auch wenn hier ...") macht sie darauf aufmerksam, dass in anderen Ländern Verfolgung, Armut, Krieg und Lebensmittelknappheit herrschten. Die Sprecherin sieht sich angesichts dessen als einer „neuen Generation" zugehörig, deren Aufgabe es ist, Verantwortung zu übernehmen und „Kollektivfrieden" zu schaffen, um den eigenen Kindern ein besseres Leben zu gewährleisten.

In ihrem Schlussappell, der wie ein politischer Aufruf à la „Proletarier aller Länder, vereinigt euch" wirkt, beschwört sie die Utopie eines globalen Aufstandes. Auch wenn die Sprecherin durch ihre Rhetorik die zuhörende Masse auf den ersten Blick mobilisieren und aufrütteln kann, lässt sie die konkreten Möglichkeiten der Partizipation (Konsumverhalten, Wahl von Abgeordneten), die in einer Demokratie möglich sind, außer Acht, sodass der Text insgesamt nicht über ein stimmungsvolles Statement in redeähnlicher Form hinausgeht.

Jugendsprachliche Merkmale

Die Linguistik geht davon aus, dass die Verwendung von jugendlichen Sprechweisen[17] einen wichtigen Teil der jugendlichen Identität ausmache und besonders kreative und sprachspielerische Momente enthalte. Schlobinski sieht das jugendliche Spiel mit Sprache und Kommunikation als wichtigen Aspekt der Persönlichkeitsbildung: Es habe

gegenwärtig in der Regel weniger die Funktion, Protest auszudrücken, sondern ist Teil einer durch Medien geprägten Kultur des Spaßes und der Zerstreuung, der Anregung in der Gruppe, in der es um Vergnügen und gelegentlich um den ‚Kick' geht (Schlobinski/ Heins 1998, 14).

In dem exemplarisch analysierten lyrischen, aber redeähnlichen Text „Lost Generation reloaded" ist diese Tendenz deutlich sichtbar.

Lexik und Lautwörter

Schlobinski/ Kohl/ Ludewigt erarbeiteten anhand von Selbstaufnahmen Jugendlicher folgende Merkmale jugendlicher Sprechweisen heraus (1993, 45), die vor allem für Gymnasiasten typisch seien:

Lautwörter („dong", „tatatazong"), Anglizismen („love", „magic"), neue Wortbildung („die Hörung"), hyperbolische Sprechweise („echt voll fetter drauf"), Alliterationen („flippen, floppen"), gruppenspezifische Lexik („stöppern") und Kommunikativpartikel („ey", „o.k."). Einzelne „exotische" Lexeme (z. B. „oberaffengeil") seien dagegen weniger konstitutiv (ebd., 14). An diesen bereits 1993 erworbenen Ergebnisse hat sich Schlobinski zufolge auch im Jahr 2002 nichts maßgeblich geändert, sodass sie auch heutzutage als Grundlage für die Analyse dienen können.

Die genannten lexikalischen Merkmale wurden in dem untersuchten Textkorpus eher zurückhaltend eingesetzt. Erstaunlich ist vor allem, dass Anglizismen und Neologismen kaum gebraucht werden, obwohl doch Slam Poeten allgemein als „Wortakrobaten" bezeichnet werden und die Jugendlichen ihre von Anglizismen geprägte Umwelt abbilden könnten.

---

[17] Seit den 1980-er Jahren geht die Sprachwissenschaft davon aus, dass Jugendliche eine große Vielfalt an Sprachvarietäten in ihrem Sprachgebrauch nutzen, in den 1990-er Jahren verschwindet der „Mythos" von einer einzigen Jugendsprache zugunsten der Annahme von unterschiedlichen jugendlichen Sprachregistern und Sprachstilen ganz. Der Vorwurf, Jugendsprache sei ein „Jargon einer bestimmten Sondergruppe", der den „größeren und wertvolleren Teil der Jugend erniedrigt und beleidigt" (Küpper 1961, 188) gilt als unhaltbar, ebenso falsifizierten z. B. Schlobinski/ Heins (1998, 10) das Vorurteil, Jugendliche beförderten mit Verkürzungen und Fäkalausdrücken den Sprach- und Sittenverfall.

Analyse der Lexik in U20-Slam Poetry 2007

Merkmale	Textstellen aus U20-Slam Poetry (Textnummer)
Anglizismen und Lehnwörter	„Lifesytle" [sic!] (29)
	„Lost Generation"; „Generation Hair" (8)
	„dass ich rein spitt" (24)
	„skills", „fairttrade", „fake" „breakdown" (28)
	„so tight tanzen dass es burnt"; „abspacen in die textgeneration" (4)
	„Happy End, Game over"; „Gelb, grün, GO!" (7)
Neologismen	„Bildungsmasochist" (23)
	„Gefühlswinter" (8)
	„Fantanismus"; „Seid ihr sprite?"; „Colaborateure" (22)
	„sodomierendem Brot"; „indie-visum; „Stahlsein", „Kabel- und Drahtexistenz";
	„Terrorphilosophen", „Sartreanisch" (15)
	„zugruckelnd" (31)
Hyperbolische Sprechweise	„Unendlich viele Dinge"
	„Das ist der schrecklichste Tag meines Lebens"
	„unermüdlich/ unendlich/ unvergänglich"
	„bedeutet es die Welt für mich" (25)
	„die ganze Welt verehrt dich"
	„wir werden nie aufgeben"
	„so kann das alles nichts werden"
Gruppenspezifische Lexik	Anspielungen auf die Slam-Szene (nur in Text 4)

Die Gründe für diese Zurückhaltung lassen sich nur vermuten; es mag sein, dass die U20-Poeten unbedingt verstanden werden wollten und wegen ihrer geringen Auftritts-Erfahrung nicht einschätzen konnten, welche Anspielungen das Publikum noch versteht und welche nicht. Möglicherweise haben sich die jungen Slam-Poeten auch an Vorbildern aus dem deutschsprachigen HipHop orientiert: Kommerziell höchst erfolgreiche deutsche Hip-Hop-Bands wie „Die Fantastischen Vier", „Fettes Brot" oder „Freundeskreis" integrieren zwar auch Anglizismen, verwenden aber ansonsten eine für eine breite Zuhörerschaft (auch für Erwachsene) leicht verständliche, gehobene Umgangssprache und kaum jugendspezifische Begriffe oder Neologismen (vgl. Chun 2007, 302). Außerdem könnte es sein, dass in den vorbereitenden Workshops vorwiegend thematisch gearbeitet worden ist, aber wenig Anleitung und Ermutigung zum spielerischen Umgang mit Sprache gegeben wurde.

Isoliert stehende Gewaltausdrücke oder umgangssprachliche Floskeln (wie z. B. „Echt voll krass"), die sich nach Schlobinski in medialer Mündlichkeit finden lassen müssten, sind in diesen Texten nicht vorhanden. Fäkalsprache kommt kaum vor. Stattdessen zeichnen sich die Texte durch vollständige Sätze aus, in die teilweise Übertreibungen integriert sind (z. B. „so kann das alles nichts werden"). Vermutlich beruht dies darauf, dass es sich bei Slam Poetry zwar um medial präsentierte, aber konzeptionell schriftliche Texte handelt. Die Texte sind mit Überlegung gewählt und nicht „im Eifer des Gefechts" entstanden, sondern langfristig vorbereitet und vermutlich daher weniger drastisch und fragmentarisch als spontane Dialoge, wie sie bei Schlobinskis Analyse untersucht worden sind. Nach der Erfahrung der Verfasserin streichen Jugendliche oft Fäkalsprache aus ihren Texten, sobald sie selbst mit diesen in der Öffentlichkeit auftreten (sollen).

Gruppenspezifische Lexik, z. B. aus dem Handlungsfeld des Poetry Slams oder aus einem spezifischen Hobbybereich von Jugendlichen, ist nur in dem Text von Tilman Döring (4) vorhanden, der eben bereits ein sehr aktives Mitglied der Slam-Szene ist. Die anderen Jugendlichen haben entweder ihre Texte bewusst auf ein heterogenes, Szene-fernes Publikum ausgerichtet oder – was wahrscheinlicher ist – sie sind selbst (noch) nicht Teil der Poetry Slam-Szene und kennen daher zu wenige Texte oder Szene-bekannte Begebenheiten, um diese zu zitieren oder darauf anzuspielen.

Analyse der Lautwörter in U20-Slam Poetry 2007

Merkmale	Textstellen aus U20-Slam Poetry (Textnummer)
Lautwörter (Onomatopoetika)	*BAAM!* (25)
	TROPF (10)
	Bumm (30)
	Tropf. Tropf. (5)
	flik flack/ hick hack/ zick zack/ schnick schnack/ tic tac/ tick, trick und track (15)
	schwippschwapp (22)
Regieanweisungen für Laute	* zur Kennzeichnung von Beatbox-Einlagen; *(beatbox auf geld, geld, ...)* (22)
	(*noise*) (16)
	[Beatbox am mic, beatboxend von der Bühne gehen]" (25)
Regieanweisungen zur Betonung	*VERLORENE KINDER*; FRIEDE DEN HÜTTEN KRIEG DEN PALÄSTEN (2)
	Unterstreichungen
	„Aber *das hier* war etwas Anderes" (3)
	RENNEN (16)
	GOTT ES GIBT DICH!; SIE (26)
	Die aus drei Welten EINE macht (8)
	DAS ist die Frage (14)
	NEIN NEIN; ICH (1)
Regieanweisung zur Textstrukturierung	„Refrain"; Remix" (22)
	Vorspulen" (23)

Obwohl man annehmen könnte, dass Slam Poetry mit Lautmalerei und Klangelementen spielt, enthalten die untersuchten Texte eher wenige explizite Lautwörter. Allerdings dienen auch die hier nicht gesondert aufgeführten, aber in jedem Text vorhandenen Alliterationen, Assonanzen und Binnenreime der Klanglichkeit eines Textes (vgl. z. B. Text 31). Einige schriftliche Vorlagen der U20-Vortragstexte enthalten jedoch Markierungen, die – ähnlich wie Regieanweisungen – den Einsatz prosodischer und textstrukturierender Stilmittel regeln.

Bricolage

Das verfremdende und mimetische Zitieren, auch Bricolage genannt (genauer dazu siehe sogleich unten), ist das wichtigste Prinzip zur Ausbildung von jugendlichen Sprachstilen (Schlobinski et al., 1993, 13). Bricolagen speisen sich vor allem aus dem von Kindern und Jugendlichen über unterschiedliche Peergroups hinweg geteilten Medienwissen und ermöglichen eine „komplizenhafte Kommunikation" (Goffmann 1977, 53–57), wenn die Beteiligten durch Rückgriff auf gemeinsam geteilte Wissensbestände das Einverständnis über gemeinsam geteilte Werte und Normen herstellen (Schlobinski et al. 1993, 45). Die Gruppenzusammensetzung und Gruppenstruktur sowie spezielle situative Bedingungen und die emotionale Atmosphäre sind wiederum Einflussfaktoren für die Ausbildung von einzelnen Sprechstilen.

Nach Schlobinski ist das Medienwissen bei Jugendlichen so präsent, dass sie es „jederzeit abrufen und in die Kommunikation (kreativ) einbringen können" (ebd., 14). So wird Medienwissen in Gesprächen von Kindern und Jugendlichen oft als Prätext syntaktisch übernommen und durch lexikalische Substitution und Extension modifiziert (z. B. wäre eine Formel wie „Die schwarzeste Versuchung, seit es xy gibt ..." möglich). Der sprachspielerische Umgang mit Medienwissen zeigt sich, wenn „blitzartig Zitate und Fragmente aus verschiedenen Medienbereichen in die Kommunikation eingeblendet und modifiziert werden" (ebd.).

Die Sprache der Jugendlichen ist zwar kein Produkt der Medien im Sinne eines Reiz-Reaktions-Mechanismus, ihre Sprache ist aber in Abhängigkeit von Medienerfahrungen entstanden, wobei Medienerfahrungen als Teil von Alltagserfahrungen zu definieren sind.

Unter Bricolage versteht man die Zusammensetzung von etwas Neuem durch bereits vorhandene sprachliche Versatzstücke aus unterschiedlichen kulturellen Hintergründen (vgl. dazu auch Lévi-Strauss 1962, 19ff., der dieses Prinzip erstmals für die Soziologie erläutert hat). Als Material für das Spiel mit der Sprache dienen heutzutage Werbesprüche, Filme, Liedtexte, Sprüche, Buchtitel usw. Durch den Prozess der De- und Rekontextualisierung eines sprachlichen Objektes entsteht ein neuer

Diskurs, der den jugendlichen Stil formiert. Bei der Bricolage unterscheiden Schlobinski et. al. zwischen mimetischem und verfremdendem Zitieren:

Das mimetische Zitieren beruht auf der Übernahme kultureller Ressourcen, die von den Gruppenmitgliedern als positive Wertvorstellungen gemeinsam geteilt werden und durch die über den Prozess der Nachahmung und Identifikation ein gemeinsam geteiltes Gruppenbewusstsein hergestellt wird. [M]it Hilfe des Prinzips des verfremdenden Zitierens [werden] kulturelle Ressourcen „zusammengebastelt", über die als Kontrastfolie und ironische Distanzierung [...] ein gemeinsam geteiltes Gruppenbewusstsein hergestellt wird (1993, 57).

Das mimetische Zitieren als Verfahren der Bricolage findet sich in zahlreichen U20-Slam-Texten:

Analyse der Bricolage in U20-Slam Poetry 2007

Mimetisches und formelhaftes Zitieren

- *[...] und sich auf dieser Grundlage für* **„Tanz der Vampire"** *bewirbt (Text 24)*
- *„****Gott ist tot****" (Text 31)*
- *„Hmm, ja, dann muss ich noch zur Bank. [...]* **Sparkasse, Volkbank, Commerzbank, HypoVereinsbank, Deutsche Bank, Dresdner***" (Text 20)*
- *„An die Decke wurde ein Bild von* **Dalí** *gemalt." (Text 5)*
- *„Ich bin* **Mika Häkkinen***" (Text 7)*
- *„damit die* **Freiheitsstatue** *gegen das was ich tue [...] wie eine Witzfigur ausschaut" (Text 2)*
- *„Doch für sein Volk naht Rettung/* **Al Quaida** *verteilt Gewehre mit Brot" (Text 30)*
- *„doch mit wenig sich zufrieden gibt nicht wie ein* **hugh heffner***"*
- *„Ich rede von dem Werbeungeheuer, dem Werbewesen. Überall kann man diese scheiss* **Werbeslogans** *lesen.* **Media Markt***, ich bin doch nicht ...* **Mac Dooonald** *ich scheiss auf diesen* **Ronald***" (Text 14)*
- *„****tick, trick und track****"; „****houston** *wir haben ein problem"; „****galileo****", „****apollo****", „****beuys****", „****elvis presley****" (Text 15)*
- *„Ich sprech zu* **Coca Cola***"; „****Coke** *erfand den Weihnachtsmann"; „als ein gewisser* **Pemberton** *die Cola entdeckt" (Text 22)*
- *„bin jemand, wie* **Jim Morrison***, der an seinen Extremen unsterblich werden will" (Text 25)*
- *„Nun befand er sich mitten im eigentlichen Gesprächskreis.* **Eine Sabine-Christiansen-Doppelgängerin***, die Mutter eines gemäß den mannigfachen Erzählungen behinderten Sohnes, und ein* **Maybrit-Illner-Ebenbild***, alleinerziehender Vater von drei Mitschülern (Text 11)*
- *„weg mit der* **Nivea Anti-Runzel-Creme***" (Text 13)*
- *„Geschichten erzähln wie* **Käptn Blaubär***"; „mit 10 Fingern tippen können wie* **matze b** *aus kreuzlingen"; „will performen wie der* **detlef d-soest***"; „und denk mir wie bei* **easy credit***: „das kann ich auch"; „Will* **auf 160 zeichen** *alles sagen können was in der* **bibel** *über liebe steht" (Text 4)*

„bevor ich vor die Hunde gehe" (Text 17)

*„denn **niemand ist perfekt**" (Text 12)*
*„schwach ist nicht schlecht, schwach ist echt; Schwäche zeigen zu können ist eigentlich Stärke**; aus fehlern kann man lernen; was dich nicht umbringt macht stark**" (Text 1)*
„Geiz ist Geil"; „FRIEDE DEN HÜTTEN, KRIEG DEN PALÄSTEN" (Text 2)
„Die Würde des Menschen ist unantastbar, sie zu ehren und zu schützen ist Aufgabe jeder staatlichen Gewalt." (Text 22)

Verfremdendes Zitieren

*„Ich zieh ihnen gleich das Fell **aus den** Ohren" (Text 11)*
*„Help, I need somebody [...] [**geänderte Version** von dem chorus, des Liedes – „HELP" – von den Beatles]" (Text 25)*
*„Ihm ist – als ob es 1000 Stäbe gäbe und **hinter Stäben** keine Welt" (Text 1)*
*„Von einem der auszog **das Lernen zu fürchten**" (Text 23)*
„Media Markt, ich bin doch nicht ..." (Text 14)
*„**fanta**stic 4", „cameron **guckt** diaz, Moritz **bleibt treu**, kate **winselt**, orlando **pflückt** blumen und johnny? Johnny **ist ein** depp." (Text 15)*
*„live on the **Coke** side of life, hey Jungs, lass mal stecken" (Text 22)*
*„und über mein hochbett eine riesen rosa **leuchttafelreklametafel mit t-döring** hängen"; „und ich will sprüche schreiben wie „**kleider machen kinder**" (Text 4)*
*„**So find ich nie meinen Frieden mit der Poesie**" (Text 27)*
*„**im namen** der prosa **und** der lyrik **und des heiligen reimes**" (Text 15)*

Vor allem werden Marken, Filme, Medienangebote, Prominente wie Requisiten in eigene Texte eingebaut. Auch Formeln, das heißt Idiomatik, bekannte Redewendungen bzw. direkte Zitate aus literarischen Texten, Werbetexten oder Gesetzestexten sind Bestandteile in U20-Slam Poetry. Verfremdet zitiert werden Redewendungen, Songtexte oder Zitate aus literarischen Texten. Auch ein Zitat aus dem Jargon der Nationalsozialisten („was dich nicht umbringt macht stark", Text 1) ist dabei, was dem Schreiber jedoch sicher nicht bewusst war.

Die Verfremdungen geschehen einerseits vermutlich durch falsche umgangssprachliche Verwendung, durch Unkenntnis und mangelnde Recherche der Originalbelege. Andererseits wird das Verfremden zu parodistischen Zwecken, als Anspielung elliptisch (Text 14) eingesetzt, von dem Autor selbst als Verfremdung ausgewiesen (Text 25). Auch Anspielungen auf Verse der Slam Poetry-Szene (Text 27: Lydia Daher „Salam Poetry", in: Greinus/ Wolter 2006, Menü: Finale) kommen – jedoch vermutlich unbewusst – vor.

In einigen Texten werden bekannte Medienformate verfremdend zitiert und als Gerüste für das eigene Schreiben verwendet:

Der Text von Nico Herzig aus Bern greift in seinem Text unterschiedliche Medien (Krimi, Gerichtsshow, PC-Spiel) auf. Der Titel „Zur falschen Zeit am falschen Ort" ist eine Redensart, die oft verwendet wird, wenn aufgrund eines zufälligen Ereignisses jemanden ein Schicksalsschlag trifft, vor allen Dingen, wenn der Schicksalsschlag als besonders hart oder ungerecht empfunden wird. So auch hier: In den ersten beiden Sätzen schockiert der Sprecher sein Publikum: Er stecke in einer Notsituation, da er mit 17 Jahren in ein „Mordverfahren verwickelt" sei. Er suggeriert, dass diese Geschichte „real" sei und grenzt sie von fiktiven Krimiserien ab. Er gibt aus eigener Erfahrung einen Ratschlag an die Zuhörerschaft weiter: Ein Neuanfang ist nach einem „Game over", also einer kriminellen Tat, nicht möglich.

Nach dieser Einleitung schildert der Sprecher seine Erlebnisse von dem Gerichtsverfahren bis zu seiner Flucht aus dem Gefängnis. Dass die Ereignisse einer realen Grundlage entbehren, wird schnell deutlich, denn ein rachsüchtiger Richter kann die Todesstrafe verhängen, die in Europa jedoch verboten ist. Auch die Schadenfreude, die bei der Verhängung der Zuchthausstrafe deutlich wird, wirkt irreal. Der Verurteilte geht kurz auf die Monotonie ein, die im Gefängnis herrscht, und beschließt dann auszubrechen. Der Ausbruch vollzieht sich wie in einem typischen Fernseh- oder Kinofilm mit allerhand Klischees. Der Gefangene erhält eine Feile, durchbricht das Gitterfenster und rennt, gefolgt von Polizeihunden, davon. Die Szene wird erst am Ende originell: Der Ich-Sprecher entdeckt auf seiner Flucht durch die Stadt eine große Bühne. Damit schließt sich der Imaginationsraum: Diese Bühne, von der im Text die Rede ist, ist dieselbe, auf der der Sprecher während der Textaufführung steht. Seine Geschichte wirkt dadurch authentisch. Der Kontrast zwischen gefährlicher Alltagswelt und dem Schutzraum des Theaters wird deutlich: „Hier bin ich nicht in Gefahr".

Der Titel des Textes deckt sich vielleicht nicht nur zufällig mit dem Titel eines 2006 populären und an Schulen gezeigten, recht drastischen Dokumentarfilms über Jugendliche in Brandenburg, die einen Mitschüler durch den sogenannten Bordsteinkick[18] getötet haben und dadurch auch das Leben des besten Freundes des Mitschülers beschädigten (vgl. Milosevic 2006). Zwar geht der Autor nicht direkt auf die weitere Filmhandlung ein, doch präsentiert er ausgiebig Medienwissen, indem er bekannte Settings aus Krimis (Ausbruch aus dem Gefängnis mittels einer Feile und actionreiche Flucht vor den Polizisten) und Gerichtsshows („Hat man es versaut wird das Leben zur Qual und man landet im Gerichtssaal") als Grundgerüst für die Geschichte nutzt.

Der Text „Gruppenmonolog" von Jasper Diederichsen ist ein Monolog eines einzigen Sprechers, der aufgrund seiner multiplen Schizophrenie unterschiedliche Sprecherrollen annimmt und in Dialog mit

---

[18] Ein Opfer wird gezwungen, sich mit dem geöffneten Mund auf eine Bordsteinkante zu legen (in sie „hineinzubeißen") oder im bewusstlosen Zustand ebenso positioniert, sodann treten ihm die Täter mit aller Kraft mehrfach auf den Hinterkopf, was zu Zahnverlust, Kiefer- und Schädelbruch führt.

den vielfältigen Stimmen in sich tritt. Am Ende des Textes suggeriert der Verfasser, dass er selbst der Schizophrene ist, indem er seinen eigenen Namen verwendet und sich von den anderen Persönlichkeiten eine „Gute Nacht" wünschen lässt. Das Publikum kann in diese Schlusspointe gut einsteigen, weil der bekannte Abschlussdialog aus der US-amerikanischen Familiensaga „Die Waltons" (Hamner 1972, vgl. auch www.youtube.com/watch?v=hekGHsQFeHc) originalgetreu imitiert wird; auch die Namen des Serienhelden „John-Boy" ist richtig zitiert, während „Mary-Sue" eine Verfremdung des in der Serie vorkommenden Namens „Mary-Ellen" ist. Dann aktualisiert und parodiert der Autor die Vorlage für seinen eigenen Schlussdialog, um die im Text angespielte Schizophrenie des Protagonisten auf den Punkt zu bringen: „Nacht, ihr!" – „Ja, du auch!" – „Schlaf gut, Jasper!" – Danke gleichfalls, Jasper!" – „Träumt süß!" Der Sprecher provoziert schließlich mit der scherzhaft gemeinten Beleidigung „Schwuchtel", die so gar nicht in dieses idyllische Abschlussbild passen will.

Der humoristische Text „Mensch, Mika!" (Text 7) beginnt mit der Behauptung: „Ich bin Mika Häkkinen" und lädt den Zuhörer zu einem spannenden und lebendig gestalteten Autorennen ein. Der Ich-Erzähler beschreibt detailreich und mit einem geschickt nachgeahmten Jargon aus dem Autosport („Visier", „Lücke", „Überholmanöver") seine rasante Fahrt auf einer imaginären Rennstrecke. Dass die übernommene Rolle nur fiktiv ist, wird gleich zu Beginn deutlich („Innerlich klappe ich das Visier meines imaginierten Helms herunter"). Durch Ellipsen („Gelb, grün, GO!", „Immer volle Kanne"), simulierte Dialoge mit Gegnern („Alter, willst du Krieg"), Ausrufe („Wow, so lässt sich leben!"), Vergleiche („satte Sound meines Wagens dröhnt [...] wie Musik") und eingeschobene Rollentexte von Kommentatoren („Ja, das war frech gemacht"), die durch altkluge Meinungen von Experten zusätzlich gesteigert werden („Wie aus dem Lehrbuch!"), zieht der Erzähler den Zuhörer in die Situation hinein und suggeriert durch zahlreiche Erfolgsmeldungen („Eine schnellste Runde jagt die andere") und positive Selbstbeschreibungen („Ich klopfe mir auf die Schulter") die Souveränität des Fahrers. Im letzten Drittel des Textes, kurz vor dem angekündigten Sieg („Das ist das beste Rennen in seinem Leben"), stoppt unerwartet ein „Reifenstapel" die Fahrt, die Erzählhaltung wechselt abrupt in Selbstironie („[Bremsen –] Hätte wohl doch nicht geschadet"). Die imaginäre Situation eines tatsächlichen Autorennens wird zunächst noch aufrecht erhalten („Später gebe ich mein erstes Interview"), entpuppt sich jedoch in der Schlusspointe als Farce: Die „hübsche Frau" ist eine Polizistin, die den jugendlichen Schnellfahrer im Straßenverkehr stoppte und dem „Rennen" durch eine Fahrzeugkontrolle ein jähes Ende bereitet. Der Text wird auf der Vorlage eines Autorennens erzählt, welches der Protagonist als der reale prominente Sportler Mika Häkkinen durchführt und welches von Sportreportern kommentiert wird („Das ist das beste Rennen in seinem Leben"). Erst im letzten Satz „Schön, und jetzt ihre Fahrzeugpapiere, bitte!"

wird die Illusion gebrochen: Es fand kein Autorennen, sondern lediglich eine rasante Privatfahrt eines Fahranfängers statt. Die Autorin verzahnt in ihrer Geschichte unterschiedliche journalistische Textsorten wie Sportbericht („Ein wunderschönes Überholmanöver. Wie aus dem Lehrbuch!") und Interview („Später gebe ich mein erstes Interview") mit dem inneren Monolog des Ich-Erzählers („jubelt der Experte frohlockend [...] Ich klopfe mir auf die Schulter"). Dabei geschieht die Verzahnung auf unterschiedliche Weise: Die Sportberichte werden in den Monolog als externe Stimmen eingeblendet, wohingegen die Interviewfetzen auch eine Art Erinnerung oder Vorahnungen innerhalb des inneren Mologs sein können.

In dem Text „Von einem, der auszog das Lernen zu fürchten" (Text 23) von Jan Coenen reflektiert der Sprecher über das Lernen und die damit verbundenen Perspektiven auf dem Arbeitsmarkt. Der Erzähltext ist in fünf längere und zwei kurze Abschnitte unterteilt. In den ersten beiden Abschnitten schildert der Sprecher die Situation eines Abiturienten und eines Haupt- bzw. Realschülers. Der Sprecher lässt jeden mit einem jeweils charakteristischen Zitat selbst zu Wort kommen, sodass sich das Publikum gut in die Situation des jeweiligen Schulabgängers hineinversetzen kann.

Mit Hilfe der Ansage „Vorspulen" suggeriert der Sprecher, dass er sich in seinem eigenen Lebensfilm befindet, den er nun für sich und für das Publikum rafft und auf den Punkt bringt: Er sieht sich selbst in der nächsten Station seines Lebens, dem erfolgreichen Abschluss des Studiums („Master in Literaturwissenschaften") und erkennt erneut, dass sein Wissen und sein Talent auf dem Arbeitsmarkt nicht benötigt werden. Er beschreibt sich selbst als „zynisch" und ausgebrannt („seine Augen trotz des jungen Alters trüb und leer"). Abschließend formuliert der Sprecher ein Resümee, das sich mit der in Schulen gepflegten Lebensweisheit auseinandersetzt, dass man nicht für die Schule, sondern für das Leben lerne. Er entschlüsselt die Scheinlogik dieser Redensart („Wenn wir für das Leben lernen, [...] dann muss das Leben etwas sein, was am Ende des Lernprozesses steht") und macht auf die Lebensferne der Schulausbildung aufmerksam.

Die große Neigung zur Verwendung von Bricolage-Techniken deutet darauf hin, dass in der Slam-Szene, in der die Akteure einander kennen und sich die jeweiligen Texte der anderen Slammer anverwandeln und zu eigen machen, noch viel stärker an einem Netzwerk von Texten konzeptioneller Schriftlichkeit und medialer Mündlichkeit geknüpft wird.

Merkmale des Parlando

Der Begriff „Parlando" ist der Musiktheorie entlehnt und meint dort die „vor allem in der Opera buffa des 18. und 19. Jahrhunderts gängige Art der musikalischen Vertonung und Vortragsart [...], die das (natürliche, rasche) Sprechen nachzuahmen versuchte" (Sieber 1998, 51). Sieber benennt so das Phänomen, das sich in einem Teil der aktuelleren Texte von jungen Erwachsenen zeigt, die er im Rahmen seiner Untersuchung von Matura-Aufsätzen[19] der Jahre 1881–1991 im Jahr 1997 vorgefunden hat.

Signifikant für diese „Parlando-Texte" ist eine bestimmte Art textueller Oberfläche, die sich in der Wortwahl und in der Syntax wie auch in der Textstruktur stark an einer fiktiven Redesituation zu orientieren scheint und in denen die Schreiber eine „fast dialogische Beziehung zum Leser zu etablieren versuchen" (ebd., 1). Sieber vergleicht diese Art der Textgestaltung mit Radiomanuskripten, die ebenso „weniger am Ideal der Wohlgeformtheit als an jenem der guten Verdaulichkeit" orientiert und „flüssig zu lesen" seien und „auf Anhieb leicht verständlich" wirkten (ebd., 141). Parlando-Texte stehen ferner „unter dem Anspruch, zu etwas Eigenem in eigener Form Aussagen zu machen oder Stellung zu nehmen und diese Aussagen möglichst im Hinblick auf einen lesenden Adressaten verständlich und einfach zu formulieren", wobei die „Darstellung eigener Gedanken und Erfahrungen wichtiger zu sein [scheint] als die Erfüllung oder Einhaltung einer bestimmten schriftsprachlichen Norm" (ebd., 146). Parlando ist nach Sieber mit seiner Inhaltsorientierung, dem Erfahrungsbezug und der Dialogizität und Implizitheit ein neues kommunikatives Grundmuster in Schrifttexten Jugendlicher (ebd., 147). Von Jugendlichen angewandte Schriftlichkeit scheint dabei „einen Ausgleich zwischen Authentizität und Sachverstand, zwischen Erfahrung und Wissen, zwischen Verbalisierungszwang und kommunikativer Spontaneität herzustellen (ebd., 152).

Diese Annahmen erinnern an die Konzeption von Slam Poetry, die sich Merkmalen mündlicher Dichtung bedient und für den Vortrag verfasst wird. Daher wurde die U20-Slam Poetry nach Merkmalen des Parlando-Stils untersucht.

---

[19] Die Texte, die als Materialgrundlage dienen, wurden zu Erörterungsthemen geschrieben (vgl. Sieber 1998, 12). Sieber macht jedoch die Abhängigkeit von Textsorte und Stil nicht ganz transparent: Wenn Schüler aufgefordert werden, in einer freien Erörterung Stellung zu beziehen und dabei nachvollziehbare Beispiele unterzubringen, ohne mit fachlichem Material zu arbeiten, dann sind die konzeptionell mündlichen Merkmale in denm Texten vermutlich keine Überraschung.

Analyse des Parlando-Stils in U20-Slam Poetry 2007

Merkmale des Parlando nach SIEBER	Exemplarische Textstelle aus U20-Slam Poetry	Textnummer
Thematisierung eigener Erfahrungen und hohe Ansprüche an Direktheit und Authentizität	*Meine Mutter hat das Autokennzeichen [...]*	18, 5, 26, 12, 25, 10, 19, 29, 14, 15, 24, 22, 28, 4, 27, 1, 31
Orientierung an einer fiktiven Redesituation	*Habt ihr gemerkt, dass ich gerade 3 Sekunden geschwiegen habe?;* **Ich sprech zu Coca Cola und euch Colaborateuren*	18, 16, *13, *12, 29, *2, *8, *14, *24, *22, 28, 31
Aussagen machen und Stellung nehmen	*Beweist es in der Praxis!*	13, 12, 19, 30, 29, 23, 2, 8, 14, 15, 24, 22, 28
Ausgleich zwischen Authentizität und Sachverstand, zwischen Erfahrung und Wissen	*Nach dreizehn Jahren Schule und 5 Jahren Studium steht er nun wieder da [...];* **Es gibt sagen wir mal 2 Milliarden Frauen auf dieser Welt*	*18, *29, 23, *2, *8, *14, 22, 4
Weiche Syntax	*Ihr werdet wahrscheinlich dieses Gedicht morgen schon vergessen haben, weil es unwahrscheinlich *, ist *das es überhaupt existiert, wahrscheinlich genauso unwahrscheinlich wie, dass ihr mir immer noch zu * hört*	18, 16, 20, 25, 29, 15, 28, 4
Weniger komponierter Textbau	*Menschen schweigen da sie sich lieber vor anderen verneigenes nicht zeigen wenn sie meinen diese sind ihre feinde [...]*	29, 15, 28, 1

Von den einunddreißig untersuchten Texten enthält nur ein Text (29) Ansätze zu allen sechs Merkmalen des Parlando-Stils. Nicht alle Slam-Texte können also als Parlando-Texte bezeichnet werden. Trotzdem lohnt ein Blick auf die Umsetzung der Parlando-Merkmale, vor allem auf die mit * markierten Textstellen, die unklare Fälle darstellen:

So sprechen die Verfasser in den markierten Texten in Zeile 2 der obigen Tabelle durchaus explizit per Personalpronomen einen Leser an, doch ist zu vermuten, dass dies nicht der Rezipient auf einem Poetry Slam oder der

Leser des Schrifttextes ist, sondern ein fiktives Du bzw. ihr, über das sich der Sprecher beklagt. In Zeile 4 muss zwischen spekulativem Wissen und Faktenwissen unterschieden werden: Die meisten Sprecher stellen Behauptungen auf, die wie Fakten wirken, jedoch aus der Luft gegriffen sind und daher *markiert worden sind. In Zeile 5 sind in den exemplarischen Textstellen die Formulierungen *markiert worden, an welchen „weiche Syntax" feststellbar ist.

Weiche Syntax

Unter „weicher Syntax" versteht Sieber einzelne Textpassagen, deren Sätze „wenig durchkomponiert" sind und „eine Nähe zur Planung in der gesprochenen Sprache zeigen" (Sieber 1989, 142). Diese Sätze stünden neben klug gebauten Sätzen und zeigten eher eine gewisse Unachtsamkeit oder Sorglosigkeit gegenüber formalen Ansprüchen an das Geschriebene. Ferner richteten sich Parlando-Texte in hohem Maß an den Rezipienten aus und versuchten, eine möglichst große Aspektvielfalt in den Texten einzufangen. Das führt jedoch zu einem unangemessenen Gebrauch textueller Verknüpfungsmittel und zum teilweisen Fehlen einer wahrnehmbaren Makrostruktur.

Dieses Phänomen ist bei Slam Poetry selten zu beobachten, da es sich um konzeptionell schriftliche Texte handelt. Interessant ist die Tatsache, dass es zwar durchaus zu Kohärenzfehlern kommt (vgl. die Texte 1, 2, 10, 11, 14, 19, 21), die untersuchten Slam-Texte im Textaufbau jedoch überwiegend klar strukturiert sind. Fast alle Texte beginnen mit einer Behauptung, welche die Aufmerksamkeit des Lesers oder Zuhörers erregt, und enden in einer Schlusspointe.

Nach Sieber ist auf textueller Ebene eine hohe grammatikalische Korrektheit auffällig, die nur durch einzelne Fehlschreibung von eigentlich unproblematischen Wörtern getrübt werde. Dies könne als „Zeichen einer veränderten Gewichtung der Orientierung an orthografischen Normen" betrachtet werden (vgl. Sieber 1989, 142). Bei vielen eingereichten Slam-Texten ist signifikant, dass sie Unterstreichungen oder Schreibung von Einzelwörtern in Großbuchstaben aufweisen. Außerdem fehlen meist Kommata und die Groß- und Kleinschreibung weicht – trotz ansonsten nahezu fehlerfreier Rechtschreibung – von der Norm ab. Vermutlich sind diese Markierungen bewusst als Zeichen für besonders betonte Textpassagen gesetzt: Großschreibung verweist auf Wörter, die laut oder betont gesprochen werden sollen; fehlende Interpunktion unterstützt den besonders schnellen, pausenlosen Vortrag.

Eigene Meinungen verkünden

In Parlando-Texten gibt sich der Textproduzent deutlich zu erkennen, zum Beispiel indem er eigene Stellungnahmen und Werturteile explizit formuliert und eigene Erfahrungen thematisiert (vgl. Sieber 1989, 143). In U20-Slam-Poetry ist die Konzentration auf die Sprecherpersönlichkeit evident: In der Mehrzahl, nämlich in 26 von 31 untersuchten Slam-Texten, sprechen die U20-Slam-Poeten aus der Perspektive eines Ich-Erzählers oder eines explizit genannten lyrischen oder Sprecher-Ich, wobei das Personalpronomen „ich" bzw. „mir/ sich selbst" in zwölf Texten den Vortrag einleitet.

In zwei Texten wird statt „Ich" in der „Wir"-Form (Texte 2 und 8) gesprochen. Die Inszenierung der Sprecherrolle erfolgt durch Aussagen wie „Ich bin wie ihr" (Text 8), in dem der Sprecher seine eigene Persönlichkeit authentisch zeigt, oder durch Rollenübernahmen wie „Ich bin Mika Häkkinen" (Text 7). Auktoriale Erzählsituationen sind in nur zwei Texten vorhanden, wobei der eine Erzähler (Text 23) eine große Nähe zur eigenen Biografie suggeriert, ein anderer über einen scheinbar guten Bekannten (Text 11) berichtet und urteilt („Denn Ronnies Vater ist ein sehr merkwürdiger Mensch"). Zwei Texte sind balladenartig erzählt, wobei das lyrische Ich nicht explizit in Erscheinung tritt (Text 30, Text 9).

Einer der lyrischen Texte hat zwar keinen expliziten Sprecher (Text 13), der Verfasser richtet jedoch eindeutige Appelle an die kritisierte Zielgruppe („nehmt den Pfropfen aus dem Arsch, und beweist es in der Praxis", Text 13) und vertritt so seine eigene Meinung.

Eigene Werturteile und Stellungnahmen charakterisieren Slam Poetry durchgängig. Sie werden als strukturierender Rahmen eingesetzt, wenn zum Beispiel ein Sprecher anfangs behauptet: „Ronnies Vater ist ein merkwürdiger Mensch" und seine Ausführungen in der Binnenerzählung mit der Bestätigung seiner These enden lässt: „Ronnies Vater ist ein sehr merkwürdiger Mensch" (Text 11). Auch Lebensweisheiten, z. B. „Hat man es versaut, wird das Leben zur Qual" (Text 16); „Ich hätte Angst mal dort zu sein und das gefunden zu haben wonach ich suchte" (Text 10), Ratschläge wie „Wenn du hinten bist und vor willst dann beweg deinen Arsch [...] Junge du musst einfach mal den Startknopf drücken" (Text 24) sowie kritische Reflexionen wie „bist du ehrlich erntest du für deine meinung nur gelächter und drückt dann jemand deine hand drückst du sie einfach fester" (Text 29) oder Gesellschaftskritik, z. B. „Wenn wir für das Leben lernen, so denkt er, dann muss das Leben etwas sein, was am Ende des Lernprozesses steht" (Text 23) sind fester Bestandteil der Texte jugendlicher Schreiber.

Oft dient ein Slam-Text auch dazu, eigene Schwächen zu entlarven und sich selbst in Frage zu stellen: „bin viel zu sehr meine lügen gewohnt um sie aufzugeben mich selbst preiszugeben" (Text 1), „Ich hab die Schnauze so voll davon nie genug von Dir zu bekommen" (Text 19), „zufrieden war ich schon lange nicht mehr, woher auch" (Text 28), „ich will ein profi sein" (Text 4).

Auffällig sind die aufrüttelnden, fast aggressiven, insgesamt jedoch recht plakativ und allgemein bleibenden Anklagen, mit denen eine oppositionelle Meinung vertreten wird: „Ihr macht uns krank, ihr macht eure Kinder krank. Ihr weiht eine ganze Generation dem Untergang. [...] Ihr seid doch nicht ganz dicht" (Text 2), „Wir leben in einer Welt voll von verlogenen Versprechen" (Text 8), „Hier auf der Welt dreht es sich tatsächlich nur um das Geld" (Text 14).

Auch wenn Slam Poetry nicht mit einem Sachtext über gesellschaftskritische Themen verwechselt werden darf und die festgestellten Mankos zu Charakteristika der Mündlichkeit gehören, ist es sicher effektiver, ungewollte Zweideutigkeiten und mangelnde Kohärenz durch stilistische Klarheit abzulösen, zumal ein Slam-Text ja ein „bullseye" sein soll (vgl. Smith 2004, 59).

Ein Text, in dem die eigene Meinung kohärent und explizit vertreten wird, ist der Beitrag von Hanna und Raffael Jakob aus Tübingen (Text 29): Der Text hat keinen Titel, könnte jedoch als Sprechgesang gegen Coca Cola bezeichnet werden Die beiden Sprecher kündigen in der ersten Zeile ihre Adressaten an: die Konsumenten („Colaborateure") und das produzierende Unternehmen Coca Cola. Die Dramatik deutet sich bereits zu Anfang an: Die Poeten sprechen direkt aus, dass Coca Cola Leben zerstöre. Diese Behauptung wird in dem nachfolgenden Refrain vertieft, indem Begleiterscheinungen der Getränkeproduktion benannt werden: Morde in Kolumbien und Dreckwasser in Indien.

Im Laufe des Textes klären die Sprecher das Publikum noch weiter auf: In einem Live-Bericht sprechen sie über die Sozialkürzungen und Ausbeutung, welche der Betrieb zum Beispiel in Kolumbien betreibt. Die Sprecher appellieren an die Zuhörerschaft, den Artikel 1 des Grundgesetzes zu beachten und den Kauf von Cola zu boykottieren. Der Konzern wird angeklagt, Blutvergießen zu verschulden („Rot ist die Farbe von Cola und von Blut"), die Umwelt zu schädigen („Wasserpegel sinkt"), und unliebsame Gegner gewaltsam zum Schweigen zu bringen („doch Coke machte ihnen das Leben schwer"). Nachdem die Sprecher ihr Anliegen mit sehr konkreten Beispielen veranschaulicht und belegt haben, decken sie die ihrer Meinung nach im Kapitalismus herrschende Doppelmoral allgemein auf („in Wahrheit geht es einzig und allein ums Geld") und formulieren einen Schlussappell: Demnach sollte Coca Cola so lange boykottiert werden, damit es seinen Markt verliert und zur Bedeutungslosigkeit herabsinkt. Die beiden Sprecher lassen abschließend kein Mitleid walten, sondern setzen sich in der Schlusszeile eindeutig von dem Konzern ab: „Coca-Cola-Company kann uns mal am Arsch lecken!"

Insgesamt wirkt dieser Beitrag sehr engagiert und konkret. Statt vager Anklagen werden Missverhältnisse mutig benannt. Dynamik erhält der Text durch das begleitende Beatboxen, dessen Einsatz im Text durch Sternchen gekennzeichnet ist. Stilistisch sind Parallelismen („Die Welt von Coca-Cola/ Eine Welt voll Lügen") und Alliterationen („laufend leiden Leute") sowie originelle Binnenreime („Heer von Paramilitär", „Weihnachtsmann/ zum Weinen – Mann") und Neologismen („Fantaismus", „Colaborateure", „seid ihr sprite?") auffällig, die dem Text eine rapähnliche Ausrichtung geben. Dem Rap nahe ist auch die Haltung der beiden Sprecher: Sie wirken wie im Rap üblich als Verkünder von Wahrheit (vgl. Kage 2002), die eine Minderheitenmeinung mutig vertreten und so gegen die Medien mobilisieren.

Allerdings kann man wiederum auch einwenden, dass sie sich mit dem Unternehmen „Coca-Cola" einen plakativen und leicht zu kritisierenden „Bad Guy" ausgesucht haben, gegen den es sich leicht Recht behalten lässt; doch ist es sinnvoll, zunächst gegen leichte gegner anzutreten, wenn man lernt, gezielte Kritik zu üben – zumal das Mädchen dieses Teams auch erst 11 Jahre alt war.

Adressatenorientierung

Der Leser wird in den untersuchten Texten unterschiedlich angesprochen: Es werden zahlreiche rhetorische Fragen gestellt, z. B. „Habt ihr gemerkt, dass ich gerade 3 Sekunden geschwiegen habe" (Text 18); „Wollt ihr mir keinen Trost spenden?" (Text 16); „wo sind werte hin? Wie hoch ist der wert eines lebens?" (Text 29) oder „Von was soll er jetzt leben?" (Text 23). Die Zuhörer werden explizit gelobt, z. B. „Aber ihr *ward unwahrscheinlich gute Zuhörer, weil ihr unwahrscheinlich still *ward [...] und dafür ein unwahrscheinlich großes dankeschön" (Text 18); als Verbündete angesprochen („wir in Deutschland" (Text 29); „Wir sind die VERLORENEN KINDER" (Text 2); „Ich bin wie ihr" (Text 8), oder mit Respekt bedacht („hoff ich dass euch mein text was bringt, zumindest für die armmuskeln", „und ihr – ihr habt mein Wort drauf" (Text 25). Es kommt auch zu scherzhaften Provokationen, z. B. „Gebt es zu, ihr seid alles Undercoveragenten" (Text 16); Aufrufen („Wir müssen alles geben, dass es anders wird [...] Hinnehmen ist Sklaverei. Aufwachen ist Freiheit" (Text 8); „Bomben [...] überall, warum seht ihr sie nicht, man sieht sie aus dem Weltall!" (Text 14) oder Vorwürfen („lasst mich in ruh mit einer kultuhrkultur [...] ihr wollt nur stehen bleiben können" (Text 15); „sei kein Faultier, sonst wirst du im leben nicht landen" (Text 24); „Ich sprech zu Coca Cola und euch Colaboreuren" (Text 22); „wir passen uns an und lassen schund ran" (Text 28). Vereinzelt benutzt der Poet das Publikum auch, um sich explizit abzugrenzen („Ich bin nicht gegen euch, ich bin nur anders!!!" (Text 12).

Rätselhaft, da indirekt, bleiben in den obigen Beispielen sowie in den folgenden Textstellen die zahlreichen Anreden an ein unbekanntes Du, das meist angeklagt wird, aber nicht identifizierbar ist: „beweist es in der Praxis!" (Text 13); „nimm doch noch mein letztes Hemd" (Text 17), „vergib mir, vergib mir, vergib mir, doch ich schreie NEIN, NEIN du bist nicht mein Vater" (Text 1), „hast du schon einmal die wand geküsst, die salzige kühle getrockneter tränen?" (Text 1), „Ich weiß, die ganze Welt verehrt dich" (Text 19), „ihr sponsort die WM, weil Fußball euch gefällt, doch in Wahrheit geht es einzig und allein um GELD" (Text 22).

Nach Sieber gehören zu einer fiktiven Gesprächssituation u. a. folgende Merkmale: die subjektive Färbung von Inhalten, die Orientierung am Inhalt statt an der Form und wenig Strukturierung in der thematischen Entwicklungon (vgl. Sieber 1998, 142). Außerdem würde Vieles in Parlando-Texten implizit vorausgesetzt, was sich der Rezipient ergänzen muss. Die Texthintergrundlogik ist stärker ausgeprägt als die Textvordergrundlogik, das heißt, dass nicht das Wort, sondern die eigene und geteilte Welterfahrung maßgeblich für das Produzieren und Verstehen von Texten ist.

Dafür ist der Text „Verlorene Kinder" (2) ein gutes Beispiel. Er nimmt sich den Generationenkonflikt vor: In zwei „Parts" mit unterschiedlich langen Strophen und einem Refrain, der als Chorus mehrstimmig präsentiert wird, klagt der jugendliche Verfasser die ältere Generation an, dass diese durch Werbung („Geiz ist geil"), durch das kapitalistische Wirtschaftssystem („so dunkel, das wir nichts sehen"; „für euch zählt nur das Geld"), durch falsche Ideale und „aufgezwungene Trends" den Kindern und Jugendlichen die Träume und vor allem die Perspektive nähmen.

Der sich und seine Generation als „verlorene Kinder" bezeichnende Jugendliche reagiert auf die Übermacht der Erwachsenenwelt, die durch die Staatsmacht personifiziert wird („Bullen") mit Gewalt: Er fordert sein Gegenüber zum Duell heraus („seht, wer zuerst fällt"), das bis zum Tod getrieben wird („Wer zuerst in der Scheiße verreckt") und predigt in seinem Refrain apokalyptisch die gewaltsame Zerstörung der Gesellschaft („seither Feuer, seither Blut"). Stilistisch fallen die zahlreichen Antithesen (z. B. „Gefühle zerschlagen, doch den Dingen voraus") zu Beginn des Textes auf, mit denen gezeigt wird, dass die durch Drogen geschwächte („Lunge kaputt") und „verratene" neue Generation trotz alledem ein Aufbruchspotenzial besitzt.

Die Endreime sind teilweise bemüht („schmeckt"/ „verreckt", „sind"/ „bringt"), sehr selten originell („Trends"/ „Fans") und teilweise durch freie Verse ersetzt. Schiefe Bilder und Ausdrucksfehler („preist ihr von einer schöneren Welt", „gefällt mit Kinderseelen", „der Staatsmacht wiederlegen") stören die Rezeption. Die Adressaten des Textes bzw. die

Angeklagten bleiben in dem gesamten Text namen- und gesichtslos, die zahlreichen Appelle, rhetorischen Fragen und Vorwürfe bleiben daher ohne konkreten Bezugspunkt.

Abstrakte Begriffe wie „Perspektivlosigkeit", „geschlossener Kreislauf", „verlorene Welt" werden nicht durch Beispiele veranschaulicht und wirken daher plakativ. Der Verfasser bedient sich unterschiedlicher Versatzstücke: Die rapnahe Fäkalsprache („Wer zuerst in dieser Scheiße verreckt") und ein Gangsta-Habitus („Seht, wer zuerst das Blut im Maul schmeckt.", „ Wir werden nie aufgeben") werden mit einer Selbststilisierung zum Opfer („wir werden verschleppt, geschlagen und missbraucht") kontrastiert und mischen sich mit Phrasen der autonomen linken Szene („von Bullen umzingelt", „Wir zünden eure Autos an"); am Ende greift der Verfasser ein einschlägiges Büchnerzitat („Friede den Hütten, Krieg den Palästen") auf, das zwar als Schlusspointe eingesetzt wird, jedoch weder inhaltlich zu den vorangegangenen Aussagen noch sprachlich zu dem bisherigen Stil des Textes passt.

Auch die Gesamtlogik des Textes wird dem Leser bzw. Zuhörer nicht auf Anhieb klar: Wird auch anfangs angekündigt, dass das „Gute" über das „Böse" siegen solle, wird die Lösung des Generationenkonflikts in der prophezeiten Apokalypse schließlich der Naturgewalt („Flammen aus Allem") überlassen. Außer diesen hyperbolischen Bildern bieten die Verfasser selbst keine Handlungsalternativen. Es bleibt bis zuletzt unklar, wer als Gegenüber angesprochen wird.

Ein weiteres Beispiel für unklaren Adressatenbezug ist der Teamtext „Faultiere" (Text 24) (vgl. auch den nach der Meisterschaft aufgenommenen Mitschnitt unter Friedrich/ Rick: www.youtube.com/watch?v=-dIoCj6Y7To), in dem die Sprecher den Unterschied zwischen aktiven und passiven Jugendlichen beschreiben. Sie grenzen sich selbst von den „Faultieren" ab und appellieren an ihre Adressaten, „einfach den Startknopf" zu drücken.

Die recht moralisierende Sicht und die Abgrenzung von den „Faultieren" wird in den Eingangszeilen als eine Art Definition dem Text vorangeschickt: „Faultiere, bewegen sich langsam und sie werden im Leben nichts anfangen"/ „Faultiere, schweben und schwanken; sei kein Faultier, sonst wirst du im Leben nicht landen". Der Kontrast zwischen dem als „Taugenichts", „Tagträumer" und „Nichts-Nutz" wahrgenommenen „Faultier" und dem eigenen Leben wird den ganzen Text hindurch variiert. So sei das eigene Handeln „übereifrig", von „Entwicklung" geprägt und durch „Tatendrang" und Neugier auf den nächsten Schritt, egal ob „Hindernis" oder „Fortschritt", gekennzeichnet. Die mit dem sprechenden Namen „Faultiere" degradierten Jugendlichen und deren „Crews" sind nach Ansicht der Sprecher dagegen „faul" und um keine Ausrede verlegen, sie ließen die Zeit nutzlos verstreichen und hätten durch ihre Langsamkeit und ihren Wankelmut im Grunde gar keine Existenzberechtigung („dein Leben existiert nicht").

Recht anschaulich und ähnlich einer Fabel wird die Entwicklung vom „Faultier" zum „Adler" ausgeführt, die die Sprecher selbst bereits durchleben konnten, da sie nun die Massen „rocken". Indem diese Äußerung mit dem tatsächlichen Auftritt zusammenfällt, scheint ein plausibler Beweis für den eigenen, richtigen Weg gefunden zu sein. Angesichts der vielen Möglichkeiten, die das Leben bietet, können die Sprecher die passive Art der Lebensführung nicht nachvollziehen („Tut mir Leid, ich verstehe es nicht"). Sie fordern in der Schlusszeile ihr Gegenüber dazu auf, seinen „Arsch" zu bewegen, um „ans Tageslicht" zu kommen.

Die Sprecher präsentieren ihr Anliegen zwar variantenreich und anschaulich, die Verwendung von jugendsprachlichen Ausdrücken („cool", „abhängen", Masse rocke") wirkt angesichts der altklugen Haltung jedoch eher künstlich. Die Abgrenzung von den „Faultieren", mit denen vermutlich computeraffine Nerds[20] („Du lebst in deiner PS2. Bald PS3.[21]") gemeint sind, die „daheim" bleiben, statt sich durch „Theater" prägen zu lassen und sich auf öffentliche Bühnen zu stellen, wirkt insgesamt intolerant und bedrohlich und hinterfragt weder die Hintergründe für ein passives Dasein noch die konkreten Vorteile eines aktiv geführten Lebens. Unklar ist, wer die Angesprochenen sind – zu dem Poetry Slam-Publikum scheinen sie nicht zu gehören, denn das würde der Beschreibung der Faultiere widersprechen. Vermutlich spekulieren die Sprecher auf die Solidarität mit dem Publikum gegen die bezeichneten Faultiere.

Der Text ohne Titel von Yasmin Hafedh (Text 28) aus Wien kann dagegen beispielhaft zeigen, wie das tatsächlich anwesende Publikum angesprochen, mit den eigenen Zweifeln und Überlegungen des Vortragenden konfrontiert und schließlich zum Selberschreiben animiert wird:
Von Anfang an werden zwei Themenbereiche miteinander verwoben: die Klage über soziale Verhältnisse und die Motivation für das eigene Schreiben. Die Sprecherin zeichnet zunächst ein negatives Menschenbild: Jeder („wir") würde sich nur anpassen, über Belanglosigkeiten sprechen („es prassen Wörter aus unserem Mund") und seinen eigenen Vorteil zu maximieren suchen. Aus dieser Lebenseinstellung versucht sie durch ihr Schreiben auszubrechen („aber lass ich [die Wörter] los, bin ich erleichtert"). Die Auseinandersetzung mit Sprache ist ihrer Erfahrung nach eine Herausforderung für die eigene Wahrnehmungs- und Ausdrucksfähigkeit („Ich merk je öfter ich was schreiben will, dass meine

---

[20] Nerd: an unstylish, unattractive, or socially inept person; [...] computer nerds [...]. Vgl. http://mw1.merriam-webster.com/dictionary/nerd.
[21] PS2 steht für die Computerspielkonsole „PlayStation 2".

skills versteinert sind"). Angesichts der politischen und sozialen Missverhältnisse wie Krieg, Misshandlung von Frauen, Gewinnmaximierung („her mit dem Geld") und zwischenmenschlicher Kälte („denn meistens wird man enttäuscht") gibt sie vor, ihrer Unzufriedenheit Ausdruck verleihen zu wollen. Sie setzt sich kritisch mit dem Zeitlimit des Poetry Slam-Formates („Es sind nur fünf Minuten, ich muss mich sputen") und den auf Unterhaltung abzielenden Beiträgen („unterhalten möchte ich euch heut auch nicht") auseinander und verweigert die Rolle des aufklärenden Poeten („groß philosophieren bringt euch nix"). Stattdessen setzt sie auf den demokratischen Grundgedanken des Poetry Slam („ihr habt euren eigenen Ideenmix").

Sie nutzt dieses Formates, um sich authentisch zu präsentieren („verlier hoffentlich nicht mein Gesicht"), sich ihren Ärger über die Welt von der Seele zu reden („ich reg mich so gern auf") und eine Wirkung bei ihrem Publikum zu erreichen („hoff ich, dass euch mein Text was bringt"). Statt jedoch ihre Gesellschaftskritik, wie angekündigt, inhaltlich zu unterfüttern, setzt sie in den Schlussversen auf Understatement (Untertreibung): Sie habe den Vortragstext nur verfasst, weil sie die Leere des Bildschirms nicht ertragen könne und sie „diese Reinheit, dieses Strahlen" als unerträglich empfunden habe. Betrachtet man diese Aussagen als sprachliche Bilder, könnte die Schlusssentenz heißen, dass die Sprecherin angesichts einer nur oberflächlich gut erscheinenden Welt durch ihr Schreiben nach Tiefe und nach Wahrheit sucht („ich tippe und flicke und stricke und bitte"). Ihr Anliegen wird innerhalb des Slam-Textes entwickelt, sie scheint in ständigem Austausch mit den Zuhörern zu sein und bezieht diese in ihre Überlegungen ein.

Yasmin Hafedh veranstaltet seit 2008 den U20-Poetry Slam in Österreich und gewann 2009 die U20-Poetry Slam-Meisterschaft in Düsseldorf.

Ergebnisse

Die Analyse der Texte zeigt, dass Jugendliche sich vor allem mit sich selbst, mit dem eigenen Schreiben und mit gesellschaftlichen Problemen auseinandersetzen. Die Texte wirken größtenteils wie „geronnene Pubertät" und besitzen – wie angenommen – eine identitätsstiftende Funktion. Deutlich wird auch, dass das Konsumverhalten und die politische Teilhabe tatsächlich zu zentralen Themen der Zielgruppe des Handlungsfeldes U20-Poetry Slam gehören. Slam Poetry kann also ein Katalysator der Individuation und Identitätsbildung für Jugendliche sein.

Das Vorurteil, Jugendliche lebten eine durchkommerzialisierte und nicht in Texten verarbeitete Kultur (Semler 2000, 19), wird angesichts der analysierten gesellschaftskritischen, oft medienkritischen U20-Slam-Texte ebenso relativiert wie die These, dass Medienkonsum „nicht lyrikfähig" sei (Kliewer 2000, 20). U20-Slam Poetry kann durchaus zeigen, wie Jugendliche ihr Verhalten im Kontext von Konsum und Wirtschaft, aber auch persönlichen Konflikten darstellen und – in Ansätzen – reflektieren. Schwierigkeiten werden jedoch bei der Verbalisierung von Werturteilen deutlich: Die meisten U20-Poeten schildern gesellschaftsrelevante Probleme auf der Metaebene und vermeiden die Darstellung konkreter Situationen zugunsten vager Beschreibungen und Floskeln sowie mittels Understatement. Sie kritisieren die Macht der Medien, verwenden jedoch selbst bekannte Formulierungen aus den Medien als Textelemente. Auch fehlen genauere Recherchen von Hintergrundinformationen zu Problemen, die in einigen Texten aufgezeigt werden. So schaffen es die meisten dieser gesellschaftskritischen Texte nicht, „einen Ausgleich zwischen Authentizität und Sachverstand, zwischen Erfahrung und Wissen, zwischen Verbalisierungszwang und kommunikativer Spontaneität herzustellen (Sieber 1998, 152). Die Kenntnis und das Verständnis von politischen Sachverhalten ist recht gering, jedenfalls werden politische Sachverhalte im Vergleich zu dem Erfahrungswissen kaum angesprochen.

Es geht weniger um die Mitteilung von Tatsachen, sondern um die Kundgabe von Emotionen, wie z. B. die Wut über die Ungerechtigkeiten auf der Erde. Auch die Abgrenzung von anderen Jugendlichen und dem Mainstream (vgl. „Faultiere", Text 24 oder „Indi-Visum", Text 15) spielen eine wichtige Rolle bei der Persönlichkeitsentwicklung. Inhalte und Appelle bleiben jedoch plakativ und vage.

Problematisch ist auch die Orientierung an der fiktiven Gesprächssituation: Zwar sprechen die Jugendlichen in den meisten Texten ein Gegenüber durch Pronomen an, dieses deckt sich jedoch in den seltensten Fällen mit dem Publikum vor Ort, da dieses wohl kaum eine gemeinsame Schnittmenge mit „Faultieren", „Colaborateuren", „Plagiatoren" und der in einigen Texten ausgeschimpften älteren Generation bildet. Vielmehr ist dies eine Abgrenzungsstrategie: Die U20-Poeten erhoffen sich, dass sich das gleichaltrige und gleich gesinnte Publikum mit ihnen gegen die in den Texten kritisierten anonymen Gegenüber solidarisiert und dadurch ein Gemeinschaftsgefühl zwischen Poet und Publikum entsteht.

Die Jugendlichen experimentieren, indem sie gattungsspezifische Muster mischen und sich an Formexperimenten versuchen. Alle Texte verfügen aber über einen klaren Aufbau, der es dem Zuhörer ermöglicht, während des Vortrags mitzudenken, Sympathien zu entwickeln und Inhalte nachzuvollziehen. Insgesamt überwiegen eindeutig lyrische Formen, die durch den appellierenden Redestil und die Klangstrukturen rap-ähnlich sind. Allerdings kommen die Texte fast ohne Fäkalsprache und ohne die dem Rap typischen Topoi wie z. B. dem Dissen der Mutter, den Ghettokämpfen bzw. Battles etc. aus.

Der Parlando-Stil ist in der U20-Slam Poetry zwar nicht dominant, es sind aber zwei Merkmale auffällig: Erstens wird im Parlando wie in U20-Slam Poetry ein fiktives Gegenüber angesprochen – in den Slam-Texten klagen die Sprecher diesen unbekannten Dritten an und machen ihn für Missstände verantwortlich. Zweitens gibt es ein Sprecher-Ich, das aus der Ich-Perspektive erzählt. Dadurch wirken die Texte authentisch.

Auch wenn, wie in einigen Texten, die Textvordergrundlogik fehlt, kann ein Text auf der Bühne verständlich werden, da sich die Jugendlichen auf den Erfahrungshintergrund der Zuhörenden stützen können. Sie haben durch die Live-Situation zudem die Möglichkeit, den Text anzumoderieren und nonverbale Kommunikation einzusetzen und damit Brücken zu bauen.

Obwohl die Linguistik zur Jugendsprache festgestellt hat, dass die jugendlichen Sprecher andere Personen, Institutionen und Haltungen, die auf einer gesellschaftlichen Bewertungsskala relativ hoch rangieren, durch eine grundsätzlich ironische Reduktion oft in moralischer und geistiger Hinsicht ab- oder gar umwerten (vgl. Gelke, Andreas/ Neuffer, Friederike, in: Schlobinski 1998, 138), ist dieses Phänomen bei der U20-Slam Poetry kaum anzufinden. Eher werden Verhältnisse und Institutionen, die sowieso in der allgemeinen Kritik stehen, wie „die" Medien, Unternehmen wie Coca-Cola oder die Schule, verbal angegriffen.

Schlobinski gibt außerdem zu bedenken, dass in Jugendsoziolekten nicht nur „Freiräume für Ungezwungenheit, Tabubruch und das Austesten von Identitäten" geschaffen würden, sondern neue Zwänge entstünden: „Das Individuum muss jederzeit auf der Hut sein [...] und die Orientierung an Spaß und Wettbewerb kann schnell zum Spaßzwang werden" (Schlobinski 2002, 19). Außerdem könnten Fälle auftreten, in denen Jugendliche eine andere als die eigene jugendliche Sprechweise stilisieren, um ihr Verhältnis zu dieser zu charakterisieren und diese medial zu funktionalisieren – und zwar auf verletzende Art gegenüber den anderen Jugendlichen. Schlobinskis

Bedenken wegen des „Spaßzwangs" und des verletzenden Charakters jugendlicher Sprechweise sind zwar prinzipiell nachvollziehbar, jedoch in den untersuchten U20-Slam-Texten nicht bestätigt. Slapstick oder besonders alberne oder veralbernde oder gar gehässige Texte finden sich nicht. „Gedisst" werden lediglich Personen(-gruppen), die namenlos bzw. fiktiv oder durch die Massenmedien prominent sind. Interessant ist, dass die Siegertexte von 2004 (Lino Wirag) und 2007 (Julian Heun) eher dem von Schlobinski gezeigten Muster folgen: Hier werden andere Jugendkulturen (HipHop und türkischstämmige Berliner Jugendliche) veralbert.

Das auffälligste Stilmittel ist die Bricolage: Medienformate, Zitate und Redewendungen sowie Marken dienen als Gerüste für das eigene Schreiben. Durch Verfremdung wird Humor erzeugt, außerdem stärkt der Rückgriff auf das gemeinsame kulturelle Gedächtnis die komplizenhafte Kommunikation zwischen Poet und Publikum.

Christa Dürscheid (2005) hinterfragt die den Jugendlichen unterstellte kreative Leistung, da sie vor allem aus bereits Vorgefertigtem schöpften und dieses zitierten. Die Motivation der jugendlichen Schreiber, sich mit der Umwelt und sich selbst auseinanderzusetzen, ist anhand der Texte aber offensichtlich und daher kreativ. Es bestätigt sich im Handlungsfeld U20-Poetry Slam, dass

Bricolage [sowie] verbale Duelle [...] zentrale Praktiken [sind], mit denen Jugendliche angesprochen und durch die medienspezifische Diskurse etabliert werden [und] die eine gemeinsame Schnittmenge mit Alltagsdiskursen von Jugendlichen herstellen (Schlobinski 2002, 19).

Den jugendlichen Teilnehmern des U20-Poetry Slam 2007 kann man außerdem zugute halten, dass sie die verwendeten Zitate immer funktional einsetzen:

In den Texten der Schüler wird sehr deutlich, dass sie in ihrer durch Medien geprägten Umwelt nach Vergleichen suchen, um eigene Erlebnisse zu beschreiben. Dies macht ihre Texte für andere leichter rezipierbar, da an Bekanntes bzw. Populäres angeknüpft wird. Die Jugendlichen greifen auf ein bekanntes Erzählgerüst zurück (Krimi, Sportbericht) oder verwenden prominente Namen zur Charakterisierung ihrer eigenen Protagonisten oder Handlungen („Sabine Christiansen-Talkshow"). Damit wird nicht, wie in der Pop-Literatur, ein eigenes Archiv hergestellt, sondern das bestehende Archiv als Hilfe bei dem Verfassen und Vortragen von Texten verwendet. Die jungen Autoren bewegen sich zwar in der „von Markt und Medien dominierten sprachlichen und lebensweltlichen Umwelt" (vgl. Baßler 2002, 187) sie schaffen es jedoch auch, eigene Positionen abzustecken und öffentlich zu äußern.

Der nächste Schritt in Richtung des professionalisierten Schreibens wäre dann, z. B. wie Lars Ruppel oder michaEbeling Markennamen zu verwenden, um mit den kritisierten Marketingstrategien zu spielen (vgl. Kap. Slam Poetry als Gegenwartsliteratur).

Wenn Jugendliche so viele Bricolagen nutzen, dann sollte der vorbereitende Deutschunterricht oder Workshop darauf reagieren und den Jugendlichen Mittel in die Hand geben, um zu eigenen Ausdrucksmustern zu kommen. Dazu gehören z. B. detaillierte Beschreibungen, die auch ohne Anspielung auf ein mit dem Publikum geteiltes Medienwissen auskommen oder Neologismen, die so gut im Text vorbereitet und integriert sind, dass auch ein unbekanntes Publikum diese versteht.

2.2.2 Qualitative Interviews mit Jugendlichen

Datenerhebung

Um die Perspektive der Jugendlichen auf das Handlungsfeld U20-Poetry Slam genauer zu erforschen, wurden mit Jugendlichen fokussierte Leitfaden-Interviews geführt. Diese Interviewform ist ursprünglich für die Medienforschung entwickelt worden (vgl. Merton/ Kendall 1979, zuerst: 1945/46), findet aber auch in anderen Forschungsfeldern Anwendung, in denen nicht ein Medium, sondern ein Thema als Reizauslöser fungiert (Flick 2009, 198). Nach der Vorgabe eines Reizes, hier: dem Poetry Slam (als Veranstaltung oder Workshop), wird anhand eines Leitfadens dessen Wirkung auf den Interviewten untersucht (vgl. ebd., 195). Das fokussierte Interview unterliegt vier Qualitätskriterien: die Nichtbeeinflussung, die Spezifität, das Erfassung eines breiten Spektrums und der personale Bezugsrahmen (ebd.).

Um die Interviews in Gang zu bringen, als Türöffner sozusagen, eignete sich eine Frage zum bisherigen Ablauf des Workshops, der Stimmung auf dem SLAM2006 in München bzw. zur Gestaltung des schulnahen Projekts. Es wurde versucht, die Nichtbeeinflussung der Interviewpartner mittels verschiedener unstrukturierter wie halbstrukturierter Frageformen zu wahren. Die Verfasserin hielt sich mit eigenen Bewertungen weitestgehend zurück. Trotzdem beeinflusste ihre Rolle die Jugendlichen: Die Probanden in Usingen und im Odenwald identifizierten sie als Autorin des Unterrichtsmaterials, mit dem sie selbst in der Vorbereitung des Poetry Slam gearbeitet hatten. Es herrschte bei ihnen große Neugier, eine Schulbuchautorin und Veranstalterin des U20-Poetry Slam in Berlin kennen zu lernen. Die Hürde, sich zu trauen, etwas Negatives über Poetry Slam zu sagen, war dadurch jedoch höher, dass die Interviewerin das Format mitentwickelt hat und die Probanden sie nicht enttäuschen wollten oder Ehrfurcht vor der Interviewerin zeigten. Beides könnte dazu geführt haben, dass die Antworten über das Handlungsfeld eher positiv ausgefallen sind. Die Jugendlichen, die auf dem SLAM2006 in München interviewt wurden, konnotierten die Interviewerin aufgrund des Schulmaterials mit dem Kontext Schule – sie wollten sich in dem außerschulischen Handlungsfeld von ihrer eigenen Rolle als Schüler distanzieren und entwickelten vermutlich deshalb Tendenzen, sich als unabhängige Künstler zu stilisieren.

In jedem Interview wurde gleichzeitig versucht, die Spezifität und die Erfassung eines breiten Spektrums zu berücksichtigen, indem die Vorkenntnisse der Interviewten und deren Weg der Annäherung an Poetry Slam, ihre eigenen Aktivitäten im Handlungsfeld und die Bedeutung des Poetry Slam erfragt worden sind:

- Wie ist dein Text entstanden?
- Wie würdest du deinen eigenen Stil beschreiben?
- Was bedeutet die Bewertung beim Poetry Slam für dich?
- Welche Erfahrungen hast du mit dem Publikum gemacht?
- Welche Bedeutung hat die Community des Poetry Slam für dich?
- Welche Perspektiven siehst du für dich beim Poetry Slam?
- Gibt es Fertigkeiten, die du beim Slam gelernt hast und die du im Unterricht einbringen kannst?

Der personale Bezugsrahmen, d.h. die affektiven Reaktionen, wurde besonders bei der Frage nach dem Umgang mit dem Publikum evident, da die Workshopteilnehmer diesbezüglich Ängste äußerten. Innerhalb der Interviews wurden vom Befragten neue Themen eingeführt; die Interviewerin wechselte auch auf Fragen zurück und nahm zurückführende Übergänge vor.

Der Interviewleitfaden wurden im Vorfeld im Pretest an zwei Personen[22] getestet, die ähnliche Voraussetzungen hatten wie die späteren Probanden. Dadurch wurde die Reliabilität der Daten prozedural erhöht (vgl. Flick 2009, 491).

Im August, Oktober und November 2006 wurden die Leitfadengestützten Interviews mit insgesamt 34 Jugendlichen zwischen 15 und 20 Jahren durchgeführt. Ausgewertet wurden 21 Interviews, die mit insgesamt 27 Probanden (14 Mädchen und 13 Jungen) geführt worden sind. Sie besuchten die 8. bis 13. Klasse einer weiterführenden Schule. Die Interviews dauerten im Durchschnitt 25 Minuten. Die Probanden waren zum Zeitpunkt des Interviews Teilnehmer eines Workshops im Odenwald (Klasse 8 und 9, Gymnasium), eines Schulprojekts in Usingen (Klasse 10–13, Gymnasium) bzw. aus unterschiedlichen Teilen Deutschlands und der Schweiz kommende Teilnehmer des U20-Wettbewerbs des SLAM2006 in München (Klasse 11–13, Gymnasium, sowie ein Zivildienstleistender). Sie partizipierten unmittelbar und direkt am untersuchten Handlungsfeld. Der Kontakt zu den Schülern wurde über die Workshopleiter, dank des seit 2004 bestehenden Kontakts zu einer Lehrerin aus Usingen und von einem Mit-Organisator des SLAM2006 in München hergestellt.

Die Schüler gehören zu drei Gruppen, die stellvertretend für typische Zugänge zum Handlungsfeld U20-Poetry Slam im deutschsprachigen Raum seit 2004 stehen:

Die erste dieser Gruppen ging aus einem punktuellen Workshop hervor, die zweite aus einem schulnahen Projekt und die dritte Gruppe entstand durch

---

[22] Testprobanden: männlich, *1983, großstädtischer Kontext: Berlin, als Performance-Poet ohne Workshoperfahrung sporadisch tätig gewesen; weiblich, *1987, ländlicher Kontext: Tauberbischofsheim/ Baden-Württemberg, als Workshopteilnehmerin und als Zuschauerin bei einem Poetry Slam aktiv gewesen.

Teilnahme an der U20-Poetry Slam-Meisterschaft. Die Probandengruppen lassen sich wie folgt noch näher charakterisieren:

Die Gruppe „Workshop" sind Teilnehmer eines punktuellen, 16-tägigen Poetry Slam-Workshops der Kinder-Uni Hessen, die im August 2006 in einem Nebenraum des Workshop-Raums befragt wurden. Es sind zehn Mädchen und drei Jungen, von denen eine Befragte Zuschauerin war, zwei Befragte den am Schluss des Workshops stattfindenden Poetry Slam moderierten und die übrigen Teilnehmer selbst Slam Poetry geschrieben und vorgetragen haben.

Die Mädchen und Jungen besuchten bis zum Zeitpunkt der Befragung die 8. und 9. Klasse unterschiedlicher Gymnasien, waren also 15 bis 16 Jahre alt. Eine Probandin kam aus Rheinland-Pfalz, die anderen aus unterschiedlichen Orten in Hessen (Breitenbach, Gießen, Frankfurt, Kassel, Körben, Vogelsberg). Sie konnten an der Veranstaltung der Kinder-Uni teilnehmen, da sie von ihrer Schule, weil sie den besten Notendurchschnitt hatten, vorgeschlagen worden sind. Die Teilnahme an dem Poetry Slam-Workshop beruhte für einige Probanden auf einer eigenen Entscheidung, andere waren jedoch auch per Zufall in den Workshop gelangt, da die parallel laufenden Workshops zum journalistischen Schreiben, zur Physik, etc. bereits voll waren. Keiner der Probanden hatte Vorwissen über das Handlungsfeld Poetry Slam. Kreatives Schreiben wurde bisher nur sporadisch praktiziert, zum Beispiel in „langweiligen Unterrichtsstunden" oder zu Hause vor dem PC. Bühnenerfahrung lag bei einigen wegen ihrer Teilnahme an Theatergruppen oder einer Mitgliedschaft im Chor oder in der Tanzgruppe vor. Auch Moderationstätigkeiten waren bereits vorher übernommen worden. Insgesamt waren die Schüler zwar von ihren Schulleistungen her besonders gut – ihre Erfahrungen im freien Schreiben und Präsentieren waren dagegen eher gering. Das liegt u. a. daran, dass sie die jüngste Gruppe der Probanden sind, noch in die Sekundarstufe 1 gingen und entsprechend weniger Schreibunterricht hatten.

Die Teilnehmer der Gruppe „Meisterschaft" wurden am 11. und 12. November 2006 während der deutschsprachigen Meisterschaften im Poetry Slam in München in einer der anliegenden Restaurants auf dem Festival-Gelände in der Münchner Schwank-Halle nacheinander interviewt. Es handelte sich um insgesamt zehn Jugendliche – davon sechs männlich und vier weiblich. Alle Probanden waren zum Zeitpunkt der Befragung zwischen 17 und 20 Jahre alt, besuchten das Gymnasium (ein Proband hatte bereits Abitur und war Zivildienstleistender) und kamen aus unterschiedlichen Orten. Sie hatten sich freiwillig auf eine E-Mail-Anfrage der Verfasserin für die Befragung gemeldet.

Probanden der Befragung auf dem SLAM2006 in München 2006

Alter	Herkunftsort
19	Nordrhein-Westphalen/ Mönchengladbach
19	Schaffhausen/ Schweiz
18	Zürich/Schweiz
20	Bayern/ Coburg
18	Bayern/ Augsburg
17	Hessen/ Darmstadt
18	Hessen/ Marburg
19	St.Gallen/ Schweiz
18	St. Gallen/Schweiz
19	Baden-Württemberg/ Stuttgart

Diese befragten U20-Slam-Poeten waren bereits durch Teilnahme in Theatergruppen, im Literaturkurs oder im Chor sozial geschult und verfügten über Vorwissen im kreativen Schreiben. Sie haben teilweise bereits ab dem 10. Lebensjahr Texte verfasst, aber nie vorgetragen und auch nicht kontinuierlich Texte verfasst. Einige von ihnen besuchten Poetry Slam-Workshops, andere fanden durch Aushang an der Schule oder durch Kontakte in Theatergruppen in die Slam-Szene und konnten sich bereits auf Poetry Slams, die keine explizit für Jugendliche ausgerichtete U20-Poetry Slams waren, bewähren.

Die proportional hohe Beteiligung der Schweizer Jugendlichen ist darauf zurückzuführen, dass in der Schweiz bereits seit 2003 eine Jugend-„Liga" existiert, in der Kinder und Jugendliche auf Poetry Slams auftreten. Die Gewinner der in unterschiedlichen Kantonen veranstalteten Jugend-Poetry Slams nahmen an der Meisterschaft in München teil. Im Vergleich mit den Jugendlichen, die ein Jahr später im U20-Poetry SLAM2007 starteten, waren vom Alter her gleich: Die Poeten 2006 waren durchschnittlich 18,5 Jahre alt, die Teilnehmer in Berlin 2007 durchschnittlich 18,3 Jahre alt.

Die Gruppe „Schulprojekt" wurde am 14.12. 2006 in einem Klassenraum des Gymnasiums Usingen (Hessen) interviewt. Die beiden Schülerinnen waren zum Zeitpunkt der Befragung 16 und 18 Jahre alt. Die neun männlichen Schüler waren 18 und 19 Jahre alt. Alle besuchten das Gymnasium in Usingen und nahmen als Poeten oder Zuschauer an dem dortigen Poetry Slam, den sie selbst gegründet haben, teil. Die befragten Schüler haben durch eigenes Interesse am Schreiben sowie durch den selbstorganisierten Poetry Slam bereits längerfristige Schreiberfahrungen.

Alle Interviews sind mit einer Videokamera aufgenommen worden, um das spätere Transkribieren zu erleichtern. Die Interviews wurden teilweise im Partnerinterview, größtenteils als Einzelinterviews geführt. Das Partnerinterinterview wurde als Option von Schülern wahrgenommen, die lieber gemeinsam mit einer vertrauten gleichaltrigen Person, die auf die gleiche Weise im Handlungsfeld aktiv war, vor die Kamera treten wollten. Es bietet den Vorteil, dass sich die Jugendlichen gegenseitig beschreiben können und sich freier geben als in Selbstaussagen über ihre Texte.

Zusätzlich zu den Jugendlichen wurden auch die beiden Lehrerinnen des Schulprojekts befragt. Statt eines Leitfadens wurden offene Fragen über deren Beobachtungen gestellt. Diese Personen waren Experten, da sie über privilegierten Zugang und exklusives Wissen (vgl. Meuser/Nagel 2002) über befragten Jugendlichen und das Handlungsfeld Poetry Slam besitzen. Beide Personen bilden eine zur Zielgruppe „komplementäre Handlungseinheit" (ebd., 445).

Die aus Berlin kommende Deutschreferendarin ist von der neuen Form der Literatur fasziniert und hat bereits im Studium sehr viele Lesungen und Lesebühnen besucht. Durch ihre amerikanische Kollegin aus Usingen ist sie auf lokale Slams aufmerksam geworden, hat sich ein Buch (Anders, 2004) gekauft und dort vorgeschlagene Sequenzen in der elften Klasse unterrichtet. Die aus Boston stammende Lehrerin hat in den USA und auch in Frankfurt Poetry Slams angeschaut, da sie ein großer Fan von Sprachen überhaupt ist. Besonders gut findet sie Bas Böttcher und Sebastian Krämer aus Berlin sowie Telheim und Ken Yamamoto aus Frankfurt/M. :

Die haben mich alle richtig beindruckt: entweder durch diese Macht der Worte, oder durch das Bild, was sie darstellen. Alle sind sprachlich natürlich sehr talentiert, es ist einfach diese Tiefe: wie tief sie wirken, und wie eeindruckend sie sind auf verschiedene Art.

Sie vermittelt Slam Poetry im Englischunterricht und hat im Rahmen einer Projektwoche an sieben Tagen von 8 bis 15 Uhr eine Schreibwerkstatt mit Poetry Slam organisiert. Der regelmäßige Usinger U20-Poetry Slam ist daraus hervorgegangen.

Datenauswertung

Alle Interviews wurden vollständig und wörtlich transkribiert[23] und zitiert. Auch prosodische Merkmale wurden gesetzt. Das Postskriptum enthält Informationen zu Dauer, Ort, Besonderheiten der Gesprächssituation. Eindrücke über die Probanden wurden nicht festgehalten, paraverbale, die Aussagen unterstreichende Äußerungen wie Kopfnicken oder Lachen wurden in der Transkription berücksichtigt.

Anhand der Transkriptionen, die bereits eine Interpretation der Wirklichkeit sind (vgl. Flick 2009, 383), wurden die Aussagen der Jugendlichen einer qualitativen Inhaltsanalyse (Mayring 2003) unterzogen. Dabei wurden weniger relevante Passagen und bedeutungsgleiche Passagen gestrichen (erste Reduktion) und ähnliche Aussagen gebündelt und zusammengefasst (zweite Reduktion). Ein Problem bei der qualitativen Inhaltsanalyse sind die Paraphrasierungen des Ursprungstextes, die nicht zur Erklärung des Originals eingesetzt werden, sondern an seine Stelle treten (vgl. Flick 2009, 417). In der vorliegenden Studie ist daher auch mit Originalzitaten (im Folgenden kursiv gesetzt) gearbeitet worden, um die Spezifität und den personalen Bezugsrahmen verständlich zu machen.

Die Kategorien, die zur Analyse gebildet wurden, orientierten sich zunächst an dem deduktiven Gerüst des Gesprächsleitfadens (vgl. Mayring 2003, 92). Anhand der transkribierten Gesprächsinhalte wurden induktiv – aus dem Material heraus – Kategorien gebildet (vgl. ebd.), um Antworten auf die folgende Frage zu erhalten: „Wie und mit welcher Art von Gratifikationen agieren Jugendliche bereits in der kulturellen Praxis des Poetry Slam?"

Diese Kategorien lauteten:

- *Den Alltag als Themengeber nutzen*
- *Einen eigenen Stil finden*
- *Losschreiben*
- *Künstlerische Freiheit erfahren*
- *Packend und authentisch vortragen*
- *Selbstbewusst sprechen*
- *Gemeinschaftsgefühl erleben*
- *Für ein Publikum schreiben.*

Zu diesen Kategorien wurden dann möglichst viele sowie unterschiedliche Textstellen als Belege im Text gesucht. Die Einzelaussagen zu den einzelnen Kategorien innerhalb der drei Probandengruppen sind in einer

---

[23] Die prosodischen Transkriptionen der von der Verfasserin geführten Interviews hat Frau Astrid Vits erstellt. Weil sie das Untersuchungsziel nicht kannte, ging sie unvoreingenommen, aber aufgrund eigener Veröffentlichungen von Interviews mit deutschsprachigen Pop-Musikgruppen (vgl. Vits, 2004, 2005) methodisch professionell vor. Es wurde so viel und so genau transkribiert, wie die Fragestellung erforderte (vgl. Strauss 1991).

fallübergreifenden Auswertung zusammengeführt und in den folgenden Fließtext übertragen worden.

Den Alltag als Themengeber nutzen

Alle Probanden berichten davon, dass sie in Slam-Texten eigene Alltagserfahrungen verarbeiten könnten. Am ausführlichsten beschreiben diesen Effekt des Schreibens die Workshopteilnehmer, da sie im Workshop entsprechende Schreibimpulse erhalten hatten: Eine Jugendliche spricht daher sogar von Tricks:

Der beste „Trick", das war der, dass ich auf die Sachen, die so in meiner Umwelt passieren, und wo ich denke: „Hm, das ist ein bisschen komisch", dass ich da mal drüber nachdenke und dann darüber was schreibe."

Eine andere Jugendliche (Gruppe Workshop) berichtete, dass sie und die anderen Workshopteilnehmer stets von einem eigenen, konkreten Erlebnis – zum Beispiel einem Erlebnis an einem Computer, Erfahrungen mit einem eitrigen Zeh, usw. ausgegangen seien. Ein Workshop-Text sei z. B. durch ein Gespräch auf einer Exkursion entstanden. Die Schreiberin fand es *„cool, dass ein Insider-Witz sich zu einer Geschichte, die jeder verstehen kann, entwickelt hat"*. Als Themengeber dienten im Workshop auch *„das soziale Miteinander", „der Umgang mit der eigenen Rolle"* oder *„die Auseinandersetzung mit wichtigen Menschen"*. Außerdem wurden *„aktuelle Ereignisse, zum Beispiel der Terror in London 2005"* als Themen aufgegriffen und mit persönlichen Ereignissen verknüpft (z. B. der Aufenthalt des Bruders in London zur Zeit der Anschläge vom 7. Juli 2005).

Die Probanden der Gruppe Meisterschaft äußerten sich eher verhalten, vermutlich weil sie ihre Texte bereits als Kunstwerke und nicht nur mehr als Alltagsgeschichten sahen. Eine Jugendliche beschrieb z. B. ihren Stil als dem der Poetin Nora Gomringer ähnlich. Sie setze in ihrer Textproduktion jedes Wort bewusst ein. Nur ein Jugendlicher gab an, *„Sachen durch Runterschreiben besser zu verarbeiten"*.

Die Schüler (Gruppe Schulprojekt) erklärten, dass der Poetry Slam zwar im Freizeitbereich angesiedelt sei, die Schule aber *„Inspirationsmomente"* schaffe. Auch sei das Schreiben von einem *„guten Slam-Text"* eine Möglichkeit, Erlebnisse wie *„blöde Klausuren"* zu verarbeiten. Der Slam verändere dadurch die Wahrnehmung des Schulalltags. Man würde beginnen *„lyrisch zu denken"*, also den Alltag auf mögliche Schreibimpulse hin wahrzunehmen. Auch seien ein *„origineller Umgang mit dem Alltäglichen einerseits, ergreifende Texte andererseits"* wichtig.

Einige Schüler aus der Gruppe Schulprojekt gaben aber auch an, dass allzu Persönliches auf der Bühne vermieden werde und sie das Schreiben für sich und für die Bühne trennten: Ein Jugendlicher kam zu dem Schluss, dass er keine Lust mehr habe, eigene Gedichte *„vor einer Masse von Leuten* *vorzutragen"*. Ein anderer sagte, er höre lieber lustige Texte, ernste Texte lese er dann aber lieber selber. Eine Schülerin mochte einige Texte nicht veröffentlichen, da sie zu persönlich seien. Sie beschrieb ihre Texte als kritisch, sie würden zum Nachdenken anregen; so handele einer z. B. von den Gefühlen während der Beerdigung ihres Onkels. Ein anderer Schüler, der bereits das Tagebuchbloggen für sich entdeckt hatte, würde zwar auch diese Tagebuchtexte auf die Bühne bringen, er schrieb jedoch auch extra für den Slam Texte. Manche favorisierten es, sehr persönlich zu schreiben und ihre Erlebnisse, Gedanken sowie Erkenntnisse darzustellen; der Slam sei ihnen aber *„zu sehr für den Moment"*. Sie fühlten sich eingeengt durch den Slam-Termin und würden lieber länger an Texten arbeiten.

Einen eigenen Stil finden

Laut der Aussagen der Jugendlichen verändere das Format des Poetry Slam das eigene Schreiben in Bezug auf die verwendete Sprache und den Stil. So berichtet ein Workshopteilnehmer:

Ich glaube, dass das hier schon funktioniert hat: Also dass ich am Anfang weniger in meinem Ausdruck variiert habe und mich weniger gut und verschieden ausdrücken konnte als ich es jetzt kann.

Ein bevorstehender Poetry Slam hatte auch die Funktion, zum Schreiben anzuregen. Ein Jugendlicher (Gruppe Schulprojekt) habe seinen ersten Text extra für den Slam geschrieben, damit er mitmachen konnte. Ein anderer Schüler (Gruppe Schulprojekt), der für seine Band Songtexte schrieb, stellte fest, dass er *„das erste Mal Texte auf deutsch"* für den Slam geschrieben habe.

Ein anderer Schüler (Gruppe Schulprojekt) hat zwar fertige Texte, geht aber nur mit freien Texten, d. h. Freestyles, auf die Bühne. Er erlebt durch Poetry Slam eine neue Herausforderung des Selbstausdrucks.

Indem die Jugendlichen andere Slammer sehen, seien sie im eigenen Stil beeinflusst – so verfolge eine Schülerin seit dem Poetry Slam das Motto *„Traurigkeit ist out"*. Einer ihrer Mitschüler bestätigte, dass sich diese Jugendliche sehr schnell vom ersten zum zweiten Slam entwickelt habe, *„quicklebendig"* wirke und zugleich bissiger und ironischer geworden sei.

Eine solche Stil-Änderung erlebte auch eine Probandin aus der Gruppe Workshop, deren Stil von ihrer Freundin im Partnerinterview beschrieben wurde:

Also, sie hat jetzt ihre Vorliebe für Satire entdeckt. (Beide lachen) Also, die erste Satire war, glaube ich, das mit der Rettungskette (Mädchen nickt), mit dieser Zivilcourage. Und dann konnte sie eigentlich nicht mehr ernst bleiben. (Beide lachen) Sie hat dann alle folgenden Gedichte auch immer so satirisch geschrieben. Aber sie kann es halt total gut.

Eine Jugendliche aus der Gruppe Workshop berichtet, dass sie sich von literarischen Vorbildern, die sie eher gehindert hätten zu schreiben, gelöst habe:

Am Anfang hatte ich manchmal ein bisschen Bedenken, eigene Texte zu schreiben, weil ich dann immer nur die Vorlagen unserer großen Dichter oder so in der Hand hielt, die großen Klassiker, und da überlegt man sich natürlich: So werde ich nie schreiben können, und das hindert einen, glaub ich, auch so ein bisschen daran, und jetzt hat man gelernt, dass es ganz einfach ist, eigene Texte auch zu verfassen, dass es manchmal gar nicht auf so einem hohen Niveau sein muss.

Stilistisch arbeiteten die Workshopteilnehmer unterschiedlich: Einer gab an, einen Text zum Nachdenken und einen lustigen Text produziert zu haben. Er beschrieb den Stil einer anderen Teilnehmerin als „*hoch*" und „*sehr gewählt*", da sie auch Zitate von Schiller und Goethe in den Slam-Text hineinmixen würde. Die Teilnehmerin beschrieb ihren Stil selbst als „*Veralberung von Klassikern*", wenn sie in so einer geschwollenen Sprache spreche. Beim Slam habe sie „*sprachlich runtergeschaltet*" und sei wieder auf Alltagssprache ausgewichen.

Eine Workshopteilnehmerin beschrieb aber auch ihre Schwierigkeiten:

Und dann ist da eben immer dieser typische Aufsatz-Stil, dass man halt eben versucht, sich gewählt auszudrücken und das alles so schön zu beschreiben, wie das alles ist und dadurch seine Schlüsse zu ziehen und so weiter und so fort ... Das wäre dann ja auch nicht so zum Vortragen wie beim Poetry Slam. Das ist mir am Anfang vielleicht ein bisschen schwer gefallen, davon wegzukommen.

Die Probanden aus der Gruppe Meisterschaft bezeichneten ihre Schreibtätigkeit vor dem Slam als „*verstaubte Sachen für die Schublade*" oder als „*blöde Sachen wie Sozialkritik, Fantasy, Liebeslyrik*"[24]. Sie nahmen wahr, dass ihr „*Stil durch Slam kürzer geworden*" sei und die Texte aus „*weniger verschachtelten Sätzen*" bestehen würden. Vor allem seien die „*Themen durch Slam breit gefächerter geworden*". Insgesamt sei das „*Schreiben vielfältiger geworden vom Spektrum her*", es sei statt „*klassisch, kryptisch*" jetzt auch „*konkreter*" ausgerichtet.

„Losschreiben"

Dass Slam Poetry recht schnell, quasi in einem Rutsch verfasst wird, berichten fast alle der befragten Jugendlichen. Eine Jugendliche (Gruppe Meisterschaft) gibt an, dass einer der Vortragstexte in lediglich 20 Minuten geschrieben worden sei, für die anderen brauche sie jedoch deutlich länger. Einige andere berichten, dass ihre Texte durch „*Losschreiben*" geschaffen

---

[24] Vgl. dazu die Textanalysen aus Kap. Textanalysen der Slam Poetry von Jugendlichen, die ergeben, dass Sozialkritik und Liebeslyrik gerade zu den beliebtesten thematischen Kategorien zählen.

würden. Da die Produktion eher „spontan" sei, hätten Workshops „nicht wirklich was gebracht".

Ein Schüler (Gruppe Schulprojekt) gibt an, dass er für den Slam „pro Monat ein Gedicht" geschrieben habe, jetzt aber gar nichts mehr schreibe, seit er ausgestiegen ist.

In der Gruppe der Workshopteilnehmer wurde erklärt, „dass es auch Spaß machen kann, etwas zu schreiben" und „dass man durchhalten sollte beim Schreiben". Andere hatten gelernt, „dass man Anfänge nicht gleich in den Papierkorb werfen sollte, sondern daran arbeiten kann". Die Gruppe berichtete über die Texproduktion, dass Textideen durch einen Film über die Entstehung des Slam (Devlin 1998) innerhalb von 30 Minuten entwickelt wurden. Der Text wurde aber tagelang ausgefeilt. Es wurde sehr schnell an einem Text geschrieben und bei der Produktion eher nicht an das Publikum gedacht. Die Produktion „kam einfach so", es gab ein Feedback von anderen Kursteilnehmern, z. B. mit dem Vorschlag, den Text mit einer Abschlussfrage an das Publikum ausklingen zu lassen.

Eine weitere Jugendliche (Gruppe Workshop) erklärt, dass ein Arbeitsblatt sie dazu provoziert habe, eigene Gedanken zu einer Situation zu formulieren, die Schreiberin sei jedoch „dann [...] irgendwie abgeschweift". Den Vortragstext habe sie in 20 Minuten geschrieben, wobei zusätzlich die Performance durch das übende Sprechen des Textes erarbeitet wurde. Mit Hilfe konnten auch andere Jugendliche schnell schreiben: So fiel die Übertragung einer Ode oder Hymne auf einen alltäglichen Vorgang, zum Beispiel das Duschen, leicht: Der Vortragstext war in ca. 15 Minuten fertig. Eine Zuschauerin (Gruppe Workshop) wurde sofort nach dem Poetry Slam als Schreiberin aktiv: Sie formulierte ein Gedicht und schrieb dieses in ihr Tagebuch.

Problematisch wird die Einstellung, dass Texte durch Losschreiben schnell verfasst werden, wenn die Jugendlichen diese eigene Arbeitsweise auf die der anderen Autoren übertragen, die aber möglicherweise anders arbeiten:

So Interpretationen über Gedichte find ich eigentlich sowieso ziemlich blöd, weil man da total viel reininterpretiert: Was hat der Autor sich dabei gedacht? Das ist so ... Ja, dann fängt man einfach an zu schreiben, und dann ist es halt.

Künstlerische Freiheit erfahren

Die Schüler hoben hervor, dass sie aufgrund ihrer eigenen Schreibversuche nun realisieren würden, dass es „einen Autor hinter einem Text gibt". Besonders positiv sieht ein anderer Schüler beim Poetry Slam die Tendenz, dass man „für sich selbst" – und nicht für einen Lehrer – Texte schreibe.

Sich selbst als kreativ wahrzunehmen und frei schreiben zu dürfen, empfanden vor allem die Workshopteilnehmer als sehr positiv.

Außerschulischer und schulische Lernort wurden dadurch als gegensätzlich wahrgenommen:

Hier hab ich halt die Möglichkeit, mir die Themen auszusuchen, mir zu überlegen: Jetzt schreibe ich mal darüber. In der Schule fehlt einem immer das so'n bisschen, da sollten wir eigentlich fast nie eigene Gedichte schreiben, haben das im letzten Schuljahr nur einmal gemacht, da sollten wir romantische Gedichte verfassen. Das hat schon Spaß gemacht, aber den meisten fiel auch nichts ein in der Klasse, weil man eben immer nur diese Sache gewöhnt ist, dass man etwas vorgegeben bekommt, oder: ‚Schreibe einen Interpretationsaufsatz zu der Ballade, zu dem Gedicht...' Wie auch immer, man muss sich nicht selbst 'n Thema suchen und dann darüber schreiben, man bekommt immer eins vorgegeben.

In der Schule herrsche eine „*Erwartungshaltung der Lehrer*", die einen „*typischen Aufsatz-Stil*" pflegten. Es würde keine positive Kritik an Texten geübt, sondern, bei eigenen Texten, eine „*Fehlersuche*" unternommen. Außerdem „*durchsuche*" man „*fremde Texte nach Stilmitteln*". Der Workshop wird dagegen als „*viel lustiger und lockerer*" wahrgenommen. Auch herrsche hier „*mehr Spaß*" und „*keine Einschränkung*" und man würde „*über Gedichte sprechen*".

Ich kann das machen, was ich will, ich werde nicht irgendwie eingeschränkt, denn wenn wir jetzt als Hausaufgabe kriegen: ‚Schreibe ein Gedicht da und dazu', dann wird schon so ein bestimmtes Gedicht erwartet, und dann sollte man sich auch, wenn möglich, dran halten, und so hat man eigentlich einfach freie Wahl, man kann alles schreiben, was man will, und man kann auch vortragen, was man will, und das finde ich eigentlich gerade gut.

Eine andere Workshopteilnehmerin würde es durchaus „*cool*" finden, einen Slam-Text im Unterricht zu besprechen. Das Thema Poetry Slam sei auch interessant für den Unterricht, da man – nach einem, solchen Workshop – quasi als Experte „*selbst mitreden*" könne.

Eine andere Workshopteilnehmerin glaubt jedoch, man könne „*Poetry Slam in der Schule nicht lernen*", denn die Sachen seien „*inhaltlich so banal.*"

Packend und authentisch vortragen

Text und Performance gehören für die Probanden aus der Gruppe Meisterschaft, die bereits Erfahrung als Auftretende und als Zuschauer von Poetry Slams haben, zusammen. So wurde ein gelungener Text mit dem Vortrag in Verbindung gebracht: Ein Jugendlicher (Gruppe Meisterschaft) äußert, dass „*jeder Text ein 10 Punkte-Potenzial*" habe, er müsse nur gut vorgetragen sein. Eine andere Finalistin betonte, dass man „*eine Aussage erkennen*" müsse. Grundsätzlich müsse es einen „*einfach packen*". Die Zuschauer müsse ein Text „*treffen*" und dies gelinge, wenn er „*nicht nur eine Philosophie, sondern eine genaue Beschreibung*" ist. Ein anderer Jugendlicher (Gruppe Meisterschaft) charakterisiert einen guten Slam-Text so, dass er „*die*

Leute mitreißen und fordern" muss. Er verlangt *„Niveau"*, d.h. der Slam-Poet solle dem Publikum nicht nur *„Lacher in den Mund legen"*. Ein guter Slam-Text müsse auch *„nicht bei allen ankommen"*.

Ein Workshopteilnehmer[25] beschrieb, dass der Slam-Text *„zur Person passen"* müsse, die ihn vorträgt. Außerdem solle sich die Person *„nicht verstellen"*. Der Text müsse *„leicht verständlich sein"* und nicht zur *„schweren Lyrik"* gehören. Ein anderer Teilnehmer ergänzte, dass der Text *„frei vorgetragen"* werden sollte und der *„Einsatz des Körpers"* stimmen müsse.

Die Schüler (Gruppe Schulprojekt) haben bereits zahlreiche unterschiedliche Performances auf dem selbst organisierten Poetry Slam gesehen und auch selbst vorgetragen. Die Stimmung und die Möglichkeit der Empathie, die durch den Text vermittelt wird, wurden in den Antworten erwähnt: Ein besonders guter Slam-Text kann einer Schülerin zufolge sowohl traurig als auch ironisch sein, es habe in der Grundstimmung *„kein Gefühl einen Vorzug"*. Der Text müsse sie *„packen"* können, so dass sie *„an den Lippen des Poeten hängt"*, er solle Spannung, d. h. die Frage *„Was kommt jetzt?"* erzeugen und die Performance sollte Gefühle im Sinne von *„Ja, so habe ich mich gefühlt"* widerspiegeln. Ein anderer Schüler betonte, dass die vortragende Person *„sie selbst sein"* müsse. Eine *„Perspektive"* solle deutlich werden, die interessant ist, *„Emo"*[26]-Texte seien jedoch nicht erwünscht.

Ein Schüler berücksichtigte als Qualitätskriterium für einen guten Slam-Text den Zusammenhang zwischen Inhalt und Form: Ein Gedicht müsse gute Reime haben und ein fröhlicher Text viele Pointen. Einem anderen Schüler war das eigenständige Verfassen eines Textes sehr wichtig. Der Verfasser solle in ihm einen *„eigenen Stil"* verwirklichen, der humorvoll, zynisch, vor allem aber unterhaltend sein sollte. Ein anderer meinte, dass der Slam-Text zwar lustig, aber *„nicht im Sinne von billig, sondern zum Lachen bringend"* sein solle, außerdem sollte er *„literarisch gut"* und *„schön anzuhören"* sein. Nach Ansicht eines Schülers seien die Texte besonders gut für die Zuschauer, bei denen man erst in die Irre geführt wird (vgl. dazu das Rätselhafte, das als Merkmal mündlicher Dichtung von Ong genannt wird) und in denen Ironie und Variation in der Sprechlage enthalten sei.

---

[25] Im Gegensatz zu den Jugendlichen aus der Gruppe Meisterschaft haben die Workshopteilnehmer zur Zeit des Interviews lediglich Poetry Clips und einen Live-Mitschnitt von Nadja Schlüter auf DVD als Anschauungsmaterial für Performance gesehen, aber noch keinen Poetry Slam erlebt. Die Antworten der Probanden sind aufgrund mangelnder eigener Erfahrung kürzer, außerdem könnten sie dadurch beeinflusst sein, dass die Probanden das wiedergegeben haben, was sie im Workshop gelernt hatten.

[26] Emo ist die Abkürzung für „Emotional Hardcore" und ist seit etwa dem Jahr 2000 eine Bezeichnung für Jugendliche, die sich gefühlsbetont und tendenziell verzweifelt-melancholisch mit gesellschaftlichen und zwischenmenschlichen Themen auseinandersetzen. Emos sind eine bei anderen Jugendlichen allgemein eher unbeliebte Jugendkultur, wie u. a. die folgende Website zeigt: www.stupidedia.org/stupi/Emo.

Ein gelungener Text müsse einem anderen Schüler zufolge „provozieren", wie zum Beispiel der Text „Guantanamo Bay" von Bas Böttcher (Originaltitel: 2 Wochen Karibik, in: Bekes, Frederking 2009, 48f). Ein Text müsse „packen und mitreißen", wichtig sei die „wirklich bildhafte Sprache", Ausdrucksstärke und dass etwas „auf den Punkt gebracht" und möglichst exakt, vielleicht auch ironisch, beschrieben werde.

Die Probanden waren sich einig, dass die Performance eines Textes authentisch sein sollte. Vor allem die Jugendlichen der Gruppe Meisterschaft hoben hervor, dass „Leidenschaft sehr wichtig" sei und dass die vortragende Person „authentisch ist" und „hinter ihrem Text steht".

Einem anderen Jugendlichen (Gruppe Schulprojekt) zufolge sollte ein Text „emotional vorgetragen" sein und das Gefühl wiedergeben, das man beim Schreiben hatte. Die Performance zeige den Poeten selbst zwar in einer Rolle, diese passe aber zum realen Auftreten, welches auf der Bühne „einfach übersteigert" werde.

Ein Jugendlicher (Gruppe Workshop) war „überrascht von der Performance, da alle Poeten vorher etwas schüchtern waren und sie sich plötzlich getraut haben".

Gemeinschaftsgefühl erleben

Die Teilnehmer der Meisterschaft beurteilen die U20-Poetry Slam-Community sehr positiv. Sie hatten sich schon im Vorfeld „auf die Leute, auf das Zuhören, auf das Gemeinschaftsgefühl" gefreut. Ein anderer Jugendlicher derselben Gruppe genießt es, mit eigenen Texten den Leuten etwas weiterzugeben und selbst eine gute Zeit zu verleben. Die erwachsenen Slam-Poeten der „Slamily" wirkten besonders „nett und offen", „sozialkompetent" und „freundlich". Unter der Slam-Community versteht eine andere Jugendliche (Gruppe Meisterschaft) eine „sehr dynamische Gruppe, bei der alle dasselbe Ziel verfolgen" und in der man „viele wunderbare Menschen" kennen lerne.

Auf „dem National" will sich eine der Jugendlichen (Gruppe Meisterschaft) „ausleben und neue Seiten an sich kennen lernen". Eine andere Jugendliche meint, dass sie in der Slam-Community andere Perspektiven erhalte, wobei Poetry Slam „kein Lebensinhalt" sei, „sondern ein schönes Hobby" bleibe. Eine Jugendliche betont, dass bei der Meisterschaft auch „echte Kontakte" geknüpft werden könnten. Von einer anderen Jugendlichen (Gruppe Meisterschaft) werden die beteiligten Leuten sogar als eigentliche Motivation für die Teilnahme an einem Slam genannt, da das Reisen (zu zukünftigen Slam-Veranstaltungen) durch diese Kontakte erleichtert werden könnte. Diese Kontakte sind für Schüler natürlich besonders wichtig, denn sie verfügen über wenig Geld, können sich folglich keine Pensionen oder Hotelzimmer leisten, und sind aufgrund ihres eigenen Schutzes auf

Ansprechpartner angewiesen, die sie persönlich – und nicht nur aus Internetforen – kennen.

In Usingen ist durch das schulnahe Projekt vor Ort eine „*richtige Community*" entstanden: „*Durch den Slam haben wir uns besser kennen gelernt.*" Das Gemeinschaftsgefühl wird auch als Motivation gesehen, mit dem eigenen Schreiben zu beginnen. Die Jugendlichen halten an der Veranstaltung fest, da „*jeder seinen eigenen Stil hat [und es] nie langweilig wird, da verschiedene Inhalte dargestellt werden*". Ein Schüler des Gymnasiums hat durch den Poetry Slam eine Realschülerin kennen gelernt, die er sonst nicht getroffen hätte, und erwartet von Berlin, dass es auch eine Kennenlern-Party geben wird. Weitere Schüler schätzen die Meisterschaftsveranstaltung so ein, dass es dort „*sehr viele Talente*", „*ganz viel Konkurrenz*", „*andere Stile*", „*andere Sprachen*" und „*andere Gedanken*" gäbe, aber „*dieselben Interessen*" und „*viele Bekanntschaften*", die man machen kann. Die Usinger Schüler beurteilen auch positiv, dass bei einer Meisterschaft viele Texte und Themen Gleichaltriger kennen gelernt werden könnten.

Die Workshopteilnehmer empfanden das Zusammenarbeiten im Workshop ebenfalls als sehr positiv. Der Auftritt bei dem Workshop-Slam sei auch „*durch Gruppengefühl*" möglich gewesen. Die Slam-Bühne sei aber trotz Workshop und spontanem Schreiben eine Hürde: „*Es ist viel Übung dabei, wenn man sicher ist, kann man auch auf der großen Dichterschlacht mitmachen.*" Einige schätzen ein, dass Slam eine große Bedeutung für die Jugendkultur haben könnte. Sie sprechen jedoch davon sehr theoretisch, als würden sie selbst nicht dazugehören:

Es hat auf alle Fälle eine große Bedeutung, denke ich, für die heutige Jugend. Weil die heutige Jugend sich dann doch wieder mit ihrer eigenen Sprache identifiziert und wieder neue, kreative Sachen macht und versucht, sozusagen, die Welt zu verbessern oder so. Und man kann sich wirklich damit identifizieren, und es ist sehr wichtig für die Jugend, denke ich.

Die Teilnehmer des Workshops sind kaum motiviert, an einem weiteren Slam teilzunehmen[27]. Ein Auftritt bei einer Darmstädter Dichterschlacht ist nur für wenige ein „*Traum*", als Zuschauer würden sie jedoch weiterhin dem Literaturformat treu bleiben.

---

[27] Die Verfasserin war im Rahmen der Frankfurter Buchmesse im Oktober 2006 bei dem Frankfurter Poetry Slam zu Gast, wo sie zufällig die Gewinnerin des Workshop-Poetry Slam traf, die gemeinsam mit einer anderen Workshop-Teilnehmerin sowie ihrer Mutter angereist war. Sie trat bei dem Poetry Slam auf und belegte einen der mittleren Plätze.

Für ein Publikum schreiben

Die Jugendlichen aus dem schulnahen Projekt äußerten zahlreiche Aspekte, die am adressatenorientierten Schreiben interessant sind: Eine Schülerin orientiert sich schon bei der Textproduktion am Publikum. Das Geschriebene sollte „nicht so metaphernreich" sein, stattdessen sollte es „das aufgreifen, was den meisten Menschen durch den Kopf geht, z. B. eine Meinung".

Ein anderer Schüler spricht davon, sich in andere Sichtweisen hineinversetzen zu können, sodass sich „gegenseitiges Verständnis" verbessere: „Ich mag beim Slam, die Welt aus anderen Augen zu erfahren." Interessant sei auch, wie eigene Texte auf das Publikum passen. Man müsse auf jeden Fall hinter seinem eigenen Text stehen. Das sei neu, da es in der Schule immer um eine objektive Herangehensweise an Themen ginge. Ein weiterer Aspekt sei die Verantwortung für das Publikum: Man könne lernen, den Publikumsgeschmack zu treffen und sich dem „Massengeschmack anzupassen". Das sei nicht nur negativ, sondern auch gut: „Man kann Eigenes so hinkriegen, dass es Vielen gefällt". Eine andere Schülerin war „sehr aufgeregt" und ist dann „selbstbewusster geworden", da sie gemerkt habe, dass „das Publikum wirklich zuhören will" und dass „die Zuhörer die Gefühle [kennen] von denen [sie] schreibt, diese aber nicht wirklich nachvollziehen [konnten]."

Laut Workshopteilnehmer helfe das Publikum bei der Selbsteinschätzung und motiviere zum Schreiben. Die Bewertung sei „nicht so wichtig", sondern nur ein „I-Tüpfelchen", mit dem man „Anerkennung gewinnen" und „weitere Motivation, Texte zu schreiben" erhalte.

Die Jugendlichen des Schulprojektes schätzen, dass der durch bundesweit geltende Regeln reglementierte SLAM „härter" ist als der lokale Usinger Slam, da auch unbekannte Leute im Publikum und auf der Bühne sind. Von Vorteil sei, dass man bei der Meisterschaft durch eine unbekannte Jury bestimmt besser herausfindet, wer der Beste auf der Bühne und nicht sowieso der Beliebteste in der Schule ist. Ein Workshopteilnehmer schlug für die Bewertung ein prinzipiell anderes Verfahren vor: So könne man zum Beispiel Newcomer an „alten Hasen" wie Sebastian Krämer messen.

Die Teilnehmer der Meisterschaft meinen, dass die Bewertung nicht so wichtig oder sogar „absolut egal" sei. Vielmehr spielten eigene Fortschritte bei der Präsentation eine Rolle: Ein Schüler (Gruppe Schulprojekt) bestätigt, dass die Herausforderung im Poetry Slam darin liege, einen Text zu bringen, der „in die Grundstimmung hineinpasse". Einem weiteren sei es wichtig, nun frei und ohne Textblatt vortragen zu können. Ein Jugendlicher aus der Gruppe Meisterschaft weist darauf hin, dass er Bewertung von der Schule her kenne. Diese sei in seinem Fall „meistens nicht so gut", bei dem U20-Slam-Finale fand er die Wertung jedoch „fair" und er nutzt das Ergebnis „zur Weiterarbeit". Ein anderer Jugendlicher sagt, er habe zwar bei Auftritten vor diesem Auftritt bei der Meisterschaft Angst gehabt, sei nun aber selbstbewusster und „ziehe sein Ding durch". Es sei „wichtiger, dass er selber zufrieden ist", denn „jeder bewertet subjektiv" und man müsse „sich selbst positiv bewerten".

Auch bei den Workshopteilnehmern spielte der Wettbewerb bzw. der Sieg[28] vordergründig keine große Rolle. In Interviews, die vor dem abendlichen Abschluss-Poetry Slam des Sommerkurses geführt worden waren, äußerten die Teilnehmer, dass es entscheidender sei, dass „Einzelne [im Publikum] positiv reagieren" und der Slam-Poet einzuschätzen lernt, was „für das Publikum jetzt besser" ist. Zwischen den Slam-Poeten, die innerhalb des Workshop-Poetry Slams aufgetreten sind, herrscht laut Aussage eines Teilnehmers „keine Konkurrenz".

Nicht das Gewinnen, sondern die Reaktion des Publikums scheinen entscheidend: Ein Junge sieht die Bewertung eher als „Chance für das Publikum", da dieses Meinung und Feedback äußern kann. Ein Workshopteilnehmer misst den Erfolg seiner Performance danach, „ob [der Text] beim Publikum etwas auslöst". So sei „Bewertung was Schönes für das Publikum und für den Gewinner, es bedeutet wissenschaftlich aber nichts, es spielen eher subjektive Faktoren eine Rolle, d. h. welche Stimmung jemand gerade hat".

Eine andere Jugendliche (Gruppe Workshop) beschreibt hingegen, dass sie merke, wann ihr Auftritt anderen gefällt und dass sie Kontakt mit dem Publikum durch rhetorische Fragen aufnehme. Sie wolle gewinnen und würde sich mit ihrem Freund über passende Texte beraten. Auch ihr Freund spricht davon, dass es bei ihm schon den Ehrgeiz gäbe zu gewinnen.

Die Teilnehmer der Meisterschafts-Gruppe relativierten den Wettbewerb im U20-Poetry Slam gegenüber der kulturellen Praxis der Erwachsenen-Liga: Bei einem U20-Poetry Slam würden „eher hohe Punkte" verteilt als bei einem Erwachsenen-Slam, wo die Jury „skeptischer" sei. Einige nehmen daher am U20-Poetry Slam teil, weil sie dort mehr Chancen haben zu gewinnen als bei den Erwachsenen. Allerdings mischten sich die Jugendlichen (Gruppe Meisterschaft) auch in die Veranstaltungen der Erwachsenen hinein, da es bei U20-Poetry Slam auch „einfach gestrickte Texte" gebe, bei denen man schon im Vorhinein die Aussage erkenne und die deshalb nicht so interessant seien. Eine Jugendliche dieser Gruppe schlägt vor, eine Jury zwischen 25 und 50 Jahren einzusetzen, da Jüngere zu leicht beeinflussbar seien und die Älteren mehr Lebenserfahrung hätten.

---

[28] In den USA wird bewusst die Terminologie „high scored" (Bestplatzierter) statt „winner" (Gewinner) verwendet.

Selbstbewusst sprechen

Alle Probanden aus der Schüler- und Meisterschafts-Gruppe, die bereits auf der Bühne gestaden hatten, teilten die Erfahrung, dass die Teilnahme an Poetry Slams selbstsicherer mache. Dies liege an der *„Verbindung zur Rhetorik"*. Das neu erworbene Selbstbewusstsein spiegelt sich auf drei Ebenen:

Man würde erstens in der konkreten Auftrittssituation die *„Angst auf der Bühne"* und *„vor dem Publikum"* verlieren. Zweitens wäre man auch bei Referaten und Vorträgen *„nicht mehr so nervös"*, da man gelernt habe *„frei zu sprechen"*. Die im Poetry Slam erworbene Sicherheit sei auch auf andere Vortragssituationen übertragbar, man könne sich jetzt *„gut verkaufen"*. Drittens wird auch der emotionale Zugang zu sich und anderen gefördert: Eine Teilnehmerin der Meisterschaft meinte, sie könne aufgrund ihrer Bühnenerfahrung mittlerweile *„mehr aus sich herauskommen"*. Sie setze ihre Nervosität *„richtig"* ein. Ein anderer erklärt, durch den öffentlichen Auftritt nun *„offener reden"* zu können.

Bei den Workshopteilnehmern, die das erste Mal bei einem Poetry Slam zum Abschluss des Workshops auftreten sollten, werden jedoch auch Schwierigkeiten erkennbar: So nahmen zwei Teilnehmerinnen wegen *„mangelndem Selbstbewusstsein"* zunächst nur an dem Open Mic teil. Durch die Unkenntnis dessen, was eine *„Dichterschlacht"* genau ist, wurde bei vielen Angst ausgelöst: Auf der Bühne habe eine Poetin sehr gezittert, sie werde daher erstmal an keinem weiteren Slam teilnehmen. Andere Teilnehmer berichten davon, Angst zu haben, den Text zu vergessen. Während des Auftritts hätte es dann aber eine Art *„Automatik beim Textvortrag"* gegeben, auch motivierte das Publikum, das *„gestrahlt hat"* und der Auftritt sei einfacher geworden, weil *„alles sehr schnell"* ging. Am schwierigsten sei *„das Warten"*, bis man *„dran kam ans Mikro"*, gewesen. Die beste Sicherheit beim Vortrag habe schließlich das Textblatt gegeben.

Ergebnisse der Zusatzbefragung

Die Jugendlichen sprechen in den Interviews vor allem von individuellen Gratifikationen: So könnten sie beim Schreiben für den Poetry Slam einen eigenen Stil finden und ihren Alltag verarbeiten und anders wahrnehmen. Die von ihnen selbst verfasste Literatur sei zwar für Unterrichtszwecke zu banal, sie hätten aber künstlerische Freiheit erfahren, die sie in der Schule aufgrund der Erwartungshaltung der Lehrer und der seltenen freien Schreibgelegenheiten nicht fänden. Durch die Verbindung von Text und Vortrag hätten sie gelernt, selbstbewusster und freier zu sprechen. Zu den sozialen Gratifikationen zählt vor allem, dass sie für ein Publikum geschrieben und auf dessen Empathie gesetzt haben. Außerdem sei innerhalb der Slam-Szene – sowohl im Workshop, im schulnahen Projekt oder bei der Meisterschaft – ein Gemeinschaftsgefühl entstanden, das den Auftritt leichter mache und für zukünftige Kontakte sorge.

Die befragten Experten, d. h. die Lehrerin und die Referendarin der Gruppe Schulprojekt, kommen zu ergänzenden Feststellungen:

Die Referendarin aus Usingen sieht Chancen für Schüler, denen Deutschunterricht nicht so viel Spaß macht, da dies eine *„ganz andere Form von Literatur"* sei und die *„Kombination von Text und Performance"* heutzutage eine große Rolle spiele. Sie war *„ganz überrascht"*, dass auch Schüler, die *„sehr, sehr zurückhaltend sind"* und die Poetry Slam nur im Unterricht gehört hatten, bei dem im schulischen Umfeld organisierten Poetry Slam *„auf einmal in den Vordergrund treten mit eigenen Texten"*. Dieses Selbstbewusstsein trage wiederum *„zur mündlichen Mitarbeit"* bei. Die Referendarin sah außerdem bei einer Schülerin *„sehr große Steigerungen der Leistung beim Vorlesen"*, da diese Jugendliche nun *„sehr gut lyrische Texte sinnstiftend lesen"* könne: *„Und da reicht ihr auch keiner das Wasser"*. Sie bewertete es als positiv, dass die Jugendlichen an die Öffentlichkeit gegangen sind:

Auch R. hat jetzt ganz viel, was sie selber dazu sagt, dann auch aufgenommen von anderen und einen neuen Stil probiert. Der C. auch, und ich glaube, das sind so Pluspunkte: dass man Selbst- und Fremdwahrnehmung ein bisschen in Einklang bringt.

Als Lehr- und Lernziele innerhalb des Unterrichts sollten nach Meinung der Referendarin *„kreative Schreibübungen an sich, die man vor allem in der Unter- oder auch Mittelstufe macht, darauf hinüben, um dann wirklich qualitativ gute Texte zu kriegen und dann wirklich so in Wettbewerb zu treten, dadurch verbessern sich die Chancen in der Oberstufe"*. Ein Problem sieht sie darin, dass *„durch Landesabitur etc. die Zeiten sehr knapp sind"*. Sie würde sich wünschen, dass sich Poetry Slam *„noch stärker etabliert"* und nicht nur als Projekt wahrgenommen wird. Vor allem Jüngere sollten *„da noch früher dran geführt werden"*, da sie *„noch viel mehr Spaß am Schreiben"* hätten, *„noch viel ehrlicher"* seien, sich aber *„noch viel zu wenig zutrauen, um das dann auch wirklich preiszugeben"*. Schwierig seien aufgrund der Infrastruktur jedoch die Abendveranstaltungen.

Die Lehrerin aus Usingen glaubt, dass sich die Schüler *„gegenseitig begeistern, weil sie sehen: Da sind Leute, die auch Interessen haben wie ich auch. Das ist nicht vor dem Fernseher sitzen und glotzen, das ist aktiv"*. Außerdem sei ein Auftritt bei einem Poetry Slam eine Bestätigung, da er öffentlich zeige: *„Ja, ich bin klug. Ich benutze meinen Kopf, und ich stehe dazu."* Was ihr sofort aufgefallen ist, war, dass Schüler *„gut mit Kritik umgehen"*. Außerdem hätten *„vor allem die Mädchen [...] jedes Mal wirklich an Selbstbewusstsein gew[o]nnen"*. Schüler, die immer auf der Bühne sind und schon auf einem hohen Niveau texten, hätten sich auch entwickelt:

Und alle drei, die ich genannt habe, waren sehr schwierige Schüler. Alle drei. Und einer war in die letzte Runde gekommen. Und auf der Bühne hat er einen unglaublich lockeren Eindruck gemacht. Unglaublich. Die Schüler haben auch gesagt: „Ich kann nicht glauben, dass er das ist." Und das ist schon eine große Erfahrung.

Insgesamt hätten die Schüler nun „*viel mehr Mut, etwas Anderes zu sagen*" und würden auch andere, „*schräge Texte*" präsentieren.
Sie möchte im Unterricht erreichen, dass die Schüler – auch, bei Fremdsprachen – „*die Sprache auch fühlen. Und nicht einfach lernen*". Auch sollte der Wortschatz aufgebaut und flexibel verfügbar gemacht werden: „*Genau das Gleiche ist es, wenn man eine Sprache lernt, und es gibt drei Worte für den gleichen Begriff: Such einen aus, der dir gefällt, und benutze ihn.*" Wichtig sei auch, dass die Schüler „*Spaß an einem Text haben können*" und dass „*sie ganz genau hinhören*".

2.2.3 Teilnehmende Beobachtung der Workshops für Jugendliche

Datenerhebung

Im deutschsprachigen Raum werden zahlreiche Workshops für Schüler angeboten. Um die Abläufe, Inhalte und Methoden der Workshops repräsentativ zu untersuchen, sind drei Quellentypen gewählt worden: ein Online-Fragebogen für die Workshopleiter, eine Video-Dokumentation, die in 40 Minuten Ausschnitte aus einer Auswahl von 50 Workshops präsentiert, und die teilnehmende Beobachtung von insgesamt sechs unterschiedlichen Workshops.

Online-Umfrage

Im Februar 2009 führte die Verfasserin mit der Hilfe eines Fragebogens der vorstrukturierten Maske des Anbieters www.surveymonkey.com eine Online-Umfrage (vgl. Anhang) durch, um Workshopleiter über ihre Arbeit im Workshop selbst zu Wort kommen zu lassen. Diese Fragebogenstudie hatte den Vorteil, dass an die Stelle der Spontaneität des verbalen Austauschs die Reflexivität des schriftlichen Austausches trat (vgl. Flick 2009, 341) und Selbststilisierungen (vgl. dazu Hurrelmann et al. 1999, 155f.) dadurch minimiert wurden, dass der Interviewleitfaden nur wenig qualitativ angelegte Fragen enthielt und stattdessen quantitative Aussagen gemacht werden sollten.

Die Adressaten der Umfrage waren ausschließlich Workshopleiter, die Zugriff auf eines der beiden Foren für den deutschsprachigen Poetry Slam Zugang hatten: www.myslam.de und http://de.groups.yahoo.com/group/slamily/. Das Portal „Myslam" hatte zur Zeit der Umfrage insgesamt 744 Benutzer, davon 344 Poeten und 185 Slam-Master. An der Diskussionsgruppe „Slamily" nehmen insgesamt 531 Mitglieder teil. Insgesamt gingen 23 Rückläufe ein, wovon 21 Bögen gültig sind.

Ein Nachteil von Online-Umfragen ist der hohe Grad an Anonymisierung, der eine realweltliche Kontextualisierung (vgl. Flick 2009, 340) erschwert. Die Workshopleiter sind der Verfasserin mit einer Ausnahme („Hanz") dem Namen und den angegebenehn Aktivitäten und Orten nach persönlich bekannt; trotzdem ist bei einer solchen Online-Umfrage nicht auszuschließen, dass sich Personen unter fremden Namen bzw. unter Angabe falscher Daten beteiligen.

Video-Dokumentation

Die Video-Dokumentation „U20-Workshops (Berlin 2007)" ist Bestandteil der DVD zu Praxis Deutsch 208/ 2008, „Poetry Slam und Poetry Clip " (Anders, 2008), die käuflich zu erwerben ist.

Die 40-minütige Dokumentation ist für den Einsatz im Unterricht oder im Workshop gedacht und veranschaulicht die unterschiedlichen Phasen des Schreibprozesses: Ideen finden, am Bühnentext arbeiten, Teamtexten und Performance trainieren.

Die Ausschnitte stammen aus den insgesamt 50 Workshops, die zehn Slam-Poeten in jeweils fünf dreistündigen Veranstaltungen im zweiwöchigen Rhythmus an Berliner Gymnasien und im Berliner Atze-Theater durchführten. Die Veranstaltungen fanden von Februar bis Mai 2007 statt und sind kontinuierlich durch ein der Verfasserin bekanntes professionelles Filmteam der Filmhochschule Berlin begleitet und dokumentiert worden. Das Filmmaterial zählt zu den „von Akteuren aufgezeichneten professionell bearbeiteten Situationen" (Knoblauch 2004, 126). Der Schnitt wurde durch die Verfasserin beeinflusst. In die filmische Dokumentation „fließen theoretische Vorannahmen ein, die bestimmen, was und wann [gefilmt], welcher Ausschnitt davon gewählt wird" (Flick 2009, 306). Dazu gehörte, dass die Verfasserin möglichst die Ausschnitte für den Film auswählte, die den Prozess vom Schreiben zum Performen dokumentierten, da dieser Vorgang für die Zielgruppe der DVD, also die Lehrer, vermutlich am schwierigsten vorstellbar ist und daher auf der Lehr-DVD nicht fehlen durfte.

Das Material wurde am 8. Juni 2007 durch 15 Lehramtsstudierende (12 weiblich, 3 männlich) des Seminars „Projekte im Deutschunterricht" an der Universität Bremen kritisch gesichtet. Die Datenerhebung orientierte sich an den vier Schritten einer Filmanalyse von Denzin (2000, 427): Der Film wurde als Ganzes betrachtet. Die Studierenden notierten Fragen und Eindrücke. Im zweiten Schritt verbalisierten sie eine Forschungsfrage: *Welche Inhalte und Methoden verwenden Slam-Poeten in Workshops, um Jugendlichen Schreiben und Performen zu vermitteln?* Der Film wurde erneut gesichtet (Schritt 3), die Studierenden schrieben Beispiele auf und stellten diese zur Diskussion (Schritt 4). Alle die Forschungsfrage betreffenden Aussagen sammelte die Forscherin auf einem Flip-Chart. Die Studierenden bezogen in ihre Beurteilungen der Filmausschnitte die im Seminar erarbeitete Projektmethode (Frey 2002) sowie ihr in Einführungsmodulen der Universität Bremen erworbenes Wissen über Schreibprozesse ein. Die Aussagen wurden von der Forscherin unmittelbar nach dem Gespräch in einen Fließtext übertragen.

Teilnehmende Beobachtung

Um Handlungsweisen und Interaktionen in Poetry Slam-Workshops von innen heraus als Teilnehmer und von außen als reiner Beobachter zu verstehen, begab sich die Verfasserin als teilnehmende Beobachterin in drei Workshops im deutschsprachigen Raum und in drei Workshops in den USA. Die Methode der teilnehmenden Beobachtung ermöglicht eine zunächst offene Beobachtung, die zunehmend fokussiert und teilweise auch eine Reizüberflutung des Beobachters zur Folge haben kann (vgl. Flick 2009, 362).

Im deutschsprachigen Raum sind die drei Workshops in Bremen im Jahr 2006/ 2007 beobachtet worden. Sie wurden von zwei Poeten aus Berlin an der Universität Bremen durchgeführt. Es nahmen insgesamt 34 Schüler im Alter von 11 bis 17 Jahren teil. Die Akquise der Schüler erfolgte durch Studierende, die Kontakt zu ihren Praktikumsschulen aufgenommen hatten. Die Workshops sind deshalb repräsentativ, weil sie erstens von Slam-Poeten geleitet worden sind, die bereits seit den Anfängen des Poetry Slam in Deutschland Workshops anbieten. Zweitens dienten diese Workshops dazu, weiteren Workshopleitern eine Anleitung für eigene Schreibwerkstätten zu geben: Zwei zukünftige Workshopleiter aus Kiel hospitierten bei der zweiten der insgesamt drei Veranstaltungen und bieten seither zahlreiche Workshops in Schleswig-Holstein an (vgl. www.assembleart.com/u20/u20.htm), die von diesem Modell beeinflusst wurden.

Um die Perspektive der Verfasserin zu objektivieren, erfolgte die Auswertung der Bremer Workshops mit Hilfe von Aussagen von Studierenden des Seminars „Mündlich hast du dich verbessert" (Universität Bremen, WiSe 2006/ 2007), die schriftlich Protokoll geführt hatten. Die Eindrücke werden verglichen mit einem anderen Workshop, der 2008 von einem der sehr populären Slam-Poeten durchgeführt worden ist, der in der Online-Umfrage über 50 gegebene Workshops pro Jahr anführte. Dieser Workshop wurde durch einen Journalisten beschrieben, der als teilnehmender Beobachter anwesend war. Sicher ist die Darstellung aufgrund der journalistischen Textsorte provokativ zugespitzt, der Blickwinkel hilft jedoch der Objektivierung, da dieser Schreiber weder in die Szene eingeweiht noch didaktisch versiert ist.

Die US-amerikanischen Workshops zum Poetry Slam werden in San Francisco und New York wöchentlich und ganzjährlich angeboten. Die Workshops der Organisation „Youthspeaks" in San Francisco finden an sozialen Brennpunkten in außerschulischen Jugendeinrichtungen wie zum Beispiel in den Räum des YMCA in dem Stadtteil Tenderloin statt. Die zweistündigen Workshops werden wöchentlich angeboten, einige Jugendliche besuchen mehrere Workshops pro Woche. Die Kurse sind binnendifferenziert, themenorientiert und geschlechtsspezifisch ausgerichtet (Workshop für Mädchen, HipHop-Workshop, Anfänger- und Fortgeschrittenenkurs etc.). Auch Kooperationen mit Schulen sind Teil des Workshopangebotes.

Die Verfasserin nahm an drei unterschiedlichen Workshops als Beobachterin teil: Im Projekt „Youth Speaks" in San Francisco besuchte sie im März 2007 einen Anfänger-Workshop des Slam-Poeten Prentice Powell und einen Fortgeschrittenen-Workshop von James Kass, der ursprünglich den Youth-

Poetry Slam zusammen mit Jen Weiss in den USA gründete.

Im August 2008 nahm sie an einem Workshop der New Yorker Summer School teil, der von Gary Glazner veranstaltet worden ist.

Die Verfasserin hatte wenig Vorkenntnisse über die Teilnehmer und die didaktisch-methodische Praxis in den US-amerikanischen Workshops. Ihre Teilnahme an den Workshops wurde ein paar Tage vor dem jeweiligen Termin per E-Mail mit den jeweiligen Workshopleitern verabredet. Als Beobachterin saß sie während des Workshops wie eine Teilnehmerin zwischen den Jugendlichen, arbeitete zu den gestellten (Schreib-)Aufgaben mit und machte sich Notizen zu dem Verhalten der Workshopleiter und den anderen Teilnehmenden. Interviews nach den Workshops ergänzten die subjektiven Eindrücke der Beobachterin.

Datenauswertung

Online-Umfrage

Die Online-Umfrage ergab, dass fast alle an der Umfrage beteiligten Workshopleiter selbst aktive Slam-Poeten sind, die aber teilweise auch zuschauen, moderieren und veranstalten. Nur eine Person ist ausschließlich als Moderator aktiv. Sie treten durchschnittlich seit fünf Jahren bei Poetry Slams auf. Der am längsten tätige Slam-Poet ist seit 14 Jahren dabei, der kürzeste Zeitraum der Teilnahme ist acht Monate. Die Workshopleiter kommen aus der Schweiz (St. Gallen und Basel), Österreich (Wien) und Deutschland: Aus Berlin (vier Nennungen) kommen die meisten Workshopleiter, als andere Städte werden Kiel, Bremen, Hamburg, Hannover, Bochum, Marburg, Wiesbaden, Erfurt, Leipzig, Stuttgart, Bamberg, Tübingen und München genannt. Auffällig ist, dass die neuen Bundesländer unterrepräsentiert sind. Die Städte, in denen seit 2004 deutschsprachige Meisterschaften stattfinden (Stuttgart, Leipzig, München, Berlin) sind vertreten, jedoch nicht in der Stärke, in der sich die Workshopkultur während der Meisterschaften entwickelt haben sollte. Zürich ist trotz des SLAM2008 nicht genannt, obwohl dort jährliche U20-Meisterschaften stattfinden. Die Orte, an denen die Slam-Poeten ihren letzten Workshop durchgeführt haben, fallen nicht immer, jedoch bei 14 der 21 Befragten, mit dem Heimatort zusammen. Teilweise werden dabei weite Strecken in Kauf genommen: Ein Workshopleiter aus Basel pendelt nach Wuppertal, ein Berliner nach Marburg, ein Erfurter nach Bremen etc. Ein anderes Workshopmodell ist dagegen das der Slam-Master in Kiel: Sie sind mit U20-Nord und rund 30 Workshops im Jahr hauptsächlich in ihrem Bundesland Schleswig-Holstein tätig.

Im Durchschnitt geben die Poeten circa 15 Workshops im Jahr. Die Angaben variieren jedoch stark: Während sieben Workshopleiter zwischen 20 und 50 Workshops pro Jahr angeben, also bereits als Profis angesehen werden können, belaufen sich bei weiteren acht Poeten die Workshops auf drei bis acht Workshops pro Jahr.

Die Bezahlung erfolgt durch Schulen, Elternvereine, Universitäten, Stiftungen, Sponsoren und vereinzelt durch die Workshopteilnehmer selbst.

Die meisten Workshops werden für Gymnasiasten (59,1 %) durchgeführt. Gemischte Gruppen geben fünf Workshopleiter an, in Haupt- und Realschulen arbeiten nur jeweils zwei Workshopleiter und ein Vertreter der Grundschulen ist gar nicht genannt.

Laut der Umfrage befördern die Workshops die aktive Teilhabe von Jugendlichen an späteren Poetry Slams: Die Hälfte der Workshopleiter gibt an, dass mehrere (ab fünf Teilnehmer) an einem späteren Poetry Slam teilnehmen. Offen ist jedoch, ob damit der innerhalb des Workshops durchgeführte Poetry Slam oder ein öffentlicher Poetry Slam gemeint ist. In Workshops von neun Poeten nahmen die Jugendlichen sogar an einer deutschsprachigen Meisterschaft teil. Der Poet, der angab, dass keiner der Jugendlichen an einem Poetry Slam teilnahm, hatte bisher nur einen Workshop gegeben, der in der Hauptschule stattfand.

Die meisten Workshops finden in Räumen der Schule und in Kooperation mit einem Lehrer statt. Die Zusammenarbeit betrifft jedoch nicht unbedingt den Unterricht: diesen teilen sich nur drei Poeten mit einem Lehrer. Ebenfalls nur drei Poeten geben an, den Lehrplan der Schüler zu kennen. Zugleich behaupten 76 % der Befragten, dass die Schüler etwas in dem Workshop lernen würden, das für die Schule relevant sei.

Der Ablauf und Inhalt eines Slam-Workshops wird von allen Workshopleitern nahezu identisch mit der folgenden Beschreibung dargestellt:

1. Einführung ins Thema Performance Poetry
2. Vortragsübungen anhand von idealtypischen Performance-Texten
3. Arbeit an eigenen Texten der Teilnehmer
4. Umgang mit der Bühnensituation
5. Vermittlung von Vortragstechniken

Ein Poetry Slam folgt somit vor allem einem deduktiven Vorgehen. Die Schüler lernen zunächst das Thema kennen und können sich dann durch Eigenproduktionen mit dem Format vertraut machen und sich durch eigene Beiträge einbringen.

Variationen gibt es im Einstieg: Einige Poeten führen selbst eine Performance vor, während andere dazu AV- bzw. Hör-Medien einsetzen oder „*die Geschichte des Poetry Slam erörtern*" [sic!]. Auch die Produktionsphase der Schüler setzt unterschiedlich ein: Einige ziehen zeitlich die Übungen zur Performance den Schreibübungen vor, andere lassen die Schüler gleich selber schreiben. Nach den Schreib- und

Performance-Übungen folgt meist eine Vortragsrunde oder ein Poetry Slam mit Feedback durch die Workshopteilnehmer.

Zusätzliche, von Einzelnen genannte Details sind zum Beispiel Assoziationsübungen, Erläuterungen zu Takt und Rhythmus, Arbeit zum Publikumskontakt, Analyse von „*Auftrittsvideos*" fremder Dichter, Fremdtexte performen lassen und das Angebot, schriftliches Feedback per Mail zu den Texten der Jugendlichen zu senden.

Die meisten Workshopleiter nennen als das am häufigsten im Workshop eingesetzte Medium die CD mit Hörtexten (68,2 %). Mit Abstand, aber auf Platz zwei, folgt das Printmedium (Textsammlungen, 59,1 %). Erst auf dem dritten Platz finden sich AV-Medien (Live-Mitschnitte aus YouTube, DVD Slam2005 und Poetry Clips). Einige beziehen Internetseiten über Poetry Slam oder andere Slam-Poeten in ihre Workshops ein. Nur wenige (22 %) nutzen den Spielfilm über die Geschichte des Poetry Slam („Slam Revolution", Wolkenstein 2007) und nur drei Workshopleiter lassen die Jugendlichen eigene Poetry Clips drehen. Zu den anderen Medien, die die Befragten verwenden, gehören „*mich selbst*", also die Live-Performance im Klassenraum (drei Nennungen), und „*Lyrik, die ich gut finde*", wie z. B. Erich Kästner, (zwei Nennungen). Außerdem werden vereinzelt didaktische Materialien (Anders 2004/ 2007, Anders 2008, Anders/ Abraham 2008) angegeben (drei Nennungen). Bei der Frage, welche Medien zukünftig mal eingesetzt werden könnten, interessierten sich vier Poeten für das Selberdrehen von Poetry Clips und ebenso viele für den Film „Slam Revolution" (Devlin 1998). Acht Workshopleiter gaben an, bei ihren bereits verwendeten Medien bleiben zu wollen.

Als Erfolgserlebnisse sehen die meisten Workshopleiter, dass sie dazu beitragen, dass schüchterne Schüler zu (oft erstaunlich guten) Vorträgen ermutigt werden und dass Schüler es genießen, etwas schreiben und sagen zu können, was sie wollen. Auch die Freude an gemeinsam mit den Schülern vorbereiteten Poetry Slams am Ende eines Workshops und dem entstehenden Gruppengefühl heben manche Workshopleiter als besonders positive Erfahrung hervor.

Die Workshopleiter sind aus den folgenden Gründen motiviert, Workshops zu geben: Elf der Befragten möchten die eigene Begeisterung, die sie durch Poetry Slam erfahren, weitergeben und „*das Thema weiter in die Welt tragen*", „*Aufbauarbeit für die Szene*" leisten und „*Talente*" entdecken. Es macht ihnen Spaß, Kreativität zu vermitteln und sich mit Jugendlichen auszutauschen. Einer gibt an, durch die Arbeitshaltung der Schüler wiederum selber zum Schreiben motiviert zu werden. Außerdem sagen sieben Poeten, dass sie ihren Lebensunterhalt damit bestreiten oder diese Bezahlung als Ausgleich für die meist unbezahlten Auftritte auf Poetry Slams sehen. Einige geben explizit an, dass sie Poetry Slam-Workshops als sinnvolle Ergänzung zum

Literaturunterricht sehen und Jugendlichen eine Feedbackkultur sowie Begeisterung für die Literatur vermitteln wollen.

Workshops im deutschsprachigen Raum

Die Workshops, die in Berlin durchgeführt und von der Verfasserin beobachtet worden sind, decken sich zu großen Teilen mit den Angaben, die die Workshop-Leiter in der Online-Umfrage machen:

Der oben, von den Workshopleitern selbst genannte und hier zusammengefasste Ablauf war in nahezu allen Workshops derselbe, es wurden kaum Medien außer der Performances der Workshop-Leiter eingesetzt, die Kooperationen mit den Lehrern waren über eine kurze Vorstellung der eigenen Arbeit kaum vorhanden – über Lernvoraussetzungen der Schüler wurde nicht gesprochen. Außerdem waren die Workshop-Leiter nicht imstande, aufeinander aufbauende Workshops zu modellieren. So glichen sich alle drei bzw. fünf Workshopmodule in Bremen und Berlin, anstatt dass sich der eine Workshop auf das Schreiben, der zweite auf das Performen usw. konzentriert hätte. Die Workshop-Leiter blieben in diesem Punkt beratungsresistent.

Der Verfasserin fiel besonders auf, dass die Jugendlichen, die sich sehr leicht mit dem Schreiben und dem Performen taten, von den Workshop-Leitern große Aufmerksamkeit geschenkt bekamen. Die Slam-Poeten hatten also weniger einen didaktischen oder pädagogischen Blick auf ihr Wirken. Vielmehr suchten sie unter den Schülern nach neuen Talenten. Diese wurden dann auch in intensiven, zusätzlichen (und unbezahlten) Einzeltreffen unterstützt. Darin spiegelt sich die in der Umfrage genannte „Aufbauarbeit für die Szene". Ein Workshop-Leiter schaffte es so, seinen Schützling Julian Heun zum U20-Slam-Champion 2007 zu machen.

Bremen

Betrachtet man das Protokoll und die Gesamteinschätzung der fünf Studierenden zu den drei Workshops, die in Bremen durchgeführt worden sind, so bestätigen diese den Eindruck, den die Verfasserin von den Workshops allgemein hatte:

1. Workshop: Ideen- und Themenfindung

Nach einer kurzen Erklärung des Formats „Poetry Slam" wurde ein kleiner Slam (d.i. der Vortrag einiger Texte durch die Workshopleiter) simuliert, um die Teilnehmer auf den Workshop einzustimmen. Leider bewies der Workshopleiter nicht unbedingt großes pädagogisches Geschick im Umgang mit den Schülern, was

sicher dazu beitrug, dass drei Schüler den Workshop bereits kurze Zeit später verließen[29]. Die anderen Schüler verteilten sich auf die beiden Workshopleiter.
Beide Workshopleiter boten den Teilnehmern Schreibanlässe an. Während es bei den Schreibthemen von der Workshopleiterin keine formalen Vorgaben gab und zwischen zwei Vorschlägen und einem freien Thema gewählt werden konnte, gab der männliche Workshopleiter sehr konkrete Schreibaufgaben vor, bei denen nicht nur thematische, sondern auch formale Kriterien erfüllt werden sollten. Die Teilnehmer arbeiteten konzentriert und motiviert an ihren Texten und später zum Teil auch bereits an ihrer Performance.

In beiden Gruppen präsentierten die Teilnehmer ihre Texte zunächst gruppenintern, wobei sie in der von der weiblichen Slammerin geleiteten Gruppe nicht nur ein Feedback von der Workshopleiterin, sondern auch von den anderen Teilnehmern bekamen.

Abschließend wurde ein erster kleiner „Poetry Slam" veranstaltet, bei dem (freiwillige) Schüler der beiden Gruppen ihre Texte der Gesamtgruppe präsentierten.

Im ersten Workshop konnten die Schüler das Format „Poetry Slam" kennen lernen und erste Erfahrungen damit sammeln. Insgesamt wirkte der Workshop sicher auf einige Teilnehmer sehr motivierend.

Wir waren jedoch etwas enttäuscht, dass die beiden slam-erfahrenen Workshopleiter nur mehr oder weniger konkrete Schreibanlässe vorgaben, ohne zu thematisieren, wie man eigene Themen findet. Außerdem fand keine Vermittlung von Schreibstrategien statt. Gerade wegen der formalen Vorgaben hätte der Workshopleiter die verschiedenen Gestaltungsmittel, z. B. Reim, thematisieren müssen.

2. Workshop: Schreiben und Performen

Auch beim zweiten Workshop gab es zwei Gruppen, die von den beiden Workshopleitern geleitet wurden. Allerdings verteilten sich die Schülern sehr ungleichmäßig. Während die meisten bei der weiblichen Slammerin blieben, waren in der Gruppe des männlichen Slammers lediglich drei Schüler sowie einige Studentinnen.

Bei der Slammerin wurde der gleiche Inhalt und Ablauf durchgeführt wie im ersten Workshop. Bei dem Workshopleiter wurde zunächst mit recht großem Aufwand die Themenfindung betrieben. Dabei sollte jeder notieren, was in der letzten Zeit besonders erfreulich oder besonders nervig gewesen war. Anschließend wurden

---

[29] Der Workshopleiter hatte die drei einzigen im Raum anwesenden Hauptschüler herausgepickt und sie nach ihren musikalischen Interessen gefragt, als diese mit „EMINEM" antworteten, schüttelte der Workshopleiter den Kopf und gab vor, diesen nicht zu kennen. Die Hauptschüler empörten sich dann auf dem Flur, dass der „Typ" gar keine Ahnung habe und sie auf so etwas keine Lust hätten.

durch ein „Ich packe meinen Koffer"-Spiel Worte[30] gesammelt, zu denen dann jeweils ein Satz geschrieben werden sollte. Bevor einige Teilnehmer/innen ihre Beschreibungen zu den Gegenständen vorlasen, erläuterte der Slam-Poet knapp, dass man jeweils das „Außergewöhnliche am Gewöhnlichen" herausarbeiten müsse, damit ein Text interessant werde. Da dies den Teilnehmern anscheinend nicht gelungen war, sollten alle noch einmal einige die Gegenstände beschreiben und versuchen, das Außergewöhnliche daran darzustellen. Besprochen wurden diese Beschreibungen jedoch nicht mehr, denn nun sollte aus der erfreulichen oder nervigen Begebenheit, die zu Beginn notiert worden war, und den gesammelten Begriffen eine Geschichte entwickelt werden.

Während der restlichen Zeit arbeiteten alle an ihren Texten. Der Slam-Poet trat dabei an die drei Schüler heran und erkundigte sich nach ihren Texten und beriet sie.

Zum Abschluss des Workshops trugen alle Teilnehmer/innen ihre Texte vor und bekamen Rückmeldungen zu Text und Performance von dem Workshopleiter. Die Rückmeldungen reichten von vage formulierten Eindrücken bis zu sehr konkreten Änderungsvorschlägen. Die Schüler sollten ihre Texte überarbeiten und dem Workshopleiter per E-Mail schicken, um weitere Rückmeldungen zu bekommen.

Positiv zu bewerten ist sicherlich, dass die Schreibthemen in diesem Workshop etwas freier gewählt werden konnten. Da über eigene Erfahrungen geschrieben wurde, ist anzunehmen, dass die Schreibenden emotional an den in ihren Texten dargestellten Themen beteiligt waren, was sicherlich motivierend wirken kann. Eine Reizwortgeschichte ist eine Möglichkeit, die Kreativität der Schreibenden anzuregen. In Verbindung mit den Schreibthemen zu denen die Teilnehmer eventuell schon eigene Ideen der Umsetzung hatten, waren die zu verwendenden Wörter aber vielleicht hinderlich.

Auch in diesem Workshop wurden, abgesehen von dem Hinweis das „Außergewöhnliche" herauszuarbeiten, keine Schreibstrategien vermittelt. Die Schüler arbeiteten konzentriert und interessiert. Sie hatten anscheinend Spaß.

3. Workshop: Training, 17.2. 2007, 15–17 h

In diesem Workshop sollte die Performance geübt werden. Die Schüler trugen nacheinander ihre Texte auf der Bühne vor, auf der später auch der offizielle U20-Slam stattfinden sollte. Nach ihrem Vortrag bekamen sie Rückmeldungen von den Workshopleitern und den anderen Teilnehmern. Es zeigte sich, dass die Schüler sehr unterschiedlich gut vorbereitet waren. Während einige ihre Texte auswendig vortrugen und Gestik, Mimik, Intonation usw. einsetzten, lasen andere ihre Texte mehr oder weniger flüssig ab. Da direkt anschließend der Slam stattfand, gab es für

---

[30] Die dabei „in den Koffer gepackten Wörter" hießen Handy, Buch, Computer, Malstifte, Zahnbürste, Hose, MP3-Player, Heft, Äpfel, T-Shirt, Melkmaschine.

die Schüler nur wenige Möglichkeiten, die in den Feedbacks formulierten Anregungen umzusetzen.

Dass die Schüler sich vor dem Slam mit der Bühne vertraut machen konnten, ist sicherlich positiv zu bewerten. Wir hatte uns jedoch etwas mehr von dem Workshop versprochen, z. B. Übungen zur Artikulation und zum Einsatz von Gestaltungsmitteln wie Intonation, Sprechrhythmus, Gestik, Körpersprache usw. In kleinen Gruppen hätten die Schüler dann konzentriert an ihrer Performance arbeiten können.
Gesamteindruck:

Die Teilnehmer der Workshops hatten anscheinend Spaß an dem Verfassen und Vortragen der Texte. Besonders die jüngeren Schüler waren zum Teil mit großer Begeisterung dabei. Die Workshopleiter vermittelten einen anschaulichen Eindruck vom Format „Poetry Slam" und verstärkten die Schüler positiv in ihren Schreibversuchen. Die von ihnen angebotenen Schreibanlässe wirkten zum Teil sehr motivierend auf die Schüler.

Solche oder ähnliche Schreibanlässe hätte jedoch auch nahezu jeder Lehrer anbieten können. Von ihren Kompetenzen als Schreibprofis gaben die beiden Slammer nur wenig weiter. So schrieben die Schüler/inne einfach ihren Fähigkeiten entsprechend drauf los. Wir hatten erwartet, dass nicht nur die vorhandenen Schreibkompetenzen genutzt, sondern auch neue aufgebaut werden.

Wir glauben, dass sich auch kreatives Schreiben in einem gewissen Umfang erlernen lässt. Dazu ist natürlich Schreibpraxis nötig, die die Schüler/innen in den Workshops erwarben. Darüber hinaus sind jedoch auch Kenntnisse über Dramaturgie, Möglichkeiten des Erzählens (z. B. Erzählen aus der Perspektive eines unbelebten Gegenstands) und die Wirkung von verschiedenen Stilmitteln nützlich. Dass dies nicht durch einen Vortrag vermittelt werden sollte, sondern durch Ausprobieren und Schreibspiele, ist selbstverständlich."

Eine weitere Beschreibung eines Workshops – diesmal aus der Perspektive eines der Verfasserin unbekannten Bremer Lokal-Journalisten – untermauert die Eindrücke der Verfasserin und der Studierenden. Er hatte einen Workshop besucht, der im Mai 2008 im Bremer Übersee-Museum stattfand und auf den U20-Poetry Slam vorbereiten sollte, bei dem sich ein Jugendlicher für die U20-Poetry Slam-Meisterschaften 2008 in Zürich qualifizierten:

Eine Stunde offener Workshop wird an den Wall und in die City verlegt. Geschichten finden sich überall, vor allem solche, die nur fünf Minuten lang sein sollen. [...] Michaels[31] Aufforderung kommt an sich locker rüber: „So, jetzt erstmal 'ne halbe Stunde schreiben?" Nachdem er nun schon einiges über das richtige Performen erzählt hat, fällt das Schreiben nicht gerade leichter.

---

[31] Name des Workshopleiters geändert.

Schreibt man jetzt eine Geschichte für sich – oder für das Publikum? Oder beides? Aber Lockerheit lässt sich üben, dazu sind wir hier. [...] Die kreative Schaffensphase ist jetzt vorbei und es geht endlich ans Eingemachte: Training für Mimik, Gestik und Stimme. Im Kreis wird geübt: Wie hört es sich an, wenn man laut spricht oder leise, wenn man die Stimmfarbe verändert von wütend zu schadenfroh – und wie kommen Takt und Melodie in die Stimme?

In der Theorie kann sich das kaum darstellen lassen, in der Praxis gibt Michael ein paar Ideen vor: „Stell dir vor, deine Katze wurde überfahren." Sein Blick wandert zum nächsten Teilnehmer. „Du hast ihre Katze überfahren." „Und du kommst aus der Hundebesitzerlobby und freust dich." Das ganze wird im Nulltext dargestellt. Ein gelachtes, weinerliches, verschämtes a-b-c. Klingt ein bisschen lächerlich, aber das ist gar nicht so einfach, wie es sich anhört. Zwei Probleme gibt es schon bei dieser lockeren Aufwärmrunde: Das Lachen muss manchmal einfach raus, soll es aber nicht. Und noch schlimmer: Befangenheit. Selbst in der kleinen Runde im Workshop ist es schwer, sich zu trauen, den eigenen Text rauszulassen. Weil man nicht weiß, ob er gut genug ist, ob man sich lächerlich macht. Und weil eine bewusste Peinlichkeit nur dann trotzdem den Applaus des Publikums einbringt, wenn man sie selbstbewusst vertritt. Also auch hierzu eine Übung: Auftritt Nils mit festem Schritt, betont ruhiges Feintuning am Mikrofon, dann: „Hallo! Mein Name ist Nils und ich habe gestern zum ersten Mal seit einem Jahr wieder richtig bettgenässt." Applaus, der Dank des begnadeten Literaten und der selbstbewusste Abgang – so funktioniert Selbstsicherheit. Und die lässt sich auch üben.

Schauspielerische Talente gehören zum Poetry Slam auch dazu. In Gruppen lässt Seminarleiter Michael ein kurzes Stück mit insgesamt acht Wörtern einüben. Grün – ja – schön – leise – nein – Haus – ja – Erde. Erstaunliches Ergebnis für die Schauspiellaien: Wer nicht nur mit Mimik, Gestik, Kontrasten in der Stimmlage und Lautstärke arbeitet, sondern sich vor allem Zeit für seine Worte lässt, der kann durchaus aus diesem Nichts an Wörtern ausreichend Effekte erzeugen, um dem Ganzen einen Inhalt zu verpassen (Meyer 2008).

Der Inhalt und Ablauf des Workshops scheint auf den ersten Blick sein Ziel zu erreichen:

Jugendliche lernen innerhalb einer kurzen Zeit Texte zu schreiben und vorzutragen. Doch zeigen sich bei der genaueren Betrachtung auch Probleme. Der Slam-Poet kommt zwar *„locker rüber"*, er lenkt jedoch den gesamten Lernprozess, ohne dass die Jugendlichen aber Orientierung über den Gesamtablauf bekämen: So ist die Schreibphase, in der sie selber aktiv werden sollen, recht lang (30 Minuten). Der Schreibprozess wird nicht angeleitet und begleitet, sondern es werden fertige Produkte erwartet, mit denen die Jugendlichen Performanceübungen machen sollen.

Beim Schreiben ist die Adressatenorientierung unklar: Soll der Jugendliche für sich oder für ein Publikum schreiben? Durch die Dominanz des Workshopleiters und die gleichzeitig hohen Erwartungen an die Schreibprodukte werden die Jugendlichen befangen. Sie wissen nicht, warum oder wann ein Slam-Text gut ist. Stattdessen sollen sie sofort ihre Texte öffentlich, also vor der Gruppe und dem sehr erfahrenen Slam-Poeten, vortragen.

Der Workshop zeigt den folgenden Ablauf und ähnelt der Beschreibung der Workshopleiter in der obigen Online-Umfrage:

Phase	Dauer	Inhalt/ Methode	Lernziele
Einstieg	ca. 15 Minuten	Begrüßung der Teilnehmer, Kurzvortrag über die Veranstaltung Poetry Slam, eventuell Textbeispiele des Workshopleiters, Vorwissen/ Vorlieben der Teilnehmer erfragen	Schüler lernen das Veranstaltungsformat Poetry Slam kennen
Erarbeitung Text	ca. 1 Stunde oder länger	Schreibphase: Textideen finden, Teilnehmer durch vorgegebene Schreibimpulse zum Schreiben motivieren, auch: kooperatives Schreiben mit mehreren Personen ermöglichen	Schüler finden Textideen und schreiben Slam Poetry
Erarbeitung Performance	ca. 1 Stunde	Gruppenübungen: Stimm- und Sprechtraining zu vorgegebenen Situationen bzw. Textbausteinen, Einsatz von Mimik und Gestik üben, Umgang mit dem Mikrofon	Schüler lernen Möglichkeiten der Stimmführung und Körpersprache kennen
Präsentation	ca. 1 Stunde	Plenum: Texte in einem (simulierten) Poetry Slam vor der Gruppe vortragen; mit Hilfe von Rückmeldungen durch das Plenum den Text überarbeiten	Schüler tragen eigene Texte vor

Die für einen Poetry Slam notwendige Selbstsicherheit wird künstlich aufgebaut: Theaterübungen sollen die Jugendlichen (ebenso) locker (wie den Slam-Poeten) machen, an Wortgerüsten werden improvisierte Fließtexte geübt. Statt für jeden Text zusammen mit den anderen Jugendlichen Performancetipps zu entwickeln, werden textunabhängige Performanceübungen gemacht. Die Jugendlichen könnten jedoch eine natürliche Selbstsicherheit aus ihren eigenen Fähigkeiten heraus entwickeln: Indem sie über ihre Schwierigkeiten bei der Textplanung und beim Schreiben sprechen und konkrete Beratung bekommen, oder indem sie durch gegenseitige Rückmeldung in Zweierteams Sicherheit für das Vortragen in der Gruppe erhalten, wäre ihnen eher ein solides Fundament für einen öffentlichen Auftritt gegeben – der erst Tage später stattfand und auf den sich die Jugendlichen dann selbst vorbereiten mussten.

Mit einer differenzierten Rückmeldung wäre ein solcher Auftritt sicher besser zu bewältigen. Dass die Jugendlichen vermittelt bekommen, eine gute Performance könne auch einen inhaltlich schwachen Text auf der Bühne wirksam machen, ist sicher für das Medienwissen der Jugendlichen interessant: Denn so können sie manipulative Reden anderer enttarnen. Bei der Anleitung für einen eigenen Auftritt sollte jedoch durchaus Wert auf Inhalte gelegt werden.

Der U20-Poetry Slam im Übersee-Museum zeigte genau die Folgen der hier aufgezeigten Schwächen des Workshops: Der Text eines jüngeren Mädchens, die einen einfühlsamen Text über das Lesen von grausamen Zeitungsmeldungen geschrieben hatte, aber aus Unerfahrenheit im Vortragen Schwierigkeiten bei der Präsentation bekam, verlor gegen den Text eines 20-Jährigen Rap-Poeten, der bereits in dem Zeitungsartikel von Meyer als selbstsicher bezeichnet worden war und der sich leicht und locker auf der Bühne bewegte, einen inhaltlich eher dürftigen Text präsentierte, jedoch die U20-Poetry Slam-Meisterschaft in Zürich 2008 gewann, inzwischen sogar im Workshop-Team des ehemaligen Workshopleiters mitarbeitet und seine erste Kurzgeschichtenanthologie veröffentlichte.

Berlin

Die Studierenden, die die DVD-Dokumentation „Poetry Slam und Poetry Clip" der Berliner Workshops gesichtet hatten, kommen zu einer Einschätzung, die den bisher angeführten Beobachtungen zu den Workshops in Bremen ähnelt:

Als Projekt ist der U20-Poetry Slam eine „Initiative von oben", das heißt eine durch Konzepte entwickelte und von Slam-Poeten oder Lehrer weitergegebene Idee. Die Initiative des Projektes geht nicht von Schüler aus und füllt zunächst auch keine im Schulalltag entstandenen Defizite.

Es werden keinerlei Verknüpfungen mit schulischen Unterrichtsinhalten oder -methoden genutzt. Das Vorwissen der Schüler wird nicht eruiert oder einbezogen, die Workshopleiter verweisen nicht auf Möglichkeiten der Weiterarbeit im Unterricht (zum Beispiel Deutsch, Darstellendes Spiel).

Die Workshopleiter im U20-Poetry Slam-Projekt weisen deutlich sichtbare Unterschiede in ihrer pädagogischen Qualifikation auf, da alle zehn Workshopleiter Autodidakten sind. Sie unterrichten teilweise an den Befindlichkeiten der Schüler vorbei: Der didaktische Zusammenhang ihrer Arbeit bleibt bei den meisten Workshopleitern größtenteils unreflektiert, die Durchführung der Workshops wirkt methodisch eher willkürlich. Die Aufgabenstellungen sind wenig konkret, erscheinen wenig strukturiert, eher additiv und beziehen sich vor allem auf die Generierung von Wortmaterial, mit dem Texte entstehen sollen. Ein Großteil der Workshopleiter bietet Nachahmungsmöglichkeiten des eigenen Stils an, was sich in den Vorträgen der U20-Poeten mehr als deutlich zeigt.

Workshopleiter haben trotz geringer Absprachen untereinander und unterschiedlicher Stilrichtungen in ihrer eigenen Arbeit einen ähnlichen Ablauf in ihren Workshops. Sie verwenden vor allem Formen des kreativen Schreibens und zeigen wenig Varianz und kaum Progression in der Gestaltung der fünf aufeinander folgenden Workshopmodule. Eine Einbeziehung der Ideen von Schüler oder eine Reflexion des Arbeitsprozesses wird nicht sichtbar.

Der Schreibprozess reduziert sich auf die Elemente „Ideen finden – Texte schreiben – Texte vortragen". Die weitaus schwierigeren Elemente des Schreibprozesses, nämlich Texte planen und Texte überarbeiten, werden in die Zeit außerhalb des Workshops verlagert („Bereitet dann mal die Performance vor und kommt nächste Woche wieder"). Die zahlreichen Übungen zur Generierung des Wortmaterials kennen Schüler größtenteils aus schulischen Zusammenhängen, während sie bei dem für sie neuen Schreiben für den Vortrag und bei der Arbeit am Bühnentext allein gelassen werden.

Das größte und auffälligste Manko ist das fehlende Training der Performance. Obwohl sich Slam Poetry durch das Merkmal „performativ" auszeichnet, gibt es keine gezielten Methoden zur Anleitung von Vortrag und Performance.

Es gibt kaum Phasen der Schüler-Schüler-Kommunikation. Stattdessen inszeniert sich der Workshopleiter selbst, teilweise auch auf Kosten der Schüler. Die Feedbackverfahren sind durch den Workshopleiter dominiert, es herrscht Frontalunterricht mit hohem Anteil an Vorträgen.

Die Überarbeitung der konzeptionell schriftlichen Texte wird durch die Workshopleiter zwar per E-Mail angeboten, hat jedoch wenig beratende Funktion, da es sich auf Schrifttexte und nicht deren Umsetzung auf der Bühne bezieht. Die Rückmeldungen der Workshopleiter gehen nicht über Aussagen wie „Ich würd das so machen", „Find ich ganz gut", „Super" und „Da musst du noch dran weiterarbeiten" hinaus. Subjektive Einschätzungen dominieren die Kriterien, nach denen Bühnentexte funktionieren können.

Die Workshopleiter haben hohe Ansprüche an die kreative und gestalterische Fähigkeit ihrer Schüler, teilweise kommt es dadurch zur Selektion von Schülern in aktive und passive. Die ohnehin aktiveren Teilnehmer werden stärker gefördert und dominieren die Kleingruppe. Teilweise entsteht der Eindruck, als ob sich Workshopleiter über die Arbeit ihrer talentierten Schützlinge definieren und profilieren.

Die Übertragbarkeit der Übungsangebote bleibt den Schülern verschlossen. Die Erarbeitung eines einzelnen Slam-Textes gelingt zwar, die Eigenarbeit außerhalb der Workshops wird aufgrund fehlender Methoden jedoch nicht gefördert. Von einer Ausbildung von langfristigen literarischen Produktionskompetenzen kann daher nicht gesprochen werden.

Workshops in den USA

San Francisco

Der beobachtete Anfänger-Workshop von Prentice Powell im März 2007 verlief nach folgendem Muster: Die zehn anwesenden Schüler saßen in einem Stuhlkreis, während der anleitende Performance-Poet einführend verdeutlichte, dass ein Poet einen Stift und einen Zettel oder eine Myspace-Seite nutzen könne, auf jeden Fall würde gelten: „What I say I mean!"[32] Dann notierte er den folgenden Schreibimpuls an der Tafel: „If I could change one thing about myself". Er sammelte selbst einige mögliche Antworten, zum Beispiel „too fat, too skinny, not pretty enough, temper problem, defensive, monotone, self-critical".

Während die Jugendlichen einige Gedanken aufschrieben, hielt Powell an der Tafel fest:

Scars are battle wounds of beauty. I could be doing so much more, but I chose this. I would take this dream and break it. Care about myself. Accept that there are people who don't like me.

Einige Jugendliche lasen dann ihre Textanfänge zu diesem ersten Schreibimpuls vor. Powell konkretisierte den Schreibauftrag mit der Frage: „Why didn't you change it?" Nach einer kurzen Zeit forderte er die Schreibenden zu dem Resümee auf: „What will happen, if you change it now?" Die drei Schreibimpulse gaben eine Textstruktur vor, die argumentativ ist und potenziellen Fragen möglicher Zuhörer nachgehen. Die Jugendlichen lasen ihre vollständigen Texte vor, wobei Powell einige Sätze oder Stichworte an die Tafel übernahm. Die Mitschüler kommentierten das Gehörte. Auffällig war, dass die Jugendlichen so über die Details sprachen, als ob diese real seien, also authentische Probleme darstellten. Sie teilten unterschiedliche Assoziationen mit, die ihnen zu den Texten eingefallen waren. Powell kommentierte: „Beim Poetry Slam haben wir die Möglichkeit, anderen zuzuhören!"

Dann fragte er unvermittelt in die Runde, wer eher am Schreiben und wer am Performing interessiert sei. Die Schülermeldungen waren in etwa ausgewogen. Powell ermuntert alle Beteiligten, sich gegenseitig Feedback zu geben. Er begann dann aus dem Stegreif mit der Performance

---

[32] Die Beobachterin notierte wortwörtlich teils auf Englisch und teils in deutscher Übersetzung, daher werden im Folgenden beide Sprachen verwendet.

eines eigenen Textes. Auch dazu äußerten die Jugendlichen ihre Gedanken und die Bilder, die sie sich beim Hören vorgestellt hatten („I saw a little boy with a smile on his face."). Powell führte dann zwei Begriffe ein, die wesentlich für Slam Poetry seien: „Image" und „Illusion". Damit meint er, dass Schreibende bei Zuhörern Bilder imaginieren und an den Illusionen der Figuren teilhaben lassen können. Seiner Auffassung nach ist „poetry everywhere you want." Man brauche nicht zu schreien, um die Zuhörer zu fesseln, man solle sie durch den Inhalt der Texte packen.

Um einen Bühnenauftritt vorzubereiten, sammelte Powell alle Themen, die Jugendliche nicht öffentlich auf der Bühne preisgeben bzw. nicht von anderen hören wollen. Genannt wurden Sexpoems, Familientragödien („killings in families"), Mädchenprobleme („girls problems"), Männlichkeit („manhood"), Vergangenheit („past"), Familienthemen („family issues"), Bürgerlichkeit („American Dream").

In der nächsten Gesprächsrunde zeigte er auf je einen Workshopteilnehmer und forderte dazu auf, dass dieser etwas Positives über sich selbst sagen solle. Danach befragte er dieselben Personen nach einer sehr negativen Eigenschaft. Zusammenfassend erläuterte er: Wenn man etwas über sich selbst mitteilen will, ohne sich zu entblößen, dann erreicht man dieses, indem man in der dritten Person schreibt. Zur Veranschaulichung startete er ein kleines unangekündigtes Experiment:

Zwei Schülerinnen kamen an die Tafel, sie wurden von Powell unvermittelt nach ihren Lieblingsbands, ihrer Lieblingsmarke, nach Alter und Herkunft befragt. Anschließend waren alle Teilnehmer aufgefordert, ihre Annahmen („Assumptions") zu einem der beiden Mädchen aufzuschreiben. Diese Vorurteile sammelte Powell an der Tafel unter dem jeweiligen Namen des Mädchens. Er leitete davon einen zur Reflexion motivierenden Schreibauftrag ab: „Why do we judge?" Nach einer kurzen Schreibphase zu dieser Aufgabenstellung diskutierten die Jugendlichen über Vorurteile und hinterfragten im Gespräch die Zuordnung von „White = Proper" und „Black = Slang".

Ein abschließender Schreibauftrag lautete: „Verfasse eine Geschichte eines Mannes, der mit einem nagelneuen Aktenkoffer die Market Street in San Francisco überquert." Die Geschichte sollte von der einen Hälfte der Gruppe in der dritten Person über einen farbigen, von der anderen Hälfte der Gruppe über einen weißen Mann erzählt werden. Beide Geschichten wurden verglichen, auf die provokante Frage, wo und wann in unserer Gesellschaft ein Afroamerikaner eigentlich eine Plattform habe, um über seine Traditionen zu sprechen, riefen zwei (weiße) Mädchen: „Ständig und überall!". Powell zog das Fazit: „Es ist schrecklich, dass auf Slams und bei Open Mics immer wieder Stereotype erzählt werden."

James Kass, der Gründer des Youthspeaks in San Francisco, begann den ersten Workshop am im April 2007 im neuen Szene-Viertel des Mission District (Valencia Street) in einer Fortgeschrittenengruppe mit der Frage, warum die ihm unbekannten Jugendlichen überhaupt gekommen seien. Die sieben Jugendlichen (zwei Jungen, fünf Mädchen) gaben Antworten, die sich unter folgende Aussagen subsumieren lassen: „trying to develop writing", „to be inspired", excited to write". Als Kursleiter gab Kass an, dass er es nicht wichtig finde, was oder wann jemand schreibt, sondern dass Jugendliche überhaupt schreiben. Das Ziel des Workshops sei es, dass insgesamt zwei fertige Texte entstehen.

Er gab dann unvermittelt drei mündlich formulierte Schreibaufträge, zu denen Stichworte aufgeschrieben werden sollten:

a) Beschreibe, wann dich das erste Mal eine Person absolut respektlos behandelt hat.

b) Schreibe auf, wie es war, als dich jemand angelogen hat.

c) Schreibe auf, wann du dich selber angelogen hast.

Nach ca. fünf Minuten Schreibarbeit startete Kass eine Grundsatzdiskussion mit der Frage: „Wie oft denkst du, dass du an Orten bist, an denen du nicht angelogen wirst?"

Die Jugendlichen zeichneten ein recht polarisierendes Bild von Schule und außerschulischem Lernort: In der Schule würden Lehrer auswählen, was sie in Geschichte und Literatur unterrichten, sie würden nicht die ganze Wahrheit sagen. Beim Poetry Slam teilten die Poeten etwas Persönliches mit, daher fühle man sich nicht so allein: „They show a part of their heart." Kass bestätigte diesen Eindruck: Das Publikum erwarte, dass Poeten die Wahrheit sagen und jeder sofort merke, wenn jemand auf der Bühne lügt.

Der folgende Schreibimpuls war daraufhin ausgerichtet, einen Text zu verfassen, in dem der Schreibende das sagt, was er hätte sagen wollen, als er gelogen hat. Die Jugendlichen schrieben ca. zehn Minuten, Kass schaute auf die Uhr und startete eine erneute relativ stark gelenkte und polarisierende Grundsatzdiskussion, dieses Mal zum Thema Medien: „Wie viele von euch schauen TV/ hören Musik/ nutzen den PC/ sehen Filme? Wie oft erfährst du dabei die Wahrheit?" Die Schüler resümierten, dass es nur in der Musik eine Chance auf Wahrheit gebe. Kass stellte als These in den Raum, dass nur 10 % der Medien die „echte" (reale) Welt vermitteln würden, 90 % seien Lügen. Zum Beispiel sähe kein Jugendlicher und überhaupt niemand den Fernsehdarstellern ähnlich. In den Medien werde auch vermittelt, dass alle Ethnien und Rassen in Fernsehsendungen repräsentiert seien. Dies stimme aber gar nicht, da z. B. Schwarze nur wenig vertreten seien und nur deswegen auftreten, um die Quoten zu erfüllen. Kass hakte nach, ob sich die Jugendlichen in Spoken Word Poetry repräsentiert fühlen würden. Er fragte nach, warum Jugendliche derzeit überhaupt daran interessiert seien, ihre Texte vorzutragen. Die Jugendlichen fanden folgende Antworten:

HipHop sei früher frei gewesen, nun könne man jedoch viel Geld damit verdienen und so schlüpften die Interpreten in eine Rolle. HipHop sei eine Alternativbewegung gewesen, heute erzähle jeder über Gangster, da das Publikum das hören möchte. Die Poeten bei Youthspeaks passten nicht in eine bestimmte Schublade, sie entdeckten die Wahrheit selbst. Jugendliche nutzten Poetry, um Wahrheit und Freiheit zu erleben. Poetry Slam sei eine „große Kraft", eine „freie Bewegung" und „etwas Pures". Im Anschluss an diese Einführung lasen die Jugendlichen nacheinander ihre Texte zum vorhergegangenen Schreibimpuls („Was hättest du sagen wollen, als du gelogen hast") vor. Ein Mädchen weinte, als sie einen Text über ihren Konflikt mit ihrem Bruder vortrug und erhielt emotionale Unterstützung von zwei anderen Workshopmitgliedern. Nach zwei Stunden brach Kass den Workshop ab und lud die Jugendlichen ein, das nächste Mal erneut teilzunehmen.

New York

In der Partnerorganisation „Urban Words" in New York werden ähnlich strukturierte Workshops durchgeführt. Der Workshop mit einer Abschlussklasse von Gary Glazner fand am im August 2008 in dem Bowery Poetry Club statt, dauerte zwei Stunden und wurde mit zwei teilnehmenden Mädchen im Alter von 16 Jahren durchgeführt, von denen eine ursprünglich aus Jamaika und die andere aus Israel kam. Die geringe Beteiligung lag vermutlich daran, dass es einer der letzten Workshops der Summer School war.

Gary Glazner plante, einen Film über das kurze Leben des ungarischen Schriftstellers Radnoti (1909-1944) zu zeigen, der nach dem Einmarsch der Nazis in Ungarn und nach der Inkarnierung in einem Arbeitslager auf einem Todesmarsch ums Leben kam. Da der Beamer zunächst nicht funktionierte, gab Glazner den drei Mädchen, die als einzige Teilnehmer in dem Workshop saßen, eine Anthologie, die Texte von Frauen, welche auf Poetry Slams in dem Bowery Poetry Club aufgetreten waren, enthält. Die Mädchen lasen einen Text Strophe für Strophe laut vor. Glazner erklärte, dass es sich um einen Brief handelte, den die Verfasserin an ihren Arbeitgeber geschrieben hätte, nachdem dieser ihre Bewerbungen abgelehnt hatte. Über den Text wurde im Anschluss an das laute Lesen nicht diskutiert, da Glazner den Beamer aktivieren konnte und der Film losging. Nach dem ca. 45 minütigen Dokumentarfilm fragte Glazner nach Eindrücken. In dem folgenden Gespräch wurden von den Mädchen folgende Aspekte geäußert: Der Film zeige die unterschiedlichen Funktionen, die Poesie haben kann. Sie diene z. B. der Erinnerung an verstorbene Schriftsteller, Autoren könnten Gefühle und Reflexionen ausdrücken und sie halte zwischenmenschliche Beziehungen am Leben.

Eine Jugendliche sprach das Zitat von Adorno an, nach dem es barbarisch sei, nach Auschwitz ein Gedicht zu schreiben. Diese These wurde kurz diskutiert.

Glazner teilte dann das Gedicht „Forced March" aus, das Radnolti auf dem Todesmarsch geschrieben hatte. Er erklärte, dass der Text in Radnoltis Hemd gefunden worden sei, als Anwohner eines der Massengräber geöffnet hatten. Er las den Text mit den Teilnehmerinnen gemeinsam, indem er den Anfang des ersten Verses in einem Tonfall vortrug, der an einen müden Marschierenden erinnerte, während die Jugendlichen etwas leiser im Chor den zweiten Teil jeden Verses sprachen. Glazner erläuterte im Anschluss, dass ein Schriftsteller durch das laute Lesen wieder zum Leben erwachen könne. Indem man heutzutage Gedichte laut liest oder frei vorträgt, würde man dieselben Körperbewegungen aktivieren, welche einst der Autor des Textes zum Vortrag verwendet habe. Damit würde der Autor wieder unter den Lebenden weilen.

Glazner forderte die Jugendlichen auf, nun selbst einen Text zu schreiben. Dieser könne sich auf den eingangs gelesenen Text der Slam-Autorin oder auf den Filminhalt bzw. den Text „Forced March" von Radnolti beziehen. Jeder zog sich für circa 20 Minuten in eine Ecke zum Schreiben zurück. Danach lasen beide Mädchen ihre Texte vor. Das Mädchen, das aus Jamaika kam, hatte eine Art Listentext verfasst, in dem unterschiedliche Augenfarben, Schönheitsartikel und Haut-Formen (Ziegenhaut, Hundefell etc.) aufgezählt wurden. Sie resümierte, dass sie mehr sein wolle als Schönheit und Hautfarbe. Der Text wirkte gut aufgebaut, ein Bezug zu den in dem Workshop besprochenen Texten war nicht herstellbar. Das andere Mädchen, das zuvor in Jerusalem gelebt hatte, las einen Text auf Hebräisch vor, der mit englischen Kommentaren begleitet war und sich vermutlich auf den Holocaust bezogen.

Nach kurzer Diskussion über die Texte resümierte Glazner, dass Literatur nicht nur eine ästhetische, sondern auch eine soziale Funktion habe. Er stellte beiden Mädchen kurz das Alzpoetry-Projekt (www.alzpoetry.com, vgl. Kap. Abgewandelte Formen) vor und lud sie zum Mitmachen ein. Dies sei eine Möglichkeit, Literatur in die Gesellschaft zu tragen, um damit alten demenzkranken Menschen Zugänge zu der eigenen Erinnerung und zu der jüngeren Generation zu schaffen.

Ergebnisse

Die Auswertung der Online-Befragung und der teilnehmenden Beobachtung der deutschsprachigen Workshops führt zu folgenden Ergebnissen:

Die Workshopleiter haben größtenteils zwar langjährige Erfahrung als aktive Slam-Poeten und auch zahlreiche Möglichkeiten, Workshops für Schüler zu geben. Die Methoden, die in den Workshops zum Einsatz kommen, sind jedoch sehr reduziert und nicht explizit slam-spezifisch ausgerichtet. Die inhaltliche Darstellung dessen, was Poetry Slam ist (oder zu sein hat) dominiert, an praxisorientierter Anleitung und Beratung mangelt es jedoch.

Die Schüler wissen zwar, was Slam-Texte besonders macht und dass eine Performance wichtig ist – wie diese jedoch selbst zu leisten ist, bleibt verborgen. Stattdessen werden die Schüler beim Schreiben allein gelassen.

Insgesamt bewiesen die Workshopleiter in Bremen und Berlin nur wenig pädagogisches Geschick. Die vorgegebenen Schreibaufträge führen nicht zu Genremerkmalen der Slam Poetry, zu den freien Schreibaufträgen wird keine Schreibberatung angeboten. Die Jugendlichen erhalten kaum Impulse aus der eigenen Arbeit der Slam-Poeten als Künstler und Experten. Einige Übungen führen vom Alltag der Jugendlichen und von deren eigenen Geschichten weg. Die Jugendlichen erhalten kaum Rückmeldungen. Es gibt kaum Ansätze zur Vermittlung von neuen Schreibstrategien, stattdessen Vorträge über das Format Poetry Slam.

Der einzige Vorteil der gebuchten Workshop-Leiter gegenüber den didaktisch ausgebildeten Lehrern ist die Zugehörigkeit zur Slam-Szene, die vor den Jugendlichen Glaubwürdigkeit verschafft. Allerdings wirkt sich diese auch hinderlich aus: Der Poetry Slam und der Slam-Poet stehen im Vordergrund und dominieren im Lernprozess, während die Jugendlichen mit ihren Ideen und Fragen nicht in den Ablauf einbezogen werden. Dass die moderne Deutschdidaktik zahlreiche Methoden der Schüleraktivierung und der Schreibprozessbegleitung hat, scheint den Quereinsteigern unbekannt zu sein.

Die Workshops im US-amerikanischen Raum zeigen das Gegenteil: Es wird vor allem pädagogisch gearbeitet, die Teilnahme an einem Poetry Slam ist kein Ziel der Workshops. Alle drei Workshopleiter bewiesen ein gutes pädagogisches Geschick, mit sehr persönlichen Themen, mit politischen Themen und mit sensiblen historischen Themen umzugehen bzw. diese direkt anzuleiten. Die Hinführung zu diesen Themen war teilweise suggestiv – gerade bei James Kass wurde ein deutlicher Kontrast zwischen Schule und Slam-Szene vorgegeben, wobei die Schule oder die Mehrheiten-Gesellschaft als extrem verlogen und profitgierig dargestellt wurde, während Poetry Slam wie eine Insel des Idealismus erschien. Gary Glazner verstand es jedoch, die eigene literarische Szene für die Gesellschaft fruchtbar zu machen, indem er die soziale Funktion von Literatur, speziell von medial mündlicher Dichtung, hervorhob.

Die Workshops wurden – ähnlich wie in Deutschland – sehr dominant von den jeweiligen Workshopleitern durchgeführt. Die Schüler hatten im gelenkten Unterrichtsgespräch zu reagieren. Die Schreibphase wurde jedoch

– im Gegensatz zu den Workshops in Bremen und Berlin – nach ausgiebiger Diskussion und auf konkrete, kurze Schreibimpulse hin angeleitet.

Die Schüler merkten, dass Texte aus aktuellen Diskussionen entstehen können und daher eine Möglichkeit der Meinungsbildung sind. Alle Schüler wussten, zu welchem Schreibimpuls sie etwas schreiben sollten. Trotzdem waren sie inhaltlich frei. Die Schreibaufträge waren zwar sehr pädagogisch ausgerichte, orientierten sich aber an sehr engagiert geführten Debatten. Die einzelnen Schreibprodukte mussten nicht zwangsläufig zu einem fertigen Text führen, konnten jedoch zu Hause ausformuliert werden.

Die Workshops boten Jugendlichen die Möglichkeit, über ihre Anliegen zu sprechen. Das literarische Schreiben war eher ein Nebeneffekt, Performance-Training wurde überhaupt nicht angeleitet, das Veranstaltungsformat Poetry Slam spielte nur sekundär eine Rolle – die Jugendlichen wussten jedoch, dass sie dort ihre (aufgeschriebenen und in Diskussionen gefestigten) Meinungen veröffentlichen konnten.

2.3 Gesamtauswertung

Mit der empirischen Untersuchung des Handlungsfeldes U20-Poetry Slam sollte die Hypothese untersucht werden, dass Poetry Slam für Jugendliche individuell, sozial und kulturell bedeutsam ist.

Die Voraussetzungen dafür, dass Slam Poetry als Literatur für Jugendliche bedeutsam werden kann, sind auf den ersten Blick gegeben: Das Medienangebot passt zur Rezeptionsfähigkeit des potentiellen Medienabnehmers. Gratifikationen sind für das Publikum theoretisch auch dann erreichbar, wenn Schüler nicht oder schlecht lesen können, denn die Texte werden live vorgetragen. Allerdings gilt das nicht für die Vortragenden selbst: Diese müssen – außer wenn sie, was eher selten passiert, Freestyles machen – ihre Slam Poetry schreiben und (vor-) lesen können, um an dem Handlungsfeld teilzuhaben. Dies könnte für Jugendliche schwierig sein.

Die Triangulation der Quellen ermöglicht es, Widersprüche zwischen den Aussagen in den Interviews und den tatsächlich entstandenen Slam-Texten zu fokussieren. Diese werden eingangs vorgestellt:

Die Themenvielfalt der 31 Qualifizierungstexte der deutschsprachigen Meisterschaften ist deutlich sichtbar. Die Schwerpunkte liegen auf gesellschaftskritischen Texten und auf der Auseinandersetzung mit sich selbst und dem eigenen Schreiben. Der jugendliche Alltag – der in den Interviews als Themengeber beschworen wird – kommt in Form konkreter, realistischer Situationen jedoch nicht explizit vor: Erlebnisse in der Schule, mit den Eltern oder dem Freundeskreis werden kaum aufgegriffen. Stattdessen dominieren fiktive Situationen sowie Gedanken über die eigenen Lebenseinstellungen und die Positionierung in der Gesellschaft.

Dass die Jugendlichen vor allem in freien Formen von Selbsterlebtem sprechen würden, ist nicht eindeutig zu verifizieren. In 1/3 der Texte werden vielmehr bekannte Rollen (zum Beispiel aus den Medien, wie Mika Häkkinen) und Formen (aus dem Unterricht, wie z. B. Balladen, Abzählreime) nachgeahmt bzw. verfremdet. Statt eigene beschreibende Formulierungen zu schaffen, ziehen sich viele Schreiber auf bekannte Floskeln und Phrasen aus den TV-Medien zurück, welche als Vergleich dienen (z. B. „wie Matze B"; „wie Käptn Blaubär", Text 4). Dies dient zwar der komplizenhaften Kommunikation mit dem Publikum, da an allseits bekanntes Medienwissen angeknüpft wird. Außerdem ist dies ein Anzeichen der strukturellen Solidarisierung der Angehörigen der Lebensphase Jugend: Diese zeichnen sich dadurch aus, dass sie kollektive Artikulationsmöglichkeiten über Mode, Musik, Unterhaltung und verschiedene Aktionsformen nutzen (vgl. Hurrelmann 2005, 23).

Um literarische Kompetenz, zum Beispiel bei charakterisierenden Beschreibungen, zu erlangen, müssten die Jugendlichen jedoch durch Schreibberater in Workshops oder im Unterricht gefördert werden.

Signifikant ist weiterhin, dass die literarische Auseinandersetzung mit der Gesellschaft und mit sich selbst vor allem in lyrischen Formen erfolgt. Häufig kommen – wie beim Rap – Binnenreimstrukturen und Alliterationen vor, die den Texten Klang und Rhythmus verleihen. Von den hier berücksichtigten U20-Slam Poeten zeigen jedoch nur Tilman Döring, Stefan Dörsing sowie das Münchener und das Tübinger Team eine Affinität zu Rap-Texten, was wiederum eher an prosodischen Merkmalen während des Auftritts (BeatBoxing, schnelles Sprechen, HipHop-Gestik) als an textuellen Markierungen deutlich wird.

Fast alle Texte, die formal keinem bekannten Muster wie dem der Ballade oder des Sonetts folgen, sind sehr ähnlich aufgebaut: Eine unvermittelte Behauptung leitet den Text ein, es folgen Beispiele zur Veranschaulichung der eingangs aufgestellten Behauptung, bis der Text schließlich in einer Schlusspointe endet. Dies entspricht dem Aufbau, den die Rhetorik für adressatenorientierte Texte vorgibt. Tatsächlich erinnert diese Struktur an argumentative Texte. Allerdings ist gerade die Argumentation in gesellschaftskritischen Slam-Texten aus der U20-Liga deutlich steigerungsfähig. Diese bieten dem Publikum oft nur Imperative, die einer gut recherchierten Faktengrundlage entbehren. Erklärbar ist dieses Phänomen mit Flussers Kategorien, nach denen die Vortragstexte eher normative und ästhetische Informationen als faktische Informationen liefern (vgl. Flusser 2000, 18f).

Den positiven Aussagen der teilnehmenden Jugendlichen der Gruppe Workshop stehen durchweg kritische Äußerungen über die Durchführung von Workshops (unterschiedlicher Slam-Poeten) gegenüber, die durch teilnehmende Beobachtung von Lehramtsstudierenden gewonnen worden sind. Das kann daran liegen, dass der 16-tägige Workshop ein intensiveres Arbeiten als ein dreistündiger Workshop zulässt und die Workshopleiter der befragten Jugendlichen ein Team aus Slam-Poet und Literaturwissenschaftler war. Die Herangehensweise an das Thema mag anders als bei den begutachteten Workshopleitern gewesen sein. Die Verfasserin hatte den Eindruck, dass mit Zusatzmaterial (Anders 2004, Hogekamp/ Böttcher 2004) gearbeitet wurde; außerdem hat der Literaturwissenschaftler nach eigenen Angaben auch Rhetorik und die Geschichte die orale Dichtung in die Workshoparbeit integriert. Die Jugendlichen hatten Kurzreferate zur Körpersprache und zu ausgewählten Texten aus der Literaturgeschichte gehalten, die sie an den am Workshop-Ort vorhandenen Computern recherchieren und vorbereiten konnten.

Die Beurteilung der Workshops durch die Studierenden ist insgesamt eher negativ, obwohl die Schüler sichtlich Spaß an den Workshops hatten und die DVD-Dokumentation überaus motivierend gestaltet ist. Einerseits kann die negative Beurteilung daran liegen, dass die Studierenden ihre didaktisch-methodischen Kompetenzen hier bewusst über die der „Quereinsteiger" stellen wollten, außerdem wollten sie womöglich der Seminarleiterin, d. i. die Verfasserin, beweisen, wie kritisch sie analysieren können. Andererseits war die Enttäuschung, die sich nach der Teilnahme an den Workshops in Bremen bzw. nach Sichtung der DVD – Dokumentation äußerte, nach Einschätzung der Verfasserin tatsächlich echt:

Die Studierenden hatten mehr Lebendigkeit und Vermittlungskunst von Künstlern erwartet, die dieser performativ arbeitenden, jugendnahen Literaturbewegung angehörten. Die Workshopleiter wirkten vielleicht teilweise deshalb gehemmt, weil sie sich in einer Institution wie der Bremer Universität bewähren sollten, in der sie von der Rolle des Künstlers in die Rolle des Lehrenden schlüpften. Möglicherweise wirkte sich dieser Rollenkonflikt negativ auf die Qualität der Workshops aus. Allerdings geben die Workshop-Leiter bei der Online-Umfrage selbst an, dass sie aus idealistischen, aber auch finanziellen Gründen derartige Workshops durchführen würden – eine professionelle Evaluation wurde bisher noch nicht gemacht und ist angesichts der zahlreichen Workshops, die mit ähnlichen Inhalten und Abläufen im Bundesgebiet für einen recht guten Stundensatz durchgeführt werden, längst überfällig.

Die Analysen der U20-Slam Poetry, der Schüler-Interviews und der Workshops bezweckten, Antworten auf die folgende Frage zu generieren: Welche individuellen, sozialen und kulturellen Gratifikationen hält Poetry Slam für Jugendliche bereit? Dazu waren bereits zuvor die Fragen der Interviews auf diese drei Gratifikations-Dimensionen des Handlungsfeldes abgestimmt; die weiteren Befunde aus der Text- und Workshopanalyse wurden der jeweiligen Gratifikation a posteriori zugeordnet.

Individuelle Gratifikationen

Die Jugendlichen sagen auffallend wenig über die Texte, die sie innerhalb der Meisterschaft oder der Workshops als Rezipienten wahrgenommen haben. Die eigene Rolle als Poet oder Poetin steht im Vordergrund. Das wurde durch die Art der Interviewfragen begünstigt, die sich auf die eigene Textproduktion bezogen. Daher können die Gratifikationen, die die Zuschauer erhalten, nur aus der Machart der Texte und den Aussagen der Interviewten abgeleitet werden: Slam Poetry unterstützt Jugendliche auf der Suche nach einer eigenen Ich-Identität, denn sie werden – wie an den U20-Slam-Texten ersichtlich geworden ist – mit Lebensentwürfen Gleichaltriger konfrontiert. Sie können und sollen diese mit ihrer eigenen Situation vergleichen, sich ihnen versuchen anzunähern oder ihnen gegenüber eine abweisende Haltung aufbauen. Diese Reaktionen des Publikums werden von den schreibenden Jugendlichen explizit in den Interviews als Wunsch geäußert. Auch die Adressatenorientierung der Slam-Texte verweist darauf, dass das Publikum als Gegenüber angesprochen wird.

Da die meisten Texte aus der Ich-Perspektive erzählt werden, geht es in erster Linie um das identifikatorische Lesen bzw. Hören. Nur selten werden in den Gedichten oder Erzählungen literarische Figuren konstruiert, denen man als Publikum begegnen könnte. Auch wenn man die Texte nicht als subjektive Bekenntnistexte, sondern als Rollentexte liest, gleiten diese Rollen nur in wenigen Fällen in die Welt der Fiktionen ab. Sie sind nah am Alltag angesiedelt und wirken authentisch. Die meisten Texte dienen nicht dem Eskapismus oder Floating-Erlebnissen, sondern projizieren Wünsche oder Probleme auf ein Gegenüber (z. B. „Für jemanden, den ich noch nicht fand", Text 10), beziehen diese auf den Ich-Sprecher (z. B. „Wenn ich ein Profi wär", Text 4) oder haben Katharsis-Funktion (z. B. „Die Welt für mich, Text 25; „Die Wende meines Lebens, Text 12). Empathie und Fremdverstehen wird von den Vortragenden eingefordert: Wichtiger als die Jury-Wertung ist, dass das Publikum die selbstverfassten Gedanken nachvollziehen und die geschilderten Gefühle teilen kann.

Ästhetischer Genuss wird als individuelle Gratifikation nicht explizit genannt. Die Jugendlichen sprechen eher davon, dass gute Texte provozieren, mit Leidenschaft vorgetragen oder packend erzählt werden sollten. Außerdem seien einige U20-Slam-Texte „zu einfach gestrickt" und werden daher von den fortgeschrittenen Meisterschafts-Teilnehmern als uninteressant eingestuft. Bissigkeit und satirisch-ironischer Stil wurden von den Workshopteilnehmern als positiv hervorgehoben.

Im Gegensatz zur Schule vermitteln Poetry Slams oder Workshops jedoch das Gefühl, dass die Jugendlichen Literatur aus Spaß schreiben und rezipieren können, ohne dass viel „hineininterpretiert" oder die Texte „auf Stilmittel durchsucht" werden müssen. Die Genussfähigkeit von Literatur wird an diesen außerschulischen Lernorten also gefördert.

Auch das Erleben von künstlerischer Freiheit zählt zu den literarästhetischen Gratifikationen: Die Jugendlichen nehmen sich selbst als Kunstschaffende wahr, entwickeln einen eigenen Stil und beginnen – nach Aussage eine Usinger Schülers – „lyrisch zu denken". Die Textproduktion geschehe besonders schnell und spontan, Schreibblockaden würden gelöst werden, die Motivation zum Weiterschreiben werde gefördert und das Schreiben bereite Freude.

Der Stil habe sich zugunsten kürzerer, konkreterer und anschaulicherer Texte verändert, wobei sich auch ein eigener Stil herauskristallisiere. Die Themenvielfalt, die durch Poetry Slam begünstigt wird, wurde auch positiv hervorgehoben. Vor allem ist das selbstständige, persönliche, authentische, von der subjektiven Erfahrung ausgehende Schreiben als positiv erlebt worden, das in Auseinandersetzung mit der Umwelt geschehe. Schreiben wurde zudem als Auseinandersetzung mit der eigenen Persönlichkeit, als Methode der Verarbeitung, und nicht nur als Verfassen von Texten zu vorgegeben Aufsatzfragen wahrgenommen.

Viele der Befragten seien selbstbewusster im Umgang mit eigenen Ideen geworden. Sie würden es genießen, eigene Erfahrungen und Gedanken darzustellen und Ideen auf den Punkt zu bringen. Die Wahrnehmung und der Selbstausdruck wird durch Slam Poetry literarisch sozialisiert. Zur Ich-Findung und Persönlichkeitsentwicklung gehört außerdem der Mut, sich öffentlich mitzuteilen und eigene – literarisch verarbeitete – Gedanken und Gefühle selbstbewusst zu vertreten. Die Erfahrung, dass sich das eigene Auftreten und das freie Sprechen durch die Teilnahme an Poetry Slams verbessert hat, haben die meisten Probanden gemacht.

Auch die Variation im Ausdruck wurde besonders hervorgehoben. Dies führe zu einem selbstbewussteren Präsentieren und Improvisieren vor Anderen. Mit Slam-Erfahrung könne man besser aus sich herauskommen, seine Meinungen begründen lernen, Anderen genauer zuhören und auch die Perspektiven Anderer besser nachvollziehen. Auch die zahlreichen gestalterischen Möglichkeiten, wie Tonfall und Stimme, wurden als Gewinn genannt. Für die Anfänger in den Workshops stellte der Auftritt jedoch die größte Hürde dar und war ein Argument dafür, an der kulturellen Praxis in Zukunft nur noch als Zuschauer teilzunehmen.

Deklaratives Faktenwissen in Naturkunde, Geografie, Geschichte, Politik, Ökologie, Psychologie oder Philosophie, das Erzählungen oder Gedichte „ganz nebenbei" vermitteln könnten (vgl. Abraham/ Kepser 2009, 14), ist bei Slam Poetry ansatzweise vorhanden und erwerbbar: Vor allem politische und philosophische Kenntnisse werden von einigen Jung-Poeten in Texten eingesetzt. Die in den Texten eingestreuten Informationen müssten jedoch im fächerübergreifenden Unterricht (Deutsch mit Geschichte, Politik, Philosophie) besser recherchiert werden, um fundierte Aussagen zu erzeugen.

Dies gilt auch für die zahlreichen Bricolagen: Jugendliche zitieren oft verfremdend, da sie keinen Zugriff auf das Originalzitat haben oder dieses nicht genau genug zitieren. Sicher könnte das Publikum auch inhaltlich noch stärker von U20-Slam Poetry profitieren, wenn Behauptungen in Argumente umgewandelt würden. Dies würde vermutlich auch eine konstruktivere Auseinandersetzung mit dem Gehörten nach sich ziehen und wiederum den Politik- oder Ethikunterricht zu Orten machen, an denen Slam Poetry gelesen und diskutiert wird.

Zu den individuellen Gratifikationen zählt letztendlich auch, dass die Erfahrungen und Fertigkeiten, die Jugendliche an den außerschulischen Lernorten erlangen, in der schulischen Praxis eingesetzt werden können.

Dies gilt vor allem für die Fähigkeit zu präsentieren, jedoch auch für den Bereich neueste Literatur/ Gegenwartsliteratur: Eine Workshopteilnehmerin sagte treffend, dass sie – falls Poetry Slam im Deutschunterricht Thema wäre – dann mitreden könne, da sie selbst auf der Bühne gestanden hatte und somit ein Teil der kulturellen Praxis wurde.

Soziale Bedeutsamkeit

Poetry Slam ist aufgrund der kollektiven Rezeptionssituation eine soziale Veranstaltung, in der die beteiligten Personen ästhetischen Genuss, Freude und Missbehagen an Text und Performance teilen (vgl. Abraham/ Kepser 2009, 16). Ein regelmäßig stattfindender Poetry Slam fördere das Gemeinschaftsgefühl, da man statt über Auftretende zu lästern, die anderen Menschen kennenlerne, Zusammenhänge innerhalb des kulturellen Netzwerkes besser verstehe und ein ähnliches Ziel verfolge.

Auch das Vortragen vor und für (fremde) Andere wird als reizvoll erlebt. Freunde könnten das eigene Auftreten auch gut unterstützen. Die Jugendlichen wollten durch Texte den Anderen etwas weitergeben. Dies gelinge besonders gut durch Texte, die eine Meinung vertreten bzw. genaue Beschreibungen vermittelten. Man lerne den Geschmack und die Stimmung des Publikums besser einzuschätzen; andersherum diene die Zuhörerschaft auch dazu, sich zum Schreiben zu motivieren. Gruppenprozesse und zwischenmenschliche Beziehungen dienten zudem als themengebende Impulse für das Schreiben.

Das Veranstaltungsformat sieht vor, dass literarische Texte im Zentrum eines Dialogs stehen, der zwischen den Zuschauern und zwischen Zuschauern und Auftretenden stattfindet. Den Interviews und Workshopanalysen zufolge wird aber sehr wenig über die Texte gesprochen. Vielmehr sprechen Jugendliche über das Zustandekommen von Texten und über die Situation des Auftritts. Das mag an den Interviewfragen liegen. Möglicherweise gehört dieses Verhalten aber auch zum kulturellen Kodex der Poetry Slam-Szene, da auch die Slam-Poeten sehr selten über die Textinhalte sprechen und sich stattdessen viel mehr über die Auftrittsbedingungen und über die Textwirkung austauschen.

Die Äußerung des Workshopleiters Prentice Powell lässt erahnen, dass in den USA noch eine etwas andere Auffassung von dieser sozialen Funktion von Slam-Texten herrscht: Das Schreiben solle dazu führen, dass Jugendliche verarbeiten, verstehen und selber sprechen, aber nicht das Ziel haben, berühmt zu werden. Wichtig sei, dass die Schreibenden eine eigene Interpretation ihrer Gedanken und Texte finden:

Wenn du ein Gedicht aufschreibst, dann interpretieren es andere, wenn du es selbst auf der Bühne vorträgst, dann interpretierst du es selbst und lässt andere wissen, wie du es verstehst (Interview mit Prentice Powell am 27.03. 2007 in San Francisco).

Die Jugendlichen im deutschsprachigen Raum sagen auch, dass Poetry Slam eine Veranstaltung sei, in der sie gelernt hätten, andere Meinungen und Perspektiven, die auf der Bühne geäußert werden, zu tolerieren. Auch das genaue Zuhören wird als Gratifikation genannt. Anhand der Interviews und der Texte wird deutlich, dass dieser Austausch auch gesucht wird: Die Jugendlichen möchten Reaktionen aus dem Publikum erhalten und reichern ihre Texte mit zahlreichen Bricolagen aus der aktuellen Medienwelt an, die eine komplizenhafte Kommunikation mit der Zuschauerschaft ermöglichen.

Die Jugendlichen bekommen durch diesen Austausch eine Erweiterung ihres Handlungsfelds Literatur (Abraham/ Kepser 2009, 16): Das, was sie wirklich meinen, wird auf der Bühne relevant. Vor allem die Workshopteilnehmer sprechen von dieser Erweiterung ihres Literaturbegriffes, wenn sie sich darüber freuen, wie ihre Alltagserlebnisse plötzlich zu Text werden. In vielen Slam-Texten werden explizit Normen und Werturteile aufgebaut und hinterfragt – das gilt besonders für die vielen gesellschaftskritischen Texte, die sich im Korpus befinden.

In dem Workshop von Gary Glazner wird die soziale Funktion von Literatur offensichtlich, da Jugendliche Slam-Poeten dazu angeregt werden, tote Dichter – wie etwa in dem Film „Der Club der toten Dichter" (Weir, USA 1989) – durch den Vortrag lebendig zu machen und durch den Vortrag von Poesie alte Menschen in Seniorenresidenzen zu erfreuen.

Kulturelle Bedeutsamkeit

Zur „Teilhabe am gesellschaftlichen Selbstverständigungsprozess über und mit Hilfe von Literatur" (Abraham/ Kepser 2009, 18) gehören die im Folgenden ausgeführten Fähigkeiten:

> Erstens sollten Jugendliche literarische Angebote nicht nur auf sich selbst oder den unmittelbaren Lebensraum beziehen, sondern deren kollektive Bedeutsamkeit begreifen (ebd.).

Die Interviews zeigen, dass die Jugendlichen diesen Schritt noch nicht vollziehen. Zwar erklärt ein Workshopteilnehmer, dass Poetry Slam zur Jugendkultur gehöre und für Jugendliche allgemein wichtig sei, die Distanz zu dem Gesagten lässt aber eher darauf schließen, dass er gelernte Workshopinhalte wiedergab. Genau in den Workshops wäre der Ort, wo Jugendliche über Traditionen und größere Zusammenhänge der mündlichen Dichtung lernen könnten. Im deutschsprachigen Raum gelingt dies noch nicht, u. a. deshalb, weil die wenigsten Workshopleiter Medien einsetzen, die z. B. die Geschichte des Poetry Slam und – was noch interessanter ist – die internationale Verflochtenheit der Literaturbewegung (Slam Nation, Die Slam-Revolution) zeigen, literaturgeschichtliche Bezüge herstellen (z. B. zur Gelegenheitsdichtung, zur Beat-Generation, zur Konkreten Poesie, zur Pop-Literatur, vgl. auch Abraham/ Kepser 2009, 154) oder an mediengeschichtliche Besonderheiten (z. B. an das orale Paradigma, an die Verfilmung von Texten, an Internetforen zum Poetry Slam etc.) heranführen. Anhand der Workshops in den USA wird deutlich, dass Slam Poetry dazu motivieren kann, in die Literaturgeschichte einzusteigen. Dies betrifft vor allem die Jugendlichen, die einer Minderheit angehören und im Schulunterricht wenig über „ihre" Geschichte und die jeweiligen Vertreter hörten.

So gab eine farbige Schülerin folgende Gründe für ihre Teilnahme an dem Workshop in San Francisco an: Sie wolle über unterschiedliche Themen etwas lernen, vor allem über die Geschichte und über Minderheiten in den USA: *„You don't hear about that in classroom."* Auch *„politische Dinge"* der *„political science"* (Politikwissenschaft) seien für sie interessant, da sie in einem Poetry Slam-Workshop *„unterschiedliche Perspektiven kennen lernt, um eigene Standpunkte zu entwickeln"*. Ihre literarischen Vorbilder seien die erfolgreichen afro-amerikanischen Dichter Gwendolyn Brooks und Langston Hughes (beide sind mit Beispieltexten in Smith 2004 erwähnt). In der Schule sei *„poetry boring"*, sie kenne Lyrik nur als *„flowering words of old poets"*. Ihr eigenes Ziel beim Schreiben formuliert sie so: *„I try to make every day life sounds interesting"* (Interview mit dieser Jugendlichen am 27.03.2007 in San Francisco).

Zweitens sollten Jugendliche das Ritual der Veranstaltung sowie Genremerkmale von Slam Poetry kennenlernen, um sich selbstständig in der kulturellen Praxis zu bewegen. Anhand der Äußerungen, die die Jugendlichen über Text und Performance machen, wird deutlich, dass sie zumindest die Artikulationsmuster kennen und verwenden, die innerhalb der Szene zur Beschreibung von Slam Poetry typisch sind:

Dass ein Text durch Performance lebendig werde und ein Poet auf der Bühne authentisch wirken sollte, sind gängige Beschreibungen von Slam Poetry. Die Regeln und den Ablauf von Poetry Slams kannten alle befragten Jugendlichen aufgrund der Vermittlung durch die Workshopleiter oder aus eigener Auftrittserfahrung. Die zahlreichen abgewandelten Formen des Poetry Slam sind dagegen kein Inhalt der Workshops. Dass ein Poetry Slam nicht nur aus Poeten, sondern auch aus Moderatoren und DJs sowie dem zuhörenden und vergleichenden Publikum besteht, sollte ebenfalls in Workshops noch intensiver thematisiert werden: Nicht nur die Schreibwerkstatt, sondern auch ein Moderatorentraining und die Sensibilisierung für Bewertungskriterien können interessante Inhalte eines Workshops sein.

Zu den Voraussetzungen für die Teilhabe an kultureller Praxis gehört drittens auch, dass sich Personen auf prototypische Texte beziehen. In dem Textkorpus der U20-Slam Poetry wurde Intertextualität nur bei dem Text von Tilman Döring (Text 4) evident: Er zitierte Namen (z. B. Matze B) und Textstellen (z. B. aus Bas Böttcher und Sebastian23) anderer, erwachsener Slam-Poeten und thematisierte explizit den Wunsch nach Zugehörigkeit zur „Slamily".

Allen anderen Texten ist anzumerken, dass sie sich zwar für den Vortrag eignen, d. h. adressatenorientiert, einfach und nachvollziehbar aufgebaut, an Merkmalen der mündlichen Dichtung orientiert sind, aber kaum gruppenspezifischen Wortschaft aufweisen. Stattdessen werden Medieninhalte, die allgemein zur Jugendkultur gehören, (verfremdend) zitiert. Zur Ästhetik der Texte gehört, dass viele Jugendliche einen kritischen, anklagenden Beobachtungsmodus in ihren Slam-Texten einnehmen und Themen einsetzen, von denen sie (aus eigener Erfahrung, da sie gleichalt sind) wissen oder ahnen, dass diese die Rezipienten emotional berühren. Wenn zu den Aufgaben des Handlungsfeldes Literatur gehört, dass Autoren „für die Gefährdung der jeweiligen gesellschaftlichen Errungenschaften [...] sensibilisieren bzw. notwendige Veränderungen [einklagen]" (Abraham/ Kepser, 2009, 18), dann wird dies besonders in den sozialkritischen Texten deutlich.

Mit Hilfe der Slam Poetry wird teilweise Anschluss an die literarische Tradition gesucht – wenn Jugendliche z. B. ein Georg Büchner-Zitat in die Schlusspointe ihres Textes setzen (Text 2), Sonettformen imitieren und Klassiker parodieren oder – wie es explizit in den US-amerikanischen Workshops angeleitet wird – nach Mustertexten schreiben. Viel stärker machen die jugendlichen Schreiber aber gegenwärtige Bedürfnisse deutlich und entwickeln Ansätze von Zukunftsperspektiven.

Dass der Literaturunterricht der Schule so schlecht abschnitt, liegt vermutlich daran, dass die Workshopteilnehmer einen außerschulischen Lernort besucht haben und dort Literaturvermittlung ohne Noten, mit jugendlich wirkenden Künstlern und auf individuelle Weise nach dem Lust- und-Laune-Prinzip stattfand. Die Jugendlichen nahmen sich selbst als Autoren wahr und blickten ein wenig hinter die Kulissen des kreativen Schreibens. Sie reflektierten jedoch nicht, dass Slam-Texte besonders eindeutig und klar formuliert sind, um ein Publikum schnell zu begeistern und Texte, die üblicherweise im Schulunterricht behandelt werden, meist komplexere, konzeptionell und medial schriftliche Werke sind.

Zu den kulturellen Gratifikationen zählen Sicherheit, die durch den Nachvollzug kultureller Rituale entsteht, und Geborgenheit, indem sich ein Bewusstsein entwickelt, einer größeren Konsensgemeinschaft anzugehören (vgl. dazu Abraham/ Kepser 2009, 18). Die befragten Jugendlichen des schulnahen Projektes und der Gruppe Meisterschaft konnten am Beispiel des Poetry Slam diese Sicherheit und Geborgenheit spüren und dadurch einen ersten Schritt der literarischen Sozialisation und Enkulturation gehen. Die Teilnehmer von punktuellen Workshops müssen dagegen viel Eigeninitiative aufbringen, um „dazuzugehören".

Wie an dem Beispiel der Bremer Jugendlichen, die sich von den Meisterschaften 2007 abgemeldet hat, sowie an den geäußerten Ängsten der Workshopteilnehmer deutlich wird, ist mehr pädagogische Betreuung und Verbindlichkeit der Workshopleiter notwendig. Wie die Online-Umfrage zeigte, pendeln die Workshopleiter jedoch oft in andere Städte, um Workshops zu geben. Der persönliche Kontakt kann so kaum aufgebaut werden. Wünschenswert wäre, dass nicht die Workshopleiter zu den Jugendlichen pendeln, sondern die Jugendlichen in ihrer Stadt einen festen Ort mit Ansprechpartnern haben, um kontinuierlich in die kulturelle Praxis hineinzufinden. Eine solche Struktur gehört in den USA längst zum Standard.

Das Handlungsfeld U20-Poetry Slam trägt – unterschiedlich intensiv – zur Individuation, Sozialisation und Enkulturation bei: Es gehört für Zuschauer wie Schreibende zur Freizeitgestaltung, dient der Ich-Entwicklung und dem Probehandeln durch Vorstellungsbildung. Die „Spannung zwischen eigenem Erleben und veröffentlichungswürdigem Verständnis" (Abraham/ Kepser 2009, 19) ist sehr gering, denn der Alltag wird zum Themengeber und die Bühne steht für jeden offen. Einige Jugendliche nehmen die „Spannung zwischen hochgewerteter und Sozialisationsliteratur" wahr, wenn sie z. B. äußern, dass Slam Poetry für den Unterricht zu banal sei. Das Gefühl der Gruppenzugehörigkeit stellt sich bei den Jugendlichen ein, die bereits am literarischen Leben teilhaben (Gruppe Meisterschaft) bzw. den Prozess der kulturellen Kohärenzbildung durch die Ausrichtung eines eigenen Poetry Slam mitgestalten (Gruppe Schulprojekt).

Widerstände werden aber dann deutlich, wenn die Jugendlichen in Situationen gebracht worden sind, die sie selbst nicht einschätzen konnten: Bei der Organisation von bundesweiten Festivals muss mehr Transparenz, eine verbindliche Organisation sowie ein Betreuungsangebot mit Ansprechpartnern vor Ort gewährleistet sein, damit nicht nur die Jugendlichen teilnehmen können, die sich ohnehin selbstständig bewegen.

Für einige Jugendliche ist bereits eine langfristige Teilhabe an der kulturellen Praxis des Poetry Slam möglich:

Von den Jugendlichen, von denen die untersuchte Slam Poetry aus dem Jahr 2007 stammte, sind allein sieben Jugendliche bereits bei der letzten Meisterschaft in München 2006 angetreten – erstaunlich deshalb, weil dort nur insgesamt 16 Startplätze (im Gegensatz zu 43[33] Startplätzen in Berlin 2007) für den Wettbewerb zur Verfügung standen. Von den restlichen neun U20-Teilnehmern 2006 qualifizierten sich allein fünf Poeten (Dennis Schüßler, Lara Stoll, Theresa Köhler und Nadja Schlüter) im Jahr 2007 für

---

[33] Die drei U20-Poeten Kathrin Jud, Winston Purple und Philipp Reichling nahmen ebenfalls an den Vorrunden am 05.10. 2007 teil, wurden jedoch kurzfristig nachgemeldet, sodass ihre Daten und Texte nicht in die Untersuchung eingehen konnten.

die Liga der Erwachsenen, was bei der begrenzten Zahl der Startplätze (vgl. Regelwerk www.slam2007.de) nur mit sehr viel Engagement zu leisten war. Zehn Teilnehmer des U20-SLAM2007 waren auch beim U20-SLAM2008 in Zürich in den Vorrunden, davon erreichten zwei erneut das Finale (Laurin Buser, Jasper Diederichsen). Ein Newcomer aus Bremen (Bleu Broode) gewann jedoch schließlich (www.slam2008.ch/?page_id=153). Auch beim Slam2009 gab es „altbekannte" U20-Poeten und 2010 zeichnen sich ähnliche Tendenzen ab.

Eine U20-Slam-Community, die ähnlich wie die erwachsenen Slammer aufeinander durch Zitate Bezug nimmt, ist in der Jugend-Liga noch nicht zu erkennen. Die U20-Slam-„Peer-Group" ist demnach nicht als Sozialisationsfaktor vorhanden. Allerdings bilden sich Teams von Jugendlichen, die auch überregional und geschlechtergemischt zusammenarbeiten (z. B. Stefan Dörsing, Tommy Tesfun, Dari Hunziger). Der U20-Poet Tilman Döring nahm sowohl bei der Jugend-Meisterschaft als auch bei der Meisterschaft der Erwachsenen – als Teamkollege von Patrick Kruse (Team Textesteron) – teil. Diese Entwicklung zeigt, dass die Jugendlichen der U20-Meisterschaft durchaus eigenständig und für Jugendliche, die bekanntlich jährlich ihre Jugendkultur wechseln – relativ langfristig an der kulturellen Praxis teilnehmen.

Damit das Handlungsfeld U20-Poetry Slam auch langfristig für eine größere Teilnehmerschaft zugänglich wird, ergeben sich aus der bisherigen Analyse folgende Vorschläge zur Optimierung:

Differenzierungen in den Altersgruppen vornehmen

Die befragten Probanden deckten das durchschnittliche Alter der U20-Poetry Slam-Akteure ab, das sich seit dem SLAM2004 in Stuttgart herauskristallisiert hat: Die meisten an einem U20-Poetry Slam teilnehmenden Poeten sind zwischen 17 und 19 Jahre alt, die bisherigen sechs Gewinner der fünf bereits stattgefundenen U20-Meisterschaften (der SLAM2005 in Leipzig brachte einen Doppelsieg hervor) sind sogar noch älter – nämlich 19 und 20 Jahre alt – gewesen.

Jüngere Schüler haben gegenüber älteren Teilnehmern möglicherweise Nachteile. Sie sprechen in ihren Texten über andere Themen, die das Publikum weniger interessiert, oder sind noch weniger erfahren auf der Bühne, da sie vermutlich kaum langfristige andere künstlerische Möglichkeiten wie Teilnahme an einem Chor oder der Theatergruppe wahrnehmen konnten. Wenn sich die Vermittlung von Poetry Slam an Kinder und Jugendliche weiter verbreitet, sollte an eine Ausdifferenzierung der U20-Gruppe gearbeitet werden. Wie in den Gebärdensprachpoesie-Festivals (vgl. Kap. Abgewandelte Formen) könnten z. B. eine voneinander getrennte U15-Liga für Personen bis 15 Jahren und eine U20-Liga für Personen zwischen 16 und 20 Jahren enstehen. Bei einer solchen Verteilung hätten Hauptschüler auch größere Chancen auf eine erfolgreichere Teilnahme. Außerdem würde diese Einteilung eher die unterschiedlichen Jugendphasen (Pubertät und Nachpubertät) abbilden.

Curriculare Anbindung stärken

Die mangelnde Kooperation mit der Schule bzw. die kaum vorhandene Vernetzung von den Lehrplänen und den Workshopinhalten ist einerseits damit zu begründen, dass die Workshopleiter keine (fach-)didaktische Ausbildung haben und – wie bei ähnlichen außerschulischen Projekten, z. B. dem filmisch dokumentierten Tanzprojekt „Rhythm is it!" (www.rhythmisit.com/de/php/index_flash.php) – als reine Quereinsteiger außerhalb des Regelunterrichts kurze Lernsequenzen durchführen; andererseits gibt es von Seiten der Schule wenig Möglichkeiten der Zusammenarbeit:

Werden Slam-Poeten für Workshops eingeladen, so erfolgen kaum Absprachen mit den Lehrern. Die Schüler, die freiwillig die Workshops besuchen, reflektieren wenig über den Zusammenhang von Schule und Workshop und nehmen den außerschulischen Lehr- und Lernkontext als willkommene Abwechslung zu ihrem Schulunterricht wahr. Da es kein Curriculum für Workshopinhalte und -methoden innerhalb der zahlreichen U20-Poetry Slam-Projekte gibt, wirken die Aufgabenstellungen willkürlich. Wie bei vielen außerschulischen Projekten sind die Teilnehmer den Workshopleitern bei punktuellen Workshops vorher nicht bekannt und der Zeitrahmen ist meist auf drei bis vier Stunden begrenzt, sodass differenzierte bzw. auf die Vorkenntnisse der Teilnehmer abgestimmte Schreibaufträge schwierig zu realisieren sind. Ein Curriculum sowie eine engere Zusammenarbeit mit den Lehrern bzw. Jugendarbeitern ist daher dringend notwendig. Wie das realisiert werden kann, zeigt das dritte Kapitel.

Schreibprozesse anleiten

Notwendig ist auch, die Schreibaufgaben auf die Merkmale der Slam Poetry abzustimmen, sodass in der kurzen zur Verfügung stehenden Zeit zum Vortragen geeignete Texte entstehen. Optimal wäre, die eigentliche Schreibarbeit mit entsprechendem Schreibauftrag in die Vorbereitungsphase, die auch durch den Lehrer geleistet werden kann, zu verlagern, und die Workshop-Zeit dazu zu nutzen, Texte mit Hilfe des anleitenden Slam-Poeten für einen Vortrag vorzubereiten, zu präsentieren und die Rückmeldungen des (gleichaltrigen) Publikums innerhalb des Workshops für Überarbeitungen zu nutzen.

Grundsätzlich empfehlen sich längerfristigere, aber hochwertige und curricular vorbereitete Workshopangebote. Ein festes Workshopangebot, das an Schulen und Jugendeinrichtungen angekoppelt ist, kann besser auf die Lernvoraussetzungen der Teilnehmenden eingehen, Gratifikationen wie die von den Jugendlichen geäußerten ermöglichen und in Form von Fertigkeiten und Fähigkeiten an den Unterricht rückgebunden werden.

Recherche von Hintergrundinformationen ermöglichen

Auch wenn es sich bei U20-Slam Poetry um literarische Texte handelt: Um deklaratives Faktenwissen zu erhöhen und Slam Poetry mit besseren Argumenten auszustatten, sind zukünftige U20-Poetry Slam-Projekte, die fachübergreifend mit Politik/ Geschichte/ Ethik/ Philosophie arbeiten, besonders zu empfehlen: Sachwissen kann dadurch – falls nötig – genauer recherchiert, diskutiert und in einem pointierten Text dargeboten werden. Vorbereitend ist auch ein Science-Slam (vgl. Kap. Abgewandelte Formen) sinnvoll, der den zusammenfassenden, publikumsorientierten Vortrag von Sachtexten übt.

Wettbewerbsdruck mindern

Jugendliche sind durch Casting-Shows wie „Deutschland sucht den Superstar" oder durch Serien wie „Hannah Montana", in denen sich Fiktion und Realität mischen, mit dem Wettbewerbs-Charakter eines Poetry Slams vertraut, sodass an diese Kenntnisse – wie Mederer in dem ersten didakischen Beitrag zu Poetry Slam 2003 vorschlägt – durchaus angeknüpft werden kann. Jedoch zeigt sich, dass einige Schüler mit dem Wettkampfgedanken überfordert sind, sobald dieser sie selbst und ihre persönlichen Texte betrifft:

Drei der interviewten Jugendlichen sprachen ihre Ängste vor der Auftrittsituation an, die entstanden, weil sie nicht genau wussten, wie ein Poetry Slam ablief. Das Lampenfieber war bei einer Probandin so hoch, dass sie nun nicht mehr an Poetry Slams teilnehmen wollte. Die andere Teilnehmerin verlor ihre Angst, da der Auftritt so schnell vorbeiging. Eine dritte nutzte schließlich das Open Mic.

Von einer genussorientierten Teilhabe an der kulturellen Praxis zeugen diese Beispiele nicht. Schüler können zwar eigene Texte im „Schlagabtausch" im Klassenzimmer und anschließend auf einer Homepage präsentieren (vgl. Mederer 2003, 187), jedoch sollten die Teilnehmer in Klein- und dann vor größeren Gruppen ihre Auftritte üben, um sicherer zu werden. Außerdem sollte – wie in dem Sommerkurs-Workshop auch angeboten – immer ein Open Mic im Vorfeld der Wettbewerbssituation eingeplant sein, damit die Jugendlichen ihre Texte ohne Wettbewerbsdruck vortragen können.

Hauptschüler integrieren

Literarische Sozialisation durch Poetry Slam wäre besonders für Hauptschüler wichtig. Der „Forschungsverbund Hauptschule" betont u. a., dass Hauptschüler oft ein beschädigtes Selbstwertgefühl und eine wenig entwickelte Sicht für die Möglichkeiten der eigenen Persönlichkeit hätten. Ein Poetry Slam-Projekt, das Literatur an Performance und Interaktion anbindet, könnte an die theater- und kunstpädagogischen Verfahren anknüpfen, die von Wissenschaftlern des Forschungsverbundes zur Stärkung des Persönlichkeitsprofils von Schülern empfohlen werden.

Auch die „Zehn Thesen zur Förderung der Literacy bei HauptschülerInnen" (vgl. Pieper et al. 2004, 197–205), die zur Verbesserung der Rezeptionskompetenz beitragen sollen, stellen sinnvolle Anknüpfungspunkte für die Didaktik des Poetry Slam dar: Das Rezipieren von Slam Poetry könnte besonders den Jugendlichen helfen, die keine versierten Leser oder Schreiber sind bzw. eine nichtdeutsche Herkunftssprache haben. Der Abstand zwischen der gesprochenen und geschriebenen Sprache ist geringer als bei Texten mit literaler Sprache, die konzeptionell und medial schriftlich sind; dies könnte Jugendlichen das Verstehen erleichtern. Zudem weisen die Texte eine Nähe zur (Jugend-)Kultur auf, sodass Leerstellen selbstverständlicher gefüllt und Hypothesen leichter aufgebaut werden könnten. Das würde z. B. das Erfassen von „Konstruktionsbedeutungen" (Haueis 2000, 5) unterstützen und die Anschlusskommunikation erleichtern.

Aber: Im Poetry Slam werden Texte meist unbeschwert und einprägsam einem Publikum präsentiert – die konzeptionell schriftliche Ausarbeitung wird dabei kaum transparent, das Nachmachen scheint auf den ersten Blick einfach. Tatsächlich müssen Jugendliche, die Slam Poetry selbst verfassen, konzeptionell schriftlich und medial mündlich arbeiten, wobei sie in ihrem Freizeitbereich, der von der „tertiären Oralität" (Enders 2007, 58) der Chat- und SMS-Welten geprägt ist, jedoch eher gewöhnt sind, sich konzeptionell mündlich und medial schriftlich auszudrücken. Auch wenn Poetry Slam recht locker und jugendnah wirkt und inhaltlich sicher an die Lebenswelt der Schüler anknüpft, kann diese Ausdrucksmöglichkeit gleich zwei Hürden darstellen: die des vorbereitenden Schreibens und die des wirkungsvollen Präsentierens. Besonders für diejenigen, die durch Migrationshintergrund bzw. bildungsferner Herkunft „verdeckte Sprachschwierigkeiten" (Knapp 1997) haben, deren Schreibkompetenz noch zu fördern ist und die sich durch geringes Selbstbewusstsein die öffentliche Aufführung des Textes nicht zutrauen, kann ein Auftritt schwierig sein. Hilfreich ist allerdings der im Poetry Slam herrschende Erfahrungsdiskurs – der im Gegensatz zum Wissensdiskurs in der Schule von dem Horizont der Schüler ausgeht.

Im Zeitraum von 2006 bis 2008 haben nur zwei Hauptschüler und gar keine Schüler mit Migrationshintergrund an den deutschsprachigen Meisterschaften im U20-Poetry Slam teilgenommen. Innerhalb des Handlungsfeldes der U20-Poetry Slam-Workshops gibt es nur wenige Projekte, die sich explizit um diese Schüler kümmern. Hauptschullehrer erklären sich die geringe Beteiligung ihrer Schüler damit, dass andere Lehrer das Projekt zu wenig kennen bzw. ihre eigenen Schüler unterschätzen und zu wenig motivieren würden, außerdem sei Poetry Slam „Privatsache" und passe von seiner Konzeption nur bedingt in Schulen (vgl. E-Mail-Interview mit Christoph Woller und Meinhard Krätschmer, 12.09. 2008). Eine wesentliche Funktion des Formates Poetry Slam wird also im deutschsprachigen Raum bisher nicht ausgeschöpft:

The funktion of poetry slam is to get laypeople involved into poetry. To get people who wouldn't normally listen to it or feel inspired to write it, to write it (John S. Hall, in: O'Keefe Aptowicz 2008, 290).

In Stuttgart lehren Poeten des Vereins U20-Slam Stuttgart e.V. mit Lehrern von Hauptschulen zusammen, da „gerade Jugendliche mit schwierigem sozialen Hintergrund [...] oft die größten Geschichten zu erzählen" hätten (www.u20-slam-stuttgart.de). In der Projektbeschreibung (Gronemeyer 2008) wird genauer ausgeführt, dass eine Klasse der Rosenstein-Hauptschule seit dem Schuljahr 2006/ 2007 die kreative Sprachwerkstatt „Poetry Slam" absolviere. Das vorrangige Ziel sei es, „die Sprachkompetenz der jungen Hauptschüler zu fördern". Die Arbeit sei auf insgesamt drei Jahre angelegt (6. bis 8. Klasse) und gebe den Schülern so Gelegenheit, sich über einen längeren Zeitraum mit einer Sache zu beschäftigen und somit auch die Fähigkeit zu konstantem Arbeiten zu erlernen. Im Rahmen des Deutschunterrichts arbeitet das Team des U20-Slam Stuttgart e.V. zwei Stunden pro Woche mit den Schülerinnen und Schülern der sechsten Klasse. Ausgehend von vorhandenen Rollenverteilungen werden in spielerischen Übungen die sprachlichen Fähigkeiten der Schüler herausgearbeitet und weiterentwickelt. Der aus dem Poetry Slam übernommene Wettbewerbsgedanke sei hilfreich, um die Schüler dazu anzuhalten, „sich nicht nur mit sich selbst, sondern auch mit den gegnerischen Rollen auseinanderzusetzen", Vorgaben aufzugreifen und die eigenen Fähigkeiten weiterzuentwickeln. So entstehe am Ende ein „authentisches Stück über das Leben der Schüler". Die Teilnehmer aus dem Hauptschul-Projekt waren leider weder in dem von Stuttgart organisierten freien „Städtebattle" (Juli 2007) noch bei der Deutschsprachigen Meisterschaft in Berlin (Oktober 2007) angemeldet.

Nach Angabe des Vorstandsvorsitzenden Gronemeyer wurden im zweiten Schulhalbjahr 2008 in einer 7. Hauptschulklasse „Alter Egos" entwickelt. Außerdem wurden die Schüler dazu aufgefordert, Raps zu verfassen, die jeweils durch einen Slam-Poeten und durch eine Lehrkraft mit Schulnoten benotet worden sind.

Die untersuchten Texte der Hauptschüler aus dem Stuttgarter Projekt sind durchgängig sehr kurz gehalten, sie füllen die im Poetry Slam zur Verfügung gestellte Zeit von ca. fünf Minuten keineswegs aus. Die Kürze mag an der Altersstufe (Klasse 7) liegen. Eine Schülerin sandte dem Stuttgarter Workshopleiter Tobi Borke jedoch gleich mehrere Texte. Auch andere Schüler kommentierten in ihren E-Mails, dass sie noch weitere Texte in petto hätten. Eine genauere Recherche der Texte ergibt, dass fünf der acht Texte der Stuttgarter Schüler die Regel „Die Texte müssen selbst verfasst sein" nicht einhalten: Es handelt sich um direkte Übernahmen (copy and paste) aus Webseiten: Genutzt wurden sms-Text-Vorlagen, ein Raptext „aus dem Berliner Untergrund" sowie ein Nachruf auf eine Katze von der Seite www.tiersterne.de, wobei dieser Text noch am ehesten von der angeblichen Verfasserin selbst geschrieben worden sein könnte.

Interessant ist, dass die gewählten Internetquellen durchweg Texte der konzeptionellen Schriftlichkeit und medialen Mündlichkeit enthalten. Die Jugendlichen waren daher bei der Auswahl der Texte bereits auf einer Spur, die dem Format Poetry Slam entspricht. Warum kopiert worden ist, kann nur vermutet werden: Möglicherweise sahen die Jugendlichen darin einen Schutz ihrer Privatsphäre – statt eigene Probleme und Themen zur Schau zu stellen, versteckten sie sich hinter bereits bestehenden Textmustern. Vielleicht wurde auch versucht, eigene Schwächen in Rechtschreibung, Grammatik, Ausdruck und Stil zu kaschieren, da die Texte zur Benotung vorgesehen waren. Vermutlich haben diese Jugendlichen zwar die größeren Geschichten zu erzählen, ob sie diese jedoch mit einer realen Öffentlichkeit teilen wollen, ist fraglich.

Die drei selbst verfassten Texte (A, B, C) haben Ähnlichkeiten mit Rap-Texten. Dass die Jugendlichen dieses Genre gewählt haben, liegt einerseits an der Beliebtheit dieser Ausdrucksform in der Jugendkultur, außerdem ist der Workshopleiter Tobi Borke ein bekannter Rap-Poet, der sicherlich eine Vorbildfunktion hatte und die Textproduktion entsprechend anleitete:

Text A *WEG (FÜR IMMER?!)*

jetz hast du mich allein gelassen
und ich könnt dich dafür hassen
wie kannst du nur für immer weg gehen
ich wed es nie verstehen
ich kan es nich glauben
ich hab dich nich vor meinen augen
du warst ein teil von meinem leben
doch jetz bist du weg ich hör mein herz beben
jetz bist du villeicht nie mehr wieder bei mir
die lage ist für mich wirklich stier
jetz sitze ich hier weinend auf ner bank
der gedanke dich nie mehr zu sehn macht mich krank
ich hab echt gedacht niemand kan und trennen

es macht mich fertig doch ich kan nich weg rennen
wie konntest du es bis hier hin zu lassen
es macht mich echt kaputt ich kan es nich in worte fassen
ich hab die lage nich ernst genommen
doch ich weiss ich muss mit der tatsache fertig kommen

Text B

Türkei ist so geil
Yozgat hat den Stlye
Du denkst du bist der beste
du bist meine reste
Hey leute spielt mit mir nicht Poker
sonst benutze ich dein Mutter alls Joker
Jeder hast dich
dein genick brech ich
Dein Mutter ist in not
den sie ist gleich tot

Text C

Ich hasse wie du mit mir sprichst
und deine komische frisur
ich hasse deine art mich anzuglotzen
und dich ständig ein zu schleimen
ich hasse es so sehr
ich muss fast kotzen
noch mehr als bei diesen reimen
ich hasse wie du recht hast
und deine lügerei
ich hasse wie du mich zum lachen bringst
noch mehr als meine heulerei
ich hasse wenn du nicht angerufen hast
doch am meisten hasse ich
dass ich dich nicht hassen kann,
noch nicht einmal wenig noch nicht einmal bisschen.

Durch die dialektalen Färbungen („die lage ist für mich wirklich stier"), kleinere grammatikalische Ungenauigkeiten (z. B. „mit der lage fertig *kommen") und einige Rechtschreibfehler wirken die Texte authentisch und selbstverfasst. Ein Text spielt mit dem Motiv der Beleidigung der Mutter („deine mutter ist in not"), das für die Rap-Kultur typisch ist; es wird fast durchgängig mit dem Endreim gearbeitet und alle drei Texte klagen ein fiktives Du an. Die Schüler versuchen von eigenen Erlebnissen zu sprechen und halten sich dabei an Ausdrucksmitteln des deutschsprachigen Rap, wie er z. B. von Sabrina Setlur her bekannt ist, fest. Um bei einem Poetry Slam teilnehmen zu können, müssten die Texte noch erweitert und entsprechend der Merkmale von Slam Poetry verfeinert werden.

Ein anderes Projekt für die Haupt- und Realschule hat das Lüneburger Netzwerk Leseförderung (vgl. www.netzwerk-lesefoerderung.de) mit ihrer jährlich im Mai stattfindenden Aktionswoche „Lüneburg liest!" entwickelt. Ein Poetry Slam speziell für Hauptschulen wurde 2007 und 2008 ausgerichtet, die Sieger nahmen an der Meisterschaft 2007 (vgl. Benny Pieper, Kim Oestreich, www.slam2007.de) bzw. an dem Qualifizierungs-Festival 2008 (www.u20slam.eu) teil, weitere Fortbildungen und Aktionswochen fanden im Mai 2009 statt. Beeindruckend ist, dass die Teilnehmer von 2007, Kim Östreich und Benny Pieper, auch 2008 zu dem Workshop von Ken Yamamoto gekommen sind, um weiterzuslammen (vgl. Radiobeitrag www.netzwerk-lesefoerderung.de/component/option,com_docman/task,cat_view/gid,74/Itemid,112).

Die Hauptschüler, die 2007 im Rahmen von „Lüneburg liest" einen Workshop bei zwei Slam-Poeten besucht hatten, überzeugten mit längeren eigenen Texten. Diese Schüler sind älter als die Stuttgarter Schüler und konzentrierten sich bei dem Workshop auf das Verfassen eines Textes, den sie auch vortragen sollten. Rap spielte dabei keine Rolle, u. a. weil der Workshopleiter selbst Geschichtenschreiber und Slam-Poet ist. Der Text von Patrick W., der bereits 18 Jahre alt ist, ist eine Bricolage aus Texten des Workshopleiters:

Er ist durch den anaphorischen Satzanfang dem Aufbau des Listentextes „Bread Pitt" von Lars Ruppel sehr ähnlich, zitiert verfremdend jedoch auch den Text „Kinder" (www.youtube.com/watch?v=2PfeAxf3Z7k), ebenfalls von Lars Ruppel:

Ich hasse es, sowas zu schreiben.
Ich hasse es, wie die Blicke der Menschen auf mich prasseln.
Ich hasse es, zu hören.
Ich hasse es, zu machen was mir gesagt wird.
Denn ich bin ich.
Ich hasse es, ich zu sein.
Ich hasse es, zu rauchen - trotzdem tue ich es.
Ich hasse es, zu trinken - trotzdem tue ich es.
Ich hasse es, zu lügen - trotzdem tue ich es.
Ich hasse es, zu lieben - trotzdem tue ich es.
Ja ich hasse es.
Ich hasse es wirklich.
Doch trotzdem liebe ich es.
Ich liebe es, wie der Wind durch die Bäume rauscht.
Ich liebe es, wie die Vögel singen.
Ich liebe es, wie die Lehrer schreien.
Ich liebe es, graue Haare zu verteilen.
Ja, ich liebe es.
Ich liebe die Menschen, die Tiere, einfach alles um mich rum.
Ja, ich liebe es. Aber warum?
Warum liebe und warum hasse ich?
Warum weiß ich das nicht?

Ich hasse es, das nicht zu wissen, aber ich liebe es, mich das zu fragen.
Ja, ich liebe es, aber warum?
Warum brauchen Menschen schlaf?
Warum töten Menschen?
Warum?
Warum singen Vögel?
Warum?
Warum blühen Blumen?
Ja, warum weiß ich das nicht?
Warum?
Warum bin ich ich und nicht du?
Ich bin ein Junge, aber warum?
Ich heiße Patrick, aber warum?
Ich bin 18 Jahre, aber warum?
Ich wohne in Bardowick, aber warum?
Ja warum nur?
Warum bin ich ich?
Ich will du sein
aber wer bist du eigentlich?
Du, ja du bist einfach großartig.
Du bist groß.
Du bist unbesiegbar.
Du bist allerdings nicht ich
und das ist gut so.
Ich hasse mich nicht.
Ich liebe mich nicht.
Ich frage mich auch nicht mehr warum, denn ich bin ich.

Der Text wirkt sehr persönlich, wie eine Innensicht, und weist ebenso wie die anderen U20-Poetry Slam-Texte eine (nicht näher spezifizierte) Adressatenorientierung („Ich will du sein, aber wer bist du eigentlich?") und eigene Stellungnahmen („Ich hasse ...") auf, in Syntax oder Lexik folgt er den Merkmalen der gemäßigten Schriftlichkeit; die Formel „Ich liebe es" könnte eine Anspielung auf den gleichlautenden aktuellen Slogan von McDonald's sein.

Kim Oestreich (15 Jahre alt) und Benny Pieper (16 Jahre alt) erhielten die Qualifikation für den U20-SLAM2007. Ihre Texte sind ebenso wie der Text von Patrick W. nicht nur sehr konkret und an die eigene Lebenserfahrung angebunden, sondern sie überzeugen auch – im Gegensatz zu vielen Texten der Gymnasiasten – durch eindeutige Publikumsansprache und einer eigenen, fundierten Stellungnahme:

In dem ersten Satz des Textes „Die Wende meines Lebens" (Text 12) moderiert der Verfasser den Inhalt seines Textes an und fesselt die Aufmerksamkeit der Zuhörerschaft: Es geht um eine einschneidende Erfahrung in dem Leben des live auftretenden Sprechers. Chronologisch, Strophe für Strophe, schildert er die schicksalhaften Ereignisse und die innere Entwicklung, die seit dem Jahr 2003 sein Leben bestimmten: der Tod der Mutter, Selbstmordgedanken, Sinnsuche, Flucht in den Alkohol, schulischer Abstieg als Außenseiter, zunehmende Aggressionen, Einsamkeit, Einzug in die rechtsradikale Szene und selbstständige Loslösung von diesen „falschen Freunden". Der Sprecher beschreibt in seinem kurzen, in sehr einfacher Sprache gehaltenen Text nicht nur einzelne Lebensstationen, sondern entlarvt quasi en passant die bürgerliche Doppelmoral: der Vater, der seine Rolle als Erziehungsberechtigter nur deshalb wahrnimmt, weil sein eigener Ruf durch die Verleumdung des Sohnes in der Nachbarschaft auf dem Spiel steht („erst dann, aber leider auch nur dafür, wurde aus meinem Vater ein Vater"), die Schwester, die dem Sprecher eine Rolle vorspielte, der sie selbst nicht gerecht werden kann und die Freunde, die nur zu ihm hielten, wenn er „ihren Vorstellungen entsprach".

Der Text dokumentiert die Entwicklung eines jungen Menschen, der, auf sich allein gestellt, selbstbewusst wird und sich zunehmend auf seine eigenen Wahrnehmungen verlässt („ich habe gemerkt, wen ich als Freund bezeichnen kann"). Während der Sprecher im Rückblick die letzten vier Jahre reflektiert, brennt ihm der Vorwurf, rechtsradikal zu sein, noch akut unter den Nägeln. Sehr emotional grenzt er sich von dieser politischen Gruppierung ab und schwört seiner Schwester, dass diese Fremdzuschreibung nicht stimme.

In seinem Schlusswort distanziert er sich nochmals von dem Vorwurf, aggressiv zu sein, und stellt klar, dass er nur „anders", jedoch nicht gewalttätig sei. Die Sentenz am Textende ist an das Publikum gerichtet und manifestiert den Sprecher als eigenständige, sich selbst wahrnehmende und individuelle Persönlichkeit. Diese neue Ausgangsbasis scheint die in der Anmoderation angekündigte neue Sicht auf das Leben zu sein. Sprachlich bleibt der Text einfach. Er erzählt ohne Umschweife in Umgangssprache und bedient sich Floskeln („Mein Leben gab keinen Sinn") und Redensarten („Niemand ist perfekt"). Trotz der sprachlichen Schlichte wirkt der Text durch die authentische Situation [die Schwester begleitete Benny P. bei den Poetry Slams, auf denen er auftrat, und berichtete, dass der Text einen wahren Hintergrund habe, P.A.] und das Anliegen des Sprechers, das Fremdbild mit dem Selbstbild in Einklang zu bringen, ergreifend.

In dem Text „Poesie" (Text 12) von Kim Oestreich setzt sich die Sprecherin mit ihrem Verhältnis zum poetischen Schreiben auseinander. Sie schildert dabei aus der Ich-Perspektive sowohl Schreibblockaden („finde dann keine Worte für meine Gedanken") als auch den so genannten Flow („weiß, was ich sagen will, fühl, was ich schreiben soll"). Ihr Text wirkt sehr persönlich, da sie genau beschreibt, warum sie die Poesie einerseits als Chance, andererseits als „Feind" begreift. Während sie im Alltag sehr unter Druck stehe und versuche, es allen Menschen „recht zu machen" und nicht „zu direkt zu sein", verlange das Schreiben, dass man sich „unbeschwert" hingebe. Dies scheint die größte Herausforderung sowie die größte Chance zu sein, da die Sprecherin mittels der Texte ihre Gedanken „geradewegs heraus- posaunen" könne. Indirekt wird deutlich, dass der Alltag keineswegs positiv empfunden wird. Nicht nur mangelndes Vertrauen in sich und die Mitmenschen („stets bemüht mich für alle zu verbiegen"), sondern auch „neue Probleme und Sorgen" stehen im Widerspruch zu den „schönsten Träumen" und begleiten den „scheiß Tag".

Statt ihren täglichen Kampf mit Problemen des Alltags näher auszuführen, verlagert sich die Sprecherin gegen Ende des Textes darauf, von ihrem Kampf mit der Poesie zu berichten. Mit Personifikation und parallelen Satzstrukturen reflektiert sie sehr anschaulich und originell, warum sie keinen „Frieden mit der Poesie" finden kann: „Alle Wörter in mir verkriechen sich in die hintersten, letzten Löcher meines Lebens". Geschickt nimmt sie das Wort „Poesie" selbst unter die Lupe und stellt fest, dass das „E am Ende von Poesie dazugehört, obwohl man dieses E nicht mitspricht, es nicht beachtet". Sie deutet damit an, dass auch die Tage, an denen sie beim Formulieren nicht erfolgreich ist, zum Schreiben dazugehören („Diese Tage lebt man mit"). Ihren autobiografischen Erzählbericht schließt sie mit einer Art elliptischem Distichon ab: „Ich mit der Poesie – vollkommen unmöglich./ Ich ohne die Poesie – kompliziert, undenkbar".

An den U20-Slam-Texten dieser älteren Hauptschüler sieht man deutlich, dass die Jugendlichen von ernsten persönlichen Problemen oder Lebensschicksalen erzählen (Identitätsfindung, Tod der Mutter, Schulprobleme), welche einerseits bereits ausformulierter als die Rap-Texte der jüngeren Hauptschüler sind und sich andererseits von den eher abstrakteren, gesellschaftspolitischen Betrachtungen der Gymnasiasten unterscheiden.

Die zwei Hauptschullehrer (Herr Woller und Herr Krätschmer), die in Lüneburg in je einer Arbeitsgemeinschaft mit Schülern innerhalb des Projektes „Lüneburg liest" gearbeitet haben, in denen sich auch Kim Oestreich und Benny Pieper qualifiziert hatten, berichteten in einem E-Mail-Interview mit der Verfasserin im August 2008 von einem positiven Entwicklungsprozess der teilnehmenden Schüler, verwiesen jedoch auch auf grundlegende Schwierigkeiten:

Insgesamt stimulierend wirkte die Beteiligungsmöglichkeit der Schüler an einem solchen Projekt bzw. an einem öffentlichen Auftritt. Das hätte auch an der Projektgruppe gelegen, in der jeder, auch der „schlechteste" Text willkommen gewesen sei. Das vermutlich „schwache Selbstkonzept von Hauptschülern" sollte durch so viel Bestätigung wie möglich aufgewertet und der „Aufbau der Selbstwirksamkeitserfahrung" gefördert werden (Krätschmer, E-Mail an Anders, 2008). Die Teilnehmer machten positive Erfahrungen mit den eigenen Fähigkeiten, denn ihre eigenen Produkte wurden außerhalb von schulischen Benotungsprozessen ernst genommen und es entstand Kommunikation untereinander und mit den Leuten der Projektgruppe.

Zwar seien am Anfang die meisten eher noch schüchtern und zurückhaltend gewesen, das habe sich jedoch im Verlauf der Projekte immer mehr geändert. Die Schüler seien immer selbstbewusster geworden und hätten immer mehr Spaß daran gehabt, ihre Texte vor anderen vorzutragen. Auch thematisch und sprachlich wären die Texte mit der Zeit immer anspruchsvoller geworden (Woller, E-Mail an Anders, 2008).

Schwierigkeiten gab es grundsätzlich bei der Anfangsmotivation und bei der Überarbeitung: Einigen fiel es sehr schwer, einen Anfang zu finden, den sie für angemessen hielten. Auch sei des Öfteren zu beobachten gewesen, dass sich einige Schüler erst an den Fakt gewöhnen mussten, dass sie wirklich alles schreiben durften, was sie möchten, da sie dies aus der Schule nicht gewöhnt waren. Dieses hätten sie dann aber sehr geschätzt. Manchen sei es schwer gefallen, dass man durchhalten muss, bis ein guter Text erarbeitet worden ist.

Auch die Erfahrung, dass man sich selbst auf die Suche nach Ideen macht, weil die Textvorschläge vielleicht „uncool" sind, war für einige neu. Zwar gab es bei der Mündlichkeit

tolle Spontanergebnisse zu der von Sebastian Rabsahl (d.i. der Slam-Poet Sebastian23) in 2007 im Lüneburger Workshop vorgestellten Übung „Sprechdurchfall": Mündlichkeit vom Feinsten: Zwei Leute sitzen sich gegenüber und reden. Wer zuerst aufhört, hat verloren. Thema egal. Das hätte man mitschneiden sollen. Da kamen interessante, aber nicht in Echtzeit protokollierbare Wechselwirkungen zustande: Inhaltlich, aber auch mimisch und gestisch. Da waren die Leute top (Krätschmer, E-Mail an Anders, 2008).

Aber Schreiben, als organisierter Prozess, der Meta-Kompetenzen erfordert, war an sich ein Problem: Die typische Arbeitsweise der Erstellung eines schriftlichen Textes als mehrstufiger Prozess mit Korrekturschleifen, Umstellungen, Einbau neuer Absätze etc. war den Teilnehmern eher fremd. Für alle Hauptschülerinnen und Hauptschüler lagen die größten Probleme in den folgenden drei Schritten:

- Wo kriege ich eine gute Idee her, die mich dazu bringt, einen Text überhaupt zu schreiben?
- Wie soll ich mit einem Text / Textentwurf umgehen?
- Warum soll es sich lohnen, den Text zu überarbeiten?

(Krätschmer, E-Mail an Anders, 2008)

Außerdem sei es ein Problem, beim Texten über die Länge von zwei handschriftlichen Seiten hinauszukommen. „Textplanung und Texterweiterung sind eben in der Hauptschule keine Routinen. Das ist mühsam" (ebd.). Nachdem die Schüler aber die Rolle als Slammer erst mal angenommen hätten, sei es kein Problem mehr gewesen, an bestehenden, noch unfertigen Texten zu arbeiten. Hinweise und Anregungen wurden nach eigenem Ermessen der Slammer umgesetzt.

Waren erste Proberunden in kleiner Runde durchgestanden, dann war die weitere Arbeit im Sinne der Professionalisierung von Text und Auftritt kein Problem mehr (ebd.).

Die meisten Schüler hätten von persönlichen Erlebnissen in ihren Texten berichtet. Diese Texte seien dann sehr gefühlvoll und ergreifend gewesen, da die meisten von traurigen Ereignissen erzählten. Wenn eher skurrile Geschichten geschrieben wurden, dann hätten diese auch meistens ein reales Ereignis als Inspirationsquelle gehabt.

Wie schon in der empirischen Untersuchung festgestellt worden ist, weisen Poetry Slam-Workshops einige Mankos auf, zu denen auch die mangelnde Beratung gehört. Diese Schreibberatung ist jedoch gerade bei der Arbeit mit Hauptschülern elementar. Die Workshops müssen dafür flexibler gestaltet und noch mehr an die Lernvoraussetzungen der Schüler angepasst werden. Die Äußerungen der Hauptschullehrer zeigen aber auch, dass die sozialen und kulturellen Gratifikationen, nämlich zu einer Gemeinschaft und sogar zu einer Literaturbewegung zu gehören, für die Hauptschüler ein großer Motivationsfaktor zum Schreiben und Vortragen gewesen ist.

Den Schreibprozess mit Diskussionsthemen lenken

In den USA nutzen gerade die Jugendlichen, die aus sozialen Brennpunkten bzw. Minderheiten stammen, Poetry Slam-Workshops und die Poetry Slam-Bühne, um sich mit sich und ihrer Umwelt auseinanderzusetzen. Ein Ziel für Hauptschüler im deutschsprachigen Raum könnte daher sein, durch Slam Poetry einfache literarische Strategien kennen zu lernen, über sich selbst bzw. seine Gedanken zu sprechen.

In dem Sprachförderungsprojekt „Brave New Voices" scheint die Förderung der schwächeren Schüler zu funktionieren:

Powell, Kass und Glazner gaben Schreibaufträge, die eher auf die Persönlichkeitsbildung und die freie Meinungsäußerung abzielten. Die Schreibimpulse entstanden durch Diskussionen bzw. durch literarische Muster- oder Imulstexte. Durch die kurzen Schreibphasen von fünf bis zwanzig Minuten wurde ein Wechselspiel zwischen Gruppendiskussion und individueller Gedankenfindung erzeugt. Der öffentliche Austausch, der aktuelle Diskussionsstand, floss unmittelbar in die eigenen Texte ein. Unterschiedliche Perspektiven wurden so innerhalb der Texte verhandelt, aus denen sich der Schreibende eine eigene Position erarbeitete. Während Powell in der Anfängergruppe Möglichkeiten vorstellte, wie eine geschützte Rolle (Schreiben in der dritten Person) aufgebaut werden kann, insistierte Kass in dem Fortgeschrittenenkurs eher auf die Authentizität der Vortragenden bei einem Poetry Slam. Glazner arbeitete schließlich mit den

Teilnehmern an den stilistischen Möglichkeiten (Brief, Textmuster) und sensibilisierte für die soziale Funktion von Literatur. Die Teilnahme an einem Poetry Slam stand bei keinem der drei Workshops im Vordergrund.

Die Auseinandersetzung mit der Meinung der anderen, die durch die Gruppendiskussionen initiiert wird, erzeugt eine appellative Ausrichtung der Texte, die in den Workshops entstehen. Der Schreibende argumentiert quasi in seinem Text mit einem fiktiven Du weiter. Bei öffentlichen Auftritten wird diese Rolle des Diskussionspartners auf das Publikum übertragen. Die Anbindung an Texte bzw. Poeten der Literaturgeschichte, mit der Glazner arbeitet, hat das Ziel, den Jugendlichen die Teilhabe an kultureller Praxis – auch der vergangenen Epochen – zu ermöglichen. Ein Slam-Workshop dient zwar dem Selberschreiben, die Jugendlichen sollen sich jedoch gleichsam durch ihren Körper und ihre Stimme in das kulturelle Gedächtnis der Literaturgeschichte einschreiben und dadurch partizipieren. Literatur hat nach Glazner immer auch eine soziale Funktion: Sie führt Generationen (vgl. Projekt Alzpoetry) zusammen, sie ermöglicht die Kommunikation zwischen unterschiedlichen Ethnien und Sprachgruppen und schafft Verbindungen zwischen Epochen.

Alle hier aus dem US-amerikanischen Raum aufgezeigten Möglichkeiten spielen bisher keine Rolle in den Lehr- und Lernkontexten im deutschsprachigen Raum. Die Ansätze könnten jedoch sehr hilfreich sein: Sie ermöglichen durch die Diskussionsphasen eine intensivere Auseinandersetzung mit der eigenen Meinung und mit Stereotypen, sie führen die Jugendlichen an Mustertexte der Literaturgeschichte heran, von denen sie stilistisch profitieren können, und sie zeigen, wie man durch gezielte Schreibmethoden (Schreiben in der dritten Person, Briefe verfassen, etc.) eine geschützte Rolle etablieren kann, aus der heraus das Sprechen über persönliche Erfahrungen einfacher fällt.

3 Modellierung: Poetry Slam im Deutschunterricht

3.1 Unterrichtsmaterialien

3.1.1 Poetry Slam-Workshop-Reader aus den USA

In ihrem Buch „Brave New Voices" (2001)[34] stellt die Sozialpädagogin und frühere Koordinatorin von „Youth Speaks", Jen Weiss, die Anliegen von Poetry Slam für Jugendliche dar und zeichnet einen möglichen Lernprozess für den (Englisch-)Unterricht nach. Sie verbindet die folgenden Gratifikationen mit Poetry Slam:

- *Jugendliche erleben das Gefühl, dass sie etwas zu sagen haben,*
- *Jugendliche erleben ein Gruppengefühl,*
- *Jugendliche fühlen sich der Welt des Schreibens zugehörig.*

Die drei Anliegen decken sich mit den Kategorien Individuation, Sozialisation und Enkulturation (vgl. Abraham/ Kepser 2009).

Die Jugendlichen erhalten durch das Schreiben Zugang zu sich selbst und erobern durch ihre Performance einen öffentlichen Raum bzw. einen Platz in der Gesellschaft:

It's because we privilege kids who have problems with literacy. And performance often is the way kids who need to express themselves express themselves. [...] But I mean, ultimately we don't care wether this poet ends up in the canon because we're trying to basically keep kids out of jail" (Jen Weiss, in: O'Keefe Aptowicz 2008, 315).

Nach Weiss wird die Welt des Schreibens und die Kunst des Interpretierens durch Poetry Slam entdeckt und erobert. Jugendliche seien für das Schreiben motiviert, da sie sich über Themen klar werden, sich selbst über Sprache ausdrücken und anderen etwas mitteilen, was Bestand hat. Da die Poeten ihre eigene Performance entwickeln, würden sie am besten üben, wie sie ihre Deutungshypothese körperlich und stimmlich präsentieren.

Das Schreiben steht in ihrem Konzept im Vordergrund jeder Beschäftigung mit Poetry Slam. Der in ihrem Buch angelegte Fünf-Wochen-Workshop mündet in einem öffentlichen Event, das ein Open Mic oder ein Poetry Slam sein kann. In dem ein bis drei Tage pro Woche stattfindenden Workshop sollen keine Techniken oder Analysefähigkeiten geschult werden, sondern eine offene Haltung, eine Leidenschaft und die Fähigkeit, anderen zuzuhören und mehr zu schreiben (Weiss 2001, 11). Jeder Workshopteil bezieht sich nach Weiss auf die Traditionen der Spoken Word-Bewegung.

---

[34] Das Buch liegt bisher nur auf Englisch vor. Die Verfasserin hat den Inhalt für diese Zusammenfassung selbst übersetzt.

Weiss beschreibt den Ablauf und die Gestaltung eines Workshops mit der Grundannahme, dass die einfachsten Mittel die besten Ergebnisse erzielen würden. Da der Lernprozess innerhalb des Unterrichts stattfindet, sollten von Seiten des Lehrers folgende Vorkehrungen getroffen werden:

A) Image
- *Alle Teilnehmer reden sich mit Vornamen an und bezeichnen den Lehrer als „Mentor"*
B) Klassenraum
- *Die Sitzplätze können täglich gewechselt werden.*
- *Die gemeinsame Umgestaltung des Klassenraumes trägt zur produktiven Arbeitsatmosphäre bei.*
C) Schülerorientierung
- *Die Teilnehmer sollen durch Impulse möglichst viel diskutieren.*
- *Der Mentor leitet nicht die Themen an, die er selbst interessant findet, sondern erfragt Interessen der Teilnehmer.*
- *Die Hälfte der Workshopzeit gehört den Jugendlichen und der Präsentation der Schülerarbeiten. Der Mentor spricht so wenig wie nötig.*
D) Redefreiheit
- *Die Teilnehmer sollen sich frei fühlen und laut denken lernen.*
- *Die Schüler sind selbst die besten Kritiker.*
- *Die Gruppe soll unterscheiden lernen zwischen einem punktuellen Kommentar und einer ausgiebigen Diskussion über eine Arbeit am Text.*
E) Bewertungsfreiraum
- *Es gibt kein falsch und richtig, es gibt nur mehr oder weniger interessante Methoden oder Versuche sich auszudrücken.*
- *Motivation zum Schreiben soll über das Schreiben selbst und über die Gruppe kommen, und nicht durch Noten.*
F) Auseinandersetzung
- *Die Anfänge einer Textarbeit und die guten Ideen werden gelobt.*
- *Um den Übergang vom Schreiben zum Performen zu trainieren, werden alle Textarbeiten laut vorgelesen.*
- *Der Workshop ist immer ein Experiment: Niemand forscht, wenn er nicht etwas Neues herausfinden will und ein gewisses Risiko eingeht.*
G) Prozessorientierung
- *Ein guter Text ist ein Prozess und kein Produkt. Ein Workshop ist immer nur der Anfang für ein lebenslanges Schreiben.*
H) Erwartungsfreiraum:
- *Die besten Texte entstehen, wenn sie nicht erwartet werden.*

Weiss legt also Wert darauf, dass Jugendliche eigene Themen einbringen, dass der Mentor, sprich der Workshop-Leiter, eine zurückhaltende, moderierende Rolle einnimmt und dass im Workshop viel diskutiert wird. Diese drei Aspekte könnten auch die Workshops in Deutschland aufwerten, da sie schülerorientierter angelegt sind. Dass viel über die produzierten

Texte gesprochen wird, hob auch eine der befragten Jugendlichen aus dem Odenwald als positiv über ihren Workshop hervor. Das Sprechen über Texte könnte ein wichtiger Baustein für einen Workshop sein, auch deshalb, weil das Sprechen über selbstverfasste Texte in der Schule weniger vorkommt.

Weiss macht den Lehrern Mut, indem sie trotz neuer Lernarragements auf vorhandene Lehr-Kompetenzen aufbaut: „Gehen Sie mit Übungen und einer offenen Haltung in den Workshop und machen Sie das, was Sie am besten können: unterrichten" (Weiss 2001, 56). Um die bestehenden Strukturen zu durchbrechen, gilt der Grundsatz: Je ungewöhnlicher sich die Teilnehmer in dem gewohnten Umfeld fühlen, desto besser! Sie schlägt die Bildung eines Stuhlhalbkreises, die Einspielung von Jazzmusik oder das Sprechen über Bilder als ersten „Eisbrecher" vor.

Auch diese Möglichkeiten könnten in Workshops in Deutschland stärker genutzt werden. Statt Schreibaufträge zu geben, die die Jugendlichen thematisch oder stilistisch einschränken, kann das Schreiben nach Musik oder Bildern die Vorstellungswelten öffnen.

Die fünf Workshopmodule von Weiss lassen sich zu folgenden Gratifikationen bündeln:

Individuation

Die ersten Übungen gelten der Stabilisierung der Gruppe und der Stärkung des Vertrauens (ebd., 18): Sehr leichte Schreibübungen ermöglichen allen Teilnehmern dieselben Chancen. So beschreiben die Schüler zum Beispiel einen Raum, eine emotionsgeladene Situation oder ein Gruppenmitglied. Dies stärkt die Gruppenzugehörigkeit (ebd., 24) und verhindert es, dass sich Schüler missverstanden fühlen. In schwierigen Gruppen hilft ein Workshopvertrag (ebd., 26), den alle laut lesen und in dem verankert wird, dass sich alle frei ausdrücken dürfen. Dem Kult des „missverstandenen Poeten" (ebd., 27) wird vorgebeugt, indem jeder gehört und jeder Text diskutiert wird. Die Schüler lernen sich durch „Detailhunting" auf ein konkretes Detail in einem Text zu konzentrieren (ebd., 11). Dabei lernen sie selbst Sätze pointiert zu schreiben und onomatopoetische Wendungen zu erkennen. Ihre Detailbeobachtung wird beschrieben und die Wirkung begründet. Die Rolle der Performance sollte geklärt werden, „bevor die Jugendlichen etwas Bedeutendes geschrieben haben" (ebd., 44).

Sozialisation

Die Schüler erhalten durch HipHop-Texte oder durch Texte früherer Generationen Impulse, um über aktuelle Themen der heutigen Jugend zu sprechen. Um in die Geschichte des Poetry Slams und in die Gemeinschaft der Poeten einzutauchen, werden Filme wie „Poetic Licence (Van Peebles,

USA 1999/ 2004)" gezeigt. Als Anschlusskommunikation bespricht der Mentor folgende Fragen:

- *Welche Bedeutung hat es, ein Poet zu sein?*
- *Welche Poeten gefallen dir am besten?*
- *Welche Gemeinsamkeiten habt ihr mit den Jugendpoeten?*
- *Warum haben Poeten in unserer Gesellschaft einen schlechten oder langweiligen Ruf?*
- *Welche Bedeutung hat der Begriff "Poetry" für die heutige Jugend?*

Zum Selberschreiben werden die Jugendlichen durch Schreibübungen, wie z. B. das automatische Schreiben der Surrealisten, angeregt. Schnell kann auch über HipHop ein Zugang zum Texten geschaffen werden. Die Polyphonie sowie signifikante Töne sind – ähnlich wie im Blues – stilbildend in dieser Musikrichtung und werden an einem Slam-Text wiederentdeckt. Die Schüler lesen dazu einen Rap-Text von K-Swift erst in monotoner Stimmlage und dann mit dem im Text angelegten Ausdruck und Rhythmus vor. Sie besprechen die ersten elf Verse und tauschen Assoziationen aus. Die Endreime und Binnenreime sowie Anaphern, Parallelismen, Assonanzen und Konsonanzen werden als konstituierende Struktur erkannt. Als Orientierungsmuster in diesem Klangteppich dienen Anreden („Ich"/ „Sie"). Anhand des Beispiels von K-Swift erkennen die Schüler, dass es Möglichkeiten gibt, Poesie und Rap zu verbinden: „He uses Rap-Styles and pronounce it as a poem." Um die eigenen Texte publikumsorientiert zu präsentieren bzw. „zu verkaufen", regt Weiss die Nachahmung von TV-Pfarrern oder Werbesendungen [!] an (Weiss 2001, 55).

Enkulturation

In der vierten Woche lernen sich die Schüler als Teil einer kulturellen Bewegung kennen. Als Ziel formuliert Weiss die Erfahrung, dass Wörter immer eine politische Wirkung hätten. Die Spokenword-Bewegung betrachtet sie als Teil der Bürgerrechtsbewegung. Die „Nuyorican Poeten" hätten in den 1980-er und 1990-er Jahren ihre Kultur vorgetragen und vorgelebt. Nicht nur die Migranten seien Randgruppen der Gesellschaft, sondern es gehörten – nach Weiss – auch Teenager zur marginalisierten Gruppe, und zwar in allen Epochen. Sie seien daher geradezu prädestiniert, sich mit anderen Randgruppen zu identifizieren. Beim Poetry Slam könnten Jugendliche Teil einer Kunstbewegung werden, die immer auch politisch gedacht ist. Sie akzeptiere alle sozialen Schichten und deren Stimmen, definiere sich also über die Akzeptanz der Verschiedenheit (ebd. 77).

Slam-Texte seien ein Medium der Kunstbewegung: „immer dringend und notwendig genug", um ein Publikum zu bekommen. Sie hätten einen geringen Abstraktheitsgrad und seien auch beim ersten Hören schnell verständlich. Sie kommunizierten mit dem Publikum, nähmen ihre Sprache aus der unmittelbaren Umgebung und zitierten bereits Bekanntes.

Als „Hybrid" von Straßenthemen und Abstraktion bildeten sie eine am Alltag orientierte Kunstform. Durch diese Alltagsgegenwart lehne sich Slam Poetry gegen die „akademische Poesie" auf. Slam Poetry habe sich ohne die Absolution einer Institution das Merkmal „poetisch" erhalten und diene als Stimme der Bevölkerung und nicht als Grundlage für wissenschaftliche Auseinandersetzung. Das Schattendasein von Slam Poetry in der Gesellschaft habe viel mit Rassenpolitik, Klassenzugehörigkeit und der Geschlechterdebatte zu tun. Mit der Etablierung des HipHop als ästhetische Form sei auch Spoken Word für eine wissenschaftliche Betrachtung interessant geworden (Weiss 2001, 80).

Um für diese politische Dimension in Slam-Texten und bei einem Auftritt sensibel zu werden, sollten Schüler eine eigene Perspektive in ihren sozialen Erfahrungen finden. Da Jugendliche ähnliche Erfahrungen machten, sei ihre jeweilige Perspektive spannend zu hören (ebd. 85). Sie lernten, dass ihre Geschichte nicht nur eine Reihe von Einzelbeobachtungen oder individuellen Ereignissen ist, sondern dass ihre Erfahrungen Viele teilen. Daher gelte der Grundsatz: Je stärker Jugendliche aus ihrer eigenen Perspektive schreiben und mitteilen, desto eher ist Annäherung und Vereinigung mit dem Publikum möglich.

Nach der Konstituierung von Gruppe, Text und sozialer Bewegung leitet der Workshop in seinem fünften Modul die Performance für die Bühne an. Jen Weiss ist wie die meisten Poeten und Workshopleiter davon überzeugt, dass Performance nur entstehen kann, wenn der Poet über ein Vertrauen in seinen Text und über ein starkes inneres Anliegen verfügt.

„Jeder Text hat schon seine eigene Schönheit und kann durch Performance nur noch schöner werden!"

Die vertraute Gruppe soll „Kraft geben", damit der Performer vor der Außenwelt bestehen kann. Die Gruppe steht also exemplarisch für die Welt „draußen". Durch Rückmeldungen und Überarbeitungen wird der Poet auf seinen Auftritt vorbereitet. Dabei sollte „wie ein Freund" kritisiert werden und „nicht nach Verlegermanier". Das Ziel müsse sein, das Publikum noch mehr zu überraschen und zugleich mehr Klarheit in den Vortrag zu bringen. Als Überarbeitungsmethoden schlägt Weiss vor:

- Alle bringen ihre Texte mit, diese werden leise gelesen (first reading).
- Jeder Poet liest seinen Text vor einer kleinen Gruppe laut vor und alle markieren Stellen, die verändert werden sollen.
- Alle lesen die Texte nochmals leise und unterstreichen weitere Veränderungen bzw. Fragen.
- An den Text werden drei Kommentare geschrieben: Womit hat der Text zu tun? Lob, Verbesserungsvorschläge.
- Poeten verändern zu Hause ihre Texte und präsentieren ihre veränderte Version und die Originalfassung im Vergleich.

- Alle diskutieren die Veränderungen und die veränderte Wirkung, die dadurch entstanden ist. Abschließend werden die Änderungen von der Gruppe abgenommen.

Nach Weiss' Konzeption wird die Gruppe so genutzt, dass der einzelne Schreiber möglichst viel für seinen Text und die Performance profitieren kann: Die Gruppe diskutiert viel und schafft so Impulse für Ideen, der Schreiber fertigt seinen Text alleine und außerhalb des Workshops an und dann profitiert er von den Überarbeitungsvorschlägen, welche die Gruppe ihm nach dem Vorlesen des Textes gibt.
Dass die Jugendlichen eine eigene Perspektive finden sollen und ihre Erfahrungen in Texten zur Sprache bringen, haben auch einige der befragten Jugendlichen aus Deutschland als positiv erlebt.

Das Konzept von Weiss ähnelt den in den USA begutachteten Workshops und zielt offensichtlich darauf ab, Jugendliche in ihrer Persönlichkeitsfindung zu stärken und sich als Teil einer literarischen Bewegung zu fühlen, die verändernd auf bestehende gesellschaftliche Verhältnisse einwirken kann. Diese politischen Aspekte werden in den Workshops in Deutschland kaum vermittelt, wahrscheinlich deshalb, weil die teilnehmenden Jugendlichen sowie die Workshop-Leiter nicht zu ethnischen oder sozialen Minderheiten gehören. Das Konzept könnte für die zukünftigen Workshops jedoch hilfreich sein, da das Gruppengefühl gestärkt wird, der einzelne Jugendliche mehr eigene Ideen zum Schreiben erhält und die Gruppe als Schutzraum vor einem öffentlichen Auftritt nutzen kann.

In Chicago wird mit Jugendlichen mit einem etwas anderen Schwerpunkt zu Poetry Slam gearbeitet: „Wordplay. Teen Writing Project. Curriculum 2006" ist der Name des 120 Seiten starken Kompendiums, das von Dr. Susan Weinstein sowie Anna West und Chancelier Skidmore innerhalb des „Big Buddy Program" in Chicago herausgegeben worden ist. Das „Buddy Program" setzt sich zum Ziel, durch „writing workshops, openmics, poetry slams, publications and educator resources" eine literarische Gemeinschaft zwischen Jugendlichen aus Baton Rouge (Los Angeles) aufzubauen. Die Organisatoren bieten „critical safe spaces", in denen unterschiedliche jugendliche Stimmen gehört werden können, „artistic" und literarische Fähigkeiten könnten dort ausgebildet werden, wo das Leben der Jugendlichen eine Rolle spielt (vgl. Impressum, Wordplay 2006).

Die Übungen geben konkrete Anleitung zum Schreiben von Slam Poetry:
Im „Anfänger-Workshop" (opening workshop) sollen Jugendliche einerseits begreifen, dass das Schreiben über ihr eigenes Leben und über persönliche Erfahrungen eine Relevanz besitzt (Curriculum, 2006, 1). Andererseits sollen sie den Workshop als sicheren Raum innerhalb der Gemeinschaft der Schreibenden wahrnehmen, in dem sie sich echt („real") mit ihrem Leben

auseinandersetzen können. Die Handreichung macht darauf aufmerksam, dass Jugendliche nicht zum lauten Vorlesen ihrer Texte gezwungen werden dürfen und dass darauf zu achten sei, dass sie einander während des Vorlesens gut zuhören (Curriculum, 2006, 1).

Der Einstieg erfolgt über Texte von Jugendlichen, die als Hörbeispiel vorgestellt werden. In einem kurzen Gespräch sollen sich die jugendlichen Workshopteilnehmer darüber austauschen, inwiefern sich die gehörten Texte von denen, die sie in der Gattung Lyrik „erwartet" hätten, unterscheiden. Der Einstieg spielt – zum Teil suggestiv – auf mögliche Differenzerfahrungen der Jugendlichen an. Im nächsten Schritt liest („reads") der Workshopleiter einen selbstverfassten Text vor, mit dem er etwas über sein eigenes Leben mitteilen soll. Dieser Schritt soll – laut Handreichung – das Risiko („risk-taking") demonstrieren, das mit der Teilhabe an der Gemeinschaft der Schreibenden verbunden ist.

Optional kann im Anschluss mit Hilfe eines Gedichts von Ruth Foreman über Schreibmotivation und Schreibziele diskutiert werden. Dieses Gedicht heißt „If you write Poetry – Go to the ground" und soll die Jugendlichen dazu anregen, über sich selbst und die eigene Herkunft zu schreiben und damit – auch den engsten Familienmitgliedern – einen Teil ihrer intimsten Persönlichkeit zu offenbaren („it should make your mother wonder who you are", Foreman, in: Curriculum, 2006, 2).

Die Auseinandersetzung mit dem Gedicht leitet zur Schreibaufgabe über: Die Jugendlichen sollen einen Brief an ein Familienmitglied oder an eine beliebige Vertrauensperson verfassen. Der Text muss kein Gedicht sein und muss sich nicht reimen, er soll jedoch direkt sein („Go right to (things) you maybe can't always talk about directly") und sich nicht mit Konversation („don't bother with the ‚Hey, what's up' sort of stuff") aufhalten. Optional können die Jugendlichen ihren Brief auch mit den Worten einleiten: „I can't tell you ..." („Ich kann gar nicht sagen ...").

Eine andere Variante des „Anfänger-Workshops" soll Jugendlichen dabei helfen, die Texte anderer aus der Perspektive als Schreibende wahrzunehmen („to begin reading as writers"). Die Workshopteilnehmer sollen darüber hinaus sensibilisiert werden, sich als Schreibende in einem Kontinuum von Schreibern zu verstehen. Sie sollen an „gutes Schreiben" herangeführt werden, ohne dass der Erfolgsdruck ganz von ihnen genommen werde. Im ersten Schritt werden Büchertische aufgestellt. Die Jugendlichen wählen sich innerhalb von maximal 30 Minuten ein autobiografisches Gedicht aus, das mit ihrem eigenen Leben etwas zu hat. Dieses wird dann zusammen mit einem gegenseitig aufgenommenen Polaroidfoto an die „Writer's Wall" gehängt und in einem abschließenden Schritt laut vorgetragen. Die „Dichter-Wand" soll ein Beitrag zum Aufbau der Gemeinschaft der Schreibenden sein („It builds community", Curriculum 2006, 6).

Eine dritte Alternative des „Anfänger-Workshops" soll Jugendlichen Selbstvertrauen als Schreibende und ein Gespür für einen unvermittelten Anlass des eigenen Schreibens geben:

Das Gedicht „Shout out" von Sekou Sundiata (1948–2007) funktioniert über die Adressatenorientierung: Der anaphorische Ausruf „Here's to" bezieht unterschiedliche persönliche Adressaten ein, an die der Schreibende seinen Text richtet. In der Adressierung ist das eigentliche Thema verborgen: Einsamkeit, Liebeskummer, Krankheit usw. („Heres' to the lonely"). Die Jugendlichen sollen den Text hören und die Verse wiederholen, die ihnen in Erinnerung geblieben sind. In einem anschließenden Brainstorming sammeln sie mögliche Adressaten für ein eigenes „Shout out"-Gedicht. Statt kryptischer Andeutungen sollen sie starke Bilder finden. Eine generelle Formulierung (zum Beispiel: „Here's to my mom") soll dabei in ein detailliertes, vorstellbares Bild („ ... sitting on the couch at 11 PM with rollers in her hair ...") übersetzt werden. Die Jugendlichen formulieren zur „hookline" „Here's to" eigene shout-outs oder finden eine neue „hook".

Das Anliegen der vierten Variante eines „Anfänger-Workshops" (Curriculum 2006, 12) ist der Aufbau von Vertrauen in den Workshop-Prozess.

Die Jugendlichen erfahren, dass eine anfänglich unmöglich zu bewältigende Übung sehr leicht fallen und einen großen Effekt haben kann. Zwei grundlegende Faktoren poetischer Kraft (craft), nämlich Wortwahl und Sprachökonomie, sollen deutlich werden: In einer der ersten Übungen verfassen die Jugendlichen z. B. ihre Lebensgeschichte in 24 Worten. Wenn alle Schreibenden fertig sind, wird der zweite Schritt der Übung bekannt gegeben: Aus den 24 Wörtern sollen die Jugendlichen zwölf Wörter auswählen und mit diesen, auch in veränderter Reihenfolge, ihre Lebensgeschichte beschreiben. In einem dritten Schritt wird die Anzahl der Wörter auf sechs reduziert. Im letzten Schritt wählen die Jugendlichen ein einziges Wort aus. Danach werden die vier Textteile so arrangiert, dass es dem Schreibenden passend erscheint. Das einzelne Wort kann zum Beispiel als Titel erscheinen. Nachdem die Texte vorgetragen worden sind, erläutern die Jugendlichen kurz, was sie in den Übungen über die Wirkung der Sprache und das Dichten gelernt haben.

Neben den Anfänger-Workshops, die schwerpunktmäßig die Rolle und das Anliegen des Schreibenden thematisieren, werden im „Big Buddy Program" Workshops zu spezifischen Stilmitteln der Slam Poetry angeboten. Dazu gehören Kurse zur Bildlichkeit (Metaphorik/ Vergleich, Personifikation, Oden über Alltäglichkeiten, Allegorien und Übertreibungen), zum Erzählstil („Showing, not telling", dazu unten mehr) und zur Klanglichkeit (Alliteration und Wiederholung, Rhythmus, Versmaß, Syntax und Blues).

Der Aufbau dieser Workshops ist immer ähnlich und entspricht gängigen Modellen des Creative Writing in den USA: Bevor im letzten Drittel die eigene Schreibphase und das laute Vortragen erfolgt, erhalten die Jugendlichen im ersten und zweiten Drittel des Workshops Mustertexte, von denen sie Merkmale ableiten bzw. über deren Wirkung diskutiert wird. Die Jugendlichen können kaum selbstständig etwas entdecken oder Texte kritisieren, vielmehr wird das Schreiben angeleitet.

Die Beschreibungen deuten auf durchgängig frontale Unterrichtssituationen hin, die viel Einzelarbeitsphasen vorsehen und sich schematisch in folgende Stundenabläufe zusammenfassen lassen:

Phase	Vorschläge für Workshopmodule in Chicago	
	Geplante Lehreraktivität	Erwartete Schüleraktivität
Einstieg	Mustertext/ Textvorlage austeilen, vorgespielt	Textaneignung durch leises und lautes Lesen, ggf. durch Hören
	Gesprächsbedarf erfragen, ggf. Texte vergleichen lassen	Textverständnis sichern, Texte ggf. inhaltlich oder stilistisch vergleichen
Erarbeitung I	Textmerkmale benennen	Textmerkmale kennzeichnen
Vertiefung	Übung zu dem Textmerkmal anleiten	Wortmaterial erarbeiten (z. B. durch Assoziationen)
Erarbeitung II	Motivation für die Schreibphase („do free-write")	Textmerkmale und Wortmaterial in einem eigenen Text anwenden
Sicherung	Texte vortragen lassen	Textvortrag

Im Einzelnen finden sich folgende Bausteine:

Die Übungen zur Musikalität sind aufgelockert durch „Battle Rhymes", in denen die Jugendlichen mit ihren Texten gegen eine Institution, gegen Vorschriften oder gegen Personen antreten (zum Beispiel Anna West: „Battle Rhyme against the Fashion Fascits", in: Curriculum, 2006, 89). Die Übungen sollen die Jugendlichen befähigen, Poesie als ein Instrument für Handlung und Veränderung einzusetzen. Es sollten Themen sein, über welche die Schreibenden normalerweise mangels eigener Kraft nicht sprechen bzw. nicht sprechen können. Allerdings dürfen sie keine „Gegner" aus ihrem direkten schulischen Umfeld wählen (Curriculum, 2006, 87). In ihren Texten können sie Reime unterbringen, dies ist jedoch keine Pflicht: „Word choice is more important than rhyme".

Ein weiterer Workshop, der auf den Vortrag eingeht, ist „Line/ Stanza/ Break" (Curriculum 2006, 93), in der die Jugendlichen Textvorlagen, die im Fließtext vorliegen, mit Hilfe von Textschnipseln in Vers- und Strophenform bringen, mit Pausen vortragen und Unterschiede zum Fließtext benennen. Ihre eigenen bisher geschriebenen Texte sollen sie, soweit noch nicht erfolgt, in Strophen anordnen. Die Texte sollen so aufgeschrieben werden, wie sie im Geiste (vor-)gelesen werden sollen („to be read in mind"). Die eigenen Gedichte werden dann jeweils von einem anderen laut vorgelesen.

Die Stimmung von Texten soll schließlich über einen Workshop zum „Blues" vermittelt werden: Die Jugendlichen lesen und hören zwei Blues-Songs (u. a. Sam Cooke's „Little Red Rooster"), sichern das Textverständnis und erkunden die Versstruktur, die Metaphorik und die Stimmung. Um eigene traurige Texte zu verfassen, sollen sie drei Beispiele aus ihrem Leben notieren, in denen sie krank oder verletzt waren. Das „blues poem" soll zu einem Beispiel „by using the traditional blues form or non-traditional" verfasst werden. Die Anleitung schließt mit dem Hinweis ab, dass die Jugendlichen an die Gefühle denken sollten, die sie in dem Text vermitteln möchten.

Die auf Marc Smith zurückgehende Unterscheidung „Showing, not telling" nimmt innerhalb der Workshops von „Wordplay" den größten Raum (S. 42–82 von fünf Kapiteln auf 120 Seiten) ein und teilt sich in insgesamt neun Lektionen.

Interessanterweise scheint „Showing, not telling" eine Anlehnung an „Show and Tell" zu sein, eine althergebrachte und weitverbreitete nordamerikanische Unterrichtsmethode der Grundschule. Bei „Show and Tell" bringen Kinder einen Gegenstand von zu Hause in den Unterricht mit und erläutern diesen dann vor ihren Mitschülern („a classroom exercise in which children display an item and talk about it ", vgl. www.merriam-webster.com/dictionary/show-and-tell). Mit diesem kurzen Auftritt soll das öffentliche Sprechen eingeübt werden. Das Groblernziel der Lektion „Showing, not telling" in dem Workshop-Reader ist offensichtlich eine Weiterführung dieser in der Grundschule eingeübten Fähigkeiten. Im Workshop sollen die Jugendlichen jedoch mehr zeigen und weniger erklären („show more and tell less", Curriculum, 2006, 42). Das bedeutet, dass die Jugendlichen mit ihrer Sprache Bilder gestalten oder Situationen möglichst anschaulich darstellen sollen, anstatt dem Zuhörer oder Leser diese Situationen umständlich zu erläutern. Dies soll zum Beispiel gelingen, indem die Jugendlichen Gedichte von Steven Dobyns lesen und diskutieren und dann Wörter aus einem Umschlag ziehen, zu denen sie Gedichte schreiben, in denen die gezogenen Wörter beschrieben werden, ohne sie selbst zu verwenden (vgl. „Hands", Curriculum, 2006, 46). In einer anderen Übung („Where I'm from", Curriculum 2006, 51) lernen die Jugendlichen ihre Aussagen mit möglichst detaillierten, konkreten Beispielen und Zitaten zu veranschaulichen, um bildreich („rich with imagery") zu schreiben.

Eine weitere Übung zeigt ihnen, wie sie Adjektive nutzen können, um Sprachbilder zu malen („painting pictures with words", Curriculum, 2006, 59): Als „Model poem" werden Paul Beatty's „Dib Dab" and Elyne Kahn's

„Blue as ..." gelesen und – ausgiebig – diskutiert. Dann sammeln die Jugendlichen in einem Brainstorming eine Liste von Adjektiven mit Vergleichspartikeln, die interessante Bilder und Erzählungen erzeugen könnten (zum Beispiel „alt wie, gemein wie, arm wie"). Im nächsten Schritt wählen die Jugendlichen ein Adjektiv aus, das sie anspricht und strukturieren darum in einem eigenen Brainstorming Assoziationen zu dem Adjektiv. In dem Gedicht leitet das Adjektiv mit Vergleichspartikel die einzelnen Strophen ein (vgl. Beatty: Dip Dap, Curriculum, 2006, 60).

Um die Jugendlichen auf das Bildhafte, Zeigende zu fokussieren, arbeitet eine andere Übung mit visuellen Bildern:

Die Jugendlichen sprechen über Erinnerungen, Assoziationen und Gefühle, die ihnen beim Betrachten ausgewählter Bilder in den Sinn kommen. Die Jugendlichen lesen danach zwei Gedichte von Anna West und vergleichen sie im Gespräch. „Patchwork Quilt" (West, 2000, in: Curriculum, 2006, 64) ist zu einem Bild einer afrikanischen Frau verfasst worden und ähnelt einer Bildbeschreibung mit emanzipatorischem Anliegen („What could she mean? Undressed, laid down, ..."). Das Gedicht „Three boys from Casa Hogar" (West, o. J., in: Curriculum, 2006, 65) schreibt sich rein optisch in die abgebildete Fotografie ein: Der Text wirkt aufgrund seiner Anordnung um den Kopf eines Jungen herum wie eine Zeitungsmeldung oder wie ein Gedanke, der dem Kopf des Beschriebenen selbst entspringt. Die Jugendlichen werden angeregt, zu eigenen Bildern oder um eigene Bilder herum zu schreiben. Folgende Hilfen zum Schreiben werden angeboten: Fragen zum Bild stellen, eigene einfache („simple") Beobachtungen aufschreiben, Hintergrundgeschichten erfinden und mit der Stimme eines Bildbetrachters oder einer Figur aus dem Bild sprechen.

Ein Workshop zur Wortwahl sensibilisiert die Jugendlichen für die Arbeit mit Synonymen. Anhand vier unterschiedlicher Übersetzungen von Rainer Maria Rilkes Gedicht „Abend" [!] soll verdeutlicht werden, dass der Einsatz von Synonymen die Stimmung und Aussage eines Textes beeinflusst. Die Jugendlichen erläutern im Gespräch die Unterschiede in den Übersetzungen. Der Workshopleiter notiert dann einige Sätze spontan an der Tafel. Die Jugendlichen finden zu einzelnen Wörtern Synonyme. Dieselbe Übung wird auf eigene Texte oder andere, bereits veröffentlichte Texte angewendet.

Der Workshop „Alllusion" (Curriculum, 2006, 75) geht auf die Verständlichkeit von eigenen Texten ein: Persönliche Themen, Erfahrungen und Begrifflichkeiten sollten vom Schreibenden für ein größeres Publikum nachvollziehbar sein. Das Publikum unterscheidet sich möglicherweise kulturell von dem Vortragenden und versteht implizite Bedeutungen, vergangene Bedeutungen oder Anspielungen nicht oder anders. Daher ist das Ziel des Workshops, eine bessere Verbindung zum Publikum herzustellen, indem bestimmte (im Sinne von intendierte) Gedanken oder

Gefühle erzeugt werden („evoke certain thoughts or emotions"). Die Jugendlichen sollen dazu den Rap-Text von Mos Def „Love" hören, mitlesen, passagenweise laut lesen und die Anspielungen einkreisen, bei denen ihnen die direkten Bezüge vertraut sind und jene markieren, die unklar bleiben. Der Workshopleiter notiert Begriffe (Leute, Orte, Produkte, Musik, Kinofilme, Bücher, Ereignisse) als Überschriften an der Tafel. Die Jugendlichen sollen jeweils Beispiele benennen. Unklar bleibt bei der Beschreibung des Workshops, welcher Art diese Beispiele sein sollen und wie das Zusatzmaterial zur Intertextualität im HipHop (Curriculum, 2006, 77f.) eingebunden wird. In der Schreibphase sollen die Jugendlichen Anspielungen, Metaphern und Vergleiche in eigenen Texten überprüfen und in eine allgemein verständliche Bedeutung übertragen.

Nur eine einzige Übung geht explizit auf den Textvortrag ein: Sie heißt „Flipping the Script", ist aus dem „Say What Magazine" herauskopiert und unverändert übernommen worden, weicht also von dem Aufbau des Curriculums in Lernziele („What is the Workshop good for?") und Übungsschritte (Step 1-4) deutlich ab. Sie ist unkommentiert unter dem im Inhaltsverzeichnis angegebenen, aber nicht zu findenden Stichwort „Narrative" in das Kapitel „Showing, not telling" eingebaut worden. In der Übung wird der Leser auf den Unterschied zwischen der „textbook voice" und der eigenen Stimme aufmerksam gemacht: „If that (textbook voice) isn't the voice you speak in, it probably won't be the best voice to write in". Diese Erklärung wird durch ein Textbeispiel von Avery R. Young unterstützt, der seinen Prosatext in ein Gedicht mit Versen und Reimstrukturen umgewandelt hat:

Prosatext:
Today on Madison Mr. Blake dealt with his financial worries by plunging into alcohol. Due to the stress of his situation, he contemplated abandonig his family.

Gedicht:
Down on the avenue
Papa drinkin
And thinkin
Bout not coming home no more
(Aus: Say What Magazine, in: Curriculum, 2006, 70)

Zu den Merkmalen des umgewandelten Beispieltextes gehören neben der Klanglichkeit die Umgangssprache mit elliptischen Strukturen („comin", „thinkin"), fotografische Ausschnitte aus dem Alltag („the cupboard's bare"), Metaphorik („and daddy won't walk through that door") und die konkrete Nennung von Namen („sister johnsons agrees").

In dem Workshopreader wird festgestellt, dass die umgewandelte Version „clearly works better as a poem", da der Sprecher seine eigene, aktuelle Welt integriert hat. Den Schreibenden wird empfohlen, eigene alte Texte auf ähnliche Weise zu bearbeiten und beim lauten Lesen die Wörter zu streichen, die den „Flow" unterbrechen. Die Umwandlung solle so lange erfolgen, bis der Sprecher das Gefühl hat, dass der Text genau in seinen Mund passt („until it fits right in your mouth"). Diese Überarbeitungsmethode erinnert sehr an die Anfänge von Marc Smith in Chicago, der fertige Gedichte für den Vortrag veränderte (vgl. Kap. Text und Performance).

Die in einigen Modulen eingesetzten Textvorlagen motivieren zwar, haben jedoch in Chicago nicht die Doppelfunktion, zugleich Mustertext zu sein und in die literarische Community des Poetry Slam einzuführen, sondern sind – statt von Slam-Poeten – von etablierten Schriftstellern (zum Beispiel Neruda, Foreman).

Auch die Konkrete Poesie wird als Übungsmaterial zur Sensibilisierung für die Syntax genutzt (vgl. Padget: Nothing in That Drawer, in: Curriculum, 2006, 97). Die Erarbeitung und Verwendung von Schreibmethoden, z. B. den Einsatz von Stilmitteln, steht im Vordergrund. Die Jugendlichen lernen dadurch nicht die Gemeinschaft der Slam-Aktivisten kennen, sondern sollen auch literaturgeschichtliche Bildung erhalten.

3.1.2 Poetry Slam in Lehrwerken für den Deutschunterricht

Die folgende chronologische Übersicht gibt einen Einblick in bereits veröffentlichte Materialien, die zum Poetry Slam für den Deutschunterricht produziert worden sind.

Mederer schlug als erster ein Projekt für den Deutschunterricht für Klasse 11 vor, das Selberschreiben, Auswerten und kritische Diskussion eines gemeinsam besuchten Poetry Slams vorsieht (2003).

Unter dem Titel „Reisende Dichter, singende Hühner und fliehende Freundinnen" erarbeiteten Achim und Christine Diehr aus Issum ein Unterrichtsmodell für die gymnasiale Oberstufe, in dem das „Verhältnis zwischen Sänger und Publikum in Minnesang und Slam Poetry" analysiert werden soll (in: Bein 2004, 9–29). In dem Aufsatz, der in einem Studienbuch zu Walther von der Vogelweide erschien, wird ein handlungs- und produktionsorientierter Zugang zu Slam Poetry gewählt:

Nachdem die Schüler in den ersten drei Stunden mit Walthers Minnesang vertraut gemacht worden sind, erhalten sie mittels eines Video-Ausschnitts der 3sat-Produktion „Poetry Slam – Das laute Comeback der Poesie" (Rebelein 2002) einen informativen Einstieg in das Veranstaltungsformat. Sie lernen dann anhand des in dem Video gezeigten Ausschnitts von Sebastian Krämers Performance von „Anna Lena" (vgl. auch www.sebastiankraemer.de/, Kostproben) ein Beispiel von Slam Poetry kennen, beschreiben die Publikumsansprache und füllen den weggelassenen

Mittelteil des Textes mit einer eigenen Idee, die nicht nur inhaltlich, sondern auch durch entsprechende Reime umgesetzt werden soll. Es wird nicht explizit gesagt, ob die Schüler im Stil Krämers schreiben sollen oder Mittel der (bei Walther gelernten) mündlichen Dichtung bewusst einsetzen sollen. Originell wäre es jedoch gewesen, wenn eine (oder gar beide) dieser Herangehensweisen in dem Unterrichtsvorschlag vorgesehen wären.

Nach einem Vergleich der erfundenen Strophen mit dem Original werden weitere HP-Methoden vorgeschlagen, die für Mündlichkeit und Schriftlichkeit sensibilisieren: Die Schüler sollen eines der beiden behandelten mittelhochdeutschen Lieder für einen Vortrag vorbereiten und Gestik und Mimik einsetzen oder einen mittelhochdeutschen Text „nach dem Modell der Slam Poetry umschreiben" (ebd. 28). Das, was Slam Poetry von mittelhochdeutscher Lyrik unterscheidet, ist nach den Angaben der Autoren aber lediglich das Neuhochdeutsche, die Verwendung von Reimen und Assonanzen, der Verzicht auf mehrere Sprecher und das Weglassen von Accessoires als Kostümierung. Der Unterrichtsvorschlag entpuppt sich als eine Übersetzungsübung vom Mittelhochdeutschen ins Neuhochdeutsche, bei der Slam Poetry lediglich zur Motivation für Jugendliche gebraucht wird.

Das erste ausführliche Arbeitsbuch zum Poetry Slam (Anders, 1. Auflage 2004), das vor allem das Schreiben, das Lesen und das Nachdenken über Sprache integriert, bietet Materialien wie Slam-Texte, Interviewauszüge und kritische Zeitungsartikel für einen entdeckenden Zugang zu Poetry Slam. Das Arbeitsbuch kann nicht nur in der Schule, sondern auch in der Lehrerbildung eingesetzt werden. Dazu ist aber bereits viel Medienkompetenz derjenigen notwendig, die sich das Buch aneignen möchten, da es von einem entdeckenden Lernen ausgeht (vgl. Lahm 2008).
Die Arbeitsaufgaben sind größtenteils handlungs- und produktionsorientiert ausgerichtet, indem sie – ähnlich wie das Konzept des Workshop-Readers aus Chicago – das Schreiben nach Mustertexten anleiten und damit den Schülern ausgewählte Slam Poetry inhaltlich und stilistisch nahe bringen und zum Selberschreiben anregen. Freies Schreiben ist durch wenige Übungen intendiert. Dass Poetry Slam als schülerorientiertes Format Zugänge zur Sprache ermöglicht und – im Gegensatz zu Projekten wie „Doppel-U" (vgl. www. Doppelu.de") weder Texte noch Schüler instrumentalisiert, sondern eigene Ideen und Persönlichkeitsbildung befördert – zeigt folgende Rezension des Arbeitsbuches:

Wer allerdings tiefer [als bei Doppel-U] einsteigen will, findet in Poetry Slam–Live-Poeten in Dichterschlachten ein perfektes (und durch eine Multimedia-CD ergänztes) Arbeitsbuch. Eine Sammlung hochkarätiger Slam-Texte und praktischer Hilfestellungen, die selbst einstige Schiller- und Goethe-Hasser zur Arbeit an der deutschen Sprache motivieren dürften. Ist Dichten wirklich ein erbarmungsloses Geschäft? Wenn ja, dann vermittelt dieses Buch einen Fahrplan, wie man zur eigenen Stimme finden kann – ganz egal, was der Deutschlehrer davon hält

(Süddeutsche Zeitung, 28.02. 2008, Kinder- und Jugendmedien).

In dem Praxis Deutsch-Heft „Poetisches Schreiben bewerten" (2005) geht zunächst der Basisartikel besonders auf das Beurteilen und Bewerten von literarischen Produkten Jugendlicher ein und versucht allgemeine Maßstäbe zu finden. Poetry Slam wird – angebunden an diesen Schwerpunkt des Basisartikels – als „Live-Poesie mit Publikumsbewertung" vorgestellt (Anders 2005). Ein „Texttrick" von Bas Böttcher und entsprechende Textprodukte von Schweinfurter Schülerinnen eines Mädchengymnasiums veranschaulichen erste Schreibübungen für Slam Poetry. Der Beitrag bietet eine Tabelle mit Kategorien, nach denen das Publikum bei einem Slam Poetry-Vortrag beobachten und beurteilen könnte. Darin werden neben Inhalt und Performance auch – nachhaltigere – Wirkungen der Texte auf das Publikum berücksichtigt.

In dem integrativen Schulbuch „Deutsch Plus" für Klasse 10 (Cornelsen 2006) ist Poetry Slam in dem Kapitel „Einblicke in die Lyrik des 20. Jahrhunderts – *Gedichte schreiben und interpretieren*" platziert: Bereits auf der Auftaktseite (ebd., 133) wird Poetry Slam als Literaturveranstaltung des 20. Jahrhunderts vorgestellt: Das erste Foto zeigt eine Punktetafel mit zwölf verschiedenen Namen von Poeten, die bei dem Münchner Poetry Slam im Club Substanz aufgetreten sind. Ein zweites Bild zeigt die Augsburger Slam-Poetin Lydia Daher (*1980). Beide Bilder veranschaulichen den Schülern auf einen Blick drei Merkmale des Poetry Slam: Wettbewerb, Vielfalt der Teilnehmer, die im Gegensatz zu einer Autorenlesung große Anzahl der auftretenden Poeten und die den Text unterstützende Performance. Auf der Auftaktseite wird eine Nähe zwischen (moderner) Lyrik und Popsong bzw. Rap durch ein recht willkürlich gesetztes Foto des Rap-Stars Eminem hergestellt. In dem an diese Auftaktseite angeschlossenen Kapitel lernen die Schüler einen Querschnitt moderner Lyrik kennen.

Slam Poetry ist – trotz der sehr deutlichen Präsenz auf der Auftaktseite – lediglich auf einer fachübergreifend ausgerichteten Seite durch einen englischen Text von Ellyn Maybe vertreten. Dieser Slam-Text spiegelt die sozialkritische Ausrichtung US-amerikanischer Slam Poetry wider, wie sie von Vertretern sozialer oder ethnischer Minderheiten oft vorgetragen wird.

Auch in dem dazugehörigen Arbeitsheft „Deutsch Plus" (Cornelsen 2006) für Klasse 10 wird deutschsprachige Slam Poetry als Lerngegenstand berücksichtigt. Das Kapitel des Arbeitsheftes bezieht sich explizit auf die Bildungsstandards (vgl. Kultusministerkonferenz 2003), in denen „Gespräche über Literatur" als Aufgabenbeispiel für den Lernbereich „Sprechen und Zuhören", genauer: „miteinander sprechen", vorgeschlagen werden. In einem Kapitel zum Thema „Trennungen" wählen die Schüler aus vier Gedichten ihr Lieblingsgedicht aus, bereiten dieses dann zum Vortrag vor und führen abschließend ein literarisches Gespräch darüber, ob und warum der jeweils ausgewählte und präsentierte Text zum Thema Trennung passt. Einer der vier zu wählenden Texte ist der Slam Poetry-Beitrag „Loblied auf einen nachtaktiven Greifvogel" von Bas Böttcher (neuer Titel: Klebstoff, in: Bekes/ Frederking 2009, 20f). Der Slam-Text eignet sich gegenüber den anderen drei Texten besonders für einen mündlichen Vortrag, da ein fiktives Gegenüber „Oh Uhu" angesprochen wird.

Jaromir Konecny schrieb mit „Hip und Hop und Trauermarsch" (2006) einen Jugendroman, der die positiven Effekte, die Poetry Slam auf Jugendliche (mit bildungsfernem Hintergrund) haben kann, veranschaulicht: Das Zirkuskind Robert alias Bejb erhält Selbstbewusstsein und wird sowohl in die Klasse integriert als auch bei den Mädchen beliebt, nachdem er einen Workshop eines Slam-Poeten an seiner Schule besucht hat und sich selbst sprachlich auszudrücken lernt. Der Roman ist stellenweise sehr moralisierend und propagiert offensichtlich Toleranz und Anti-Diskriminierungsgebote (vgl. dazu www.lesebar.uni-koeln.de/rezension lesen.php?id=313). Die Einblicke in die Workshop-Kultur sind interessant, da sie sich teilweise mit den Ergebnissen der teilnehmenden Beobachtung (vgl. Kap. 2) decken: Die Darstellung des Slam-Workshops wirkt wie Frontalunterricht, der Zugang zur Poetry Slam-Szene scheint durch die zahlreichen Insider-Begriffe versperrt. Trotzdem zeigt das Buch auf amüsante Weise, wie Poetry Slam zur literarischen Sozialisation beitragen kann und bietet Anlässe, ein eigenes Slam-Projekt im Unterricht zu starten (vgl. von Anders 2007b, www.randomhouse.de/content/download/ schulbus/konecny_hiphop.pdf).

Einen ersten medienanalytischen Zugang im Bereich „Lesen – Umgang mit Texten und Medien" eröffnete Lehrer-Online (Anders 2006) mit einem Unterrichtsvorhaben zu den Poetry Clips (Hogekamp/ Böttcher 2004) von Sebastian Krämer („Bonn – eine Vermutung"), Timo Brunke („Ich hätt' einen Vogel") und Bas Böttcher („Hi Tec"). Nach der Erarbeitung spezieller Merkmale dieser unterschiedlichen Clips werden die Schüler zum Produzieren eigener Poetry Clips angeleitet, die sie im Rahmen eines Clip-Slams präsentieren (vgl. dazu auch die Kurzfilm-Slams in Hamburg und Bremen). Hesse/ Krommer/ Müller/ Schmerberg vergleichen im selben Jahr die Machart der Poetry Clips mit dem Konzept der Gedichtinszenierungen aus „Poem" (2006). Wie eigene Texte produziert und als Poetry Clip verfilmt werden können, zeigt RaaBits mit dem Beitrag „Schüler ans Mic!" (Anders mit Kutsch/ Biere 2007).

Eine mediendidaktische Modellbildung, in der Erfahrungen aus außerschulischen wie schulischen Lernorten sowie unterschiedliche Medien integriert werden, wird in dem Praxis Deutsch-Heft 208 „Poetry Slam & Poetry Clip" (Anders/ Abraham 2008) mit Zusatz-DVD geleistet (vgl. Kap. 2, Forschungsdesign). Beiträge von Workshopleitern sowie von Lehrenden ergänzen sich, auch werden die unterschiedlichen Medien (Poetry Clip,

Live-Aufnahme, Textversion, Hörbeispiele) integriert und im Medienverbund eingesetzt.

Für den Englisch-Unterricht greift „Praxis Englisch" die Idee des Dead-or-Alive-Slams auf, um klassische englischsprachige Texte mit moderner Slam Poetry zu verknüpfen (vgl. Anders/ Mehta, 2008).

Mit dem Heft „Slam Poetry" (Anders 2008) liegt die erste Anthologie von Poetry Slam-Texten vor, die explizit für den Unterricht zusammengestellt worden sind. Fünf Texte von U20-Slam-Poeten mischen sich mit den Beiträgen etablierter Künstler (Gauner, Frank Klötgen, Gabriel Vetter u. a.), sodass ein – wenn auch kleines – Spektrum an originär von Jugendlichen für Gleichaltrige verfassten Texten repräsentiert ist. Die Arbeitsvorschläge bieten Möglichkeiten für alle Lernbereiche.

Poetry Slam wird in den Unterrichtsmaterialien durchgängig als eine Literaturveranstaltung vorgestellt, die sich als Lerngegenstand oder als Lernmedium für den Unterricht eignet. Einzelne Slam-Poeten treten hingegen nicht als Untersuchungsgegenstand in Erscheinung. Die einzigen Ausnahmen bilden Nora Gomringer (vgl. Interview mit Abraham, in Anders/ Abraham 2008, PDF auf DVD) und Bas Böttcher, der in der Zeitschrift „Deutschunterricht" als Gegenwartskünstler exponiert vorgestellt und dessen Texte und poetologisches Konzept als Analysegegenstand für den Unterricht fruchtbar gemacht werden (vgl. Anders/ Krommer 2007). Beide Autoren gehören jedoch nicht mehr zu den im Wettbewerb auftretenden Slam-Poeten, sondern touren vorwiegend mit eigenen Performance-Shows.

Zu dem Werk von Bas Böttcher veröffentlichte Schroedel einen Schüler- und Lehrerband (Frederking/ Bekes 2009) mit beiligenden DVDs. Das Unterrichtsmaterial des für den Unterricht vorgesehenen „Text-, Hör- und Filmbuches" ist eine Anthologie aus Texten Poetry Clips und Live-Mitschnitten, die durch mehr oder weniger literaturwissenschaftlich fundierte „Positionierungen" von Bas Böttcher ergänzt werden.

So gut der intermediale Ansatz gemeint ist, so sehr erschöpft sich die Publikation dadurch, dass ausschließlich Medien dieses einen Poeten angeboten werden. Die literarische Community ist lediglich über Thumbnails von Veranstaltungsplakaten (ebd. 122) und MySpace-Fotos (ebd. 96ff) erwähnt; auch die unterschiedlichen anderen Medienträger, die neben Bas Böttchers Werken auf dem Markt sind, werden nur als abgedruckte Cover gezeigt (ebd. 122). Das Buch bietet lediglich zwei neue didaktisch interessante Materialien: Die „FAQ", die eine schnelle Antwort auf zentrale Fragen zum Poetry Slam und zur Slam Poetry geben (Frederking/ Bekes 2009, 91f.) und das „Poetry Slam Spezial-Vokabular" (ebd., 100), das Licht in die Begrifflichkeiten der Szene bringt und eigene Recherchen erleichtert. Der für Schüler konzipierte Band wirkt insgesamt eher wie ein Portfolio des Künstlers. Der schüleraktivierende Ansatz, der in dem Veranstaltungsformat angelegt ist, könnte durch die Überpräsenz des Autoren Bas Böttcher geradezu verhindert werden.

Ob der Lehrerband die didaktischen Chancen, welche die kulturelle Praxis bietet, aufholt, bleibt abzuwarten.

Einen durchweg schülerorientierten Materialband bietet neuerdings die Slam-Poetin Xóchil A. Schütz, die 2009 im Persen Verlag „Slam Poetry – Eigene Texte verfassen und performen" veröffentlichte. In ihrem Vorwort gibt sie Lehrern, die sich in einer AG, im Projekt oder im Deutschunterricht mit Poetry Slam beschäftigen wollen, sehr klare Anleitungen und stellt Lehrkompetenzen deutlich heraus: „Sie sollten immer mitschreiben und ihre Texte genau wie ihre Schüler vor der Gruppe vortragen, sich auch Kritik einholen" (Schütz 2009, 7), „sagen Sie möglichst nicht, was nicht gut war, sondern was noch verbessert werden kann (ebd., 10), „achten Sie darauf, dass neben dem Feedback zum Inhalt auch ein Feedback zum Vortrag gegeben wird" ebd., 11). Allerdings rät die Autorin auch: „Länger als zwei oder drei Minuten muss ein gerade entstandener Text oft nicht besprochen werden. Das Schreiben und Vortragen in der Gruppe sollte in jedem Fall im Mittelpunkt stehen" (ebd., 10f). Damit werden jedoch intensive Auseinandersetzungen und Überarbeitungsimpulse eher verhindert.

Die Übungen folgen dem Ansatz des kreativen Schreibens, das persönlichkeitsfördernde Elemente enthält. Neben zahlreichen Übungen zum Selberschreiben stehen einige Slam-Texte von Schülern und Slam-Poeten, die als Anreiz und zur Veranschaulichung von Themen und Stilmitteln herangezogen werden. Auf handlungs- und produktionsorientierte Ansätze wird verzichtet, stattdessen führt die erfahrene Autorin die neuen Schreiber wie eine Schreibberaterin durch den eigenen Schreibprozess. Leider fehlen in diesem Buch die auf dem Klappentext angekündigten Bewertungskriterien für Slam-Poetry. Außerdem könnten einige Seiten zu textlastig sein: Die Kommentare und Hinweise könnten Schüler zu normativ erscheinen; wer in der Lesekompetenz aufzuholen hat, ist mit den zahlreichen Kommentaren möglicherweise stellenweise überfordert. Doch wirkt der von Schütz verfolgte schreibdidaktische Ansatz gerade für Jugendliche, die sich selbst ausprobieren wollen und einen emotionalen Zugang zum Schreiben als Weltwahrnehmen entwickeln möchten, vielversprechend.

3.1.3 Slam Poetry als Jugendlyrik

Slam Poetry kann zum Einsatz im Unterricht kommen – nicht nur, indem Schüler eigene Slam-Texte schreiben, sondern auch, indem sie Slam-Texte von anderen lesen, hören, analysieren und diese diskutieren.

Zu der Gegenwartsliteratur, die im Unterricht behandelt wird oder werden soll, gehören in manchen Bundesländern bereits Autoren, die Teil der Slam-Szene sind: Nora E. Gomringer ist für die Oberstufe in Niedersachen genannt, Texte von Bas Böttcher werden im Rahmenplan Deutsch für die Oberstufe in Berlin empfohlen. Viele andere Autoren der erwachsenen Slam-Szene gehören selbst zur späten Jugendphase. Allerdings könnte auch überlegt werden, Jugendliche, also die „Unter-Zwanzigjährigen", selbst als Produzenten von lyrischen Texten im Unterricht wahrzunehmen und diese Texte im Hinblick auf ihre Inhalte, aber auch – wie hier – auf besondere stilistische und sprachliche Merkmale hin zu untersuchen. Da die Auseinandersetzung mit Jugendsprache und mit dem Konzept der Mündlichkeit und Schriftlichkeit in manchen Rahmenplänen, wie z. B. in eben diesem neuen Rahmenplan für Niedersachsen, explizit gefordert ist, kann U20-Slam Poetry dazu auch als Unterrichtsmaterial dienen.

Abraham/ Kepser weisen darauf hin, dass „mit dem Eintritt ins Jugendalter die Gattung [Lyrik] jenes Rückzugsgefecht antritt, das bei der schon konstatierten relativen Bedeutungslosigkeit in der Erwachsenenkultur endet" (2009, 152). Das liege auch daran, dass es nur eine einzige Veröffentlichung (Kliewer 2000) zur Jugendlyrik gebe, ansonsten aber im Deutschunterricht – mit Ausnahme von Songtexten – nur mit intentionaler Erwachsenenlyrik gearbeitet würde. Betrachtet man Lesebücher der Sekundarstufe I und II, die noch um die Jahrtausendwende 2000 publiziert worden sind, wird bestätigt, dass es keine „Speziallyrik" für Jugendliche, also eigens für diese Altersstufe verfasste Werke, gibt (vgl. ebd., 10). Im Gegensatz zu den anderen Gattungen, bei denen zwischen Kinderroman und Jugendroman oder Kindertheater und Jugendtheater klar unterschieden wird, fehle bei der Lyrik diese Differenzierung zwischen Kinder- und Jugendlyrik im allgemeinen Bewusstsein sowie in der Forschung (vgl. ebd., 9).

U20-Slam Poetry könnte jedoch ein hervorragendes Instrument und Material sein, um die Lücke der im Deutschunterricht nicht explizit vorhandenen Jugendlyrik zu schließen. Einige Texte eignen sich sicher auch, um den Kanon der Kinderlyrik zu aktualisieren.

Heinz-Jürgen und Ursula Kliewer, die Herausgeber dieser einzigen Anthologie zur „Jugendlyrik", bestimmen diese Gattung nur vage: „Die Jugendlyrik befindet sich sozusagen auf einem weißen Fleck innerhalb der Kinder- und Jugendliteratur" (ebd.).

Sie ist „von Jugendlichen verfasste Lyrik, für Jugendliche geschriebene Dichtung, Jugendliche ansprechende „Erwachsenenlyrik" (ebd., Klappentext).

In der Anthologie werden nur – oder immerhin – vier jugendliche Autoren von insgesamt vierzig abgedruckten Schriftsteller berücksichtigt; auch hier liegt viel eher eine erneute Sammlung von Texten Erwachsener vor, die für Jugendliche thematisch oder formal interessant sein könnte. Sieht man von den sogenannten Aufbruchsepochen (Sturm und Drang, Junges Deutschland, Jung-Wien, Expressionismus) sowie von den Frühwerken etablierter Autoren wie Goethe, Rilke oder Brecht ab, so ist Jugendlyrik nach Kliewer vor allem in aktueller, zeitgenössischer Literatur zu finden, weil „Jugendliche sich der Gegenwart zuwenden und sie gestalten wollen" (ebd., 14).

Möglicherweise deckt für die Mehrzahl der Schüler die (Pop-)musik das Bedürfnis nach lyrisch-verdichteter Sprache ab. So argumentiert Kaspar Spinner, dass die „häufigste Begegnung Jugendlicher mit lyrischen Texten [...] durch das Lied" erfolge und zur „[...] Grundlage des tatsächlichen lyrischen Alltagskonsums der Heranwachsenden [...]" gehöre (Spinner 1981, 11). Die Qualität von Popsongs ist jedoch oft fraglich, da sie „mehrheitlich der Herz-Schmerz-Reimkunst zuzuschreiben" (Abraham/Kepser 2009, 152) ist. Der Rap (vgl. z. B. Verlan 2003) knüpft wiederum auch nicht an die Lebenswelt aller Schüler an. Der Einsatz des Liedes für den Lyrikunterricht eignet sich sicherlich, da die Verbindung von Lyrik und Liedern mit einer ursprünglichen Tradition der Lyrik einhergeht – jedoch stehen Songs immer mit einer Jugendkultur (z. B. Rap, Emo, Gothic, Punk, Pop, Techno) im Zusammenhang, die von Schülern sehr sensibel wahrgenommen wird. Slam Poetry dagegen ist unabhängig von diesen musikalisch geprägten Jugendkulturen, daher wird mit dem Einsatz dieser Texte sicherlich eine weniger vorurteilsbehaftete Grundstimmung zur Produktion oder Analyse geschaffen.

Anstatt aber Jugendliche als Schreiber ernst zu nehmen, wird oft gegen ihr geringes Engagement polemisiert: Im Rahmen der Jugendkulturforschung stellte Christian Semler über die Kultur der 1999er-Jugend fest, dass dieser Generation gemeinsam sei, dass sie „auf Artikulation in Form von Begründungen, sei es in Gestalt von Texten, sei es in kohärenter Rede" verzichte. Außerdem sei ihre Kultur „vollständig durchkommerzialisiert" und „entpolitisiert" (Semler 1999, 19). In einer seiner jüngsten Veröffentlichungen wirft Jens Jessen der Jugend mangelnden Idealismus und einen Rückzug ins Private vor. Er stellt fest:

Die gesellschaftliche Großdebatte um Globalisierung und verschärfte Konkurrenz, um Standort und Wettbewerbsfähigkeit ist tief bis in die Psyche vorgedrungen, man könnte auch sagen, sie ist dort eingeschlagen wie ein Meteor und hat einen Krater hinterlassen, in dem alles Leichte und Hoffnungsvolle, alle Fantasie und alles Aufbegehren verschwunden sind" (www.zeit.de/2008/36/Jugend-ohne-Charakter).

Dabei könnten Texte von Jugendlichen sicher ein genaueres Bild über ihre Lebensentwürfe und Einstellungen zur Gesellschaft bieten, als es Spekulationen von Journalisten vermögen.

Dass von Jugendlichen selbst verfasstes Material im Unterricht fruchtbringend eingesetzt werden kann, zeigt Nissen in ihrer Dissertation (Nissen 2001) über den Einsatz von Jugendlyrik in der Sek I: Sie fand erstens heraus, dass grundsätzlich eine schülerorientierte Unterrichtsgestaltung der effektivste Zugang zum intellektuellen wie emotionalen Bildungswert von Lyrik sei. Ihre empirischen Untersuchungen belegen zweitens, dass sich ein Zugang zur Lyrik mit Hilfe von Gedichttexten aus der unmittelbaren Nähe der Jugendlichen, geschrieben von einem anderen Jugendlichen, bewährt, möglicherweise sogar die überlegene Methode gegenüber dem Einsatz von Fremdtexten Erwachsener darstellt.

Auch macht Kliewer darauf aufmerksam, dass „in der Lyrik die Motivation zur Lektüre steigt, wenn Jugendliche ihre Lebenssituation, ihre Fragen und Probleme in den Texten wieder finden, zu den Verständnishürden im Sprachlichen nicht noch die fremden Inhalte hinzukommen" (Kliewer 2000, 19). Zu Recht fragt das Herausgeberteam, wo man solche Texte finde und weist darauf hin, dass man Jugendlyrik „vielleicht [...] dort suchen [muss], wo die Jugendlichen sind, wo sie leben und in zunehmendem Maße ihren emotionalen und sozialen Mittelpunkt finden. Und vielleicht findet man sie am ehesten dort, wo sie sich selbst zur Sprache bringen, in ihren eigenen Texten." (ebd., 11). Dabei erhalten vor allem „jene kulturellen Räume" Aufmerksamkeit, in denen sich Jugendliche „in ihrem Alltag bewegen" (ebd., 12).

Leider verwerfen die Kliewers den Gedanken, dass Lyrik „von slamerprobten Autoren" oder von „Leuten, die in Richtung Spoken Word oder Pop-Ästhetik" arbeiten (ebd., 13), für Jugendliche besonders interessant sein könnte, aus zwei Gründen: Erstens würde man in Publikationen dieser „textenden [popsozialisierten] Schriftsteller [auf wenig Bekannte] treffen", zweitens sei es „eigentlich [unmöglich], Poetry Slam zwischen zwei Buchdeckel zu sperren" (ebd., 13).

Die Möglichkeit, Jugendliche selbst auf der Poetry Slam-Bühne sprechen zu lassen, wurde im Jahr 2000 noch nicht erwogen. Auch der Besuch von popliterarischen Lesungen oder gar eines Poetry Slams bleibt unerwähnt. Recht unmotiviert wird in den didaktischen Anregungen vorgeschlagen, dass Schüler „eine [sic!] Slam" veranstalten könnten.

Außerdem plädieren sie dafür, Formen wie „Kabarettlyrik etwa, überhaupt politische Lyrik und tagesaktuelle Satire, die Parodie [oder] Werbelyrik" einzusetzen, da sie besonders gut an die Lebenswelt der Schüler anknüpfen würden (ebd., 12).

Betrachtet man Slam Poetry, so finden sich die von Kliewer benannten besonders jugendnahen Formen wie kabarettistische und politische sowie werbenahe Lyrik und Alltagssatire wieder (vgl. z. B. Böttcher 2008).

Auch Unterrichtsmaterialien, die sich mit Poetry Slam beschäftigen, verändern neuerdings dieses Bild, indem sie Texte von Jugendlichen (z. B. Julian Heun: Eis essen, 2007) von der Bühne weg akquirieren und als Material zur Verfügung stellen (vgl. Anders/ Brieske 2008). Hinzu kommt die Tatsache, dass Kinder und Jugendliche aus der U20-Poetry Slam-Szene eigene Lesebühnen (vgl. www.lesetubbies.de) gründen und mit ihren slamerprobten Texten auch in die Internet- und Fernsehöffentlichkeit www.wdr.de/tv/poetryslam/ treten. Slam Poetry knüpft also nicht nur an die Lebenswelt der Schüler an, sondern schafft Lebenswelten im Sinne von „Erfahrungswirklichkeiten von Individuen und Gruppen, die sich in Prozessen symbolischer Selbst- und Fremdverständigung herausbilden" (Frederking et al. 2008, 64).

3.2 Curriculare Anbindung

Wie in den vorherigen Kapiteln gezeigt worden ist, hält das Handlungsfeld U20-Poetry Slam zahlreiche Gratifikationen für Jugendliche bereit, die auch für den Deutschunterricht interessant sind. Poetry Slam ist im Deutschunterricht bisher in den Rahmenplänen zweier Bundesländer – Bremen und Berlin – verankert:

In dem ab 2007 gültigen „Bildungsplan für das Gymnasium, Jahrgangsstufe 5-10" im Bundesland Bremen (vgl. Rahmenplan Bremen 2007, 15) wird Poetry Slam für Klasse 9/10 als eines der Themen des Themenbereichs 4, „Über Sprache nachdenken", die als verbindlich ausgewählt werden können, vorgeschlagen. Dieser Themenbereich 4 gliedert sich in die drei Teile Grammatik, Kommunikation bzw. Textfunktion. Als beispielhaftes Unterrichtsvorhaben zum Erkennen und Nutzen von Textfunktionen wird „produktiver Umgang mit Poesie, z. B. Poetry Slam" genannt. Anhand der Slam Poetry sollen Beispiele für „sprachliche Phänomene", darunter vor allem Neologismen, Lautmalerei, rhythmisierte Sprache und Akkumulationen, erkannt und deren Wirkung reflektiert werden. Die Schüler sollen in diesem Themenbereich auch den Zusammenhang von Inhalt, Form und Norm nachvollziehen können. Dies ist gerade bei Slam Poetry-Darbietungen gut umsetzbar, da Inhalt und Vortragsform unmittelbar zusammen rezipiert werden. Allerdings ist hier die Rezeptionskompetenz, und nicht die Produktion von Slam-Texten gemeint. Statt des Freien Schreibens, das die Jugendlichen im Handlungsfeld Poetry Slam gerade reizvoll fanden (vgl. Kap. 2), soll Slam Poetry von anderen Autoren stilistisch untersucht und im handlungs- und produktionsorientierten Verfahren erschlossen werden. Die Möglichkeit der Persönlichkeitsbildung durch das Schreiben wird nicht schwerpunktmäßig genutzt.

In der Sekundarstufe II ist Poetry Slam im Land Berlin (vgl. Rahmenplan Berlin 2009, 50) vorgesehen: In den „Empfehlungen zur Gestaltung des 4. Kurshalbjahres im Fach Deutsch" ist Poetry Slam unter der Rubrik „Einflüsse verschiedener Medien auf Textinhalte und Textgestaltung" zu finden. Der Fokus richtet sich auf die „Textsortenspezifik von Poetry Slam" und ermöglicht so einen rezeptiven wie produktiven Zugang zur Slam Poetry wie zum Veranstaltungsformat. Außerdem werden auch andere Medien als nur der schriftliche Text einbezogen.

Der (Deutsch-)Unterricht hat jedoch viele weitere Möglichkeiten, sich mit diesem Handlungsfeld auseinanderzusetzen. Dazu muss das Handlungsfeld an die curricularen Bedingungen sowie an die herrschende Kompetenzdebatte angebunden werden, um interessierten Lehrern eine Legitimationsbasis zu schaffen und um die im Poetry Slam erworbenen

Fertigkeiten und Fähigkeiten für die unterschiedlichen schulischen Lernbereiche fruchtbar zu machen.

Unter Kompetenz kann man in einem ganzheitlichen Sinne die Fähig- und Fertigkeiten verstehen, komplexe Anforderungen und Aufgaben in einem konkreten Kontext erfolgreich zu bewältigen, indem man Ressourcen (z. B. Wissen, Verfahren und Techniken, persönliche Haltungen, Infrastruktur etc.) mobilisiert (vgl. Furrer 2000, 14). Die in Deutschland geltenden Bildungsstandards (vgl. Kultusministerkonferenz 2003, 2005a) geben an, von Kompetenzbereichen auszugehen und niveaudifferenzierte Kompetenzen zu beschreiben, die Schüler nach einer bestimmten Schulbildung erreicht haben sollen. Aber das „Gesamtgefüge der Bildungsstandards [hat] derzeit noch den Charakter einer Baustelle" (Kammler 2006, 9):

Denn erstens sind die sogenannten Kompetenzbereiche nichts anderes als die traditionellen Lernbereiche Schreiben, Sprechen und Zuhören, Lesen – Umgang mit Texten und Medien sowie Nachdenken über Sprache (vgl. ebd., 8). Zweitens liegen „ausgearbeitete, empirisch abgestützte Kompetenzmodelle bisher [erst] für einzelne Lernbereiche, Altersgruppen und Schülerpopulationen vor" (Klieme 2004, 13) – ob dies auch für die Deutschdidaktik gelingen kann, ist noch offen (vgl. Oelkers/ Reusser 2008, 312). Drittens handelt es sich bei den Teilkompetenzen „im Wesentlichen um eine Auflistung einschlägiger Lernziele" (Kammler 2006, 9). Es ist also „fraglich, ob der Anspruch, Kompetenzen in Form von gestuften und dimensionalisierten Kompetenzmodellen abbilden zu können, eingelöst werden kann" (Criblez/ Oelkers et al 2009, 38).

Bei den Standards des Faches Deutsch ist die Messbarkeit von Kompetenzen besonders schwierig (vgl. Köller 2008), denkt man z. B. an Anforderungen, die schon in der Primarstufe gestellt werden, wie „bei der Beschäftigung mit literarischen Texten Sensibilität und Verständnis für Gedanken und Gefühle und zwischenmenschliche Beziehungen zeigen" (vgl. Kultusministerkonferenz 2005a, 12).

Die Konferenz der Kultusminister ist sich der mangelnden Konkretisierung der Bildungsstandards bewusst und fordert – von der Fachdidaktik – die „Entwicklung einer anforderungsbezogenen Aufgabenkultur" (Kultusministerkonferenz 2005b, 17). Für die Deutschdidaktik ist es jedoch schwierig, innerhalb der Lernbereiche zu dimensionieren und zu hierarchisieren, außerdem wird eine „Abrichtung" der Schüler durch eine „unreflektierte Umsetzung" der Standardisierungsvorgaben befürchtet (vgl. Spinner 2005, 8-12). Deutschlehrer wie Fachdidaktiker befürchten „tiefgreifende Veränderungen der Unterrichtskultur [des Faches Deutsch], das eine seiner Hauptaufgaben bislang in der Auseinandersetzung mit der kulturellen Tradition und Gegenwart sah" (Kammler 2006, 7).

Die Analyse der kulturellen Praxis Poetry Slam kann hier aber dazu genutzt werden, zu prüfen, welche Fähigkeiten und Fertigkeiten Jugendliche im Handlungsfeld bisher erwerben konnten und welche die Prozesse unterstützen, die zu einer Kompetenzbildung in den Lernbereichen des Deutschunterrichts wichtig sind. Statt von Kompetenzbereichen soll aber weiterhin von Lernbereichen gesprochen werden, da es noch kein tragbares Kompetenzmodell für das Fach Deutsch gibt. Die Fähigkeiten und Fertigkeiten, die von den Schülern laut ihrer eigenen Angabe erreicht wurden bzw. noch erreicht werden sollen, werden weiterhin als Lernziele betrachtet, da sie nicht standardisiert und durch Leistungstests evaluiert wurden. Denn „erst nach der Beschreibung von Kompetenzdimensionen und -niveaus sowie von Leistungsverteilungen können normative Erwartungen, d. h Standards im eigentlichen Sinn bestimmt werden" (Criblez/ Oelkers et al. 2009, 73).

Allerdings: Wer bei einem Poetry Slam eigene Texte erfolgreich vorträgt und sich direkt bewerten lässt, zeigt, dass er seine Ressourcen (Genrewissen, Verfahrensweisen des Vortrags, eine entsprechend selbstbewusste Haltung und Wissen des Kulturnetzwerkes) mobilisiert hat:

I am fearless now, because just facing down an audience. I think that kind of confidence is very difficult to find anywhere. You got up there, and you are judged on your work. [...] You're doing a poem about you, most likely, written by you, in your own hand, and you're up there and you're reading it in your own voice, and ... if you can stand up to that [...] I am not afraid of [IBM or Ford or whatever], because, again, the poetry slam gives you that universality (Edward Garcia, in: O'Keefe Aptowicz 2008, 212).

Der Poetry Slam hat auf den ersten Blick automatisch eine „Outcome-Orientierung", denn die Schüler zeigen das, was sie gelernt haben, in der (realen) Öffentlichkeit. Jedoch sind ja gerade die Poetry Slams keine Leistungstests, sondern im besten Fall ein Mittel der kulturellen Bildung. Außerdem handelt es sich im Poetry Slam nicht vornehmlich um kognitive Kompetenzen, sondern vor allem auch um emotionale, affektive und psychomotorische Fähigkeiten und Fertigkeiten. Und bei der Kompetenzorientierung geht es nicht darum, ein einmaliges Event zu gewinnen, sondern um die Anleitung langfristiger Lernprozesse: „Indem [...] längere Kompetenzentwicklungsverläufe in verschiedenen Lernbereichen oder Fächern dargestellt werden, wird es möglich, über längere Ausbildungsphasen zu planen" (Criblez/ Oelkers 2009, 36).

Anhand der Ergebnisse der empirischen Untersuchung des Handlungsfeldes U20-Poetry Slam sollen nun Fähigkeiten und Fertigkeiten (im Folgenden mit FuF abgekürzt) abgeleitet werden, die sich auch in den Lernbereichen der Bildungsstandards von der Grund- bis zur Sekundarstufe finden.

Die folgende Tabelle zeigt die FuF, die durch Poetry Slam erworben werden könnten. Berücksichtigt sind der Primarbereich, der Hauptschulabschluss und der Mittlere Bildungsabschluss. Da sich die FuF von Primarstufe und Hauptschule sowie Mittlerem Bildungsabschluss und Hauptschule überlappen, sind nur diejenigen FuF für die Primarstufe und den Mittleren Bildungsabschluss aufgelistet, welche die FuF für die Hauptschule (d.i. Entwicklungsstufe 2) auf der Entwicklungsstufe 1 vorbereiten bzw. auf der Entwicklungsstufe 3 erweitern sollen.

Die unterstrichenen Einträge sind die FuF, die nicht explizit in den Standards genannt sind, sondern aus der kulturellen Praxis des Poetry Slam stammen und auch für den Deutschunterricht fruchtbar sind.

Es sind die FuF kursiv und fett markiert, die von den im Handlungsfeld befragten Jugendlichen als im Projekt, im Workshop oder durch Teilnahme an der Poetry Slam-Meisterschaft erworben genannt worden sind. So ist auf einen Blick ersichtlich, welche FuF – laut den Jugendlichen – möglicherweise außerschulisch erwerbbar sind und welche FuF in den Workshops bzw. im Deutschunterricht noch besser vermittelt werden könnten.

Allerdings müssen die Bezüge relativiert werden, da nur ein Drittel der befragten Jugendlichen, und zwar die Workshopteilnehmer – aus Klasse 9 stammte und vom Alter her in die Anforderungen des Mittleren Bildungsabschlusses passte. Die anderen Befragten waren ältere Gymnasiasten und müssten an den noch nicht vorliegenden „Standards" für die Oberstufe gemessen werden.

Die Angaben aus den Bildungsstandards sind den Lernbereichen zugeordnet, wie sie Ossner für die einzelnen Arbeitsbereiche des Deutschunterrichts entwickelt hat (vgl. Ossner 2006, 5-19). Die Teilbereiche „Richtig schreiben" und „Motorisch schreiben" in dem Arbeitsbereich „Schriftlichkeit" werden vernachlässigt, da es sich um medial mündliche Texte handelt, die – unabhängig von einer korrekten Rechtschreibung oder einer gut ausgebildeten Handschrift – von den Zuhörern rein akustisch rezipiert werden. Auch der Teilbereich „Miteinander sprechen" wird nur im Hinblick auf die Tätigkeiten der Jury berücksichtigt, da die Schüler im Poetry Slam nicht wie in Debatten argumentieren, sondern poetische Texte vortragen.

Stoffgebiet Poetry Slam
Fähigkeiten und Fertigkeiten
in Wissensbereichen und Entwicklungsstufen der Bildungsstandards

Sprechen und Zuhören (Mündlichkeit, medial)	Schreiben (Schriftlichkeit, konzeptionell)	Lesen – mit Texten und Medien umgehen	Sprache und Sprachgebrauch untersuchen (Sprachthematisierung)
Deklaratives Wissen *Entwicklungsstufen 2-3* - wissen, wie man sich artikuliert und verständlich in der Standardsprache und im Dialekt äußert - *Wirkungen der Redeweise kennen: Lautstärke, Betonung, Sprechtempo, Stimmführung, Körpersprache (Gestik/Mimik)* - *Aufmerksamkeit für verbale und nonverbale Äußerungen (z.B. Stimmführung, Körpersprache) entwickeln*	**Deklaratives Wissen** *Entwicklungsstufen 2-3* - *einen Schreibprozess eigenverantwortlich gestalten können* - *kreative Schreibformen nutzen* - Stoffsammlung erstellen, Informationen ordnen: z.B. Mindmap	**Deklaratives Wissen** *Entwicklungsstufe 1* - Erzähltexte, lyrische und szenische Texte kennen und unterscheiden - Angebote in Zeitungen und Zeitschriften, in Hörfunk und Fernsehen, auf Ton- und Bildträgern sowie im Netz kennen, nutzen und begründet auswählen *Entwicklungsstufen 2-3* - *aktuelle* und klassische *Werke der Jugendliteratur und altersangemessene Texte* bedeutender Autorinnen und Autoren *kennen*	**Deklaratives Wissen** *Entwicklungsstufen 2-3* - *„Sprachen in der Sprache"* kennen und in ihrer Funktion unterscheiden: Standardsprache, Umgangssprache; Dialekt; gesprochene und geschriebene Sprache (bzw. konzeptionelle <u>Schriftlichkeit/ mediale Mündlichkeit</u>)

Problemlösungswissen
Entwicklungsstufe 1
- sich in eine Rolle hineinversetzen und sie gestalten
Entwicklungsstufen 2-3
- verschiedene Formen mündlicher Darstellung unterscheiden und anwenden: erzählen, beschreiben, appellieren, argumentieren
- eigene Erlebnisse, Haltungen, Situationen szenisch darstellen
- Team-Texte gestalten

Prozeduales Wissen
Entwicklungsstufen 1-3
- Beobachtungen wiedergeben
- unterschiedliche Inszenierungsmöglichkeiten für einen Text ausprobieren
- Texte sinngebend und gestaltend vorlesen und (frei) vortragen, freie Redebeiträge leisten
- Texte (medial unterschiedlich vermittelt) szenisch gestalten.
- verstehend zuhören

Problemlösungswissen
Entwicklungsstufen 1-3
- Schreibabsicht, Schreibsituation, Adressaten und Verwendungszusammenhang klären
- Texte für die Veröffentlichung aufbereiten

Prozeduales Wissen
Entwicklungsstufen 1-3
- verständlich, strukturiert, adressaten- und funktionsgerecht schreiben: Erlebtes und Erfundenes; Gedanken und Gefühle; Bitten, Wünsche, Aufforderungen und Vereinbarungen; Erfahrungen und Sachverhalte
- Planungsstadien einer Rede (zur Texterstellung nutzen
- sprachliche Mittel gezielt einsetzen: z.B. Vergleiche, Bilder, Wiederholung

Problemlösungswissen
Entwicklungsstufen 1-3
- Wortbedeutungen klären
- Lesehilfen nutzen: z.B. Textsorte, Aufbau, Überschrift, Illustration, Layout oder Vortragsart, die eine Deutungshypothese offeriert
Entwicklungsstufen 2-3
- Lebenswirklichkeit fiktionale Welten in Medien unterscheiden

Prozeduales Wissen
Entwicklungsstufen 1-3
- lebendige Vorstellungen beim Lesen und Hören literarischer Texte entwickeln
- selbstgewählte Texte zum Vorlesen vorbereiten und sinngestaltend vorlesen
- Geschichten, Gedichte und Dialoge vortragen, auch auswendig.
- Texte (medial unterschiedlich vermittelt) szenisch gestalten
- Medien zur Präsentation und ästhetischen Produktion nutzen

Problemlösungswissen
Entwicklungsstufen 2-3
- Äußerungen/ Texte in Verwendungszusammenhängen reflektieren und bewusst gestalten

Prozeduales Wissen
Entwicklungsstufen 1-3
- Rollen von Sprecher/Schreiber und Hörer/ Leser untersuchen und nutzen
- mit Sprache experimentell und spielerisch umgehen
- sprachliche Mittel zur Sicherung des Textzusammenhanges kennen und anwenden
- Leistungen von Sätzen und Wortarten kennen und für Sprechen und Schreiben nutzen

Stoffgebiet Poetry Slam
Fähigkeiten und Fertigkeiten
in Wissensbereichen und Entwicklungsstufen der Bildungsstandards

Metakognition
Entwicklungsstufen 1-3
- die eigene Meinung begründet vertreten
- kriterienorientiert das eigene Gesprächsverhalten und das anderer beobachten, reflektieren und bewerten
- *eigene Präsentationen anhand des Publikumsfeedback einschätzen und optimieren*

Metakognition
Entwicklungsstufen 1-3
- Texte auf Verständlichkeit und Wirkung überprüfen
- eigene und fremde Texte hinsichtlich Aufbau, Inhalt und Formulierungen revidieren/ überarbeiten

Metakognition
Entwicklungsstufen 2-3
- grundlegende Gestaltungsmittel erkennen und ihre Wirkungen einschätzen: z.B. Wortwahl, Wiederholung, sprachliche Bilder
- Intention(en) eines Textes erkennen

Metakognition
Entwicklungsstufen 2-3
- Sprechweisen unterscheiden und ihre Wirkung einschätzen: z.B. abwertend, gehoben

Methoden

- (Performance-) Portfolio (selbst verfasste und für gut befundene Texte, Kriterienlisten, Stichwortkonzepte, Selbsteinschätzungen, Beobachtungsbögen von anderen, vereinbarte Lernziele etc.) anlegen und nutzen
- Schreibkonferenzen/ *Schreibwerkstatt durchführen*
- Handlungs- und produktionsorientierte Methoden/ *Kreatives Schreiben*
- <u>Einen Poetry Slam organisieren und durchführen</u>

Vergleicht man die genannten Gratifikationen (vgl. Kap. 2) und die FuF, die in den Bildungsstandards (vgl. Kultusministerkonferenz 2003, 2005a) zu finden sind, so wird klar:

Die kulturelle Praxis Literatur kann weit mehr individuelle, soziale und kulturelle Anreize vermitteln, als für den Deutschunterricht bis zur Sekundarstufe formuliert sind.

Mit Poetry Slam im Deutschunterricht kann lernbereichsübergreifend gearbeitet werden: Von den hier aufgeführten FuF des Lernbereichs Sprechen und Zuhören decken sich fast alle mit den Nennungen der Jugendlichen, auch im Lernbereich Schreiben gibt es Übereinstimmungen, vor allem im prozedualen Wissen. Dagegen wurden die FuF, mit denen Jugendliche ihr Schreiben vor- und nachbereiten oder reflektieren, in der Befragung eher nicht genannt und in den Workshops kaum vermittelt. Das müsste durch den Deutschunterricht ergänzt werden.

Deswegen werden in den nächsten Teilkapiteln Vorschläge entwickelt, um weitere Teilfähigkeiten und -fertigkeiten lernbereichsübergreifend zu entfalten und den Aufbau von Kompetenzen noch besser zu unterstützen. Die Darstellung lehnt sich an den Produktionsprozess der Slam Poetry an: Vom Schreiben (der Slam-Texte) über das Sprechen zum Zuhören (im Poetry Slam) zum Umgang mit audiovisuellen Medien.

3.2.1 Literarisches Schreiben

Der Lernbereich „Schreiben" könnte auch mit dem Lernbereich „Sprechen" zusammen dargestellt werden, da für das Sprechen geschrieben wird. Die folgenden didaktischen Überlegungen beziehen sich jedoch auf die Vorbereitung des Auftritts durch Erstellung einer – schriftlichen – Textvorlage. Die Vorlage ist keine Sprechvorlage (diesen Begriff nutzt Berkemeier 2006), da der Text im Gegensatz zur Sprechvorlage auch so, wie auf der Bühne abgelesen oder auswendig performt, in einer Printversion veröffentlicht werden kann und wird. Manchmal liegt auch ein Text längst gedruckt vor, bevor er auf einem Poetry Slam vorgetragen wird.

Allerdings ist das Schreiben von Slam Poetry nicht zwangsläufig mit einem Auftritt bei einem Poetry Slam verbunden. Wie in den Interviews deutlich wurde, trennen einige Jugendliche das Schreiben für sich selbst und das Schreiben für den Poetry Slam (vgl. Kap. 2). Slam Poetry kann dazu ermutigen, literarisch produktiv zu werden, und zwar gerade dann, wenn Jugendliche sehen und hören, dass Gleichaltrige damit erfolgreich sind.

Die meisten bisherigen Unterrichtsmaterialien zu Poetry Slam bieten als erste Zugänge zur Slam Poetry handlungs- und produktionsorientierte Verfahren zum Schreiben an. Sicherlich sind diese Verfahren erste Schritte, um die Merkmale von Slam Poetry kennen zu lernen und ein Gefühl für den Umfang und die Gestaltung der Texte zu bekommen.

Den Interviews und Workshops im Handlungsfeld U20-Poetry Slam zufolge dürfte das Schreiben von Slam-Texten aber am ehesten dem Kreativen Schreiben („Creative Writing") zugeordnet werden können: Die Schüler schöpfen aus eigenen Erfahrungen, aus ihrer eigenen Biografie und Fantasie. Sie genießen es, eine neue Sicht auf Bekanntes durch eigene Schreibprodukte zu realisieren (vgl. dazu auch Spinner 1993, 21) und sich selbst und andere besser zu verstehen (ebd., 23). Die Interviewten haben in ihren Vergleichen zum Schulunterricht auch deutlich gemacht, dass das literarische Schreiben und die poetische Kompetenz im Fach Deutsch kaum eine Rolle spiele (vgl. so auch Abraham/ Kepser 2009, 64).

Würde Slam Poetry im Deutschunterricht mehr Beachtung finden, so könnte das möglicherweise auch den Wert der literarästhetischen Produktionskompetenz steigern. Dazu bedarf es jedoch Anleitung. Den Workshop-Readern aus den USA ist anzumerken, dass die Veranstalter grundsätzlich davon ausgehen, dass das Schreiben guter Texte auf kreative Weise lernbar sei (so auch z. B. Schulte-Steinicke/ von Werder 2008). Aus den Erfahrungen der Workshops in Deutschland und den analysierten Texte ergibt sich, dass das Schreiben so ganz frei und ohne Orientierung, wie es hierzulande noch erfolgt, nicht optimal funktioniert. Dass sich Jugendliche an den „Erfolgsstrukturen" von erfahrenen Slam-Poeten orientieren sollen – wie Poier als erste Annäherung an das Format vorschlägt (Poier 2008) – könnte ein erster Schritt sein. Wenn Jugendliche jedoch im Hinblick auf einen Auftritt zu offensichtlich bekannte Textstrukturen nachahmen, wird es problematisch:

Wenn jemand an einem U20-Workshop teilnimmt dann tritt er erst mal in die Fußstapfen des Workshopleiters. Derjenige hat ja bis dato auch kein anderes Beispiel, wie so ein Text zu funktionieren hat. Irgendjemand, ich weiß leider nicht mehr wer es war, sagte nach dem U20-Finale in Berlin zu mir: Man kann bei jedem Teilnehmer erkennen, wer der Workshopleiter war. Und da muss ich bei dieser Debatte durchaus zustimmen. Wenn hierzu jemand einen Vorschlag hat um das zu verhindern – der möge dies hier kundtun. Bislang sehe ich in Bezug auf U20 und Workshops keine Alternative als diesen Entwicklungsschritt zu akzeptieren. Jedoch bei allen, die die U20-Karriere hinter sich haben oder schon länger auf der Bühne stehen, sieht das anders aus. Es geht auch nicht alles über einen Kamm zu scheren, nur weil jemand den gleichen Tonfall, ähnliche Bewegungen, Geschwindigkeit etc. zelebriert (Andreas Berger, Slam-Master und Moderator der Newsgroup Slamily, 8. Mai 2008).

Außerdem bringen Jugendliche – wie die Interviews im empirischen Teil des Buches zeigen – sehr viele Ideen mit und sollten diese auch möglichst kreativ entfalten können, ohne mit Erfolgsstrukturen formal eingeschränkt zu werden.

Zudem sind den Jugendlichen zunächst andere Gratifikationen wie z. B. das Gruppengefühl und das Äußern der eigenen Meinung wichtig, der Erfolg auf der Bühne ist sicher ein langfristiges Ziel, steht aber bei vielen Jugendlichen zunächst nicht im Vordergrund.

Die Methoden, die die US-amerikanischen Lehrmaterialien zum Schreiben von Slam Poetry bereithalten, sind zwar auch an Erfolgsstrukturen orientiert, diese stammen jedoch nicht aus der aktuellen Slam-Szene, sondern sind aus Texten von Vertretern der Literaturgeschichte wie Sekou Sundiata („Shout out-Texte") abgeleitet.

Den Jugendlichen, die in Deutschland für den U20-Poetry Slam Texte verfasst haben, hätten einige der Übungen aus dem Workshop-Reader sicher geholfen: Sie hätten mehr Klanglichkeit in ihre Texte gebracht, wenn sie die Texte so bearbeitet hätten, dass ein „Flow" entsteht und die Wörter „in den eigenen Mund passen". Auch das Konzept „Showing, not telling" hätte vermutlich bewirkt, dass die Schüler eigene Beobachtungen aufschreiben, beschreibende Adjektive und Synonyme (und nicht nur Bricolagen) suchen, von konkreten Situationen ausgehen und nicht die ganze Welt anklagen. Sie hätten im Vorfeld üben können, eine eigene Meinung zu vertreten, indem sie zunächst ihre eigene Persönlichkeit und ihre eigene Perspektive reflektieren – z. B. in der 24 Wörter-Methode – und dann im geschützten Raum des Workshops Briefe oder Beschwerde-Texte an Bekannte oder an Institutionen verfassen. Mit „Shout-out"-Texten wäre die Publikumsadressierung noch besser geübt worden.

Gerade weil im U20-Poetry Slam so viele Jugendliche gesellschaftskritische Texte schreiben, lohnt es, die Persönlichkeitsbildung und das Vertreten eigener Meinungen durch gezielte Methoden sprachlich und inhaltlich zu unterstützen. Um das Netzwerk der U20-Slam Poeten noch stärker zu fördern, wären auch die von Weiss und Weinstein geschilderten Prozesse zur Gruppenbildung und zum Vertrauen in die Schreibgruppe wichtig.

Im Unterricht können thematisch offene, aber formal gelenkte Schreibaufgaben angeboten werden, die nicht unmittelbar von einem aktuellen Slam-Text abgeleitet sind, sondern die aus der Rhetorik stammen und das spätere Vortragen vorbereiten. Aus dem Kreativen Schreiben bieten sich dafür z. B. Schreibspiele aus der Antike an: Durch das Schreiben von „Epigrammen" (d. i. eine pointierte lyrische Kleinform), „Xenien" (d. i. ein kurzes Sinngedicht) oder „Aphorismen" (ein in sich geschlossener Sinnspruch) sollen Schreiber mit wenigen Worten essenzielle Aussagen treffen sowie Schreibblockaden gelöst werden. Das kann die Verwendung konkreter Sprache und die Zuspitzung auf Schlusspointen, die für Slam Poetry typisch sind, fördern.

Gert Ueding überträgt den Aufbau einer Rede auf das rhetorische Schreiben, das zum Beispiel für die eher pragmatischen Textgattungen wie Bericht, Reportage und wissenschaftliche Hausarbeit nützlich ist, jedoch auch auf das kreative Schreiben angewandt werden kann. Der rhetorische Ansatz kann nach Ueding ein „nützliches Korrektiv" (Ueding 1985, 157) liefern.

Statt der Poesietherapie der Lutz von Werderschen Schule, bei der der Autor eher Selbsterfahrung betreibe, sei die rhetorische Konzeption „werkbezogen" und folge „intersubjektiv nachprüfbarer ästhetischer Qualität" (ebd. 157f.), da es immer auch adressatengerichtetes Schreiben ist. Die von Ueding genannten Vorteile des rhetorischen Schreibens sind zur Produktion von wirkungsvoller Slam Poetry nützlich: Denn beim rhetorischen Schreiben werden Themen „nicht allein nach subjektiven Motiven [...], sondern auch nach ihrer Bedeutung für das Publikum" gewählt (ebd., 158). Die Texte werden nicht – wie beim kreativen Schreiben – allein aus dem Unbewussten geschöpft, sondern mit Hilfe von Synonymlexika und Wörterbüchern hergestellt. Der Text wird der „kollektiven Kritik ausgesetzt" (ebd.) und in weiteren Fassungen so lange verbessert, „bis er der Kritik standhält oder aufgegeben werden muss" (ebd. 159). Zur Produktion von Slam Poetry lassen sich auch Übungen zu pragmatischen Textsorten, die Ueding vorschlägt, integrieren. Auch die „kleinen Bauformen" der mündlichen Rede wie Anekdote, Exempelerzählung, Selbsterfahrungsgeschichte und Gleichnis stellen Versatzstücke in zahlreichen Slam-Texten dar und können in den Teilschritt Inventio einfließen.

Zu den Voraussetzungen eines guten Redebeitrags gehören jedoch nicht nur auf aktuelle Ereignisse gerichtete Ideen und die Adressatenorientierung, sondern es ist auch Grundlagenwissen notwendig. Dazu zählt nach alter Tradition die „grammatisch richtige Sprache", ferner die Kenntnis der „bekanntesten Dichter und Redner" (vgl. Ueding/ Steinbrink 2005, 44), um an Stilmuster anknüpfen zu können.

Entscheidend für die inhaltliche Ausgestaltung ist die Tatsache, dass Rhetorik nicht als Einzelwissenschaft lebensfähig ist, sondern von anderen philosophischen Disziplinen lebt, d.h. sie muss ihren Stoff aus anderen Epistemai entlehnen, mit denen sie dadurch untrennbar verbunden ist (vgl. ebd. 26). Besonders die gesellschafts- und medienkritischen Texte im Poetry Slam bedürfen einer gut recherchierten Faktenbasis, wenn sie nicht nur Phrasen und Slogans reproduzieren wollen. Hier bietet sich das fächerübergreifende Arbeiten, zum Beispiel mit Geschichte/ Politik, an.

Probleme und Schreibblockaden können trotz hoher Motivation der Schüler in jeder Phase des Unterrichts auftauchen. Die folgenden Hilfestellungen können diese möglicherweise beheben:

Hilfen beim kreativen Schreiben im Deutschunterricht

Problem	Vorschlag
Warum sollte ich denn einfach so und ohne Ziel etwas aufschreiben?!	- Echte Schreibanlässe schaffen (z. B. Schreiben zu Bildern einer Ausstellung, Schreiben auf Klassenfahrten, Schreiben für einen Wettbewerb). - Klassen- und schulübergreifende Schreibanlässe organisieren, um eine unbekannte/ ältere/ jüngere Leserschaft zu erreichen.
Texte aus dem Internet kopieren geht schneller als das Selbstschreiben.	- Wähle dir einen Text aus, der genau das sagt, was du auch schreiben wolltest und schreibe ihn um: Tausche fremde Ortsangaben oder Personennamen mit Angaben, die zu deinem Leben passen. - Schreibe einen Gegen- oder Paralleltext zu einem Text aus dem Internet, der dir gar nicht oder besonders gut gefällt. - Wähle einen Songtext einer Band, die du nicht magst, zerschneide den Text, setze ihn teilweise oder neu zusammen und fülle die Lücken im Text mit eigenen Ideen.
Im Klassenzimmer kann ich nicht schreiben!	- Schreiben an Stationen: Die Schüler und/oder Sie reichern die vier Ecken des Klassenraums mit inspirierenden Gegenständen und Mustertexten zum Nachahmen an (Songtexte, Konkrete Poesie, eine YouTube-Station mit Text-Performances zum Sehen und Hören etc.). - Sprecht in der Klasse ab, wie der Klassenraum verändert werden kann, damit er zum Schreiben anregt. - Nach Absprache: Du kannst beim Schreiben (über Kopfhörer) Musik hören, etwas essen, etwas trinken etc.
Ich kann nicht auf Kommando kreativ sein.	- Nutze das „Kommando", um einen Schreibplan anzufertigen. Das Herzstück deines Textes entsteht zu einem späteren Zeitpunkt. - Versuche über deinen Unmut einen Mecker-Text zu schreiben und nutze dabei gezielt eine Anti-Stimmung-
Wenn ich schreiben soll, fallen mir meine besten Ideen nicht mehr ein.	- Schreibe deinen Memo bzw. Notizen-Block im Handy mit deinen Ideen voll. Das kostet nichts und deine Ideen sind dann immer verfügbar. - Sammle die Status-Updates und Kommentare, die du auf deinem Profil bei Facebook oder einem anderen Sozialnetzwerk machst, und stelle sie zu einem Text zusammen.

Ich komme nicht ins Schreiben rein!	- Schreibe einen Brief ...
	  • ... an dich selbst aus der Zukunft, ..., in dem du dich bei jemandem über etwas beschwerst,
	  • ... an einen Freund, um ihn zu etwas zu bewegen,
	  • ... an dich in der Zukunft, um dich an etwas zu erinnern.
	- Gehe mit einem Partner zusammen, interviewe ihn: „Was hat dich in letzter Zeit sehr genervt?" Notiere seine Aussagen, gib ihm die Stichworte und Zitate zurück und ermutige ihn zu einem kurzen Text über das Gesagte. Stehe nach 15 Minuten als Leser zur Verfügung.

Mir fällt nichts mehr ein!	- Lass deinen Text eine Nacht liegen und schaue am nächsten Tag mit einem frischen Blick drauf. - Erzähle den Inhalt deines Textes einem Partner und bitte ihn, drei Fragen zu deinem Text zu stellen. - Schreibe auf, warum dein Text so wie er ist, fertig ist. Sehr wahrscheinlich fällt dir dabei auf, was noch fehlt. - Tippe deinen Text per Computer ab bzw. schreibe ihn handschriftlich auf. Beim Übertragen werden neue Ideen geboren. - Schreibe an einen fiktiven Leser eine Entschuldigung, warum dein Text an dieser Stelle abbricht und fordere ihn auf, selber weiterzuschreiben. Vielleicht fühlst du dich zu einem späteren Zeitpunkt selbst davon angesprochen.
Ich kann nur Rap!	- Prima, dann kannst du jemand anderem das Rappen beibringen. Mach dir einen Plan, wie du vorgehen willst und suche dir entsprechende „Opfer". - Rap-Tankstelle: An einer Schreibstation geben Schüler ihre Prosa-Texte ab, Mitschüler machen die Texte durch Rap-Verse flotter. - Erzähl-Werkstatt: An einer Schreibstation geben Schüler ihre Rap-Texte ab, Mitschüler bauen einen personalen Erzähler ein, schaffen einen in sich stimmigen Fließtext und streichen Wiederholungen.
Ich kann mich nicht auf Inhalt und Rechtschreibung konzentrieren!	- Macht nichts, die Rechtschreibabteilung ruht beim kreativen Schreiben. - Mit der Rechtschreibung „spielen": Doppeldeutige Wörter wie „Schienen/schienen", „Fälle/Felle" sind kreatives Potenzial bei laut vorgetragenen Texten.
Wie soll man zu zweit einen Text schreiben?!	- Schreibe einen Text, gehe dann mit einem per Los ermittelten Partner zusammen. Legt beide Texte zu einem neuen Text zusammen. Geht nicht, gib`s nicht! Findet eine neue Überschrift, glättet die Übergänge.

Mein Text ist zu kurz!	- Schreibe einen kurzen Text am Computer und dehne ihn mit Hyperlinks aus. Das heißt baue in den Kurztext Links zu anderen Ideen ein, deren Inhalt du später bzw. gesondert schreibst.
Meine Texte sind zu persönlich, um sie anderen zu zeigen.	- Erfinde eine Rahmenhandlung, in der du einen Erzähler über „längst vergangene Zeiten" oder eine Begebenheit aus einem fernen Ort" sprechen lässt oder schreibe deinen Text so um, dass sie aus Sicht einer anderen Person (Er-/Sie-Erzähler/-in) erzählt wird.
Meine Texte sind nicht so gut! Ich geh damit nicht vor ein Publikum!	- Nimm deinen Text als Grundlage für Illustrationen oder einen kurzen Film – so kannst du mit Bildern eine Geschichte erzählen. Vielleicht erhält dein Text durch die Bilder auch eine neue Qualität. - Zeige eine einfache Verfilmung deines Textes. - Nimm den Text vorher auf und spiele dem Publikum die Aufnahme vor. Du kannst dabei bei den anderen Zuhörern sitzen.
Ich kann zwar schreiben, aber nicht vortragen.	- Suche dir einen Auftritt von einem Kabarettisten oder Slam-Poeten bei YouTube aus, spiele ihn ohne Ton vor und synchronisiere ihn mit deinem eigenen Text. - Stell dich mit einem Partner Rücken an Rücken, sprecht eure eigenen Texte laut, gebt euch gegenseitig eine Rückmeldung (Was habe ich verstanden? Wie hat der Text auf mich gewirkt?). - Gebt euch gegenseitig Tipps zum Einsatz von Mimik und Gestik. - Stell dich mit einem Partner Rücken an Rücken und lies den Text deines Partners vor. Sprecht über die Wirkung.

Ich fühle mich durch Texte anderer angegriffen.	- Spielregeln für das Schreiben über andere klären:
	  • Wer ein Rap-Battle will, soll sich Gleichgesinnte suchen und diese Präsentationsart gemeinsam planen.
	  • Es werden keine Personen „gedisst" (bewusstes Schlechtmachen von Anwesenden), die nicht ausdrücklich „battlen" (mit Worten kämpfen) wollen.
	- Organisiert eine Schreibkonferenz, bevor die Texte das erste Mal veröffentlicht werden. Überlegt gemeinsam, ob ein Text eine andere Person verletzen könnte.

Ich habe Angst, weil der Lehrer meinen Text bewertet!	- Bewertungskriterien gemeinsam mit den Schülern absprechen. - Nicht nur der Lehrer, sondern auch Mitschüler können als potentielle Leser bzw. Zuhörer bewerten - Teilnahme an Schreibwettbewerben schaffen, um außerschulische Erfolgserlebnisse zu ermöglichen.

3.2.2 Mündlicher Sprachgebrauch

Der mündliche Sprachgebrauch kommt in einem kompetenzorientierten Deutschunterricht in unterschiedlichen Einzelkompetenzen zur Geltung.

Im Poetry Slam geht es vor allem um den Aufbau von Kompetenzen, „in denen sprachliche und sozial-kommunikative Fähigkeiten einander ergänzen" und um die „Beherrschung von Arbeitstechniken beim Präsentieren" (vgl. zu den Einzelkompetenzen Abraham 2008, 8). Die zum mündlichen Sprachgebrauch gehörende Gesprächsführung in Diskussionen und Debatten ist in diesem Handlungsfeld zweitrangig, sie kann und sollte aber in den Vorbereitungsgesprächen, in denen thematische Diskussionen zu möglichen Textideen ausgehandelt werden, sowie in den Auswertungsgesprächen zu einzelnen Jurybeurteilungen, also beim Sprechen über Texte, wichtig werden.

Mündlichkeit ist durch „Flüchtigkeit" und „unauffällige Omnipräsenz" charakterisiert (vgl. Abraham 2008, 38); Produkte aus dem Poetry Slam sind etwas anders gelagert: Sie sind ein „Zwitter" aus Mündlichkeit und Schriftlichkeit (vgl. ebd., 163), teilweise auch per Filmmitschnitt mehrmals rezipierbar, es gibt also durchaus fixierte Formen und Produkte, mit denen man arbeiten kann.

Beim Poetry Slam, aber auch durch abgewandelte Formen wie die Textbox (vgl. Kap. Abgewandelte Formen), können Schüler für die beiden Modi der Kommunikation (mündlich wie schriftlich) sensibilisiert werden und auch die Funktion der konzeptionellen Schriftlichkeit für die mediale Mündlichkeit und umgekehrt (ein-)schätzen lernen: Denn fünf Minuten auf der Bühne können lang werden, wenn der Auftritt nicht durch einen Text vorentlastet wird. Ebenso langweilig kann es jedoch auch für den Zuschauer werden, wenn der Vortragende nur wenig Ausdrucksmittel der Mündlichkeit, also Stimmführung und Körpersprache, einsetzt, um seinen Text lebendig zu machen.

Der Schritt vom Schrifttext zum Auftritt ist schwierig. Schüler, die bereits Texte geschrieben haben, müssen eine Anleitung oder zumindest Hinweise erhalten, wie ein Text für die Aufführung aufbereitet werden kann, um zu wirken. Die Arbeit am Text ist oft nur durch Individualberatung möglich. In der text- und typnahen Beratung könnten Workshopleiter aus der Slam-Szene gute Arbeit leisten. Der Schrifttext wird – wie aus den Anfängen in Chicago bekannt – für die Aufführung durch Markierungen, Kürzungen, „auf den Punkt gebrachte" Gedanken und mehrmaliges Üben des Vortrags verändert und aufführbar gemacht. Das erfordert viel Übung sowie Möglichkeiten, einen Text vor Publikum auszuprobieren, ohne dass der „Ernstfall" der Jurybeurteilung eintritt. Ein Open Mic ist sicher in der ersten Phase eine Form, frei und ungezwungen Texte zu testen.

Die Funktionen, die der mündliche Sprachgebrauch für den jugendlichen Sprecher in der Situation des Poetry Slams erfüllen kann, sind vielfältig: Der Redner befreit sich beim Reden selbst von Gefühlen und Affekten (kathartischer Effekt), er klärt sein eigenes Denken, indem er über einen Sachverhalt spricht (heuristische Funktion) und er speichert seine Denk-Ergebnisse im eigenen Gedächtnis (mnemotechnische Funktion), indem er Texte auswendig oder wiederholt performt (vgl. dazu Gardt 1995). Für die Individuation von Jugendlichen sind diese Funktion wichtig, vor allem zur Ausbildung von Wertvorstellungen und von politischer Teilhabe.

Mit Abrahams Modell zum mündlichen Sprachgebrauch (2008, 28) lassen sich die Sprachfunktionen, die mit Slam Poetry umgesetzt werden, noch genauer fokussieren:

Spricht ein Slammer auf der Bühne, so gehört das zu dem Lernbereich „Texte präsentieren (vorlesen, vortragen)/ Erfundenes erzählen". Die ästhetische Funktion bzw. die Unterhaltungsfunktion steht im Vordergrund, die Sprachfunktion ist primär am Sprachspiel, aber auch am Hörer orientiert. In einigen Fällen spielt auch der Lernbereich „Erlebtes erzählen/ Über Themen und Probleme sprechen" eine Rolle: Der Slam-Poet spricht dann über sich und seine Erfahrungen, um sich selbst zu reinigen. Dies kann jedoch auch eine peinliche Wirkung haben, wenn der Auftritt zu stark am Sprecher orientiert ist und dieser nach Diskussionsangeboten oder Lösungsansätzen sucht, die in dieser Form der Veranstaltung von seinem Gegenüber – dem Publikum – nicht zu leisten ist. Wenn ein Slam-Poet wiederum zu expressiv und hörerorientiert performt, sodass seine Aktivität eher in das Kompetenzfeld „Rollen spielen/ Schildern" passen würde, kann dies auch zu geschauspielert wirken. Das Publikum spricht dem Vortragenden dann die Authentizität ab, da der Slammer zu künstlich wirkt.

Auch das Kompetenzfeld „Zusammenfassen/ Erklären" spielt manchmal eine Rolle, wenn Slam-Poeten versuchen, eigene Gefühle, Situationen oder gesellschaftspolitische Beobachtungen zu erklären. Die Tätigkeiten des Erzählens und Berichtens oder Informierens gehen im mündlichen Sprachgebrauch oft ineinander über. Abraham fragt daher zu Recht: „Wo hört das Informieren auf, und das Erzählen beginnt? Und wo hört das Erzählen auf, und das Argumentieren beginnt?" (2008, 64). Er bezeichnet rhetorisches Sprechen als „Chamäleon unter den mündlichen Sprachtätigkeiten", da es sachlich, episch oder dialogisch und authentisch sowie in inszenierten Rollenspielen auftreten könne (vgl. ebd., 159).

Gerade in den gesellschaftskritischen Slam-Texten mischen sich engagierte Kommentare, Annahmen und Fakten sowie Wünsche in den Statements der U20-Slam-Poeten. Die Slam-Poeten zeigen erfreulicherweise, dass sie sich mit der Außenwelt auseinandersetzen und über ihre Wahrnehmungen öffentlich sprechen. Um sich noch differenzierter ausdrücken zu können, als das in den meisten U20-Slam-Texten der Fall ist, müssen sich Sprach- und Sachwissen ergänzen: Die Sprache wird dann zum kognitiven Medium des Lernens und der Sach- und Fachunterricht wird zum Sprachunterricht (vgl. Switalla 1993).

Präsentieren und Moderieren

Um den Prozess von mündlichen Präsentationen abzubilden, hat Berkemeier das Schreibprozessmodell von Ludwig (1983, in: Berkemeier) verdreifacht (Berkemeier 2006, 59). Dieses Modell kann auch für Poetry Slam-Vorträge genutzt werden, jedoch in abgewandelter Form, da mündliche Präsentationen und ein Auftritt bei einem Poetry Slam andere Voraussetzungen und Intentionen haben. Präsentationen gehören zu informierenden Textsorten, Slam Poetry zu literarischen Textsorten. Daraus ergeben sich folgende Unterschiede:

- Die Teilprozesse der Slam Poetry ähneln den Produktionsstadien einer Rede; bei der mündlichen Präsentation tritt hingegen an die Stelle der Ideenfindung (inventio) die sorgfältige Primärtextrezeption.
- Während der Vortragende bei der Präsentation auf vorbereitete Sach-Informationen zurückgreift, die er (mindestens) einem anderen Primärtext entnommen hat und „quasi als sein eigener Bote" (ebd., 54) auftritt, trägt der Slam-Poet einen selbstverfassten literarischen Text vor, der zwar Zitate enthält, jedoch keine Zusammenstellung recherchierter Fakten oder von Dritten erstellten Materialien ist.
- Slam Poetry hat meistens eine ausformulierte Textvorlage, während Präsentatoren mit einer Sprechvorlage (vgl. ebd., 56) arbeiten, die als Gedächtnisstütze dient und abgewandelt werden kann.
- Während der Präsentierende den Einsatz von Medien gut vorbereiten muss, jedoch in der Umsetzungsphase nur noch mehr oder weniger mechanisch die Medien zur Funktion bringt – etwa durch Auflegen der Folien – ist bei der Slam Poetry-Performance der volle Einsatz des Körper- und Stimmmediums bei der Aufführung gefragt. Vorbereitend kann der Slam-Poet zwar Stimmführung und Körpersprache einüben – ob er selbst im Vortrag so wie geplant funktioniert, ist oft Glückssache oder das Ergebnis einer längeren Auftrittserfahrung.
- Der Vortragende bei einer Präsentation kann das Verständnis seiner Zuhörer durch Nachfragen sichern, während der Slam-Poet zwar rhetorische Fragen als Stilmittel verwendet, jedoch keinen echten Dialog mit dem Publikum intendiert.

Der Schreib- und Performance-Prozess von Slam Poetry-Darbietungen ist – in Anlehnung an Berkemeiers Darstellung für Präsentationen (ebd., 58) – wie folgt zu beschreiben:

Die konzeptionellen Prozesse wie Planungsprozesse zur Inhaltsgenerierung und Strukturierungsprozesse stimmen bei der Entwicklung der Slam Poetry mit denen im Schreibprozess überein. Die Formulierungsprozesse teilen sich in verschiedene Produktionsstufen auf: von der Ideenfindung zur Textvorlage und von der Textvorlage zum Vortrag. Es handelt sich also zuerst um schriftliche, dann um mündliche Enkodierung. Die Formulierungsprozesse werden bei der Umsetzung durch sprecherische und nonverbale Gestaltung ergänzt, die sich auch auf die Rezeptionsprozesse auswirken. In der Umsetzungsphase geht es um eine wie geplant durchgeführte Performance, die gegebenenfalls die Stimmung des Publikums integriert und den Slam-Poeten möglichst in Höchstform zeigt. Überarbeitungsprozesse, d. h. redigierende Tätigkeiten, finden – ebenso wie Formulierungsprozesse – in verschiedenen Phasen statt: bei der Vorbereitung oder während der Umsetzung – wenn etwa spontan eine andere als übliche Anmoderation gewählt wird oder ein Ortsname ausgetauscht wird, da der Poet woanders als beim letzten Auftritt performt. Auch das Rezipientenfeedback kann ein Impuls für das Überarbeiten sein.

Das Schreibprozessmodell sieht auch motorische Prozesse vor, die sich bei Slam Poetry bei der Textvorlagenherstellung zeigen. Wenn der Poet die Vorlage mit auf die Bühne bringt, muss sie so beschaffen sein, dass sie beim Vortrag eine Hilfe ist. Der Zettel selbst sollte – auch bei großer Aufregung – nicht durch zitternde Hände flattern, weshalb viele Poeten das beschriebene Blatt so falten, dass der Zettel schnell aufklappbar und trotzdem in sich stabil ist.

Berkemeier kommt in ihrer empirischen Analyse der oben skizzierten Teilprozesse von mündlichen Präsentationen zu dem Ergebnis, dass die mündliche Kommunikationsform Präsentieren aus vergleichsweise hochkomplexen Anforderungen bestehe. Sie plädiert dafür, dass diese Kommunikationsform durch Übungen in den Teilprozessen und in den einzelnen Anforderungskomplexen erleichtert werden könnte. Explizit schlägt sie zur besseren sprecherischen und nonverbalen Leistung Vorübungen mit (auswendig vorgetragenen) Gedichten (bekannter Schriftsteller) vor (ebd., 167). Slam Poetry-Darbietungen sind ähnlich komplex, da sie Anforderungen in den Teilbereichen Konzipieren, Texterstellung, sprachlich-mediale und nonverbale Umsetzung verlangt. Wenn Schüler darin Übung haben, dann könnte das für das Präsentieren allgemein nützlich sein:

Nach Berkemeiers Untersuchung sollten Schüler in der Planungsphase möglichst kohärent formulieren, um während der Präsentation nicht durch gleichzeitige Umplanung und Formulierungsarbet unter Druck zu geraten (ebd., 126). Die Stichwörter in der Sprechvorlage sollten „umsetzungsnah" gestaltet werden (ebd.). Dies wird beim Poetry Slam geübt, denn hier arbeiten die Schüler mit der fertigen Textvorlage und lernen diese auswendig oder performen mit Zettel – und trotzdem publikumsorientiert. Diese Kompetenz könnten die Schüler für Präsentationen nutzen.

Ferner sollten Schüler nach Berkemeier qualitativ hochwertige Reformulierungen einsetzen, da Redundanz die Hörerorientierung fördert. Festgestellt wurde jedoch, dass Reformulierungen verwendet wurden, die der Hauptargumentation entgegenliefen oder die eher Reparaturversuche seien (ebd., 137). Der Umgang mit Slam Poetry kann diesen adressatenorientierten Einsatz von Redundanzen üben, denn Wiederholungsstrukturen gehören zum Merkmal mündlicher Dichtung.

Nach Berkemeier hat außerdem die sprecherische Gestaltung der Präsentationen auffällig viele Stimmhebungen am Ende eines Satzes. Dies lässt vermuten, dass die Schüler den vorgestellten Stoff oder die Sprechvorlage nicht gut genug kennen oder sich zu wenig dafür interessieren. Berkemeier empfiehlt, durch Sprechübungen für den Spannungsaufbau zu sensibilisieren (ebd., 138f.). Der Umgang mit Slam Poetry könnte den Schülern die Dramaturgie in Texten ebenfalls zeigen. Außerdem könnten sie durch eigene Schreibprodukte erfahren, wie es sich anfühlt, wenn sie einen selbstverfassten Text vortragen, der eine persönliche Stimmung oder Ansicht preisgibt. Sie könnten für Präsentationen von Themen, die ihnen nicht so nahe gehen, etwa lernen, sich mit einem Aspekt des Themas so vertraut zu machen, dass er ihnen auch persönlich etwas bedeutet. So würden die Hebungen durch das echte Interesse der Vortragendem am referierten Thema vermutlich verschwinden.

Nicht nur für das Präsentieren, auch für das Moderieren könnten Erfahrungen mit Poetry Slam nützlich sein:

Der Moderator eines Poetry Slam hat für einen geregelten Ablauf der Veranstaltung zu sorgen, er muss aber nicht primär – wie ein Moderator einer Talkshow – Gesprächskompetenz beweisen, da sich keine gleichberechtigten Gesprächspartner gegenüberstehen, zwischen denen er vermitteln müsste. Das Moderieren ist in der Slam-Veranstaltung also nicht so komplex wie bei Gesprächsrunden, da der Ablauf des Poetry Slam durch die den Poeten und Zuschauern bekannten Regeln klar ist, die Redebeiträge automatisch aufeinander folgen und zeitlich limitiert sind und das Publikum lediglich Tafeln hochhält, statt sich an einer Diskussion zu beteiligen. Der Moderator eines Poetry Slam muss ebenso wie der Talkshow-Moderator möglichst neutral bleiben, wenn er die auftretenden Poeten an- und abmoderiert. Eine höhere Anforderung stellt der Unterhaltungsfaktor, den der Moderator des Poetry Slam während der gesamten Veranstaltung aufrechthalten muss. Er beweist also vor allem Spielkompetenz (vgl. dazu Abraham 2008, 29), indem er die vorgegebene Rolle als Moderator einnimmt und für eine angenehme Stimmung während der Veranstaltung sorgt.

Erzählen

Um seine Zuhörer zu fesseln, braucht der Slam-Poet Fertigkeiten des Erzählens und Präsentierens, d.h. er sollte eine erlebte oder erfundene Geschichte nachvollziehbar, spannend und hörerbezogen erzählen und eigene Texte für Zuhörer wirkungsvoll vorlesen bzw. vortragen können. Zum Aufbau der Erzählkompetenz gehört nicht nur das spannende Erzählen, sondern auch, für das Erzählen Verantwortung zu tragen (vgl. Abraham 2008, 45). Wenn Schüler aber allgemein damit Schwierigkeiten haben und ihre Hörer irritieren, da sie eine Geschichte wenig anschaulich, unvollständig oder mit irrelevanten Details erzählen, dann kann Slam Poetry sicher eine motivierende Förderung der Erzählkompetenz sein. Denn ein erfolgreicher Slam-Auftritt kann nur gelingen, wenn diese Schwierigkeiten überwunden oder – gerne auch ironisch, parodierend – reflektiert werden.

Schüler werden beim Erzählen im Poetry Slam dadurch entlastet, dass die prosaischen Texte im Poetry Slam Alltagserzählungen ähneln, die sie – wie der Name schon sagt – in Ansätzen bereits aus ihrem Alltag kennen: Denn Schüler erzählen im Alltag oder erzählen über ihren Alltag. Das Textganze gliedert sich in die Phasen Orientierung, Exposition, Komplikation, Auflösung und Schluss (vgl. Boueke/ Schülein 1991). Unterscheidet man noch genauer unter „Höhepunkt" – und „Geflecht-Erzählungen" (vgl. Wagner 1986, 144ff), dann gehören viele erzählende Slam-Texte zu den „Höhepunkt"-Erzählungen: Die Slam-Poeten erzählen etwas Neues, das eher monologisch, geschlossen und dramatisch gestaltet ist und einen bestimmten Zeitpunkt fokussiert.

Auf der Kompetenzskala von Abraham (2008, 51) gehört das Slammen zur dritten und höchsten Stufe des alltäglichen Erzählens: Diese Stufe ist gekennzeichnet durch extrem monologisches Erzählen, das Geschichten erzählt, die punktuell auf einen Höhepunkt ausgerichtet sind. Der Vortragende hat das alleinige Rederecht und setzt rhetorische, stilistische Mittel ein, womit er seine Zuhörer teilweise auch überraschen kann. Dieser Art des Erzählens geht das einfache Schildern und das interaktive geflechthafte Erzählen voraus; es ist durch sekundäre, schwer erwerbbare kognitive Kompetenzen charakterisiert (ebd.).

Slam Poetry kann diese Hürden jedoch überwinden helfen, da die Texte schriftlich vorbereitet werden. Allerdings gilt es zu beachten, dass die Schule nicht immer ein Ort ist, an dem Schüler Alltagserzählungen kundgeben möchten (vgl. das Stuttgarter Hauptschulprojekt, Kap. 2) Damit würden sie Mitschüler und Lehrer an ihrer privaten Welt teilhaben lassen, was nicht immer erwünscht ist. An dieser Stelle wird der Poetry Slam-Workshop als außerschulischer Lernort wichtig: Wenn Slam-Poeten – und nicht Lehrer – die Jugendlichen dazu anregen, Alltagserzählungen zu erzählen, dann werden durch das Erzählen Ziele wie Identitätsbildung, Empathie,

Interaktionsfähigkeit, Zuhören und anschauliches Erzählen (vgl. Abraham 2008, 48) eher ermöglicht und die erworbenen Kompetenzen können sich auch positiv auf das Selbstbild der Schüler und das mündliche Erzählen im Unterricht auswirken.

Vorstellbar sind auch Projekte, in die Slam-Poeten oder andere außerschulische Fachkräfte integriert werden. Slam-Poeten können die Schreibimpulse geben, das Reden über den Alltag anregen und den Einsatz von Stimmführung und Körpersprache fördern, Fachkräfte dagegen das Schreiben begleiten und das Sprach- mit dem Sachwissen verknüpfen, man denke z. B. an einen Motto-Slam zu einem gesellschaftspolitischen Thema. Außerdem ist das projektorientierte Arbeiten „eine das außerschulische[...] Sprachhandeln [...] gut nachbildende Anforderungssituation" (Abraham 2008, 74), bei dem der Redeanteil der Schüler automatisch erhöht ist und daher das freie, assoziative Sprechen Raum einnehmen kann.

Rhetorisches Sprechen

Die rhetorische Kommunikation als mündliche persuasive Kommunikation meint „die Kunst, in Rede [...] situationsbezogen und wirkungsvoll zu kommunizieren" (Ottmers 1996, 9). Sie gehört zwar – verstärkt durch die kommunikative Wende – zur „erstrangigen Aufgabe der Schule, besonders des Deutschunterrichts" (Berthold 2003, 148), die systematische Schulung der mündlichen-kommunikativen Kompetenz wird jedoch bis heute in der Praxis eher vernachlässigt.

Zu einem der fachlichen Schwerpunkte im Lernbereich „Sprechen" gehört „anderen etwas mitteilen" und „situations-, partnergerecht und wirkungsbezogen erzählen, berichten und beschreiben" und „kürzere Beiträge in freier Rede liefern". Allerdings dienen die rhetorischen Sprechanlässe eher pragmatischen Zielen:

Die Schüler in Klasse 5 bis 9 werden zum Beispiel für das Halten von Referaten zu Sachthemen trainiert, erproben sich in Diskussionen oder „sprechen in vorgegebenen Redemanuskripten und achten dabei auf ihr nonverbales Verhalten und auf eine angemessene Sprechweise" (ebd.,152).

Die Integration in den Literaturunterricht erfolgt eher auf der Ebene der Informationsbeschaffung und -aufbereitung: So schlägt Berthold zur Umsetzung der Bildungsstandards zum Beispiel vor, Informationen und Kommentare zu literarischen Werken vorzutragen oder um die Wette die gleichen Kommaregeln zu erklären [!]. Der „Redeunterricht" wird durch die Analyse „vorbildlicher Redner" ergänzt, die eigenen rhetorischen Fähigkeiten in der freien Rede werden auf außerunterrichtliche Aktivitäten wie Rhetorik-Arbeitsgemeinschaften oder Schultheateraufführungen verlagert, welche die „sorgfältige Förderung rhetorischer Leistungen" übernehmen sollen. Auch „Klassenausflüge, Klassenfeste, Schulfeste oder

Schulprojekte können zum Anlass vielfältiger rhetorischer Leistungen werden" (ebd. 152). Nach Berthold sei wichtig, dass jeder Schüler „im Lauf der Schulzeit wenigstens einmal eine Videoaufnahme von sich als Redner(in) gesehen haben" sollte (ebd. 152) – eine Anleitung oder ein Anlass für die Erarbeitung einer rhetorischen Rede im Unterricht wird jedoch selten gegeben. Die Analyse mündlicher rhetorischer Äußerungen bezieht sich in Bertholds Vorschlägen dann auch nicht auf klassische Reden des Altertums, wie die von Cicero oder Antonius, sondern auf die Redepraxis, welche den Schülern unmittelbar zugänglich ist. Darunter versteht er zum Beispiel Redesituationen in den Medien wie Wahlwerbung oder Fernsehdiskussionen. Auch klasseninterne mündliche Äußerungen von Schülern oder Lehrern dienen als Material zur Analyse rhetorischer Fähigkeiten (ebd., 156).

Auch in Wagners Methodensammlung zur mündlichen Kommunikation im Unterricht finden sich als echte dialogische Redeanlässe („Ernstfalldidaktik") nur Themen wie Ausflüge oder Konflikte (Wagner 2003, 749), auch argumentative Kurzredeübungen, die berufsvorbereitenden Charakter haben, sind genannt. „Richtige Reden" gibt es nach Wagner im Schulalltag eher selten, es könnten jedoch „zu vorgegebenen oder selbst gewählten Themen" kurze Redebeiträge präsentiert werden, die „im Idealfall aus einer motivierenden Einleitung, einem logisch konstruierten Mittelteil und einem prägnanten abschließenden Zielsatz" bestehen (ebd. 751). Doch genau diesen Aufbau weisen Slam-Texte auf. Das Reden kann also gut mit eigener Slam Poetry oder mit lyrischen, aber redeähnlichen Texten von U20-Slam Poeten wie die hier zitierte Mimi Meister (vgl. Kap. 2, „Lost Generation reloaded") geübt werden.

Wenn Wagner bedauert, dass das Rezitieren von Lyrik durch Schüler oft in „monotone[m] Leierton" erfolgt, liegt dieser Ton sicherlich einerseits daran, dass der „Zwang zum Auswendiglernen auf die meisten Schüler eher demotivierend" wirkt (ebd. 751), andererseits eignen sich aber viele – gerade lyrische – Texte nicht zum lauten Vorlesen, da sie von ihren Autoren nicht für das Vortragen konzipiert worden sind.

Slam-Texte eignen sich durch ihre Klangstruktur und ihren Rhythmus per se sicherlich besser zum Vorlesen oder Rezitieren, zumal auf DVD oder YouTube zu nahezu jedem Text der vom Autor intendierte Vortrag zum vorherigen, vergleichenden oder nachbereitenden Anschauen und Anhören zur Verfügung steht. Die Schüler können aus erster Hand, nämlich am Autorenvortrag selbst, lernen und Übungsbeispiele für ihren Sprachausdruck, die Artikulation sowie Anregungen für ihre Ausdrucksvariabilität und Lesetechnik finden. Auch das Parodieren und Experimentieren mit Texten macht Sinn, wenn der Originalvortrag als Vergleich herangezogen werden kann. Die Schüler optimieren ihre Sprechfassungen eigenständig; die – meist sowieso nicht vorhandene –

Rezitationskompetenz der Lehrkraft braucht hierfür gar nicht erst in Anspruch genommen zu werden.

Durch Poetry Slam können die von Berthold aufgestellten Forderungen nach schülernaher Redepraxis, Selbstwahrnehmung als Redner und Integration von eigenen Sprachbeiträgen in schulnahen Festivitäten leicht bedient werden. Da die Wahrnehmung der eigenen Sprache als poetische Sprache zur literarischen Kompetenz gehört, lässt sich das adressatenbezogene Reden in den Literaturunterricht integrieren. Die aktuellen Anlässe, aus denen heraus Jugendliche im Handlungsfeld Poetry Slam über ihre Lebensumwelt sprechen, bieten sowohl ansprechendes Analysematerial für gekonntes Reden als auch Raum für Verbesserungsvorschläge in der Darbietungsform und Motivation für Gegenrede oder Nachahmungstexte.

Poetische Reden planen

Der schwierige Übergang vom Schreib- zum Präsentationsprozess kann dann auch gut durch die fünf Stadien einer Rede gegliedert werden (vgl. dazu Gans 2008).

Nach Smith (2004, 55) verschwimmt die Grenze zwischen Redekunst und Slam Poetry; beides geht ineinander über bzw. korrespondiert miteinander. Das liegt vor allem an der ursprünglichen Funktion der Rhetorik, die in meinungsbildenden Prozessen hilfreich ist, um das Publikum zu überzeugen bzw. zu einer bestimmten Handlung zu bewegen. Eine Anleitung zum Gelingen der Performance findet man in Aristoteles' klassischer Rhetoriklehre formuliert:

[Der Redner] sollte das Publikum in eine Stimmung versetzen, die es geneigt macht, sich von dem Vortragenden überzeugen zu lassen, er muss Affekte hervorzurufen suchen. Dies erreicht er durch das Ansehen seiner Person, seine Würde und Ehrbarkeit; schließlich erreicht er seine Wirkung dadurch, dass man [den Hörer] durch die Rede zu einer Leidenschaft hinreißt (Ueding/ Steinbrink 2005, 28).

Während in der traditionellen Rhetorik für die rhetorische Erziehung „autoritätshaltige Argumente" zur Überzeugung des Publikums verwendet wurden, ersetzte Kenneth Burke in seinen Arbeiten zur sogenannten Neuen Rhetorik die Begriffe „Überredung" und „Überzeugung" durch „Identifikation": Es gehe darum, dass sich das Publikum mit der Botschaft eines Autors identifiziert und dessen Überzeugung in ihre eigenen Voreinstellungen integriert (Ueding/ Steinbrink 2005, 171). Die rhetorische Funktion einer Rede bestehe nicht darin, fehlende Gemeinsamkeit unter parteilichen Gesichtspunkten herzustellen, sondern Motive zu untersuchen, mit denen ein Publikum zur Identifikation bereit ist. Das Verhältnis zwischen Sprecher und Publikum rückt damit in einen neuen Fokus.

Zu einer wichtigen Leitfrage gehört: Welchen Einfluss haben die Darbietungsformen auf die Einstellung der Adressaten?

Die Affektenlehre ist in diesem Sinne angewandte Psychologie. Zweierlei Weisen der emotionalen Beeinflussung der Zuhörer kennt man traditionell: die sanftere Affektstufe (ethos), deren Ausdruck das delectare (erfreuen, ergötzen) ist, und die heftigere Affektstufe (pathos), deren intendierte Wirkung das movere (bewegen, erschüttern) darstellt (vgl. ebd., 97). Für beide gibt es Beispiele aus dem Poetry Slam, oft auch von ein- und demselben Poeten (vgl. Felix Römer: „Es ist schön", unter: www.youtube.com/watch?v=U8JTtcbf6F0 und „Großvater", unter: http://zeitzeuge.blog.de/2007/09/20/felix_romer_poetry_slam~3009173). Neben diesen Affekten möchte ein Performer natürlich zusätzlich eine gute Punktwertung erhalten (auch wenn dies innerhalb der Poetry Slam-Szene oft bestritten wird).

Nicht erst für den Erfolg des mündlichen Vortrags ist Rhetorik wichtig, sondern bereits für die Ausarbeitung des Redebeitrags: Um einen gelungenen, adressatenorientierten Vortrag vorzubereiten und zu halten, waren in der Antike fünf Planungsstadien einer Rede (inventio, dispositio, elocutio, memoria und actio) vorgesehen. Actio meint die körperliche Präsentation eines Textes, also die Mimik und Gestik, während die pronuntiatio die stimmliche Repräsentation meint.

Auch wenn Beiträge der Slam-Poeten manchmal wie improvisiert wirken, versteckt sich ein Plan dahinter. Die gesamte Vorbereitung, von der Ideenfindung bis zum Auswendiglernen und Vortragen, verdient die besondere Aufmerksamkeit des Schreibenden und später Auftretenden, damit der Gedankengang der Zuhörer bewusst geführt werden kann.

Wie eine Rede geplant, aufgebaut und publikumswirksam präsentiert wird, hat die antike Rhetorik hinreichend beschrieben. Ein Blick in die Zusammenfassung von Christoph Martin Wielands „Theorie und Geschichte der Red-Kunst und Dicht-Kunst" (1757, zit. nach Ueding/ Steinbrink 2005, 111ff.), soll dazu dienen, die wesentlichen Produktionsstadien einer Rede in Kürze nachzuvollziehen. Sie gehören zu den Grundregeln jedes menschlichen Kommunikationsaktes und sind leicht auf die Produktion und Präsentation von Slam Poetry übertragbar:

Danach besteht die Inventio im Aussinnen der Gründe, wodurch man eine Aussage entweder beweisen oder sehr wahrscheinlich machen will. Ein Slam-Text ähnelt eher einer Festrede als einer Gerichts- oder Beratungsrede, er muss daher weniger argumentativ angelegt sein.

In Festreden geht es eher um die Gemeinsamkeit oder Gemeinschaft von Redner und Publikum: Festreden festigen als Gelegenheitsreden die Beziehungen der Zuhörer untereinander. Aber auch Überzeugungsreden, in denen der Redner in ich-zentrierter Weise seine Meinung kundtut, sind bei Poetry Slams vertreten. Der Zuschauer entscheidet jedoch nicht über den verhandelten Gegenstand, sondern lässt die Rede als Kunstwerk auf sich wirken und beurteilt sie nach ihrer Kunstfertigkeit. Dennoch muss bei der

Stoffauswahl gut überlegt werden, ob ein Ereignis oder eine Idee glaubhaft oder originell, das heißt der Rede wert ist und dies die Zielgruppe interessiert bzw. anspricht. Das Auffinden des Stoffes wird durch die personen- oder problembezogenen Topoi unterstützt.

Im Poetry Slam schöpfen Poeten meist aus Alltagserfahrungen, aus Anekdoten, Exempel- und Selbsterfahrungsgeschichten, in die sich das Publikum aus eigener Erfahrung gut hineinversetzen kann.

Die Disposition regelt die Anordnung aller Teile einer Rede, ohne welche der Zuhörer durch die Menge und Mannigfaltigkeit der Vorstellungen in Verwirrung gestürzt würde, das meiste, was er gehört hat, wieder vergessen würde und also dem Zweck der Rede nicht entsprechen kann. Der Slam-Poet muss also einen Fünf-Minuten-Beitrag möglichst stringent und treffsicher aufbauen, ohne sich in Details zu verlieren. Die vier Redeteile der klassischen Rhetorik bestehen aus Einleitung (exordium), Darlegung des Sachverhalts (narratio), Argumentation und Beweisführung (argumentatio) und dem Redeschluss (conclusio, peroratio). Auffällig ist, dass viele Texte der Slam Poetry zwar durch Anmoderation eingeführt werden, jedoch dann in einen unvermittelten Einstieg übergehen. Dieser Einstieg ist meist im Titel bereits angelegt und stellt eine Behauptung auf, die im dann folgenden Text bewiesen bzw. ausgeführt wird. Die Leitgedanken werden meist durch viele Beispiele exemplifiziert, wobei weniger die Argumentation als die anschauliche oder wortgewandte Entfaltung einer Situation oder Stimmung im Vordergrund steht. Viele Slam-Texte münden dann in einer Schlusspointe (conclusio), die das Publikum zum Lachen oder Nachdenken anregen soll.

Zur Elocution gehört die geschickte Auswahl der Worte und Redensarten, der Bilder und Gleichnisse, durch welche der Redner seine Gedanken ausdrückt. Sprachrichtigkeit, Deutlichkeit, Angemessenheit von Inhalt und Zweck der Rede, Redeschmuck und Vermeidung alles Überflüssigen sind die obersten Stilqualitäten. In der Slam Poetry sind alle drei Stilebenen zu finden, sie durchmischen sich auch in einzelnen Beiträgen: die schlichte, schmucklose, sowohl dem belehrenden Zweck wie der alltäglichen Kommunikation angepasste Redeweise, die auf Unterhaltung und Gewinnung der Zuhörer ausgerichteten Stilart, die sich des Redeschmucks auf eine temperierte Weise bedient und eine sympathische Beziehung zwischen Redner und Publikum herstellen soll, und die großartige, pathetisch-erhabene Ausdrucksweise, die alle rhetorischen Register zieht, die Zuhörer mitreißt, um sie dazu zu bewegen, ihr Handeln zu ändern.

Actio und Pronuntiatio sind schließlich die körperliche und stimmliche Verwirklichung der Rede im Vortrag, bei dem eine „mit Anstand, Nachdruck und Annehmlichkeit begleitete Moderation oder Lenkung der Stimme, Miene und Gebärden" (Wieland, zit. nach Ueding/ Steinbrink 2005,

111) wichtig ist. Wieland behandelt nicht ausführlich den Schritt der Memoria, bei dem sich der Redner auf das Einprägen der Rede ins Gedächtnis mittels mnemotechnischer Regeln und bildlicher Vorstellungshilfen konzentriert.

Auch beim Poetry Slam ist das Auswendiglernen keine Voraussetzung für den gelungenen Vortrag, es vergrößert jedoch den Freiraum des Vortragenden beim Zeigen seiner körperlichen Beredsamkeit.

Der letzte Schritt der Actio entspricht der Performance. Nach Cicero stehen dem Redner drei Überzeugungsmittel zur Verfügung: die Sache, die Emotionen und die eigene persönliche Glaubwürdigkeit. Wenn er in seinem Auftreten, seiner Erscheinung und Ausdrucksweise nicht überzeugend wirkt, wird er sein oratorisches Ziel nicht erreichen.

Gutes Aussehen und eine gute Stimme verstärken die Wirkung auf das Publikum:

[E]ine bewegliche Zunge, eine klangvolle Stimme, eine starke Brust, Leibeskräfte und eine gewisse Bildung und Gestaltung des Gesichts und Körpers [...], das Gemüt und der Geist müssen eine schnelle Beweglichkeit besitzen [...] (Ueding/ Steinbrink 2005, 36).

Die eigentliche Ausstrahlung, das Charisma und die Überzeugungskraft kommen jedoch durch das auf die Bühne bzw. von der Kanzel aus (vor-)gebrachte eigene Anliegen an einer Sache. Die Rede muss, so Cicero, aus der „Erkenntnis der Sachen [...] erblühen" (ebd., 36).

Somit ist es für eine gelungene Rede wie für einen Slam-Beitrag wichtig, inhaltlich gut vorbereitet zu sein, damit man die eigenen Aussagen auch glaubwürdig vertreten kann. Die Glaubwürdigkeit des Slam-Poeten wird durch die Regel begünstigt, dass nur selbstgeschriebene Texte auf der Bühne präsentiert werden dürfen. Außerdem sprechen Slam-Poeten meist aus der Ich-Perspektive, was das Interesse des Vortragenden an der zum Vortrag gebrachten Sache meist verstärken dürfte.

Zu der Erzähl- und Präsentationskompetenz, die bei angehenden Slam-Poeten ausgebildet werden sollte, gehören – wie an der antiken Rhetorik zu sehen ist – auch die actio und pronuntiatio, also die Körpersprache und die Stimmführung.

Für den Auftritt bei einem Poetry Slam ist die Übungsabfolge, die die Verfasserin hier in Anlehnung an Gora (1995) für die Phase der Actio entwickelt hat, sicher sinnvoll:

Hilfen für die Vorbereitung des Vortrags beim Poetry Slam

- Mehrmaliges lautes und leises Lesen des Slam-Textes vor sich und anderen; das Textblatt ist mit vier Knicken stabil gefaltet; auf den geknickten Seiten ist der Text in deutlicher Schrift notiert.

- Das Blatt wird je nach Textteil gedreht und entfaltet und flattert nicht lose vor dem Gesicht des Redners.

- Markierung von geplantem Einsatz der Stimme und der Körpersprache (Unterstreichungen, Farbkennzeichnung, Pausen- und Intonationszeichen)

- Karteikarte mit Stichworten und Textteilen, am besten geordnet nach Versen oder Refrainstrukturen

- Stichwortgliederung oder Visualisierung des Textes als Merkhilfe

- „Medien-Trick", das heißt der Redner orientiert sich nach dem einzusetzenden Medium bzw. im Poetry Slam nach den Gesten und den Blickrichtungen, die er während des Sprechens einnimmt. Die Stimmführung und Körpersprache dienen also als Orientierungshilfe im Raum und als Merkhilfe.

Rehberg und Schiller schlagen vor, Kinder und Jugendliche schon früh durch sprecherzieherische, artikulatorische Übungen und Atemübungen die Körperlichkeit des Sprechens bewusst zu machen (Rehberg 1997), um die hohe Hemmschwelle des freien Sprechens vor anderen abzubauen und Körperbewusstsein zu schaffen. Außerdem könnten so Unterschiede zwischen verbaler und nonverbaler Kommunikation kognitiv erschlossen werden.

Performances im Poetry Slam sind gut geeignete Lernmedien, um die körperliche Dimension der Sprache zu vermitteln: Beim Live-Auftritt ist die Wirkung der Kinesik (Mimik, Gestik, Körperbewegungen) auf das Publikum zu planen und zu beobachten. Im Vergleich zwischen Schrifttext und mündlicher Präsentation kann Körpersprache in Funktion beobachtet werden: Embleme, Illustratoren und Regulatoren (vgl. Ekman/ Friesen 1969) werden deutlich. Lehrer wie Schüler können die Leistungen der nonverbalen Sprache für den schriftlich fixierten Text beobachten und anhand von Mitschnitten genauer analysieren.

Der Auftritt auf einem Poetry Slam stellt eine reale Situation dar, bei der das freie – oder vortragende – Sprechen und die körperliche Dimension der Sprache ausprobiert werden kann. Um möglichst vielfältig und effektiv vorzutragen, können in der (schriftsprachlichen) Vorbereitung bereits folgende Stimmführung und Körpersprache geplant (und im Text markiert) werden:

Einsatzmöglichkeiten von Stimme und Körper beim Vortrag

- Parasprache (z. B. Tonfall, Lautstärke, gefüllte oder ungefüllte Pausen, Lachen, Seufzen)
- Kinesik (Mimik, Gestik, Körperbewegungen) und die Verwendung von Emblemen, Regulatoren und Illustratoren
- Prosodie (Intonation, Sprechtempo und -rhythmus, Satzakzent) und die Korrelation mit der Schriftsprache, z. B. durch Satzzeichen
- Kanaldiskrepanz (Widerspruch zwischen verbaler und para-Botschaft)
- Konvergenz und Divergenz zum Publikum (oder Team-Sprecher) herstellen

Die von Abraham vorgeschlagenen Kriterien, die zur Bewertbarkeit von Nacherzählungen nützlich sein sollen, können auch als Beobachtungs- und Beschreibungskriterien für Slam-Texte verwendet werden:

Zu beurteilende Aspekte eines Poetry Slam-Vortrags

- *Flüssigkeit der Rede*
- *Stimmführung und andere paraverbale Signale*
- *Gesten und andere nonverbale Signale*
- *Konkretionsgrad (Details, z. B. akustische, optische, haptische Eindrücke)*
- *Ausgestaltung der Erzählerrolle, z. B. durch Kommentare*
- *Reagieren auf die Zuhörer, z. B. durch Fragen*

(Vgl. Abraham 2008, 58)

Allerdings bedarf es eines Maßstabes, z. B. inwiefern die eingesetzten Mittel den schriftsprachlichen Text wirkungsvoll umsetzen, das Publikum zum Zuhören anregen, das Publikum durch Interaktion am Text beteiligen – kurz: inwiefern die Stimmführung und Körpersprache als Stilmittel eingesetzt werden, um die Performance originell und effektvoll zu gestalten.

Wirft man einen Blick auf das Zürcher Textanalyseraster, so würden diese Stilmittel die dort vorhandene Kategorie „Sprachlich-formales Wagnis" mit Inhalt füllen und angemessen ergänzen (vgl. Nussbaumer/ Sieber 1994).

Denn die körperliche Dimension der Sprache kann aus sich heraus ganz eigene originelle Wagnisse schaffen. Zum Beispiel entstehen Spezial-Effekte, wenn Vortragende das Code-Switching zwischen Standardsprache und Dialekt oder Idiolekt einsetzen, um Emotionen, Vertrautheit, Lokalbezogenheit zu vermitteln, wenn sie mit dem McGurk-Effekt spielen, das heißt Augenbewegungen und Lippenbewegungen inkongruent gestalten und damit den Zuschauer verwirren, oder Kanaldiskrepanzen einsetzen. Auch die Affektlehre der Musik ist dem Redner von Nutzen: Die Rhythmik der Musik ist der Metrik verwandt, die Tongebung hilft dem

Redner durch Ton, Heben, Senken und Modulation seiner Stimme beim Zuhörer Affekte zu erzeugen.

Das Verhältnis von Textinhalt und (körper-)sprachlicher Repräsentation kann genauer in Beziehung gesetzt werden – die für Schrifttexte immer zentrale Frage nach Inhalt und Form spielt dann auch auf sprachlicher Ebene eine wichtige Rolle.

Nimmt man Slam Poetry als Form und Produkt des mündlichen Sprachgebrauchs ernst, dann gewinnt sie als Lerngegenstand und als Lernmedium an Anspruch:

> Zwar werden Schüler entlastet, weil sie an Alltagserzählungen anknüpfen können und durch die Mündlichkeit die Rechtschreibung eine untergeordnete Rolle spielt. Andererseits gilt es, Stimmführung und körpersprachliche Besonderheiten einzusetzen, was für viele Schüler ungewohnt und entsprechend schwierig sein kann – dies ist eine Konsequenz aus der „Leibfeindlichkeit" der Schulwirklichkeit (Abraham/ Kepser 2009, 59), die aber mit Poetry Slam möglicherweise abgebaut werden könnte.

Gespräche über Literatur führen

Die Jurybewertungen im Poetry Slam können als Ausgangspunkt für die Anschlusskommunikation genutzt werden. Sie ist eine wichtige Voraussetzung dafür, dass die Schüler Kritikfähigkeit entwickeln können und ihr Medialitätsbewusstsein schärfen. Zur Anschlusskommunikation gehören z. B. literarische Gespräche (Härle/ Steinbrenner 2004).

In diesen Gesprächen werden die ersten Eindrücke, nach denen die Jury im Poetry Slam ihre Punkte vergibt, genauer vertieft und verbalisiert, sodass der Poet eine differenzierte Rückmeldung erhält und das Publikum seine passive Haltung in Aktivität umwandelt. Schüler können dabei lernen, Publikumsreaktionen als Überarbeitungsimpulse zu nutzen. Dazu muss jedoch eine Feedbackkultur eingerichtet werden, die über Notentafeln und Geschmacksurteile wie „Das war ganz lustig" und „Das fand ich langweilig" hinausgehen. Innerhalb der Szene ist eine solche Feedback-kultur kaum entwickelt:

Nach der Siegerehrung versorgt mich Tobi mit Tipps für meine nächsten Versuche. Er hat schon mehr als 400 Auftritte hinter sich. Zur Verabschiedung sagt er: 'Habe bei deinem Text jedenfalls voll abgefeiert.' Ich glaube, das ist ein Lob (aus: Nicos erstes Mal, in: SchulSpiegel, 25.08.2008).

Im Unterricht kann jedoch durchaus auf der Metaebene kommuniziert werden:

Was passiert beim einzelnen Zuhörer während der Performance? Inwiefern findet sich der Zuschauer in den Texten wieder? Wie verständlich sind die gehörten Texte?

Spannender als die konkrete Beurteilung von Einzeltexten sind sicherlich Fragen wie die, warum Jurymeinungen oft recht einhellig sind, wie Urteile überhaupt gebildet werden und welche Rolle die Kommunikation und Anmoderation zwischen Poet und Publikum sowie die Kleidung spielt.

Aus Flussers Kommunikalogie (vgl. Kap. Text und Performance) ergeben sich zwei didaktische Herausforderungen: Wie können „echte Dialoge" im Rahmen des Poetry Slams hergestellt werden, um gerade Jugendlichen durch Poetry Slam Gefühle von Einsamkeit und Perspektivlosigkeit zu nehmen? Und: Wie können Jugendliche ihre Texte so wirkungsvoll und faktentreu gestalten, dass diese einen gesellschaftlichen Diskurs – wenn auch „nur" im Klassenraum oder innerhalb einer Jugendgruppe – motivieren?

Literarische Gespräche sollten (wie) unter „Peers" stattfinden, nicht durch Leitfragen gelenkt werden und kommunikativ gestaltet sein (Härle/ Steinbrenner 2004, 2ff).

Die Frage nach der Autorintention, die „kein notwendiger Bestandteil im Prozess des Textverstehens ist (Abraham/ Kepser 2009, 44), kann bei der Besprechung von Slam Poetry spannend werden, da der Autor gegebenfalls anwesend ist bzw. durch seine Stimmführung und Körpersprache bereits recht klar eine Deutungshypothese vorgibt, die die Rezipienten als erste Orientierung nutzen können. Mit diesem akustischen und visuellen Rezeptionsangebot (vgl. Baurmann/ Menzel 1990) setzen sich die Zuschauer im literarischen Gespräch auseinander.

Die Phasen eines offenen literarischen Gesprächs, die Spinner (2006, 14) formuliert, eignen sich für die Reflexion über Slam Poetry. Nach einem Poetry Slam könnte sich also zwischen Vertretern der Jury und des Publikums und in Anwesenheit eines Slam-Poeten eine wie folgt ablaufende Diskussion anschließen, die durch den Poetry Slam-Moderator oder einen Schüler oder aber den Lehrer – sofern er die Diskussion offen hält und nicht zielorientiert nachfragt – moderiert wird:

Ablauf eines literarischen Gesprächs nach einem Poetry Slam

- Der Moderator lädt die Teilnehmer zu einem Sitzkreis auf der Bühne (oder im Klassenraum) ein.
- Der Moderator gibt einen ersten Diskussionsimpuls. Das kann z. B. die Punktwertung sein: „Ihr habt besonders hohe/ auffällig wenige/ sehr heterogene Punkte für diesen Text gegeben!" Oder er zitiert den Refrain, eine Schlusspointe oder einen Kerngedanken aus dem ausgewählten Slam-Text und lässt die Teilnehmer eine erste Äußerung abgeben. Es ist hilfreich, falls vorhanden auch den

verschriftlichten Vortragstext an die Diskussionsteilnehmer auszuteilen (oder per Beamer an die Wand zu projizieren), damit genauer über Textinhalte gesprochen werden kann. Wünschenswert wäre, dass in der Diskussion auch die stimmliche und körpersprachliche Umsetzung des Textes thematisiert werden. Das kann z. B. erfolgen, wenn Performance- und Textinhalt schon – wie in machen Poetry Slams üblich – gesonderte Punktwertungen erhalten. Ein anregender Moderatorenimpuls könnte dazu z. B. sein: „Wie hat der Slam-Poet Körper und Stimme eingesetzt? Was hat er zusätzlich zum Textinhalt mitgeteilt?"

- An dem Gespräch können sich alle beteiligen, es ist „auch für Irritation und Nicht-Verstehen offen und [lädt] ausdrücklich [dazu] ein, eigene Erfahrungen auf den Text zu beziehen.

- Abschließend artikuliert der Moderator die wichtigsten „Verstehensaspekte und Gesprächserfahrungen".

(Nach: Spinner 2006, 14)

Zur Anschlusskommunikation können auch schriftliche Anschlussproduktionen, d. h. „Reaktions"-Texte gehören, die Jugendliche, die im Publikum saßen, entweder gezielt nach Schreibaufgabe (vgl. Gölitzer 2008) oder ganz frei(-willig) zu einer erlebten Poetry Slam-Performance verfassen. Auch Assoziationsgespräche zu Filmmitschnitten oder Auftritten (vgl. Matthias 1999) oder rückblickende Einträge in Foren oder Gästebücher von Slam-Veranstaltern, persönliche E-Mails an Slam-Poeten sowie Kommentare zu Slammern im Forum des WDR-Poetry Slams sind anschließende Auseinandersetzungen mit Slam Poetry, die das bloße Hochhalten von Punktetafeln sinnvoll ergänzen.

Mehrsprachigkeit wertschätzen

Die „innere Mehrsprachigkeit" (Abraham 2008, 8), die im Unterricht oft zu kurz kommt, kann im Poetry Slam ein Forum und einen Wert erhalten. Jugendliche lernen Varietäten des Deutschen, z. B. in Mundarten oder Dialekten, kennen, wenn sie z. B. die Mundartenslammerin Mia Pittroff (www.wordup-hd.de/content/e356/e359/e565/index_ger.html) oder die zahlreichen Teilnehmer aus Österreich und der Schweiz mit deren Varietäten des Deutschen beim Slam erleben.

Auch die eigenen Dialekte oder Mundarten können in Slam Poetry eingesetzt werden: So waren Lehrer im Schweizer Kanton Aargau von der Idee angetan, dass ihre Schüler endlich einmal ungezwungen in ihrer Mundart, dem Schweizerdeutsch, kreativ sprechen könnten (vgl. z. B. der Schweizer U20-Poetry Slam-Meister 2006 Laurin Buser unter www.youtube.com/watch?v=1446QhvXUUs). Julian Heun reichert seinen Text mit „Berliner Schnauze" und Kanak Sprak an (vgl. Hama 2007). Wenn Jugendliche Varietäten kennenlernen oder selbst als

Stilmittel oder ganz natürlich anwenden, dann dienen diese Erfahrungen der „Entfaltung des Sprachbewusstseins" (vgl. Linke/ Voigt 1991, 20). Abraham schlägt für die Analyse der Varietäten vor, auf verschiedenen Ebenen anzusetzen und den Sprechstil (Stimme, Laut, Intonation), das Register (Wortschatz und Wortwahl), die Präferenzen für Satzbaumuster sowie die komplexen, d.h. sprachlichen und nichtsprachlichen Handelns- und Verhaltensmuster, zu untersuchen (2008, 27).

Auch das Kennenlernen von Gebärdensprachpoesie ist reizvoll und schult das Nachdenken über Sprache. Das Spiel mit der Gebärde kann auch für Schüler hilfreich sein, die an der Performance ihrer Texte arbeiten. Aufzeichnungen der einzelnen Auftritte der „Poesiedarsteller" sind online zu sehen (www.deafberlin.de). Das Internetportal YouTube wird derzeit leider nur wenig von Gehörlosen aus dem deutschsprachigen Raum für ihre Darstellungen und poetischen Beiträge genutzt, Poesie in ASL (American Sign Language), die Gebärden mit Buchstabierung mischt, liegen jedoch bereits vor (www.youtube.com/watch?v=A0i6QtuNmgM&feature=related). In der Schweiz verweist man zu Recht darauf, dass die Übersetzung in Gebärdensprache „auch altbekannte Texte in einer neuen Facette zeigt." Außerdem beweise der Deaf-Slam, „dass man auch ohne laut ausgesprochene Worte einen ganzen Saal fesseln" könne und ein bemerkenswertes „Wir-Gefühl" zwischen Gehörlosen und Hörenden entstehe (Zitate aus: www.u20slam.ch/index.php?option=com_content&task=view&id=171&Itemid=60).

3.2.3 Zuhören

Der Lernbereich Zuhören „fokussiert die Fähigkeit zur Verarbeitung von vokalen, verbalen und nonverbalen Informationen, wobei diese immer im Kontext der aktuellen Sprachhandlungssituation zu sehen sind" (Belgrad/ Eriksson/ Pabst-Weinschenk/ Vogt 2008, 20f.). Das Zuhören ist eine „Vorläufertätigkeit des Lesens" (ebd.) und die Grundlage für jede weiterführende Kommunikation.

Auch für das literarische Verständnis von mündlich vorgetragener Dichtung ist das Zuhören zentral: Wenn Kinder und Jugendliche mit der Stimmführung und Körpersprache auf der Rezeptions- und Produktionsebene zu arbeiten lernen, kann auch die ästhetische Qualität des mündlichen Sprachgebrauchs ausgeschöpft werden. Außerdem ermöglichen diese Stilmittel, die Performance eines Slam-Textes differenzierter zu beschreiben und fördern das im Deutschunterricht bisher unterrepräsentierte verstehende (Zu-)Hören (vgl. Wermke 1995, 197 und Hagen 2006):

One of the benefits of performance poetry, includig slam, is that it retrains our ears and helps us relearn the fine art of listening. It also encourages the performers to write comprehensible verse and speak their poems clearly. [...] As you attend mor epoetry slams and practice the art of listening, you begin to really hear and understand more of each poet's performance. You might even notice that you hear more of everyone has to say in all areas of your life" (Smith 2004, 22).

Die Auftretenden bei einem Poetry Slam verlassen sich in der Regel darauf, dass ihre Zuschauer bereits kompetente Zuhörer sind. Die mediale Mündlichkeit kann aber dazu führen, dass Texte nur teilweise verstanden oder ganz missverstanden werden. Wissen die Schüler aber im Vorfeld etwas über Merkmale der Slam Poetry, z. B. dass Kernaussagen oft refrainartig wiederholt werden, dann dient dieses Wissen der Hörerführung.

Die Motivation für das Zuhören wird u.a. durch die folgenden Merkmale der Slam Poetry aufgebaut:

- Die Jugendlichen sehen jemanden auf der Bühne oder im Video Clip und sind gespannt, wie er sich persönlich inszeniert.
- Vor- und Kontextwissen kann leicht abgerufen und aktualisiert werden, denn die Slammer sprechen vor allem über Alltagssituationen, die dem Publikum vertraut sind, oder über skurrile Ereignisse, die gerne gehört werden.
- Dadurch, dass ein Verfasser seinen Text selbst vorträgt und entsprechend betont, Aussagen durch Mimik und Gestik hervorhebt und bei Hauptaussagen wiederholende Elemente einsetzt, ist es für den Rezipienten leicht, Schlüsselwörter und Kernaussagen des Textes zu erfassen.
- Die Adressatenorientierung der Slam-Texte erleichtert die Identifikation mit dem Gesagten und fordert oft appellartig zur Handlung auf.
- Slam-Texte können im Medienverbund rezipiert werden. So können Jugendliche mit unterschiedlichen Rezeptionspräferenzen Freude an den Texten entwickeln und unterschiedliche Lese- bzw. Hör- und Seherfahrungen vergleichen.
- Die Performance dient auch als Vorentlastung im Textverstehen: Wie im Theater ist jede Aufführung bereits ein Deutungsangebot. Bei genreunterstützender Performance erkennen die Zuschauer unabhängig vom Inhalt sehr schnell, ob es sich etwa um einen Lesebühnentext oder um Rap-Poesie handelt.

Slam Poetry kommt jugendlichen Rezipienten in den drei für das Lesen – und natürlich auch für das Zuhören – relevanten Wissensarten, nämlich Wortschatz, Weltwissen und Handlungswissen, bei der Rezeption entgegen, da sie an die Lebenswelt anknüpft und die Slam-Autoren das schnelle Textverständnis als wesentliche Voraussetzung für ein eigenes, positives und unmittelbares Feedback intendieren. Verständnisprobleme oder Desinteresse, die meist in mangelndem textrelevanten Wissen begründet sind, werden durch die jugendnahen Texte entschärft.

Stattdessen könnte das „Gegen den Strich"-Rezipieren (Groeben 2002, 170) erfolgen: Schüler beziehen aus literarischen Unterhaltungsprodukten – wie der Slam Poetry – Informationswerte. Dies ist umso wahrscheinlicher und nachhaltiger, da die Rezeption von Slam Poetry mit Genussorientierung verbunden ist (vgl. ebd., 170) und die Schüler daher oft freiwillig ein besseres Textverständnis anstreben. Dies ist der Fall, wenn zum Beispiel Fremdwörter oder Anglizismen in Slam Poetry auftauchen und die Jugendlichen einzelne Begrifflichkeiten oder Zusammenhänge recherchieren oder nachfragen.

Jugendliche können so eine Lesehaltung aufbauen, die auf Genuss und inneren Nachvollzug zielt. Slam Poetry kann folglich als literarische Kommunikationsform eine Brücke zum Erwerb der Lesekompetenz darstellen und als Hör- und Sehtext möglicherweise einen positiven Einfluss auf die Lesekompetenz haben.

Aber nicht nur das Publikum hört dem Slam-Poeten zu – auch der Slam-Poet muss für einen gelungenen Auftritt sehr gut zuhören: Er verfolgt aufmerksam die Angaben, die der Moderator macht und erfasst dadurch die Regeln der Veranstaltung und die Reihenfolge der Auftretenden. Ist er ein schlechter Zuhörer, verpatzt er möglicherweise seinen eigenen Auftritt. Er hört den Poeten zu, die vor ihm auf der Bühne performen und schätzt an den Publikumsreaktionen ein, welche Textarten, Themen, Performances und Stimmungen besonders gut ankommen. Hat er genügend Texte in petto, dann wählt er einen Text aus, der sich von den Vorgängern abhebt oder die herrschende Stimmung unterstützt. Genaues Zuhören zwischen den Poeten untereinander stärkt darüber hinaus die literarische Community: Slammer besprechen die Wirkung von Performances bei unterschiedlichem Publikum und verwenden Textstellen anderer in eigenen Texten.

Im Poetry Slam ist die Jury auf ein Ad-hoc-Hörverstehen ausgerichtet. Durch die Jury und den Wettbewerbscharakter des Poetry Slams entsteht echtes Zuhörinteresse, das wiederum die Vortragenden motiviert. Da mündliche Kommunikation generell nicht richtig oder falsch, sondern nur angemessen sein kann (Belgrad et al. 2007, 31), schlagen Belgrad et al. vor, alle an einer mündlichen Präsentation[35] Beteiligten bei der Beurteilung zu integrieren. Sie argumentieren dafür, das Ad-hoc-Hörverstehen als Grundlage für die Beurteilung zu nehmen (ebd. 31f.):

---

[35] Belgrad et al. geben differenzierte „Teilkompetenzen bei einer Posterpräsentation" an, die auf Teilkompetenzen eines Slam-Vortrags übertragbar sind (vgl. 2007, 28f.). Auch hier handelt es sich um einen freien Vortrag bzw. dieser wird nach einem Stichwortzettel gehalten. Die Sprechdenkfähigkeiten der Schüler stehen im Vordergrund. Die von Belgrad et al. aufgelisteten Schritte können als Anleitung für die Vorbereitung eines Auftritts bei einem Poetry Slam dienen. Nur der Schritt „Medien-Planung" entfällt. Auch das „Ablauf-Schema: konstruktives Kritik-Gespräch" (ebd. 30) ist für Rückmeldungen durch die Jury bei einem Poetry Slam hilfreich.

Wenn mündliche Verständigung das Ziel ist und wir medial vermittelte Formen als Sonderfälle betrachten, geht es um das Ad-hoc-Hörverstehen in der Situation. Es ist wirklichkeitsrelevant, denn außerhalb von Schule besteht nur in den seltensten Fällen die Möglichkeit, sich länger und analysierend mit einer Präsentation zu beschäftigen. Was zählt, ist der unmittelbare Eindruck nach einer Präsentation [...]. Nachträgliche Analysen von Video-Dokumenten oder Transkripten haben didaktischen Wert, um mögliche Verbesserungen herauszufinden, sie sollten aber nicht in die Bewertung einfließen (Belgrad ert al. 2007, 32).

Wenn Schüler bei einem Poetry Slam zuhören und ad-hoc zu einem Urteil kommen sollen, dann aktivieren sie unterschiedliche Stufen des Hörverstehens (nach Pabst-Weinschenk 2007): Sie entnehmen den akustischen Informationen der Slam Poetry erwartete Informationen (globales Hörverstehen), konzentrieren sich möglicherweise auch auf ganz bestimmte Informationen (selektives Hörverstehen) und reflektieren die gehörten Informationen entsprechend vorhandener kognitiver Schemata (reflektierendes Hörverstehen), z. B. wenn sie die bisherige Punktverteilung als Orientierung nehmen und beim Hören überlegen, ob der Text ihnen subjektiv besser oder schlechter gefällt ist als dessen Vorgänger-Text, oder im Slam-Text geäußerte Ansichten mit ihrer eigenen Wahrnehmung vergleichen.

Schüler könnten dabei Teilkompetenzen des literarischen Hörverstehens erwerben, wie z. B. sprachliche Einheiten und Geräuschmuster erkennen und differenzieren, Stimmen unterscheiden und Aussageabsichten an der Stimmführung erkennen. Bei der Rezeption und Verarbeitung imaginieren sie die durch die geschilderte Situation erzeugten inneren Bilder, nehmen akustische Gestaltungsmittel und deren Wirkung wahr, ziehen den Ausdruck des Sprechers zur Interpretation heran und artikulieren ihre Hörerfahrungen. Auch eigene produktive Kompetenzen werden gefordert, wenn Schüler selbst mit der Stimme spielen, die eigenen Interpretationen mittels des Sprechausdrucks Gestalt annehmen und die Schüler aus ihren unterschiedlichen Sprechfassungen die von ihnen favorisierte für einen Auftritt auswählen.

Die Sprachtätigkeiten des Vorlesens und Vortragens schaffen zusammen mit dem Zuhören „literarische Geselligkeit" (vgl. Mattenklott 1979) und bedeuten, dass Menschen Zuwendung geben und erfahren. Der folgende Slam-Text, der im Stil von Peter Lustig aus der „Sendung mit der Maus" vorgetragen wird, bringt diese Funktion auf den Punkt:

Ein Poetry Slammer, dass ist ein Erwachsener, der anderen Erwachsenen selbstgeschriebene Geschichten vorliest. Erwachsene können nicht mehr so gut malen wie Kinder, und deshalb schreiben sie Geschichten. Der Paul zieht sich dann immer saubere Sachen an und verschwindet vorher ganz lange im Bad. Dann nimmt er ein paar Zettel, die er ganz oft zusammengefaltet hat oder seine große grüne Mappe, die er schon ganz lange hat und geht aus dem Haus. Er geht an einen

Ort, wo ganz viele andere Erwachsene Geld dafür bezahlen, dass man ihnen etwas vorliest. Jetzt fragt ihr euch sicher, warum die nicht einfach ihre Mutti fragen, ob die ihnen etwas vorliest. Das würde kein Geld kosten und man könnte es sich zuhause so richtig gemütlich machen. Das haben wir uns auch gefragt. Der Friedrich Streich hat gesagt, die trauen sich vielleicht nicht, ihre Muttis zu fragen oder vielleicht sind ihre Muttis in den Ferien (Paul Hofmann: Sendung mit der Maus. In: Anders 2008, 56–59, 56).

Wer an einem Poetry Slam als Zuschauer und Zuhörer teilnimmt, der erlebt einen wichtigen Teil der literarischen Sozialisation, der durch das Vorlesen geschaffen wird (vgl. dazu auch Wieler 1997):

Vorlesen stiftet Gemeinschaft und ist eine Ur-Form der Erziehung. Die Lese-Sozialisations-Forschung spricht nicht umsonst von Mutter-Kind-Dyade: In jeder Vorlesesituation wiederholt sich die Urszene der Einweihung eines Kindes in das Geheimnis der Schriftlichkeit und das Urerlebnis der mütterlichen (die auch vom Vater oder Großvater kommen kann) Zuwendung, die im Auswählen der Geschichte, im Schenken von Zeit und im Gespräch über das Gehörte liegt (Abraham 2008, 165).

Wenn diese Sozialisation nicht zu Hause geleistet wurde, dann wird das Vorlesen in der Schule umso bedeutender und kann – gerade für Hauptschüler – in Form des Poetry Slams auch leicht verständlich und kurzweilig erfolgen. Noch wirksamer für die Lesesozialisation als das monologische Vorlesen ist ein möglichst dialogisches Erfassen von Inhalten. Beim Poetry Slam sind die interaktiven Performances möglich, die die Zuhörer mit Zurufen, Ergänzen, Choranteilen etc. in den Text integrieren und den gemeinschaftsstiftenden Faktor, den der Poetry Slam als Event a priori hat, noch stärker nutzen.

3.2.4 Umgang mit AV-Medien

Slam Poetry baut eine Brücke zwischen schriftlich fixierter Literatur und digitalen Medien, da die Texte audiovisuell rezipiert werden. Die Unterscheidung von medialer Mündlichkeit und konzeptioneller Schriftlichkeit, die sich in dem Modell von Ossner (vgl. Kap. Curriculare Anbindung) bereits zeigt, ist sinnvoll, da die mediale Mündlichkeit auch audiovisuelle Medien meinen kann. Der Lernbereich Lesen – Umgang mit Texten und Medien müsste jedoch noch deutlicher differenziert werden: Indem der Umgang mit Medien unter den Lernbereich Lesen subsumiert wird, entsteht der Eindruck, als handle es sich nur um die Rezeption von Medien. Der Umgang mit Medien schließt jedoch selbstverständlich das Produzieren von Medien ein, genauso wie auch nicht nur das Lesen, sondern auch das Selberschreiben von Texten im Bildungsplan vorgesehen ist.

Der Begriff der Medienkompetenz wurde 1973 von Dieter Baacke aus der „kommunikativen Kompetenz" (Habermas 1971) abgeleitet. Sie ist für die

Deutschdidaktik zur „Zieldimension" (Josting 2004, 74) geworden – obwohl der Medienaspekt in den Bildungsstandards lediglich am Rande betrachtet und der Stand der Forschung nicht hinreichend berücksichtigt wird (vgl. Frederking et al. 2008, 92). Frederking et al. erweitern den gängigen Kompetenzbegriff (vgl. Baumert et. al, 2001, 12 und Klieme-Expertise 2003, 13) daher als

kognitive Fähigkeit und Fertigkeit zum fachspezifischen Umgang mit Medien und zur Lösung aller damit verbundenen theoretischen und praktischen Problemstellungen sowie motivationale, volitionale und soziale Bereitschaft und Fähigkeit, diese auf medienspezifische Fragen bezogenen Problemlösungen zielführend im Umgang mit Sprache und Literatur und ihren medialen Grundlagen zu verwirklichen (2008, 89).

Diese Definition berücksichtigt die neuere, medientheoretisch orientierte Literaturgeschichtsschreibung, die die Koppelung von Literatur an das Trägermedium Buch verwirft (vgl. Staiger 2007, 114). Frederking et al. versäumen jedoch, einen neuen Teillernbereich zu formulieren, der den praktischen Umgang mit Medien intendiert. Dabei wären zwei unterschiedliche Lernbereiche dem modernen Deutschunterricht durchaus angemessen: „Lesen – Umgang mit schriftlichen Medien" und „Lesen – Umgang mit audiovisuellen Medien". Darunter fällt dann auch der völlig vernachlässigte Teilbereich des Sehens und Beobachtens, denn dieser ist für die Beschreibung und Beurteilung nicht nur von Film, sondern auch von (live oder filmisch dargebotenen) Performances natürlich wichtig.

Frederking et al. schlagen zwei Medienkompetenzmodelle zur Beschreibung der Teilkompetenzen im Bereich AV-Medien vor: das vierteilige Modell von Baake (1973) und das siebenteilige Modell von Groeben (2002). Da Groebens Modell neuer und diffferenzierter ist und als einer der FuF auch die Genussfähigkeit vorsieht – obwohl er selbst diese Kategorie inhaltlich leider nicht füllt – wird Groebens Modell als Orientierung verwendet. In der folgenden Tabelle sind konkrete Vorschläge für den Deutschunterricht und den Workshop – nach den von Groeben unterschiedenen Teilaspekten der Medienkompetenz – aufgelistet. Diese sind direkt aus den Ergebnissen der Kapitel 1 und 2 dieses Buches abgeleitet. Im Weiteren wird auf einzelne Aspekte genauer eingegangen.

Vorschläge zur Umsetzung der Teilaspekte der Medienkompetenz im Deutschunterricht und im Workshop

Medienwissen/Medialitäts-Bewusstsein	Medienspezifische Rezeptionsmuster	Genussfähigkeit	Medienbezogene Kritikfähigkeit
a) Texte zur Literaturgeschichte, Verbindung zu Poetry Slam herstellen (Antike, Mittelalter), auch als Dead-or-Alive-Slam,	a) Kriterien und Übungen für das Zuhören bei der Veranstaltung/ bei Texterprobungen/ bei Hörmedien entwickeln,	a) Den Besuch eines Poetry Slams vor- und nachbereiten,	a) Kriterien für die Jurybeurteilung finden,
b) Textanalysen mit Bezug zur Minnelyrik,	b) Kriterien für die Jurybeurteilung finden,	b) ein Portfolio o. ä. für Lieblingstexte anlegen,	b) Überarbeitung von eigenen Texten vornehmen (unstimmige Bricolagen, Kohärenzfehler, unbestimmte Adressatenorientierung),
c) Regeln und Inhalte der Slam Poetry, auch Verzahnung mit der Gebärdensprachpoesie herstellen,	c) Zusammenspiel von Inhalt und Performance (Gestik, Mimik) untersuchen,	c) Teilnahme an einem der Meisterschaftsfestivals (vorbereiten).	c) Textaussagen mit eigenen Positionen vergleichen,
d) popliterarische Verfahren untersuchen,	d) Merkmale der Slam Poetry z.B. an den U20-Siegertexten analysieren,		d) Regelverstöße erkennen und begründen,
e) Kommunikationsstrukturen der Veranstaltung Poetry Slam visualisieren.	e) Textimpulse zum Recherchieren von Informationswerten nutzen (= gegen-den-Strich-lesen).		e) Rolle des Poetry Slam im Literaturmarkt beurteilen.

Vorschläge zur Umsetzung der Teilaspekte der Medienkompetenz im Deutschunterricht und im Workshop

Selektion/Kombinierte Mediennutzung	*Produktive Partizipationsmuster*	*Anschlusskommunikation*
a) Anleitung zur Rezeption und Reflexion von Slam Poetry in verschiedenen Medien,	a) Auftrittsmöglichkeiten und Organisationsstrukturen der U20-Poetry Slams erkunden,	a) Diskussion über schriftlich vorliegende Slam-Texte führen,
b) Vor- und Nachteile einzelner medialer Adaptionen erkunden,	b) einen eigenen Poetry Slam organisieren,	b) Unbestimmtheitsstellen im (Schreib-)Gespräch füllen,
c) Poetry Clips oder Slam-Dokus drehen.	c) eigene Medienprodukte herstellen und beim Verfassen von Slam Poetry z.B.	c) Feedbackkultur in Überarbeitungsphasen einrichten,
d) Rolle der Performance diskutieren	- formale Elemente von Mustertexten zur Orientierung nachahmen, - rhetorisches Schreiben üben, - popliterarische Verfahren parodieren, - kulturelles Vorwissen in Texten verarbeiten, - Informationen zur Texthintergrundlogik recherchieren,	d) echte Dialoge zu aufgeführten Texten anregen.

3.2.4.1 Medienwissen und Medialitätsbewusstsein

Medienwissen und Medialitätsbewusstsein sind zwei Teilkompetenzen aus dem Medienkompetenzmodell von Groeben (2002), die für den Umgang mit AV-Medien sicherlich wichtig sind, jedoch zunächst problematisiert werden müssen:

Groeben stellt die Dimension des Medienwissens bzw. des Medialitätsbewusstseins als „Einsatzpunkt" seines Medienkompetenzmodells vor, da dieser Baustein die „Voraussetzung für Verarbeitung(smuster)" sei (Groeben 2002, 166). Die Mediennutzer sollten grundsätzlich begreifen, dass sie sich „nicht in ihrer alltäglichen Lebensrealität, sondern eben in einer medialen Konstruktion bewegen" (ebd., 166).

Beide Welten – also Wirklichkeit und virtuell konstruierte Welt – gehen jedoch immer wieder ineinander über. Die Medienpraxis von Jugendlichen vollzieht sich „nicht als passiver Konsum, sondern – individualisiert und differenziert – als aktive, variable und konstruktive Nutzung", wobei ihre Funktionen „[...] von situativer Bewältigung von Alltag bis hin zur strukturellen Gestaltung der eigenen Identität und Lebensgeschichte [reichen]" (Frederking et al. 2008, 67). Dieter Kerlen spricht von einer heute im doppelten Sinn integrierten Medienwelt, nämlich „der Medien untereinander und der Jugendlichen mittendrin" (2005, 33).

Daher ist die Medienpraxis vom Leben und von der Realität nicht trennbar, sondern weitgehend damit identisch" (Frederking et al. 2008, 67). Weiterhin formulieren Frederking et al. treffend: Die Medien ähneln „Brillen, deren Existenz wir selten bemerken, obwohl wir sie schon lange tragen" (ebd., 16). Eine Mediendidaktik müsse diesen Brillen „wahrnehmbare Konturen" geben; die Brillen selbst sollten ins Augenmerk der kritisch-analytisch Betrachtung rücken (ebd., 18). Diese Sichtbarmachung impliziert die Annahme, dass Medien eine entscheidende Rolle bei der Wirklichkeitskonstruktion einnehmen: „Ohne Vermittlung von Medien würden wir vieles, was [...] Auswirkungen auf unser Leben und unseren Alltag hat, nicht wahrnehmen" (Wagner 2004, 108f.)

Wenn – wie bei Groeben – Medienwissen und Medialitätsbewusstsein hierarchisch über anderen Kompetenzen stehen, dann legt dies einen deduktiv ausgerichteten Unterricht nahe: Erst wenn die Schüler theoretisches Wissen erlangt haben, entwickeln sie medienspezifische Rezeptions- und Partizipationsmuster. Wie in der empirischen Untersuchung des Handlungsfeldes deutlich wurde, gehen die meisten Workshopleiter ebenso deduktiv vor. Ein induktives Vorgehen, bei dem die Schüler zum Beispiel durch Rezeption und Partizipation eines Poetry Slams Wissen und Bewusstsein gegenüber diesem Medium erlangen, bietet sich jedoch ebenso – und vielleicht sogar bevorzugt – an.

Exemplarisch lässt sich Medienwissen und Medialitätsbewusstsein an der Veranstaltung Poetry Slam gut vermitteln:

Zum Medienwissen gehört zunächst, dass die Schüler das Format eines Poetry Slam kennen lernen. Durch die Beschäftigung mit den Regeln, der Geschichte und Tradition des Poetry Slam erkennen sie darüber hinaus Grundlagen der Medientypologie: Sie sehen, dass Poetry Slam in erster Linie als Live-Veranstaltung, also als primäres Medium, gedacht ist, es jedoch unterschiedliche Verdauerungsformen wie Hörbuch und Clip gibt, das Medium also in sekundäre und tertiäre Medien überführbar ist. Hier können Diskussionen angeschlossen werden, inwiefern etwa bei dem Übergang vom Live-Auftritt zum Clip die „an das Jetzt gebundene Aura" des Poeten verloren geht (vgl. Benjamin 1936/ 1970, 27). Zu einem systematischen Medienwissen gehören zum Beispiel auch Kenntnisse über das orale Paradigma:

Eine Behandlung mediengeschichtlicher Zusammenhänge im Deutschunterricht hat Schülern diese Besonderheiten des Stadiums primärer Mündlichkeit transparent zu machen, um damit ein Bewusstsein für die Spezifika technisch generierter Oralität zu fördern, die mittlerweile zu den dominierenden Formen der Mediennutzung heutiger Kinder und Jugendlicher gehört (Frederking et al. 2008, 29).

Mit Slam Poetry, das ja teilweise Merkmale dieses Paradigma teilt, kann in diesen Teil der Mediengeschichte jugendnah und aktuell eingeführt werden. Am Beispiel des Poetry Slam kann sehr gut gezeigt werden, dass „alle menschliche Kommunikation [...] in der primären Gruppe [beginnt], in der sich die Einzelnen von Angesicht zu Angesicht leiblich unmittelbar befinden, und alle Kommunikation [...] dorthin zurück[kehrt]" (Pross 1972, 128).

Um Schülern Orientierung bei der Mediennutzung zu gewähren, sollten die unterschiedlichen Funktionen der Medien für den Poetry Slam erarbeitet werden: So dienen Internetforen dem Austausch von Terminen und Einladungen, sie sind also eher für aktive Mitglieder der Szene relevant. Web-Seiten wiederum eignen sich zum Verschaffen eines Überblicks zum Beispiel über Geschichte und Traditionen des Poetry Slams oder einzelner Poeten und geben Auskunft über Termine. Das Live-Format ist wichtig zum Kennenlernen neuer Poeten, zum aktiven Teilnehmen als Jurymitglied, zur Rezeption der Stimmführung und Körpersprache ausgerichteten Performance und für die Anschlusskommunikation, während das Buch die genauere Auseinandersetzung mit den schriftsprachlichen Texten und deren Interpretation ermöglicht. Filme sind mögliche Verdauerungsformen bzw. Dokumentationen von Auftritten, verfremden oder inszenieren Slam-Texte in Clipformaten oder ersetzen sogar einen Bühnenauftritt.

Die Auseinandersetzung mit Poetry Slam bietet sich auch besonders gut dafür an, die drei Ebenen des Medialitätsbewusstseins zu fördern.

Die erste Ebene, die Unterscheidung zwischen Medialität und Realität, betrifft vor allem die Veranstaltung Poetry Slam und ihre Verdauerungsformen:

Rezipieren die Schüler Auftritte von Slam-Poeten in einem regelgeleiteten Poetry Slam, dann wirken die Auftritte der einzelnen Künstler zwar durch Anmoderationen, durch Alltagskleidung und durch die meist gemütlichen Räumlichkeiten sehr lebensnah, fast spontan oder improvisiert – jedoch handelt es sich um Aufführungen geplanter Texte innerhalb einer öffentlichen Veranstaltung.

Die Schüler müssen also zwischen Textpräsentationen des Vortragenden im privaten Rahmen, d.h. den Übungssituationen, und dem öffentlichen Slam-Auftritt, der möglicherweise auch von Presse begleitet wird, unterscheiden. Zwar sind alle Personen, die an dem Live-Event teilnehmen, menschliche Wesen und keine Animationen oder Telepresences, doch verändert sich die Kommunikationssituation zwischen Vortragendem und Zuhörer, sobald die öffentliche Bühne betreten ist. Der Slam-Poet ist derjenige, der seine Textinhalte zum öffentlichen Diskurs zur Verfügung stellt und sich als reale Person öffentlich, das heißt innerhalb des Mediums Poetry Slam, zur Schau stellt. Er nimmt eine Rolle innerhalb dieser Veranstaltung an, nämlich die des vortragenden, im Wettbewerb stehenden Poeten. Auch die Zuschauer verändern ihre Rollen – sie sind nicht mehr nur Freunde oder Bekannte oder Unbekannte, sondern übernehmen – idealerweise unbeeinflusst von freundschaftlichen Beziehungen – die Aufgaben der Jury.

Die Unterscheidung von Medialität und Realität betrifft außerdem das Verhältnis des Live-Formates zu seinen Verdauerungsformen: Der Live-Auftritt unterscheidet sich von einer Videodokumentation und diese sich wiederum von einem Poetry Clip. Alle drei Aufführungsrepräsentationen sind von Hör- und Printversionen der Texte zu differenzieren. Die Schüler sollten also zunächst Medialitätsbewusstsein gegenüber diesen unterschiedlichen Präsentationsformen von Slam Poetry aufbauen, bevor sie selbst aktiv im Medienverbund zu arbeiten beginnen.

Die zweite Ebene, die Unterscheidung zwischen Realität und Fiktionalität und deren Mischformen, betrifft primär die Ebene der Texte, das heißt den Umgang mit der Slam Poetry:

Diese Texte sind Medien, deren Inhalte eine möglichst adäquate Realitätsdarstellung als auch fiktionale Welten darstellen. Da Slam Poetry als mündliche Dichtung in besonderem Maße eine Nähe zum menschlichen Leben suggeriert, mischen sich Fiktion und Lebensrealität, Selbsterlebtes und Erfundenes. Dies macht einerseits den Reiz aus und motiviert die Auseinandersetzung mit diesen Texten. Denn Slam-Texte intendieren die Auseinandersetzung mit Fiktionalitätsmerkmalen: Sie schweifen von Wirklichkeitsnähe zur Wirklichkeitsferne, die Sprache ist überstrukturiert und zugleich alltagsnah. Die graduellen Fiktionsmerkmale können innerhalb der Textbreite im Handlungsfeld Poetry analysiert und produziert werden. Andererseits sollte deutlich werden, dass Textinhalte fiktionalisierte, gestaltete und veränderte Wahrnehmungen sind, die sich durch das Aufschreiben und das Vortragen von der Lebensrealität, dem tatsächlich Erlebten, entfernen.

Die Unterscheidung zwischen Parasozialität und Orthosozialität bezieht sich vor allem auf die Person des Vortragenden, also den Slam-Poeten. Dieser inszeniert sich als Sprecher, das Publikum muss folglich zwischen der authentischen Person, die auf der Bühne steht und einen selbst verfassten Text spricht, und der Sprecherrolle innerhalb des Textes differenzieren. Die meisten Slam-Texte sind in der Ich-Perspektive verfasst und wirken sehr lebensecht – das verführt dazu, Erzähler-Ich und Autor als eine Person zu betrachten und „die schauspielerische Rolle für einen Persönlichkeitsausdruck zu halten" (Groeben 2002, 166). Die Bühnensituation und die Anmoderation, die begleitenden Schlachtrufe bzw. der durch den Moderator initiierte Jubel, der viele Applaus und der Bekanntheitsgrad eines Poeten in der Szene verleihen dem Auftretenden eine Art Popstar-Image. Dies verführt besonders Zuschauerinnen dazu, in die Rolle des Groupies zu fallen.

Schwieriger als das Medialitätsbewusstsein sind nach Groeben das Medienwissen und die Anspruchsgrenze für Medienwissen zu ermitteln (ebd., 167): Was und wie viel sollen Schüler etwa über das Veranstaltungsmanagement, über Marketingstrategien oder über Pressearbeit wissen? Groeben ist dabei das Problembewusstsein der Schüler wichtiger als das tatsächliche Faktenwissen. Bereiten Schüler jedoch einen eigenen Poetry Slam in ihrer Schule vor, dann sind die Kenntnisse und Kompetenzen sicher wichtig, um eine erfolgreiche Veranstaltung zu organisieren.

Wenn Jugendliche einen eigenen Poetry Slam organisieren, dann spielen vor allem wirtschaftliche und rechtliche Rahmenbedingungen eine Rolle:

So muss im Vorfeld geklärt werden, welche Kosten anfallen. Bei einem Poetry Slam handelt es sich üblicherweise um Fahrtkosten und ein Honorar für eingeladene Slam-Poeten im Vorprogramm, um Fahrtkosten für auftretende Slam-Poeten, um Werbungskosten für Flyer und Plakate und deren Druck, um Miete für technisches Equipment wie Mikrofon und Aktivlautsprecher (falls nicht im Fachbereich Musik/ Darstellendes Spiel vorhanden) sowie um einen, wenn auch symbolischen Preis.

Durch Kooperationen mit lokalen Firmen, Elternvereinen oder Sponsoren können diese Kosten meist unkompliziert abgegolten werden. Auch ein Kuchenbazar oder ähnliche Initiativen ermöglichen die Vorfinanzierung von Werbemitteln. Die rechtlichen Rahmenbedingungen betreffen zum Beispiel die Einhaltung von Ruhezeiten, wenn der Poetry Slam Open Air oder abends stattfindet, den korrekten Umgang mit finanziellen Einnahmen durch Eintrittsgelder und Ausgaben (Rechnungsstellung von auftretenden Poeten), die juristisch abgesicherte Verwendung von Musikeinspielungen und visuellen Einspielungen per Beamer (Gema, Urheberrecht).

Auch die politischen Rahmenbedingungen sind relevant: Problematisch wird es, wenn auf der offenen Poetry Slam-Bühne extremes Gedankengut geäußert wird, die Veranstaltung also durch rechte oder linke Gruppierungen als Forum missbraucht wird. Dies ist in der bisherigen Geschichte des Poetry Slam jedoch noch nicht vorgekommen:

In der Tat habe ich schon mal mitgekriegt, dass einige Menschen im Publikum den Slammern rechte Ideologie unterstellt haben. Das ging dann so: Auf einem Poetry Slam in Freiburg im Jahr 2003 trat ein junger Unbekannter, an dessen Name ich mich nicht erinnere, da er auch nie wieder beim Slam auftauchte. Er hatte sich eine Satire über den zweiten Weltkrieg ausgedacht, bei dem er den Krieg wie ein Fußballspiel kommentierte – als Spiel der deutschen Auswahl gegen die Alliierten. Es fielen Sätze wie: ‚In den ersten Minuten steht die französische Abwehr ganz schlecht. Besonders der Abwehrspieler Vichy spielt einige Fehlpässe.' Für mich (damals noch nicht Moderator, sondern Teilnehmer des Slams) war das klar als Satire zu erkennen. Aber aus dem Publikum kamen Rufe wie ‚Darüber macht man keine Witze!'

Direkt im Anschluss setzte dann ein anderer Slammer dem Ganze noch einen drauf, indem er einen Text über einen Kinobesuch vortrug. Darin berichtete er, wie er sich ‚Schindlers Liste' angeguckt hat und sich dabei von Popcornessenden Nebensitzern so lange genervt fühlte, bis er schließlich das Kino verließ, durch die Straßen lief und ‚Sieg Heil!' rief. Auch das war als Satire gemeint, richtete sich aber grade in diesem Moment besonders gegen die Intoleranz und Humorlosigkeit des Publikums. Was man viel mehr als rechte Ideologie findet, sind frauenfeindliche Texte, oder Texte, denen Frauenfeindlichkeit unterstellt wird (Slam-Poet Sebastian23, E-Mail an Anders, 2009).

Das Wissen um spezifische Arbeits- und Operationsweisen (vgl. Groeben 2002, 167) im Bereich Poetry Slam wird am einfachsten in Kooperation mit lokalen Poetry Slam-Veranstaltern erworben bzw. ausgetauscht. Dazu gibt es bereits konkrete Unterrichtskonzeptionen (vgl. Högsdal/ Lenort, 2008).

Wichtig für den schulischen Zusammenhang ist auch das Erweitern des Problembewusstseins, wenn Schüler Einzelentscheidungen in ihrem eigenen Projekt diskutieren – zum Beispiel Abstimmungsmodalitäten der Jury, eventuelle Motti des Slams, geschlossene oder offene Slammer-Liste, Verwendung bzw. Umgestaltung vom schuleigenen Räumlichkeiten für die Veranstaltung sowie Umgang mit Sponsoring und der damit zusammenhängenden Werbung an der Schule.

Die Schüler sollten auch lernen, die gefundenen Medienangebote so aufzubereiten, dass diese für eine genauere Analyse nutzbar werden. Nach

Groeben gehören diese Fertigkeiten unter den Aspekt der „Maximierung positiver Effekte" (Groeben 2002, 169).

Das kann die Anfertigung von Screenshots aus filmischen Mitschnitten, die Speicherung von Online-Beiträgen in digitalen Ordnern bzw. von usergesteuerten YouTube-Beiträgen und das Einrichten von Zugangsdaten für das Kommunikationsportal MySpace sein. Die positiven Effekte bei der medienspezifischen Rezeption werden ebenfalls erhöht, wenn die Jugendlichen durch die Internetrecherche, durch den Besuch eines Poetry Slams oder durch das Lesen oder Hören vieler Slam-Texte eine Vielfalt an Slam Poetry kennen lernen und daraus Anregungen für das eigene Schreiben und eine Orientierung für den eigenen Stil erhalten. Verfügen die Schüler bereits – durch zuvor erarbeitetes Medienwissen – über Genrekenntnisse (vgl. ebd., 169), dann können sie diese als besondere Erwartungen an den rezipierten Slam-Beitrag stellen und dadurch ihr kognitives Verarbeitungsschema intensivieren und erneuern.

Die Teildimension Kritikfähigkeit dient dazu, durch Analyse- und Bewertungsfähigkeiten kognitiv eine „eigenständige, möglichst rational begründete Position" zu erhalten und aufrechtzuerhalten (ebd., 172). Beeinflusst wird die Kritikfähigkeit durch das Medienwissen: Wenn Schüler zum Beispiel die Regeln des Poetry Slams kennen, dann können sie eindeutig bestimmen, welche Beiträge bei einem Poetry Slam noch toleriert werden können – zum Beispiel das auf selbstproduzierten Körpergeräuschen beruhende Beatboxen – und welche zu disqualifizieren sind – zum Beispiel rezitierte Songs. Slam Poetry sensibilisiert aufgrund der Genrevielfalt und der Verschmelzung von lyrischen, epischen und dramatischen Elementen auch für die Auseinandersetzung mit Gattungsfragen.

Da ein Poet bei einem Poetry Slam die Zuschauer mit seiner Performance mitzureißen versucht, könnten die Jugendlichen auch Kriterien entwickeln, um sich nicht von der Aufführung überwältigen zu lassen. Dies ist besonders dann relevant, wenn Schüler die Rolle der Jury übernehmen. Andererseits ist es gerade die Begeisterung, die das Format einmalig macht. Kritisch können die Schüler jedoch sicher auf inhaltlicher Ebene gegenüber den bei einem Slam-Auftritt geäußerten Positionen werden, auch wenn diese „nur undeutlich formuliert sind oder eventuell sogar beabsichtigterweise implizit oder verschleiert bleiben" (ebd., 173). Grundlegend für die Kritikfähigkeit ist sicher die Frage, ob die Textaussagen den eigenen Werten, Einstellungen und Kenntnissen entsprechen oder widersprechen und ob die eigene Position angesichts des rezipierten Textes revidiert werden sollte.

Die Fähigkeit zur kritischen Lektüre, d. h. die Wertungskompetenz (vgl. Abraham/ Kepser 2009, 73), ist nicht nur aus der Rolle der Jury heraus gefordert, sondern auch dann gefragt, wenn die Schüler die Qualität der Slam Poetry allgemein im Vergleich mit anderen Darbietungen oraler Dichtung oder im Vergleich mit medial schriftlichen Texten einschätzen sollen.

Beispielsweise führt die Frage, ob Slam Poetry in den Deutschunterricht gehört, zu spannenden Diskussionen mit den Schülern. Bei der Befragung der Jugendlichen in der empirischen Studie sieht man, dass die Meinungen dazu durchaus auseinandergehen. Denn der Poetry Slam eröffnet einen Teil der Gegenwartsliteratur, der noch wenig erforscht ist und der stets neu ausgehandelt wird. Lehrer wie Schüler können gleichermaßen neue Talente oder besonders schlechte Performer „entdecken", ohne dass ihnen ein literarischer Kanon präsentiert würde, an den sie sich halten müssten.

3.2.4.2 Medienbezogene Partizipationsmuster

Für die Förderung von medienbezogener Produktionskompetenz bietet der Umgang mit den Kurzformaten Poetry Clip und gefilmtem Live-Mitschnitt vielfältige Möglichkeiten.

Eine Alternative zu dem Live-Auftritt bei einem Poetry Slam ist die Arbeit mit gefilmten Textinszenierungen. Diese sind gut geeignet, um die Vorstellungsbildung der Schüler anzuregen und diese filmisch für andere transparent zu machen. Die Vorläufer aus den 1980er Jahren sind die Poesie Videos von Blumensath und Conradt (Blumensath 1990). Auch die aktuellere Gedichteverfilmung POEM (Schmerberg, Deutschland, USA 2003) kann Jugendliche für das Drehen eigener Texte motivieren. Ein Format, das nicht nur Lyrik, sondern auch kurze Erzählungen oder andere Formen der Slam Poetry filmisch umsetzbar macht, sind die Poetry Clips (vgl. Hogekamp/ Böttcher 2004).

Poetry Clips produzieren

Die Umsetzung von Slam Poetry in Poetry Clips könnte einen ersten Schritt bei der filmischen Arbeit zu Texten darstellen, denn die Produktion von Poetry Clips ist technisch und ästhetisch einfach. Der Verfasser des Textes spricht diesen in die Kamera und wählt eine geeignete Kulisse aus.

Jugendliche fühlen sich vermutlich auch durch ihre Rezeptionsgewohnheiten für die Arbeit mit Poetry Clips motiviert, denn diese erinnern an Musikvideoclips (vgl. auch Abraham/ Kepser 2009, 154):

Der Poetry Clip ist grundsätzlich ein Hybrid-Medium zwischen Live-Performance, Schauspiel, Verfilmung und Musikvideo (vgl. Anders/ Abraham 2008, 9). Ebenso wie bei Musikvideoclips können auch bei diesen Slam Poetry-Verfilmungen narrative Videos, wie etwa Sebastian Krämer

„Bonn – eine Vermutung" und performative Clips, wie Timo Brunke „Ich hätte einen Vogel" unterschieden werden.

Zu den Gestaltungsmerkmalen des Musikvideos wie auch des Poetry Clips gehören die direkte Adressierung des Zuschauers und die Synchronisation von Musik und Filmschnitt (vgl. Weiß 2007, 22). Bildintern werden zum Beispiel alltägliche Bewegungsabläufe auf Tempo, Takt und Rhythmus des Musik- (bzw. Sprech)stückes abgestimmt, bildextern werden durch Kamera und Schnitt Bild und Ton in Beziehung gesetzt (vgl. ebd., 34). Ähnlichkeiten zwischen Poetry Clip und Musikvideo bestehen auch im Umgang mit kulturellen Einheiten: Im Poetry Clip gibt es keine „in Raum und Zeit gefügte und von stabilen Figuren getragene Handlung, keinen logischen Verlauf, kein schlüssiges Ende" (ebd., 163). Genauso unvermittelt, wie ein Slam-Text anfängt, so steigt auch der Betrachter in einen Poetry Clip ein und wieder aus (vgl. zum Beispiel „Fahrend", „Hi Tec", „At the longest Line" usw.). Dies unterstützt die Flüchtigkeit der gesprochenen Dichtung, die auch filmsprachlich aufgegriffen wird:

Die meisten Clips werden bewusst „roh und ungeschliffen" produziert. Das echte und lebensnahe Image der Slam Poetry wird filmtechnisch durch einen analogen 8-Bit-Sound, grobgepixelte Schrift und filmerische „Unzulänglichkeiten", wie zum Beispiel die Spiegelung der Kamera in den Brillengläsern eines Poeten umgesetzt. Das Konzept folgt dem Prinzip „ein Text – ein Autor – ein Ort", d. h. der Slam-Poet spricht seinen Text an einem selbst gewählten Ort, der als Kulisse dient, direkt in die Kamera. Im Mittelpunkt stehen der Text und die Performance, also vor allem Mimik, Gestik und Körperbewegungen des Poeten. Der Einsatz filmsprachlicher Mittel bleibt meist minimal, sodass ein Clip relativ leicht produziert werden kann. Die Kamera ist zwar mangels einer Handlung nicht wirklich – wie im Film – „Erzählerin", aber sie ist wichtig; sie setzt den Performer in Szene, erlaubt ihm einen Auftritt aus verschiedenen Blickrichtungen und Perspektiven (vgl. Anders/ Abraham 2008, 8). Der Schnitt kann sich prinzipiell aller Montageformen bedienen, die es im Film gibt; dadurch ist ein Spiel mit Nähe-Distanz-Relationen ebenso möglich wie Rhythmisierung oder Einfügen assoziativer Bilder, wie es aus dem Musikclip bekannt ist. Leerstellen werden innerhalb der filmischen Inszenierung kaum erzeugt.

Ein Poetry Clip ist ebenso wenig chiffriert wie ein Slam-Text. Das schnelle Verstehen und Nachvollziehen ist wichtiger als polyvalente Deutungsangebote zu eröffnen. Die Filme sind in ihrer Qualität und Machart unterschiedlich. Böttcher benennt „Fahrend" von Kristoffer Keudel als den Prototypen des Poetry Clip-Formates: *„Sein Clip entsprach genau meinen Format-Vorstellungen von Poetry Clips"* (Böttcher 2004, 15). Beispiele für das Grundkonzept dieser minimalistischen Inszenierungen sind „Geheime Botschaften" von Tanja Dückers, „Hi Tec" von Bas Böttcher und

„Ich hätte einen Vogel" von Timo Brunke. Ein Wohnzimmer, ein Hochhaus am Alexanderplatz oder der bloße Fußboden dienen als Kulisse für die Performance des Poeten.

Aufwendiger, da mit Requisiten und Statisten inszeniert, ist „Bonn – eine Vermutung" von Sebastian Krämer, filmsprachlich komplexer ist der im Split-Screen gezeigte Text „In den Städten" von Jan Off oder der als professioneller Kurzfilm gedrehte Clip „Angewandte Landschaftslyrik" von Till Müller-Klug.

Wie Poetry Clips bereits mit sehr reduzierten Texten und filmerisch einfach umgesetzt werden können, zeigen Beispiele von Studierenden der Deutschdidaktik der Universität Bremen (http://jugendlyrikbremen.wordpress.com/filmpraxis/filmschnitt-und-veroffentli chung -im-netz).
Auch Schüler haben zu den bereits vorhandenen Poetry Clips von Nora Gomringer („Du baust einen Tisch") einen alternativen Clip und zu Sebastian Krämers Text „Bonn – eine Vermutung" (vgl. Uschner 2008) eine Imitation des bestehenden Poetry Clips gedreht. Denkbar sind auch unterschiedliche Verfilmungen zu einem Text, die im Rahmen eines Kurzfilm-Slams präsentiert werden könnten oder bei denen Poeten im Film und später live auftreten.

Ein didaktisch interessantes Konzept der ästhetischen Bildung und „aktive[n] Medienerziehung" ist die Herstellung von Poesie-Videos, wie es Heinz Blumensath und Gerd Conradt mit Jugendlichen unter anderem in einer Ferienschreibwerkstatt des Pädagogischen Zentrums zum Thema Drehbuchschreiben durchgeführt haben. Zu den Zielen ihrer Mediendidaktik, die sich damals noch von der pessimistischen Einschätzung gegenüber Film im Unterricht behaupten musste, gehörten in erster Linie

ein lebendiger und kreativer Umgang mit literarischen Werken, eine die Fächer Bildende Kunst, Musik, Darstellendes Spiel und Deutsch zusammenführende Kooperation sowie eine aktive Nutzung der Neuen Medien, wie z. B. Video (Blumensath 1990)

Die Projektleiter gingen nach dem für handlungs- und produktionsorientierte Methoden üblichen literaturtheoretischen Begründungszusammenhang der Rezeptionsästhetik vor, nach dem die Schüler zunächst ihre je eigenen Rezeptionsphantasien formulieren und mittels filmischer Inszenierung ausgestalten und in einem nächsten Schritt an der Originalvorlage überprüfen. Sehr fruchtbringend ist dabei das direkte Gespräch mit dem Autor: So haben Blumensath und Conradt gemeinsam mit den jugendlichen Teilnehmern der Schreibwerkstatt Berlin z.B. Ernst Jandl getroffen und in einem Autorengespräch ihre Filme vorgestellt und seine Einschätzung darüber diskutiert.

Das produktive Verfahren zur Erstellung eines Poesie-Videos lässt sich im Überblick wie folgt darstellen:

1. *Vorauswahl von Gedichten durch den Lehrer, Feinauswahl durch die Schülergruppe*
2. *Sprech-Inszenierung, ausgehend von dem lyrischen Ich, durch alle Schüler (chorisches Sprechen, verschiedene Einzelsprecher, unterschiedliche Stilarten) oder bildnerisch-malende, szenische Inszenierung*
Ziel: ästhetische und inhaltliche Strukturen werden deutlich, der Text gewinnt an sinnlicher Realität und Intensität, eigene Erfahrungen werden an den Text geknüpft
3. *Probeaufnahmen vor der Kamera mit jedem Schüler und seiner Auslegung der Sprecherrolle, Schnitt*
Ziel: Beteiligung eines jeden Schülers, Individualität der Schüler ergibt eine Vielfalt, Bedeutungspotenzen des Textes werden deutlich, Schüler nehmen sich als Medium für andere wahr
4. *Drehbuchentwurf mit grundsätzlichen dramaturgischen Entscheidungen (Handlung, Ton, Kostüm, Requisite, Sprecher und Spieler, usw.)*
5. *Vergleich der eigenen Aneignung mit dem literaturwissenschaftlichen Zugang (Epochenwissen, Gattungswissen, biografischer Hintergrund etc.)*
Ziel: Lernen als selbstkontrollierbarer Prozess
6. *Präsentation der Filmprodukte vor dem Autor mit gemeinsamen Gesprächen über Erfahrungen zu dem umgesetzten Gedicht*

Ziel: Vermeidung der bloß subjektiven Aneignung, „Geschenk" des produktiven Kunstschaffens an den Autor zurückgeben

Dieses Verfahren könnte sich auch für die Arbeit mit Slam Poetry eignen.

Die Schüler inszenieren nach dem von Blumensath entwickelten Verfahren eigene Texte, Texte anderer U20-Slam Poeten oder Texte von bekannteren Slam-Poeten, die auch zum Gespräch in den Unterricht eingeladen werden.

Die Werkstattgespräche mit den jeweiligen Textautoren ermöglichen zwei unterschiedliche Vorgehensweisen: Entweder wird zunächst der Film gezeigt, daran knüpft sich der Originalvortrag und das Gespräch mit dem Autor an. Oder der Autor liest zunächst den Text und berichtet über dessen Entstehungszusammenhang und im Anschluss daran wird die filmische Inszenierung vorgeführt.

Dass der Text sowohl an die Erfahrungswelt der Schüler als auch an den künstlerischen Schaffensprozess des Autors angebunden wird, zeigt die „Galerie der Autoren" von Blumensath sehr gut: Nachdem die Schüler ihren Poesiefilm zu „viel" (Jandl, 1957) gedreht und dem Schriftsteller vorgestellt haben, kristallisierten sich in dem anschließenden Gespräch verblüffende Ähnlichkeiten zwischen Autorenabsicht und Rezeptionserfahrungen heraus:

Ernst Jandl berichtet, er habe versucht ein Wort zu zerlegen und zu untersuchen:

Wie viel Wortbildungsmöglichkeiten stecken da darin? Und lässt sich aus den entnommenen kürzeren Wörtern das so zusammenfügen, dass wieder ein gewissermaßen sinnvolles Gebilde entsteht? Das habe ich bei verschiedenen Wörtern ausprobiert. Und das andere war meine Skepsis gegenüber der Philosophie. Der Brauchbarkeit, der Wirksamkeit, der Verwendbarkeit der Philosophie, der Notwendigkeit von Philosophie (Jandl, in: Blumensath, 1989).

Eine an der Filmproduktion beteiligte Schülerin erklärt daraufhin:

Bei dem ersten Paar im Schwarzweißfilm scheitert die Beziehung. Wir haben das zweite Paar im Farbfilm dann in der „Philosophie" vereinigt. Sie sagen das Wort beinahe gleichzeitig. Dann vereinigen sich beide in dem Schild der Athene als Sinnbild für die Weisheit und Philosophie (ebd.).

Die Intention, einzelne Elemente eines Oberbegriffes, hier: Philosophie, zu einem sinnstiftenden Zusammenhang erneut zusammenzuführen, scheint im Film durch die Wahl der Handlung und der Personenkonstellation, verbunden mit der Allegorie der Athene, abgebildet zu werden.

Auch in dem Video zu „Sieben Weltwunder" ergeben sich Parallelen zwischen Film und Gedicht, dieses Mal weniger inhaltlich als strukturell. Jandl lobt nach der Sichtung: „Ihr großes Maß an Fantasie ist eingeflossen, erstaunlich ist, dass die strenge Ordnung des Gedichts im Film beibehalten wurde." (Jandl, Galerie der Autoren, 1989). Auf die Frage: „Haben Sie bewusst alles mit „U" gemacht? Du, Marabu, Uhu, Kuh?", erläutert Jandl:

In irgendeinem Moment ist mir das eingefallen, dann hat ein Wort zum anderen geführt, man kann sich das so vorstellen wie eine Folge von Worteinfällen auf der Basis des U zustande kommt. Das Ich ist das, was rausspringt, aber es ist das nächstliegendste. Und das Du ist das nächste zum Ich. Es ist ein Raum, der durch Lebendes gefüllt wird, und das U ist der Motor der Selektion (ebd.).

In der pädagogischen Arbeit zuvor war dieser Schaffensprozess ebenfalls angelegt. Blumensath kommentiert:

Das eigentliche Wunder, hier durch den Klang des ‚u' im ‚du' assoziiert, waren ohnehin die jeweiligen Tiere, jedes in seiner Einmaligkeit. Und so lag es nahe, jeden Mitspieler zu fragen, was er oder sie selbst an sich selbst als „Wunder, als einmalig" ansehen, welche Eigenschaften und Fähigkeiten sie an sich selbst wirklich mögen (Blumensath, 1990).

Der Kommentator in der Galerie der Autoren stellt abschließend die Vorzüge des didaktischen Ansatzes dieses medienbezogenen handlungs- und produktionsorientierten Verfahrens dar:

Die filmische Aneignung von Gedichten gestaltet Gefühle und Fantasien der Leser. Sie ergänzt eindrucksvoll herkömmliches Analysieren und Interpretieren. Gedichte werden nicht zergliedert und zerredet, sondern dem Autor in neuer Gestalt zurückgegeben. Sozusagen als kleiner Dank für das Geschenk, das er uns allen mit seinem Gedicht gemacht hat.

Blumensatz ergänzt in seinem Aufsatz, dass die produzierte Poesie-Videos „niemals ohne Vorbereitung gezeigt werden" sollten, vielmehr sei es wichtig, „dass zunächst über die Besprechung des jeweils zugrunde liegenden Textes (Welches Bild, welche Zeile hat dir/ euch gefallen? Wer könnte wie diese Zeile sprechen etc.) jede Gruppe eigene Inszenierungsfantasien entwickelt und erst danach, sozusagen vor der Folie der eigenen Aneignungsfantasie unser Poesie-Video als eine unter vielen Realisierungsmöglichkeiten kennenlernt. So schüchtern diese Beispiele nicht ein, sondern machen Mut, eigene filmische Aneignungen zu versuchen" (Blumensath, 1990).

Poesie Videos wären eine willkommene Abwechslung zu dem Konzept von Hogekamp/ Böttcher, das innerhalb der „Videoszene des Poetry Slam" (so Abraham/ Kepser 2009, 154) dominiert. Die Machart der Poesievideos lenkt das Augenmerk auch mehr auf den Inhalt und die Bedeutung des Textes, die durch den Film ja akzentuiert werden soll. Die Inszenierung des Sprechers hingegen ist sekundär, die im Poesievideo agierenden Personen verstehen sich als Medium: Sie schlüpfen in Kostüme und treten als Schauspieler auf, um die Botschaft eines Textes zu veranschaulichen.

Dass ein Autor, sprich: ein Slam-Poet, wie in Blumensaths Beispielen in den Unterricht eingeladen wird, ist gar nicht unbedingt notwendig – denn heutzutage können Rückmeldungen, gerade in der Poetry Slam-Szene, auch via E-Mail angefragt werden. Die Autor-Intention ist nach heutigen Maßstäben zudem gar nicht mehr so relevant: Natürlich können Schüler ihr eigenes Verstehen eines Textes per Film transparent machen, eine Absegnung durch den Autor ist nicht zwingend notwendig, auch wenn ein solches Autorengespräch gewiss seinen Reiz hat und die kulturelle Praxis Literatur greifbar werden lässt.

(Gefilmte) Slam Poetry analysieren

Mit Methoden aus der Film- und Theaterdidaktik lassen sich Slam-Texte und Performances begutachten und analysieren:

Nach der gemeinsamen Erstrezeption eines Poetry Clips oder Live-Mitschnitts erstellen die Schüler ein Erinnerungsprotokoll (Roselt 2004) und reflektieren so ihre eigene Wahrnehmung. Aus diesem können ausgehend von individuellen und heterogenen Erinnerungsmomenten Analysekriterien und -fragen entwickelt werden. Diese betreffen den Text, die Performance und/ oder die filmerische Machart.

Daran lässt sich ein Filmgespräch (Abraham 2009, 78ff) anschließen, in dem assoziative Eindrücke zu bestimmten Szenen, Figuren, Handlungselementen (Spannungsaufbau etc.), Atmosphäre, etc. verbalisiert werden. Die Äußerungen der Schüler werden durch ein „literarisches Sehgespräch" (Möbius 2008) noch stärker kanalisiert und für eine Interpretation fruchtbar gemacht.

Durch gezieltere Gesprächsimpulse verknüpfen die Schüler etwa eigene Erfahrungen mit dem Textinhalt bzw. üben sich – je nach Text – in der Perspektivenübernahme und der Reflexion über das Figurenverhalten. Ein erzählender Slam-Text lässt vermutlich eher Gesprächsanreize über die Protagonisten zu, während gesellschaftskritische Statements eher die Auseinandersetzung mit der eigenen Meinung im Verhältnis zu dem im Film bzw. im Text angeschnittenen Thema ermöglichen.

Die Korrelation zwischen filmerischen und inhaltlichen Aspekten kann durch eine „fokussierte Inhaltsanalyse" (Gast 1996) herausgearbeitet werden. Die Rezeption eines Kurzformates wird durch einen Beobachtungsbogen angeleitet, der filmsprachliche, dramaturgische und inhaltliche Beobachtungen fokussiert.

Eine genauere, intensivere Textanalyse gelingt, wenn schriftliche und nicht-schriftliche kreative Methoden eingesetzt werden: So können Schüler über die Texte in den Kurzformaten schreiben (vgl. Abraham 2009, 81ff.). Tagebuch oder Briefe an Figuren gehören zum expressiven Schreiben (ebd.) und dienen der Empathie mit einer Figur.

Gerade die Texte der Kategorie „Schreiben über sich und seine Gefühle", und dabei vor allem die beiden sehr persönlichen Texte der Hauptschüler Benny Pieper und Kim Östreich (Texte 12 und 25) aus der empirischen Studie (vgl. Kap. 2) laden dazu ein, einen vergangenen Tagebucheintrag zu ersinnen oder in einem Brief dem Ich-Erzähler zu antworten. Aber auch unklare, vage Texte können durch Methoden wie das „Detail-Hunting" oder das „Showing, not Telling" von den Zuhörern konkretisiert werden:

Wenn Slam-Poeten zu allgemeine Behauptungen aussprechen, dann können die Zuhörer konkrete Situationen finden und veranschaulichen, um den Text in ihrem Alltag zu verorten. Dies ginge über bloße Reaktionstexte hinaus, die ja nur dabei helfen sollen, die Wirkung eines Textes in neue Texte umzuwandeln. Die Konkretisationen sind vielmehr eine Art Überarbeitung des Textes durch das Publikum. Auch Texte, in denen das angesprochene Du unklar und nicht greifbar ist oder in denen zu grobe Behauptungen ohne Beispiele aufgestellt werden, können im poetischen Schreiben (ebd.) vertieft werden:

Eine Begegnung zwischen dem Mädchen, das in „Für einen, den ich noch nicht fand" nach einem Du sucht, mit ihrem Schwarm, oder die

Vorgeschichte zu dem Text von Franziska Holzheimer „Die Welt für mich", bei dem der Hörer nicht weiß, wen oder was sie liebt.

Auch wenn Schüler eigene Texte schreiben, können Mitschüler kooperativ mit diesen expressiven oder poetischen Schreibaufgaben auf die Texte eingehen und diese dadurch noch klarer und rezipientenfreundlicher gestalten. Zu den szenischen Verfahren im Umgang mit Film (vgl. Abraham 2009, 81ff.) gehört das Spielen von den über Film vermittelten „Textszenen". Die Unbestimmtheitsstellen in Texten können auch szenisch gestaltet werden. Will man diese am Text orientierte, inhaltliche Arbeit noch stärker filmisch akzentuieren, bietet sich das folgende Verfahren an:

Zu einem per Film rezipierten Slam-Text wird ein Standbild aus Personen gebaut – z. B., um die Figurenkonstellation zu veranschaulichen oder Textinhalte zu symbolisieren. Eine Person übernimmt die Rolle des Kameramannes und fotografiert oder filmt aus unterschiedlichen Perspektiven in das Standbild hinein. So werden Perspektiven deutlich. Aus diesen Standbildern können neue Szenen und Konstellationen entwickelt werden, wenn der Standbildbauer einen Impuls gibt, wie etwa „Wie sieht die nächste Bewegung der Figuren aus?" oder „Wie sieht der geschlichtete Konflikt aus?". Die Standbilder werden wiederum zu Grundlagen für neue Verfilmungen von Texten oder sind Bilder, zu denen Schüler eigene Texte schreiben können.

Methoden aus der Filmarbeit sind auch sehr gut für die Analyse oder das Proben eines Bühnenauftritts zu nutzen:

Die Schüler analysieren oder entwickeln äußere und innere Haltungen der (Sprecher-)Figur, unterstützende Mimik und Gestik sowie Sprechhaltungen. Sie machen Probeaufnahmen von Rollenmonologen und vergleichen anhand ihrer eigenen Filmmitschnitte unterschiedliche Realisierungen eines Textes. Mit Fokussierungsübungen werden zentrale Handlungsmomente im Text isoliert und unterschiedlich aufgeführt. Die Schüler diskutieren die Bedeutung von Textstellen innerhalb der textuellen Makrostruktur, zeichnen zu diesen Schlüsselszenen Storyboards für ihren zukünftigen Bühnenauftritt bzw. zu ihrem Poetry Clip und drehen „Takes". Stellproben und das Anfertigen von Raumskizzen sind weitere Hilfsmittel, um einen Bühnenauftritt oder eine Textverfilmung vorzubereiten.

Lohnenswert ist auch der intermediale Vergleich der eigenen Arbeit mit anderen Verfilmungen desselben Textes. Wenn Schüler selbst als Film-Produzenten tätig werden, dann sollten sie ihre filmerischen Entscheidungen problematisieren: Zur Vergegenwärtigung ihrer Filmprodukte halten sie z. B. eine kurze Szene mit Hilfe von vier Fotos oder Screenshots fest, um Fragen zur Perspektive, zu Einstellungsgrößen und zum Bildaufbau zu erläutern. Es können auch Filme zu Slam-Text-Vorlagen produziert werden, die – wie etwa Lesebühnentexte – eine Geschichte erzählen. Sobald der Kurzfilm fertig ist, werden einzelne Screenshots produziert, die von anderen Schülern in eine sinnvolle Reihenfolge gebracht werden. Auf diese Weise erschließen Schüler die Handlung der Geschichte (vgl. Abraham 2009, 89f.).

Um die Art und Weise sowie die Funktion der Performance eines Slam-Textes genauer zu erarbeiten, bietet sich die filmsprachliche Segmentierung ohne Ton bzw. ohne Bild an: Der Live-Mitschnitt oder Poetry Clip wird ohne Ton gezeigt, die Zuhörer beschreiben die Gestik und Mimik des Vortragenden sowie weitere Auffälligkeiten. Auch Hypothesen über mögliche Themen und Stimmungen, die der Text behandelt, werden von den Zuschauern genannt und dann mit dem Original verglichen. Mit den Hypothesen kann weitergearbeitet werden:

Wenn Rezipienten z. B. die sehr engagiert wirkender Sprecherin Nadja Schlüter (Text: Lob an die Gleichzeitigkeit, unter www.youtube.com/watch?v=buvgLqSwMSo) ohne Ton sehen, dann nennen sie aktuelle und emotional bewegende Themen wie Umweltzerstörung, Wahlbetrug, Tierversuche etc. , über die sie womöglich spricht. Fixiert man diese Themen an der Tafel, so ergibt sich erstens ein Anknüpfungspunkt für die Definition von Slam Poetry, die auch mit aktuellen und emotional bewegenden Themen spielt, um die Aufmerksamkeit des anwesenden Publikums zu bekommen. Zweitens können die genannten Themen auch zu Schreibimpulsen für die Zuschauer werden, da es genau die Themen sind, die ihnen selbst zu dem Zeitpunkt offensichtlich wichtig sind.

Die filmsprachliche Segmentierung zum Bild funktioniert ähnlich:

Die Schüler hören den Slam-Text und erhalten, wenn möglich, auch die schriftliche Textvorlage. Sie schlagen einzelne Aspekte einer Performance zu diesem Text vor und vergleichen mit dem Original. Sicher gibt es Auftritte, die durch Vorschläge zur Performance noch wirkungsvoller werden können. Daher eignet sich dieses Verfahren auch zum Anleiten und Überarbeiten der Kinesik. Die Arbeit mit Sprache (vgl. Abraham 2009, 98) kann auch im interkulturellen Kontext erfolgen, wenn fremdsprachliche Slam-Texte in der gefilmten Version Untertitel oder Synchronfassungen erhalten.

Auf Produktionsebene gehört auch die Arbeit mit Digitalkamera, Handykamera und Schnittsoftware zur Medienkompetenz dazu. Der Vergleich zwischen Bühneninszenierung und filmischer Inszenierung gelingt, wenn die Schüler einen Kino&Live-Slam miterleben oder selbst Poetry Clips drehen und bei einer Vorführung zeitgleich oder zeitversetzt den Text auf der Bühne performen, während der Clip digital abgespielt wird.

Poetry Clips mit anderen Gedichtverfilmungen vergleichen

Der produktionsorientierte Umgang mit der Poetry Clip-Anthologie von Hogekamp/ Böttcher (2004) und Live-Mitschnitten kann die Schüler für Analysen von komplexeren Gedichtverfilmungen wie z. B. von Ralf Schmerberg vorbereiten bzw. Vergleiche anregen:

In dem Kinofilm POEM (Schmerberg 2003) werden unterschiedliche Möglichkeiten des filmischen Umgangs mit Gedichten präsentiert. Ebenso wie bei den Poetry Clips ist der poetische Text vollständig erhalten und wird komplett gesprochen.

Hesse/ Krommer/ Müller untersuchen die Gedichtinszenierungen aus POEM genauer (2007, 30f.). Die Annahmen, dass der Text des Gedichts „im Film präsent, d. h. zu hören oder zu lesen sein muss" und dass es „einen inhaltlichen bzw. assoziativen Bezug zwischen dem Gedicht und seiner Verfilmung" geben müsse, stellen Hesse et al. in Frage. Sie fordern jedoch, dass ebenso wie bei einer schriftlich oder mündlich geäußerten Interpretation eine Gedichtinszenierung nachvollziehbare Bezüge zum Ausgangstext herstellen müsse:

Und genauso, wie wir von einem Interpreten verlangen, dass er nicht nur seinen persönlichen Assoziationen Ausdruck verleiht, sondern seine Deutungshypothesen stets konkret am Text belegt, erwarten wir von einem Regisseur, dass er nicht nur seine privaten Gedanken filmisch umsetzt, sondern dass sich die filmischen Bilder konkret am Gedichttext ‚belegen' lassen (ebd., 31f.).

Ralf Schmerberg sieht die Verfilmung der 19 Gedichte jedoch gerade als eine „sehr persönliche Arbeit" an:

POEM ist meine Auseinandersetzung mit Lyrik. Das, was jemand, der allein in einem Zimmer sitzt und liest, in seiner Fantasie erlebt, das mache ich im Prinzip sichtbar. [...] Ich mache dir meinen inneren Schädel, meine persönliche Gedankenblasen sichtbar (Hesse et al. 2007, 32).

Hesse et al. entwickeln aus dieser Arbeitsweise des Regisseurs das Modell einer „assoziativen Erschließung eines Gedichts":

[...] Interessanterweise zeigt sich, dass die zugrunde liegenden intellektuellen Operationen und Erschließungsstrategien eine besondere Analogie zur Gedichtverfilmung zulassen, bedeutet doch die Interpretation eines Gedichts nichts anderes als das zunehmend vernetzte Denken in Bildern: Kurzum, der Rezipient konstruiert aus dem im Gedicht angebotenen Bildangebot seine eigene Gedichtverfilmung, also seinen ‚Film im Kopf'. Die deutende Tätigkeit des Lesers vollzieht sich ausgehend von einer ersten Rezeption des Gedichts über die Entwicklung von Assoziationen zu einzelnen Bildern und deren Verknüpfung zu Sequenzen bis hin zur Entwicklung eines Gesamtbildes. Erst das Resultat dieses Reflexionsprozesses bildet den konkreten, individuellen Deutungsansatz für das Gedicht (Hesse et al. 2007, 33).

Als „ein sinnvolles Gesamtbild" betrachten die Autoren zum Beispiel die Verfilmung von Ingeborg Bachmanns Gedicht „Nach grauen Tagen", während die Verfilmung von Erich Kästners „Kleines Solo" nur eine Verknüpfung von Sequenzen darstelle und der Film zu Heinrich Heines „Der Schiffbrüchige" lediglich den ersten Schritt der assoziativen Erschließung, nämlich die Lektüre bzw. Rezitation des Textes, abbilde. Nach diesem Modell wird der Interpretationsspielraum für den Rezipienten immer begrenzter, je mehr Schritte der Erschließung durch den Regisseur mit dem Film umgesetzt würden:

Schmerbergs minimalistische Version des ‚Schiffbrüchigen' lässt dem Zuschauer und Zuhörer mehr Raum für eigene Assoziationen als die Bilderflut der Bachmann-Verfilmung (Hesse et al. 2007, 40).

Der Grundsatz: Je weniger Requisiten, desto mehr Interpretationsspielraum, geht im Medium Film jedoch nicht auf, da die Filmsprache selbst schon erzählt.

Die obige Einschätzung müsste man insofern relativieren, als dass die Bachmann-Inszenierung eher aus dem Grund hermetisch wirkt, weil die Verfilmung eine Geschichte erzählt, die dem Gedicht zur Rahmenhandlung wird. „Der Schiffbrüchige" bleibt dagegen auf den reinen Text beschränkt, wobei jedoch die Auswahl des Schauspielers, die Einstellungsgrößen, die prosodischen Merkmale und die Farbigkeit ebenfalls einen „interpretatorischen Zugriff" umsetzen, der weit über bloße Rezitation hinausgeht. Der Spielraum der Textinterpretation ist also bei beiden Verfilmungen ähnlich. Die Annahme, in den unterschiedlichen drei Stufen würde eher die Stimmung/ Atmosphäre (Rezitation), die Personen/ Situationen (Einzelbilder) oder die Handlung (Kontextuierung) betont, ist für den Umgang mit Gedichtinszenierungen zu normativ. Für eine erste Einordnung der Poetry Clips ist das Konzept jedoch hilfreich:

Legt man der Analyse der Poetry Clips die von Hesse et. al. vorgeschlagenen drei Verfilmungskategorien Rezitation, Inszenierung von Einzelbildern und komplexe Kontextualisierung (Hesse et al. 2007, 42) zugrunde, so bedient der Poetry Clip in der von Hogekamp/ Böttcher entwickelten Grundkonzeption immer die „erste Stufe", die Rezitation. Jedoch finden sich in der Clip-Anthologie auch Clips, die eine Folge von Einzelszenen sind (z. B. Jan Off: „In den Städten") und mit Kontextuierung arbeiten (Sebastian Krämer: „Bonn – eine Vermutung").

Die Arbeitsweisen von Schmerberg und Hogekamp/ Böttcher sind jedoch grundlegend verschieden. Schmerberg nähert sich den Gedichten aus der Perspektive des Rezipienten. Die Produzenten der Poetry Clips sind hingegen Kunstschaffende, die Clips immer mit den Verfassern der filmisch inszenierten Texte zusammen drehen. Die Gedichte aus POEM sind größtenteils konzeptionell und medial schriftlich, während die Ausgangstexte der Poetry Clips medial mündlich sind. Ein Schauspieler in

POEM spricht einen Text auf der Grundlage einer Interpretationsvorgabe, ein Performance-Poet führt einen Text mit seinem Körper auf und vermittelt damit sein eigenes Anliegen als Deutungshypothese. In den Poetry Clips wird nicht – wie bei POEM – das Vorstellungsbild, also die Interpretationsarbeit, dargestellt, sondern ein audiovisuelles Bild der Performance geschaffen. Durch die künstlerischen Entscheidungen wie Auswahl der Montage, des Drehortes, der Requisiten wird der Slam-Text inszeniert und damit auch gedeutet; die filmischen Inszenierungen, die die Poetry Clip-Anthologie zeigt, knüpfen konkret, textnah und abbildend an den Text an und verhalten sich redundant zum Inhalt des Textes.

Das in Hesses et al. Stufenmodell grundlegende assoziative Erschließen ist bei Slam-Texten schwierig, da zu den Textmerkmalen der Slam Poetry das konkrete und explizite Sprechen gehört. Statt zu chiffrieren, werden bei Slam Poetry Aussagen verstärkt und durch zahlreiche Beispiele exemplifiziert.

Daher ist nicht die Dechiffrierung, sondern die Vermittlung von Performance die eigentliche Aufgabe dieser Art von Poetry Clips.

3.2.5 Lehrkompetenzen

Von Lehrerseite aus gibt es zwar oft großes Interesse an Poetry Slam, doch sind die Herangehensweisen teilweise methodisch umständlich oder sie entsprechen auf der Sachebene oder in der Art der Unterrichtsinszenierung nicht dem Lerngegenstand.

Ein Lehrer-Chat des Lehrer-Forums 4teachers gibt im Zeitraum vom 30.11. 2004 bis zum 20.01.2005 einen frühen Einblick in den Umgang mit Poetry Slam im Deutschunterricht:

Lehrende begannen Poetry Slam zu unterrichten, „da [sie sich] auch persönlich mit dem thema befass[t]" („Charlena", in: ebd.) haben. Die Zugänge entsprechen jedoch nicht der kulturellen Praxis. Es werden eher Bezüge zum HipHop oder zu Songtexten hergestellt:

[für] die schüler wäre doch eine sequenz des filmes 8 mile mit Eminem toll... Sie rappen in einer szene zwar, aber auch das ist doch eine art moderner poetry slam, nicht? („Kaan", in: ebd.)

Es gibt ein klasse textheft "explicit lyrics"[36] songtexte und gedichte von rororo in der rotfuchs-reihe, ISBN 3-499-20971-3, da sind auch viele songtexte drin und du kannst die musik einspielen und mit den texten arbeiten, paralleltexte schreiben lassen und sowas. Ist wirklich gut (lisebise", in: ebd.).

---

[36] Explicit lyrics sind eindeutige Texte, aber auch Rap-Texte, die eindeutig diskriminierende bzw. jugendgefährdende Inhalte haben, vgl. das HipHop-Forschungsportal von Jannis K. Androutsopoulos: http://hiphop.archetype.de/hiptags.htm.

Gerne wird der Poetry Slam als Auswertungsverfahren adaptiert, wobei jedoch nur Teile des Formates (hier: die Jury) übernommen werden:

Ich habe einen solchen PS schon mal bei einem Unterrichtsbesuch gemacht. Es war der Abschluss einer Lyrikreihe und die S sollten eigene Gedichte in der Klasse vorstellen. Grundlage war ein Bild (CD Friedrich) zum vorherigen Thema (Romantische Gedichte). Die S haben erst Bewertungskriterien erarbeitet, worauf es in einem Gedicht ankommt, dann die Gedichte geschrieben, sie in Partnerarbeit bewertet, dann in 6er Gruppen, und die besten 4 Gedichte wurden vorgetragen. Am Ende entschied eine Jury und die Klasse über das beste Gedicht und die Schülerin erhielt dann einen Buchpreis.

In besagtem Lehrer-Chat konnte nur eine Person das in seinen Regeln recht übersichtliche Literaturformat sachlich korrekt darstellen:

Nur mal kurz zu poetry slam: eine art morderner lyrik contest, der schon vor einiger zeit aus den usa rübergeschwappt ist und als folge gibt es auch in deutschland viele wettbewerbe, bei denen müssen die texte selbst geschrieben sein (darf auch prosa sein), der großteil darf nicht gesungen sein, du darfst schreiben, kreischen, flüstern usw. Und musst ein publikum von deinen werken überzeugen, hast dazu aber nur begrenzt zeit und darfst keine hilfsmittel wie kostüme oder gegenstände mitnehmen. Letztens waren in stuttgart deutsche meisterschaften, die preise sind sehr bescheiden, aber es ist halt werbung für die slammer. Jeder kann übrigens mitmachen. Seiten im internet: www.poetryslam.de und www.poetryslam.com

Dieselbe Lehrerin steigt dann auch schülerorientiert, induktiv und mit entsprechender Offenheit gegenüber der von Schülern produzierten Slam Poetry ein und leitet durch den Vergleich mit etablierten Slam-Texten (*„slam-beitrag auf cd"*) zu dem Lernmedium Poetry Slam über:

Meine stunde hab ich damit begonnen, dass jeder über ein thema, dass ihn interessiert oder ihm nahegeht ein kurzes gedicht verfassen sollte, wobei kein wert auf form oder reim gelegt wurde. Danach durften ein paar freiwilligie ihr werk vortragen (unerwartet große resonanz!!!). Anschließend habe ich einen slam-beitrag auf cd vorgespielt und wir haben gemeinsam verglichen.

Die Begeisterung der Schüler wird von eben dieser Lehrerin für ein Projekt genutzt, das die Schüler selber durchführen:

Dieses thema interessiert sie dermaßen, dass sie jetzt selbst aktiv geworden sind. Einem schulinternen slam folgt im januar ein auf den landkreis ausgeweiteter slam und ich kann mit stolz geschwellter brust behaupten, dass sich das ein oder andere talent in meiner deutschklasse gefunden hat!

Die Anbindung an die kulturelle Szene der Stadt gelingt über den Besuch eines Poetry Slams und die Öffnung der Schule nach außen:

Mittlerweile findet bei uns der slam ca. Alle 8 wochen statt, ich habe mit besagter Klasse auch mal einen richtigen profi-slam besucht, bei dem sich übrigens auch 2 aus der 11. Angemeldet und auch recht gut abgeschnitten haben. Außerdem ist für nächste woche ein lokalberühmter slammer eingeladen, um erst ein bisschen was zu erzählen, und dann in einer art workshop tipps und anregungen gibt. Ich bin sehr begeistert, dass sich noch einige andere ernsthaft mit diesem thema befassen!

Zweifel über die eigenen Lehrkompetenzen äußern oft die Lehrer, die an Lehrerfortbildungen zum Poetry Slam teilnehmen; ein typischer Satz ist: „Ich kann kein Poetry Slam unterrichten, denn ich bin doch kein Slam-Poet".

Natürlich kann auch jemand Schiller unterrichten, ohne eine ähnliche Schlussfolgerung zu ziehen – bei Poetry Slam spielt sicher auch der Faktor Jugend eine Rolle: Indem ältere (Lehrer-)Generationen jede neue Jugendkultur kritisch beargwöhnen, wirken sie an dem „Einsetzungsritus von Jugend" mit (Klein/ Friedrich, 2003, 173).

Die Infragestellung der eigenen Kompetenz in diesem Bereich sollte aber ernst genommen und produktiv umgewandelt werden: Die Erfahrung zeigt, dass Lehrkräften tatsächlich oft Erzählkompetenz und Präsentationskompetenz für literarische Texte fehlt. So berichtet auch Abraham:

Nur wenige können selbst überzeugend eine Rolle spielen; literarische Texte eindrucksvoll im Vortrag zu präsentieren, wenn das Unterrichtskonzept es jeweils nahe legen würde, gelingt vielen nicht [...] und vor Zuhörern eine Geschichte gut erzählt haben sie womöglich seit der 6. Klasse nicht mehr (2008, 37).

Almut Hoppe macht zurecht auf die fehlenden Standards in der Lehrerausbildung aufmerksam:

Wenn künftige Deutschlehrer/innen erreichen sollen, dass Schülerinnen und Schüler Texte und Medienprodukte selbstständig und fachgerecht interpretieren, dann müssen sie im Studium nicht nur Theorie betreiben, sondern auch die Kompetenz erwerben, Texte selbst sachgerecht zu interpretieren. Das gilt auch für die Fähigkeit, andere Basiskompetenzen zu vermitteln. Sie müssen in diesen Lernbereichen ihre eigenen Sprachfähigkeiten weiterentwickeln und festigen. Studieninhalte dürfen nicht nur in „Kenntnissen"/„Wissen" bestehen, sondern müssen auch zu „Können", also zu Kompetenzen werden (Hoppe 2008, 350).

Seit Beginn der Poetry Slam-Aktivitäten an Schulen und Hochschulen spielt auch immer die literarische Produktionskompetenz eine Rolle:

So lernen an einigen Universitätsseminaren die Studierenden des Lehramtes Deutsch bzw. Bachelorstudierende auch Poetry Slam aus der Perspektive des Slam-Poeten kennen: Seit dem Sommersemester 2005 veranstaltet die Fachschaft Deutsch unter der Leitung von Michael Gans regelmäßig den PHoetry sLam im Lit-Café der PH Ludwigsburg. Studenten, Dozenten und Externe können hier ihre Slam Poetry zum Besten geben (vgl. www.michael-gans.de/11445.html).

An der Universität Bamberg fand im Sommersemester 2008 ein Blockseminar zum Poetry Slam unter der Leitung von Frau Dr. Kristina Popp statt, in dem Studierende des Lehramts Deutsch Texte geschrieben und geslammt haben (vgl. www.uni-bamberg.de/germ-didaktik/leistungen/transfer/online_seminare/poetry_slam_ss_2008).

An dem folgenden Text (Autorin: Bettina Emrich), der ausschnittsweise im Original und ohne Rechtschreibkorrektur abgedruckt ist, ist sehr gut ersichtlich, wie Angaben zur Stimmführung im Schrifttext angelegt sind und den Vortrag erleichtern und auch in geschriebener Form die Performance transparent machen:

Wir
Freitag. Wochenende. Beflügelt vom Gedanken ans Wochenende verlasse ich das Büro. ENDLICH WOCHENENDE. Toll. Freitag bedeutet eigentlich auch zugleich den Nachmittag mit meiner besten Freundin Jule bei einem ausgedehnten Kaffeeklatsch zu genießen. EIGENTLICH. Ich verfluche dieses Wort EIGENTLICH schon lange.
„Eigentlich treffen wir uns Freitags immer zum Kaffee." Bedeutet zugleich, dass die Wahrscheinlichkeit, dass das Treffen stattfindet auf weniger als 10% sinkt.
EIGENTLICH
Das Fatale an diesem Wort ist, dass es nahezu in jeden Satz eingebaut werden kann. Eigentlich wollte ich Diät halten. Eigentlich wollte ich lernen. Eigentlich wollte ich mich nicht mehr mit meinem Exfreund treffen. Eigentlich wollte ich das Geld ja sparen.
Eigentlich Eigentlich Eigentlich.
Dieses Wort hat die Fähigkeit, jede Aussage, sofort zunichte zu machen. Warum gibt es dieses Wort überhaupt?
EIGENTLICH treffen sich Jule und ich immer Freitags zum Kaffee. EIGENTLICH. Nur was bringt die Aussage, wenn dieses Treffen im letzten Jahr nur 5x stattfand? Rechtfertigt das Wörtchen EIGENTLICH , dass dieses Treffen eigentlich nicht mehr existiert?Denn EIGENTLICH bedeutet ja auch zugleicheine Wahrscheinlichkeit von weniger als 10%.
Somit sollte ich mich EIGENTLICH nicht darüber aufregen, dass ich Jule kaum noch zu Gesicht bekomme. Denn was will ich bei einer Wahrscheinlichkeitvon kleiner als 10 schon erwarten?
Ich weiß ja, dass Jule seit einem knappen Jahrmit ihrem Freund zusammen ist.
Und das entschuldigt vieles. Sehr vieles. Nahezu alles.Auch das regelmäßige Absagen unseres Kaffeeklatsches.
Jule traf Timm vor etwa einem Jahr im Supermarkt an Kasse 4. Was aufregend begann,hat sich innerhalb kürzester Zeit ins absolute Gegenteil gewandelt. Aus zwei Individuen ist nach einer kurzenleidenschaftlichen Phase des Kennenlernens ein d i c k e r   k l e b r i g e r   B a t z e n   WIR geworden.

[...]

Auch wenn der Leser des Textes keine Performance sieht, ist diese gut vorstellbar und wäre nachzuahmen: Die Worte in Großbuchstaben (EIGENTLICH) und Fettschrift (**EIGENTLICH** GLÜCKLICH) werden vermutlich betont, die Worte in Sperrschrift (d i c k e r   k l e b r i g e r   B a t z e n) könnten langgezogen und mit Pausen gesprochen werden und die Anaphern (Wir, Wir, Wir), die den Texttitel aufgreifen, sind – möglicherweise – mit Umherschauen im Publikum zu sprechen.

In der Lehrerbildung sind auch die abgewandelten Formen des Poetry Slams sehr gut einsetzbar. In einem Seminar zur Lese- und Schreibdidaktik an der Universität Bremen im Sommersemester 2009 bereiteten die Studierenden einen Book-Slam (www.bookslam.de) zu einem Lieblingsbuch vor.

Die Vorstellenden wurden von dem in einem Halbkreis sitzenden Publikum mit Applaus vor und nach der Buchpräsentation unterstützt. Die Vorträge waren alle unterschiedlich: Eine Studierende schlüpfte in die Rolle der Lehrerin Frau Mahlzahn aus „Jim Knopf und der Lokomotivführer", eine andere Studentin beschrieb ihre Beziehung zu dem Gedicht „grundlos vergnügt" von Mascha Kaleko und begeisterte mit einer Rezension des Textes. Ein Student pries die Sammlung „1001 Nacht", indem er in die Rolle eines arabischen Marktschreiers schlüpfte. Die Jurybewertung vergab Punkte pro Vortrag. Noch interessanter war jedoch die zweite Abstimmung, die das urprüngliche Book-Slam-Format erweiterte: Alle Studierenden wurden nach der gesamten Vorstellungsrunde gefragt, welches Buch sie als nächstes lesen bzw. im Unterricht einsetzen würden. Die Handzeichen wurden den jeweiligen Buchtiteln als Punkte gutgeschrieben. Die Reihenfolge der bestplazierten Bücher änderte sich danach: Platz drei und Platz vier tauschten die Plätze.

Die gemeinsame Reflexion dieser Methode ergab, dass der Book-Slam als sehr lebendige und abwechslungsreiche Form der Buchvorstellung wahrgenommen wurde. Positiv fanden die Studierenden, dass unterschiedliche Bücher und Gattungen vertreten waren und durch die unterschiedlichen Präsentationen die Aufmerksamkeit während der gesamten 90 Minuten aufrechterhalten wurde. Der Applaus war ein wichtiges Element zur Motivation und zur Stärkung des Selbstvertrauens der Vortragenden. Günstig auf die Präsentationen wirkte sich auch die Tatsache aus, dass alle Bücher aus und mit wirklichem Interesse vorgestellt worden sind. Das Lesen – das die meisten mit Zurückgezogenheit assoziierten – würde durch den Book-Slam einen „Coolnessfaktor" erhalten und dadurch möglicherweise auch Schüler zum Lesen motivieren.

Als problematisch wurden die folgenden Punkte betrachtet: Es bestand schon in der Vorbereitung das Problem, dass die Vortragenden nicht wussten, ob der Inhalt des Buches oder aber die Art der Präsentation viele Jury-Punkte bringen würde. Daher kam sofort der Vorschlag, dass Inhalt und Vortrag getrennt bewertet werden sollten. Gerade die Bücher, die sehr ernste Themen wie den Holocaust behandelten, könnten nicht so scherzhaft wie andere Themen präsentiert werden und hätten gegenüber lustigen Vorträgen das Nachsehen. Als schwierig wurde auch die spontane

Bewertung nach den jeweiligen Vorstellungen empfunden. Einige Jurymitglieder hätten gerne die Beiträge im Vergleich beurteilt. Die Bewertung könnte auch negative Einflüsse auf Kinder und Jugendliche haben, wenn diese die Punktvergabe als persönlichen Angriff werten würden. Außerdem könnten die Kinder und Jugendlichen, die ohnehin nicht oder wenig lesen würden, zusätzlich benachteiligt werden: Sie haben einen schlechteren Zugang zu Büchern, da keine entsprechenden Bücher im Elternhaushalt zur Verfügung stehen bzw. sie Probleme mit dem Textverstehen haben. Dementsprechend fällt die Präsentation schlechter aus.

Diese Benachteiligungen beugt man durch eine gute gemeinsame Vorbereitung vor:

Eine Bücherauswahl, aus der sich die Schüler eines für die Präsentation aussuchen, wird in einer Bücherkiste oder einem „Bücherbuffet" angeboten. Die Schüler können auch die bereits für alle verbindliche Klassenlektüre in unterschiedlichen Präsentationen vorstellen. Auch themenverwandte Bücher, von denen eines im Unterricht behandelt worden ist, können im Vergleich vorgestellt werden. Ferner können Zweier- bis Vierer-Teams gebildet werden, die ein Buch gemeinsam vorstellen und sich so untereinander unterstützen.

Interessant war eine Erfahrung einer Studierenden, die erklärte, dass das Zeitlimit eine Hürde darstellen würde: Die ersten drei Minuten seien in einem Vortrag generell immer am schwierigsten – im Laufe eines Vortrags könnte man mit fortgeschrittener Zeit viel souveräner werden, der Book-Slam-Beitrag sei aber genau dann zuende, wenn man gerade Sicherheit vor dem Publikum gewonnen hätte.

Alle Erfahrungen, die die Studierenden bei dem Book-Slam gemacht haben, sind auch auf den Poetry Slam zu übertragen. Daher ist es von Vorteil, wenn Schüler oder Lehrer bzw. Lehramtsstudierende einen gut vorbereiteten Book-Slam im Vorfeld eines Poetry Slams selbst durchführen können.

Der Dead-or-Alive-Slam sowie das Open Mic sind zwei weitere Möglichkeiten, sich an das Vortragen von selbstverfassten Texten heranzutasten: Der Dead-or-Alive-Slam ist eine Kombination aus Rezitation bestehender und selbstgeschriebener Texte. Wie bei einem Book-Slam haben die Lernenden die Möglichkeit, auf Texte anderer Autoren zurückgreifen und sich dadurch vor Kritik am literarischen Produkt zu schützen. Das Open Mic bietet dahingehend Schutz, als dass das Juryurteil entfällt. Die Schreiber können ihre eigenen Texte vor einem Publikum ausprobieren, ohne dass sie sich im Wettbewerb mit anderen messen müssen.

3.3 Verfahren

Die folgenden Verfahren sind nur einige wenige, die rund um das Format Poetry Slam möglich sind. Sie sind ausgewählt worden, da sie auf Besonderheiten des Formates eingehen: den Einsatz unterschiedlicher Medien (Einstieg), das Team-Texten (Produktion), die Analyse von Performances (Rezeption) und das Beurteilen von Slam-Texten (Bewertung). Außerdem bilden sie in der Reihenfolge ein Artikulationsschema für den Deutschunterricht, der sich an der kulturellen Praxis orientiert. Die einzelnen Phasen sind jedoch auch austauschbar.

3.3.1 Einstieg: Einen Poetry Slam simulieren

Poetry Slam „lernt" man am besten durch „Poetry Slam". In Lehrerfortbildungen und in Schulklassen hat sich der Simulations-Slam bewährt:

Nach einer sehr (!) kurzen informierenden Stundeneröffnung wird der Klassenraum in einen Zuschauerraum verwandelt, in dem Slam-Poeten via Beamer „auftreten". Die Lehrkraft bereitet dazu eine Flipchart vor, auf der eine motivierende Ankündigung mit Lokalbezug steht (z. B. „Erster Erich-Kästner-Gesamtschule-Slam" oder „Erster Slam in der Handwerkskammer Braunschweig") und auf der bereits die Slam-Poeten stehen, die der moderierende Lehrer im Vorfeld zur Präsentation ausgesucht hat.

Mehr Offenheit bietet der Einstieg, wenn einige Startplätze offen gelassen werden: Die Zuschauer äußern dann Wünsche bezüglich des Themas, des Genres oder ob Team- oder Einzelbeiträge gesehen werden sollen. Diese Wünsche kann ein Lehrer erfüllen, wenn er sich besonders gut auskennt und die passende DVD mit entsprechenden Beispielen griffbereit hat; möglich ist auch, wie bei einem echten Poetry Slam willkürlich aus der weltweiten Szene via YouTube (Stichwort Poetry Slam) Poeten (auch gerne fremdsprachlich oder gehörlos) auszuwählen und in die Poetry Slam-Simulation zu integrieren.

Der moderierende Lehrer bereitet fünf Stimmkarten-Sets mit Zahlen von eins bis zehn vor und verteilt sie willkürlich an fünf Zuschauer; alternativ können die Stimmtafeln auch unter je einen Tisch gelegt werden, sodass derjenige, der an dem Tisch sitzt, zur Jury auserkoren wird. Neben Stimmtafeln und Flipchart muss nur ein Beamer mit Aktivboxen und angeschlossenem Laptop vorbereitet werden.

Der Lehrer schlüpft nun in die Rolle eines Slam-Moderators (und bleibt in dieser Rolle, auch wenn zwischendurch „gequatscht" wird) und kommt erneut in den Raum. Er begrüßt die Anwesenden zum Poetry Slam, erklärt –

wie ein Moderator bei einem Poetry Slam – kurz die Regeln (Selbstverfasstes, Zeitlimit, Kostümverbot, Abstimmungsmodus), verteilt die Stimmtafeln, bittet um Applaus für den dem Slam vorgeschalteten Featured Poet und zeigt z. B. einen Poetry Clip oder einen Live-Mitschnitt.

Der virtuelle Featured Poet erhält nach dem Abspielen einen kräftigen Applaus und der Moderator bittet die Jury, ihre Noten zeitgleich und ohne abzugucken beim Nennen der Zahl drei hochzuhalten: „Eins – Zwei – Drei, die Jurynoten bitte jetzt!" Höchste und niedrigste Zahlen werden gestrichen. Es folgt per Applausometer die Publikumsquote. Ohne das Ergebnis zu diskutieren, beginnt der Simulations-Slam, bei dem der Moderator nacheinander fünf bis sechs Beispiel-Performances per Beamer zeigt und nach jeder Performance die Punktbewertung ermittelt. Für den besten Poeten ist ein virtueller Preis vorgesehen, der anmoderiert wird. Wichtig bei dem Simulations-Slam ist es, nicht aus der Rolle zu fallen und die virtuellen Poeten wie Live-Auftretende an- und abzumoderieren. Wenn der Poetry Slam vorbei ist, startet die Diskussion.

Empfehlenswert für einen solchen Simulations-Slam ist die DVD Slam2005 (Voland&Quist 2006), da sie Live-Mitschnitte von Slam-Ikonen (Timo Brunke, Jaromir Konecny, Bas Böttcher, u. a.) als „Clash of the Classics" enthält, die auch als Material für den Featured Poet dienen können. Gut geeignet ab Klasse 9 ist der Teamtext von Johanna Wack und Xóchil A. Schütz (Slam the Pony Hamburg). Für ältere Schüler empfiehlt sich als Team-Text „The Boyz with tha Girlz in the Back" (Bamberg). Die DVD bietet auch Vorrunden-und Final-Aufführungen, aus denen ausgewählt werden kann.

Mischt man schon während des Simulations-Slams Live-Mitschnitte und Poetry Clips, werden intermediale Unterschiede bereits bei der Bewertung sichtbar: Poetry Clips erhalten erfahrungsgemäß weniger Punkte, da sie weniger gut die Atmosphäre der Veranstaltung transportieren und in diesem Rahmen zu künstlich wirken. In der anschließenden Diskussion kann die Rolle und Wirkung der Poetry Clips dann hervorragend thematisiert und problematisiert werden.

Auch U20-Slam Poetry kann bewusst in den Simulations-Slam integriert werden, auch hier bietet sich guter Diskussionsstoff, etwa inwiefern sich das (junge) Alter des Vortragenden positiv oder negativ auf die Bewertung niederschlägt oder welche Unterschiede in der textlichen Qualität möglicherweise zu beobachten sind.

Die Beispiele des Simulations-Slams können auch die Palette der Gattungen bzw. Genres widerspiegeln: Lyrische Formen von Xóchil A. Schütz, kabarettistische Texte von Sebastian Krämer; Rap-Poesie von Telheim; selbstreferentielle Slam Poetry von Lydia Daher; Storytelling von Volker Strübing, dramatische Dialoge von Etta Streicher und Toby Hofmann, Lautgedichte von Dirk Hülstrunk etc.

Auch die unterschiedlichen Arten der Performance (vgl. Kap. Inszenierung des Sprechers und des Textes) können exemplarisch in den Simulations-Slam eingebaut werden. Ob Beatboxing auf einem Slam erlaubt ist (und nicht gegen das Gebot „Keine reinen Gesangsstücke" verstößt), kann am besten diskutiert werden, wenn ein Beatboxing-Beitrag (etwa: www.supereliot.de) im Slam auftaucht.

Es ist auch geschickt, wenn im Simulations-Slam die zehn Gewinner (zwei Doppelsiege) der deutschsprachigen Meisterschaften (abrufbar unter http://de.wikipedia.org/wiki/Poetry_Slam) gegeneinander antreten lässt und über mögliche Gründe für ihren Erfolg spekuliert.

Ein schöner Effekt ergibt sich auch, wenn – wie auf Lesungen in der kulturellen Praxis (vgl. Literaturwerkstatt Berlin 2007) – Nora Gomringer und ihr Vater Eugen Gomringer nacheinander im Simulations-Slam auftreten und die Zuschauer Einflüsse bzw. Unterschiede diskutieren. Exkurse in die Literaturgeschichte sind ebenfalls reizvoll, wenn etwa Walther von der Vogelweide (Minnesang), Kurt Schwitters (DADa), Lawrence Ferlinghetti (Beatnik) oder Ernst Jandl (Konkrete Poesie) mit einem Textvortrag (via CD oder via YouTube) als Featured Poet oder im Wettbewerb „auftreten".

Nach dem Slam ist vor dem Slam: Die Zuschauer des Simulations-Slams haben Formen der kulturellen Praxis selbst erlebt und diskutiert und können im Anschluss daran selbst zu Akteuren auf der Bühne werden: Der Moderator schlüpft aus seiner Rolle und lässt das Publikum über Themen, die die anwesenden Personen derzeit bewegen und über die sie einen Text schreiben würden, ein Brainstorming durchführen. Er kann auch in die Analyse-Phase übergehen und anhand der Beispiele nach inhaltlichen und formalen Merkmalen von Slam Poetry fragen sowie Stimmführung und körpersprachliche Auffälligkeiten sammeln, welche die Teilnehmer vielleicht bei eigenen Performances als Orientierung verwenden können.

Alternative Einstiege sind z. B. der Besuch eines Poetry Slams, die Durchführung einer der abgewandelten Formen (vgl. Kap. 1), die Einladung eines Slam-Poeten mit Auftritt und Gespräch, eine Internet-Ralley zu bekannten Slam-Poeten und Slam-Veranstaltungen, das Zeigen eines Dokumentarfilmes (vgl. Devlin 1998; Wolkenstein 2007) oder aber – induktiv – eine Schreibwerkstatt, in der Jugendliche zunächst selbst Texte, die medial mündlich wirken könnten, schreiben, ohne in das Veranstaltungsformat eingeführt worden zu sein. Dann werden sie nicht durch Beispiele aus der Slam-Szene beeinflusst oder eingeschüchtert.

Schüler können auch selbst einen Simulations-Slam präsentieren und so die Dramaturgie der Veranstaltung steuern und sich im Moderieren üben.

3.3.2 Produktion: Team-Texte schreiben und vortragen

Das Teamtexten erfolgt nach den didaktischen Schritten von Norman Green (2005): Think, Pair, Share. Das Vorgehen hat sich in Lehrerfortbildungen und Schülerworkshops, die die Verfasserin durchgeführt hat, bewährt (zuletzt: Lüneburg liest, Mai 2009).

Die Schüler schreiben in der ersten Phase („Think!") alleine nach einem Impuls einen Text. Sie gehen dann mit einem Neigungspartner oder einem zugeordneten Partner zusammen und präsentieren ihren Text („Pair!"). Um die stimmbezogenen Stilmittel anzuwenden, das Zuhören zu trainieren, die Aufmerksamkeit zu bündeln und eine erste Reaktion des Gegenübers zu provozieren, stehen dabei beide Schüler Rücken an Rücken und tragen ihre Texte nacheinander vor. Nachdem der erste Schüler vorgetragen hat, äußert der Partner seinen Eindruck z. B. nach den folgenden Leitfragen: War der Text akustisch zu verstehen? Welche Wirkung hat er erzeugt? Welche Stimmung wurde deutlich? Um welches Thema oder Motiv drehte sich der Text? Wie wurde der Zuhörer einbezogen? Nach dem Feedback trägt der Partner in demselben Verfahren seinen Text vor. Danach erfolgt eine zweite Runde, bei der sich beide Face-to-face gegenüberstehen und die körpersprachlichen Stilmittel zur Wirkung kommen. Erneut wird Feedback gegeben, diesmal ganzheitlich, d. h. auch Mimik und Gestik werden einbezogen. Möglich ist auch, bereits in der ersten Vortragsrunde – ausgehend von den körpersprachlichen und inhaltlichen Merkmalen des Textes – über eine passende Mimik und Gestik zu sprechen und dem Gegenüber für die zweite Runde somit Anregungen für die Performance zu geben. Nach der zweiten Runde entscheiden die Partner, ob sie eine schrift- oder körpersprachliche Überarbeitung ihrer Inszenierung vornehmen. In der dritten Runde gibt es zwei Varianten:

In Variante A kommt ein zweites Schülerpaar dazu, sodass jeder Schüler vor einem Kleingruppen-Publikum aufführen kann („Share!"). Auch hier werden die Rückmeldungen zu Stimmführung und Körpersprache sowie zu inhaltlichen Aspekten getrennt gegeben, allerdings wendet sich der Schüler gleich dem Publikum zu. Wenn sich die vier Mitschüler abschließend beraten haben und beschließen, dass Text und Performance vorzeigbar sind, erhalten ein oder zwei Schüler von seiner Kleingruppe einen Startplatz für den geplanten Klassen-Slam.

Die auftretenden Schüler bekommen dann vom Moderator je eine Karteikarte, auf der sie ihren (Künstler-)Namen, unter dem sie auftreten möchten, notieren. Auf der Rückseite notieren sie ein paar Stichpunkte für eine eigene Anmoderation, die nach einem der fünf Möglichkeiten verlaufen kann (vgl. Burki 2003), oder neue Ideen vermittelt. Diese enthält also z. B. Angaben zum Textinhalt, zur Entstehung des Textes, zu den Adressaten des Textes, Zitate-Quellen oder Widmungen. Der Schüler gibt die Karte vor seinem Auftritt an den Moderator zurück, behält die Anmoderation aber im Gedächtnis und kann bei seinem Auftritt darauf zurückgreifen.

In Variante B gehen die beiden Schüler, die sich anfangs über Text und Inszierung ausgetauscht hatten, selbst als Team zusammen. Gerade eine unangekündigte Partnerarbeit führt oft zu erstaunlichen Ergebnissen. Beide Schüler kennen ihre Texte gut genug, um mit den Textteilen zu spielen und diese zu einem gemeinsamen Text zusammenzubringen:

Dabei kann – wie bei Team-Texten in der kulturellen Praxis – ein Schüler den Hauptteil, der andere den Refrain oder nur seine Stimme und Körpersprache einbringen; oder die Texte werden kontrastiert, als Dialog inszeniert, textimmanent verschachtelt, etc. Beim Zusammenstellen ergeben sich Ideen für die Aufführung, denn die Auswahl der Textteile erfolgt oft nach dem Prinzip der geschickteren Aufführungsmöglichkeiten. Anregungen für Team-Text-Inszenierungen finden die Schüler z. B. im (zuvor durchgeführten) Simulations-Slam bei „The Boyz with tha Girlz in the Back" oder dem Team Schütz/ Wack („Slam the Pony") bzw. dem ersten Team-Text-Poetry Clip von Word Alert (vgl. YouTube).

Das Schülerpaar probt dann zusammen mit einem oder zwei anderen Schülerpaaren („Share!") ihren Team-Auftritt. Auf einer Karteikarte wird ein gewünschter Team-Name notiert, eine Anmoderation fixiert und auswendig gelernt und in der Kleingruppe um einen Startplatz geslammt: Ein Team aus Dreien wird von der Kleingruppe für den Klassen-Slam gesetzt. Die Teams können auch wachsen, wenn sich nach dem Proben oder dem Klassen-Slam neue Text-Montagen und Text-Kombinationen oder Varianten ergeben.

Die Team-Bildung kann auch nach dem amerikanischen Modell erfolgen:

Nach einigen klassen- oder schulübergreifenden Poetry Slams bilden die jeweiligen Einzel-Poeten ein Team für ihren Ort bzw. ihren lokalen Slam und treten mit Text-Bricolagen aus eigenen Texten oder einem neuen, in Kooperation verfassten Text an. Für die offizielle Meisterschaft in der kulturellen Praxis dürfen Teams von bis zu sechs Personen angemeldet werden. Zur Erarbeitung der Performance sind Foto- oder Filmdokumentationen denkbar, etwa ein audiovisuelles Performance-Portfolio, das die Entwicklung des Vortrags zeigt.

3.3.3 Rezeption: Text und Performance analysieren

Damit Slam Poetry einen angemessenen Platz im Literaturunterricht erhält, müssen Möglichkeiten für die Analyse von Text und Performance geschaffen werden. Im Folgenden werden zu diesem Zweck ein U20-Slam-Text und eine Performance eines erwachsenen US-amerikanischen Slam-Poeten untersucht, um Beispiele für die Analyse von Slam Poetry – auch im fachübergreifenden – Unterricht zu geben. Mit dieser Art von Analyse kann im Unterricht die literarästhetische Rezeptionskompetenz gefördert werden.

Die Auswahl der Medien wurde aus bestimmten Gründen getroffen:

Der U20-Slam-Text stammt von dem Berliner Jugendlichen Julian Heun, der damit beim SLAM2007 die U20-Poetry Slam-Meisterschaften gewann. Der vorliegende Text gehört aber zugleich zu dem im empirischen Teil der Studie untersuchten Korpus (vgl. Kap. 2, Forschungsdesign), weil er genau so ein Qualifikationstext wie die anderen war: Julian Heun hatte mit diesem Text zuerst den Berliner Vorausscheid gewonnen, und sich damit für die Meisterschaften qualifiziert. Im Gegensatz zu den vielen anderen Teilnehmer trat er mit demselben Text in der Endausscheidung an – und wurde damit U20-Poetry Slam-Champion. Als Siegertext soll dieser Text nun gesondert untersucht werden, weil sich daran zeigen lässt, wie Heun die Merkmale der mündlichen Dichtung gekonnt einsetzt und zugleich nicht die Schwächen zeigt, die bei vielen der anderen Texte festgestellt worden sind (vgl. Kap. 2, Gesamtauswertung). Das könnte seinem Sieg zuträglich gewesen sein. Außerdem könnte der Erfolg auch an dem intensiven Individual-Training gelegen haben, das Heun von seinem Workshop-Leiter bekommen hatte. Dass der U20-Slam-Poet einen Heimvorteil hatte, weil er als Berliner Schüler in Berlin auftrat, kann nicht bestätigt werden: Bei den bisherigen U20-Poetry Slam-Meisterschaften gewannen ansonsten nie die Jugendlichen, die selbst aus der Gastgeberstadt des jeweiligen SLAM kamen. Da dieser Text zudem beim U20-SLAM2007 mittels einer Jury sowie einem „Applausometer" des Publikums (mit über 1700 Zuschauern, die gut zur Hälfte nicht aus Berlin kamen und nur circa zur Hälfte unter 20 Jahren waren) gewonnen wurde, ist der Text recht repräsentativ für den Geschmack des deutschsprachigen Slam-Publikums im Jahre 2007.

Der Mitschnitt von Logan Philipps Performance von „The Boy's Pockets" (Wolkenstein 2007) wurde aus zwei Gründen gewählt: Erstens hat ihn der Kameramann Rolf Wolkenstein aus Deutschland gedreht. Das ist bedeutsam, weil Wolkenstein ein professioneller Filmemacher ist, der zahlreiche Poetry Clips sowie den Dokumentarfilm „Slam Revolution" (2007) gefilmt hat und so die filmsprachliche Ästhetik der deutschen Slam-Szene eindrücklich mitgeprägt hat. Zweitens wurde der Mitschnitt gewählt, weil er einen Text in fremder Sprache präsentiert. Wolkenstein drehte den Mitschnitt in dem berühmten, von Bob Holman und Gary Glazner geleiteten New Yorker „Bowery Poetry Club". Ein Fremdsprachentext wie dieser ist deshalb besonders gut geeignet für die Analyse der Performance im Deutschunterricht, weil sich ein Rezipient, der Englisch nicht als Muttersprache spricht, auch bei laufendem Ton gut auf die Körpersprache und zugleich die Stimmführung konzentrieren kann, da er nicht so leicht vom Inhalt abgelenkt wird. Ansonsten wäre man im Unterricht darauf beschränkt, angesichts der oft packenden Inhalte der performten Texte, die Analyse bei ausgeschaltetem Ton vorzunehmen, womit einem die Verknüpfung mit der sprachlichen Präsentation versagt bliebe.

Außerdem soll dieses Beispiel Mut dazu machen, sich auch mit anderen Sprachen auf der Bühne zu beschäftigen, oder sich zu trauen, sofern man nichtdeutscher Sprachherkunft ist, auf der Bühne mit eigenen Texten in der eignen Sprache aufzutreten. Denn die Analyse zeigt, dass durch den Körper und die Stimme bereits sehr viel Inhalt artikuliert werden kann. Auch wenn Poeten in anderen Sprachen auf der Bühne zu erleben sind, hat das Publikum Chancen, die Stimmung eines Textes zu erfassen. Im Poetry Slam heißt es dazu: „If you don't understand, feel it" (vgl. z. B. www.on3-radio.de/_words/163/interview-lars-ruppel-if-you-dont-understand-feel-it).

Dabei gilt es, um Missverständnisse zu vermeiden, sich zu vergegenwärtigen, dass es erhebliche kulturelle Unterschiede gibt im Verständnis und der Bedeutung von Körpersprache durch Menschen aus verschiedenen Ländern, Kulturen und mit verschiedenen Sprachen. Was für die einen nach Wut aussieht, mag z. B. für andere ein Heiterkeitsanfall sein, und andersherum.

Die beiden Medien, also der U20-Slam-Text „U-Bahn Terkan und ich" sowie der Performance-Mitschnitt von Logan Philipps, sind auch deshalb ausgewählt worden, weil sie eine inhaltliche Korrelation aufweisen:

Julian Heun übernimmt als Stilmittel den Soziolekt einer ethnischen Minderheit und Logan Philipp spricht aus der Rolle eines sozial benachteiligten Jugendlichen. Beide Poeten thematisieren also – aus einer jeweils anderen Perspektive – schwierige soziale Verhältnisse, die für Jugendliche im Sinne des Fremdverstehens oder der Identifikation interessant sein könnten.

Analyse eines Poetry Slam-Textes

Folgende Aufgabe könnte die Analyse eines (U20-)Slam-Textes anleiten:
1) Schaue dir den Mitschnitt der Textperformance „U-Bahn-Terkan und ich" auf YouTube (unter: www.youtube.com/watch?v=unkkGyVk4N4) an. Ordne die Performance des Textes in eine der drei im Poetry Slam üblichen Performance-Arten (textbezogene, genrebezogene, publikumsbezogene Inszenierung) ein.

2) Lies die schriftliche Vorlage des Textes. Analysiere den Text, indem du besonders auf Merkmale der Jugendsprache (z. B. Neologismen, Anglizismen, Lautwörter, Bricolagen, vulgäre Ausdrücke, Hyperbeln) eingehst.
3) Beurteile, in welchem Verhältnis der Sprecher des Textes zu seinem fiktiven Gegenüber „U-Bahn-Terkan" steht.

Eine Analyse des Textes, die auf wesentliche Aspekte der Aufgabenstellung eingeht, könnte wie folgt aussehen:

Der Text „U-Bahn Terkan und ich" von Julian Heun aus dem Jahr 2007 wird mit einer Anmoderation eingeleitet, welche das Publikum auf die im Text beschriebene Situation und den Ort des Geschehens einstimmt „Ihr kennt doch sicher alle die Berliner U-Bahnhöfe, vielleicht sind einige von euch mit der U-Bahn hierhergekommen ... ".

Der Slam-Text beschreibt dann in rund hundert Zeilen eine Situation in der U-Bahn. Der Schwerpunkt des Textes, die Begegnung des Sprechers mit einem türkisch stämmigen Menschen, ist bereits im Titel „U-Bahn-Terkan und ich" angekündigt. Der Text kann in drei Abschnitte eingeteilt werden, die unterschiedliche Zustände des Sprechers beschreiben: Von der ersten Zeile bis zur rhetorischen Frage „Wo, wo fährt das hin?" liefert der Sprecher ein Stimmungsbild und eine Charakterisierung seiner eigenen Person in einer ihm unangenehm erscheinenden Umwelt. In dem Textabschnitt 2 berichtet er über die Begegnung mit Terkan und im Textabschnitt 3 vergleicht er seine eigene Situation mit der des türkischen Mitbürgers.

In allen drei Abschnitten setzt Heun reduzierte Mimik und Gestik ein. Die Performance gehört zur textbezogenen Performance, da z. B. der Einsatz von Heuns Händen so wirkt, als dirigiere er seine Stimme, seine Atmung und seine Tonhöhe. An der Textstelle, an dem der Sprecher in die Rolle von Terkan schlüpft, nimmt Julian Heun den Soziolekt der Kanak Sprak an[37].
In dem ersten Textabschnitt ermöglichen die Neologismen („Dumpfgesichter", „u-bahnschächtig", „erscheinungsbildlich", „zugruckelnd"), Personifikationen („Lichter treffen", „U-Bahnhof mordet") und der übermäßige Einsatz von Umlauten („kärglich", „schnöde", „träge", „müde"), der auch Binnenreime („unermesslich hässlich", „dröger Blödheit", „Seelen quälen") schafft, eine originelle, insgesamt jedoch eher düstere Wahrnehmung des Großstadtlebens. Der Poet mischt die Stilebenen: Zu altertümlichen Begriffen („Gemächt", „Ödheit", „Lebensfreud") gesellen

---

[37] In einer früheren Inszenierung des Textes hatte sich Heun beim Sprecherwechsel zusätzlich die Socken über die Hosenbeine gezogen. Er wollte damit den Eindruck verstärken, dass er nun in der Rolle eines türkischen „Prols" spricht. Der Workshop-Leiter machte ihn jedoch darauf aufmerksam, dass diese Geste bereits zur Verkleidung gehöre und gegen die Regeln des Poetry Slam verstoße. Um nicht in den Vorrunden oder im Finale dadurch disqualifiziert zu werden, unterließ Heun diese charakterisierende Geste.

sich plakativ-moderne bzw. vulgäre Ausdrücke („Rauchverbot", „Bier" und „Urin", „Kot"). Der Text bietet bereits hier ein Spannungsfeld zwischen einer bildungsbürgerlichen Welt, die sich in Endreimen und mit gehobenem Wortschatz zu artikulieren versteht, und einer gewalttätig und sprachverfallenden Außenwelt, welche die eigenen Wahrnehmungen beeinflusst.

Interessant sind die elliptischen Wendungen „mehr Tunnel als Licht" und „mehr Unter als Schicht", welche ebenso wie „Dumpfgesichter" als Metaphern für die von dem Sprecher wahrgenommenen „bildungsfernen" Menschen gesehen werden können, die sich von ihm nicht nur intellektuell, sondern auch durch ihre Motivationslosigkeit („zucken nur") unterscheiden. In der wiederholten Zeile „unermesslich hässlich" deutet sich an, dass die Umgebung unmittelbaren Einfluss auf die Menschen hat. Die Trostlosigkeit des U-Bahnhofes scheint den Menschen Hoffnungen zu stehlen und das Hirn „versoffen" zu machen. Möglich ist aber auch, dass der Sprecher von den Menschen ausgehend, den Ort charakterisiert. Offen bleibt auch, ob sich der Sprecher bereits mit der Zeile „Und wir haben ihn gelötet" der entmenschlichten, demoralisierten Welt zugehörig fühlt oder er erst dahingezogen wird („Und da zieht es mich auch hin"). Durch Steigerungen („mehr", viel mehr denn je"; „noch dümmer, noch schlimmer"), Superlative „auf brutalste Weise", Verallgemeinerungen („sowieso und eh und je") und Ergebenheitsmetaphern („zugruckelnd ich mit muss, ich kenne das schon") taucht der Sprecher erstmals emotional in die düstere Welt der „Unterschicht" ein, macht diese sich jedoch kognitiv zu eigen: Die abstrakt wirkenden Begriffe „Großstadtnihilismus" und U-Bahndepression" werden zusammenfassend am Ende des ersten Textabschnitts verwendet, bleiben jedoch floskelhaft und scheinen den zuvor erlebten Widerstand gegen die sinnentleerte Welt zu besänftigen, gedanklich zu verarbeiten, einzuordnen. Die U-Bahn-Fahrt wird zum Bild für die eigene Sinnsuche, wenn der Sprecher die rhetorische Frage stellt „Wo fährt das hin?".

In diese offene Situation, in diese Fragehaltung hinein, platziert der Sprecher die direkte Begegnung mit seinem Alter Ego U-Bahn-Terkan. Unterbrochen wird der bisher lyrisch gestaltete und rhythmisierte Textfluss durch einen informierenden, an das Publikum gewandten prosaischen Einschub:

„Meinen Nachbarn Terkan treff' ich nur in der U-Bahn, immer nur beim U-Bahn fahr'n. Daher auch U-Bahn Terkan."

Dieser Einschub wirkt zeitraffend, reißt den Verfasser des Textes aus seiner Sprecherrolle heraus und suggeriert dem Publikum, dass die folgende Situation authentisch ist und die Namensgebung bewusst erfolgte. Außerdem bildet diese Publikumsansprache als Subtext, als Regieanweisung, eine Verbindung zu den Zuhörern, was möglicherweise der Grund ist, dass bei bisher allen Textaufführungen die ersten lauten Lacher sofort im Anschluss bei dem Stichwort „Picaldi-Trollgewand" erfolgen und das Publikum durch den Kontakt mit dem Poeten auf dessen Seite sind und seiner Perspektive folgen. Und das, obwohl die Neologismen „Picaldi-Trollgewand" und „Einheitsprahlprollplastikprunk" zunächst sehr weit hergeholt erscheinen und nur durch ihren Klang eine ansprechende, eingängige Wirkung haben:

Ein modernes Picaldi-T-Shirt wird zu einem märchenhaften Gewand stilisiert, das wiederum von einem Troll getragen wird. Die Marke Picaldi kennzeichnet den türkischen Hintergrund der Figur Terkan: Picaldi ist ein von einem Türken 1994 gegründeter Bekleidungshersteller mit Firmensitz in Berlin. Der Poet setzt darauf, dass den Zuhörern dieses charakterisierende Kleidungsstück bekannt ist und kombiniert es mit dem Begriff „Troll", um sein Gegenüber dumm darzustellen. Ein Troll gehört im Science-Fiction-Genre zur untersten Liga der Märchen- und Fantasy-Gestalten und wird allgemein als leichtgläubig und grobmotorisch, jedoch durchaus mit körperlichen Kräften ausgestattet bezeichnet. Durch die Ironisierung der Kleidung des jungen Türken mit Hilfe des positiven, fast edel anmutenden Begriffes „Gewand" löst der Sprecher Lachen bei den Zuhörern aus. Die bisher beschriebene düstere, sinnentleere und hässliche Umwelt wird in der nächsten Zeile direkt auf das Aussehen des jungen Türken fokussiert, der nach Aussage des Sprechers einen „Geschmacksverarmungshöhepunkt" darstellt.

Ebenso wie bei der Kombination von Troll und Gewand werden hier zwei gegenläufig konnotierte Begriffe in Verbindung gebracht: Verarmung und Höhepunkt. Der Sprecher treibt das Lachen erneut hoch, indem er mit seiner sprachlichen Eloquenz, dem binnengereimten Neologismus „Einheitsprahlprollplastikprunk" aufwartet. Auch hier werden positiv und negativ konnotierte Begriffe scharf gegeneinander gesetzt („plastik-prunk" oder auch „proll-prunk"). Diese Kombination von feiner und gewöhnlicher Welt unterstützt das bereits im ersten Textabschnitt geöffnete Spannungsfeld zwischen bildungsbürgerlicher Welt und Unterschicht, zwischen dem durch Fantasie und edlem Streben gekennzeichneten Denken und „bildungsfernem" Milieu.

Allerdings, und das wird bereits hier deutlich, scheint trotz der sprachlichen Eloquenz der von dem Sprecher verkörperte Bildungsbürger auf einen aggressiven, weil demütigenden Humor zurückzugreifen, um sein Gegenüber zu kennzeichnen. Auch in diesem Gebaren scheint sich „mehr Tunnel als Licht" zu offenbaren.

Im zweiten Textabschnitt kommt schließlich auf die Frage des Sprechers hin das türkischstämmige Gegenüber zu Wort. Der Sprechers unternimmt darin selbst ein Code-Switching:

> Er schlüpft sprachlich und gestisch in die Rolle des Dialogpartners, der in der hinlänglich bekannten Kanak Sprak sein „Glaubensbekenntnis" darstellt. Dieser Teil des Slam-Textes wird als Höhepunkt der

Textaufführung vorbereitet, indem die Figur Terkan eine eigene Anmoderation durch den Sprecher erhält: „Und Terkan spricht". Außerdem wirkt die eingangs an Terkan gestellte Frage „Woran kann man noch glauben?" wie eine Aufforderung zur Verkündung einer Wahrheit.

In seiner Rede, die sich direkt an den fragenden Sprecher, aber von der Dramaturgie her direkt an das Publikum wendet, charakterisiert Terkan sich selbst: Er sei halb Deutscher, hat seinen eigenen Weg gefunden, um Ziele kurzfristig zu erreichen und erhofft sich Ehre und Respekt von seinen Mitmenschen. Dieses Statement wirkt im Gegensatz zu der akzentuierten Vorrede in Textabschnitt 1 sehr umgangssprachlich. Die Wiederholungen des in Kanak Sprak verfremdeten Personalpronomens „isch" und der phrasenhaften Anrede „alta" verdeutlichen nichtsdestotrotz einen selbstbewussten und sein Gegenüber als gleichwertige Person integrierenden Sprecher. Die deutsche Sprache ist durch Ellipsen („nicht mehr Schule gehe") und durch Lehnwörter aus dem Englischen („chille", „Babes", „Pussies", „Homies") geprägt. Eine Nähe zur HipHop-Kultur ist intendiert, indem der Sprecher einen frauenfeindlichen Habitus annimmt und die im HipHop gebräuchlichen Begriffe „Ehre", „Respekt" und das zur Battle-Kultur gehörende Sprechritual „Isch fick deine Mutter" verwendet. Auch moderner Straßenslang (z. B. „pimp", engl. für „Zuhälter"; auch als Verb benutzt, wo es dann „aufmotzen" heißt) wird in zahlreichen Wiederholungen variiert. Insgesamt wirkt dieser Dialogteil phrasenhaft, wie ein Klischee eines Jugendlichen, der Migrationshintergrund und Affinität zur HipHop-Szene hat. Der Wiedererkennungseffekt im Publikum ist dementsprechend hoch, meist begleitet Gelächter diesen Teil des Textes. Der Poet scheint ein in der Gesellschaft stilisiertes Porträt auf den Punkt zu bringen. Dieses ist auch deswegen amüsant, da der Sprecher Julian Heun in seiner äußeren Erscheinung komplett von diesem Porträt abweicht und nur mittels Sprache und Gestik den Vertreter einer bildungsfernen Bevölkerungsgruppe auf der Bühne ein Forum gibt.

Der dritte Textteil („So sprudelt es aus ihm heraus") ist eine Reflexion des Sprechers über den Dialogpartner. Indem die Bahn stoppt, ist auch die Sinnsuche zu Ende, die Terkan in seiner Rede dem nach Sinn suchenden Sprecher abgenommen zu haben scheint. Was diesem bleibt, ist die Beurteilung des naiv und begeistert geäußerten Lebensrezeptes von Terkan. Zwar nimmt er sich vor, zwei Lebensentwürfe zu vergleichen („Woraus denn mehr Glück schiene"), tatsächlich charakterisiert er sich selbst lediglich als jemanden, der eine „miese Miene" besitzt, die also nur zeitweilig problematisch ist, während Terkan dagegen als „Kleingeist" herabgewürdigt wird, da dieser sprachlich weniger eloquent ist – und vermutlich langfristig mit Problemen kämpfen muss.

Das Publikum belohnte diesen Text in drei Vorrunden und im Finale des U20-Poetry Slam mit Höchstpunktzahlen, Julian Heun gewann die

Meisterschaft 2007 und nimmt bis heute (Stand: 2010) an den Poetry Slams der Erwachsenen teil.

Mit seinem Text, der eher zu den lyrischen Formen im Poetry Slam gehört, zieht Julian Heun mittels jugendsprachlicher Sprechweise das Publikum auf seine Seite und bietet trotzdem einen sprachlich überstrukturierten, anspruchsvollen Text.

Auch die Adressatenorientierung ist klar: Das Publikum ist durch die Anmoderation und die Erzählerkommentare angesprochen und erhält eine Orientierung im Text. Der Sprecher versteckt seine eigene Meinung, legt aber eine konkrete Situation ganz klar dar („showing, not telling"!). Der Zuhörer nimmt ihm das morgendliche Ritual in der U-Bahn ab, die Kleidung und die Athmosphäre in der U-Bahn sind detailliert beschrieben (Detailhunting!). Der Text weist kaum Bricolagen auf – auffällig sind nur das Nietzsche-Zitat „Gott ist tot", das zum Textinhalt passt und die „Unterwelt" der U-Bahn zusätzlich charakterisiert und der Verweis auf die Marke „Picaldi", mit der Heun die Figur Terkan genauer charakterisiert. Der Text enthält Neologismen, Lautwörter, Anglizismen und gruppenspezifische Lexik – die er mit denen im Publikum teilt, die wissen, was er mit der Beschreibung des türkischen Jungen meint.

Ob Heun nur aus Freude an dem Soziolekt mit Kanak Sprak spielt, ob er bewusst den Jugendlichen mit Migrationshintergrund einen Platz auf der Bühne ermöglichen wollte – oder ob er sich auf Kosten einer Minderheit den Applaus der Mehrheit sichern wollte, bleibt offen und kann näher untersucht werden, indem Schüler den Text in einem literarischen Gespräch diskutieren.

Performance-Mitschnitte analysieren

Mitschnitte von Slam-Performances werden üblicherweise so produziert, dass ein Kameramann aus dem Zuschauerraum oder von einer Position auf der Bühne den Performer aufnimmt. Der Zuschauer des Mitschnittes kann bei der Betrachtung vor- und zurückspulen und einerseits die durch den Poeten inszenierte Aufführung genauer und wiederholt rezipieren, andererseits erfährt er auch etwas über die Inszenierung des Auftritts durch den Kameramann oder, falls vorhanden, den Regisseur.

Zu dem Bildinhalt bei einer Slam-Performance gehören erfahrungsgemäß Kinesik und Stimmführung des Poeten, Bühne bzw. Veranstaltungsraum, Publikum sowie Inserts. Daher wurden diese Kategorien in der Analyse berücksichtigt. In diesem Vorschlag ist der Mitschnitt zunächst ohne Ton mehrmals abgespielt worden. Die Kameraführung und Einstellungsgröße wurden pro Einstellung beschrieben.

Der folgende Mitschnitt von der Performance von Logan Philipps „The Boy`s Pockets" aus dem Jahr 2007 wurde als Prototyp gewählt. Dieser Slam-

Poet wurde 1983 in Tombstone (Arizona, USA) geboren und gilt als „the young voice from the Southwest" (vgl. www.dirtyverbs.com).

Vergleicht man den Mitschnitt mit Aufnahmen aus dem Film „Slam Nation" (Devlin 1998) oder mit Aufnahmen von Auftritten in TV-Shows wie dem WDR-Poetry Slam, so ist die Filmsprache ganz ähnlich. Die Kamera in dieser Aufnahme suggeriert die Perspektive eines Zuschauers, tatsächlich steht der Kameramann Rolf Wolkenstein vorne links und gegen Ende des Mitschnitts vorne rechts an der Bühne.

Das folgende Analyseraster zeigt, mit welchen Kategorien eine Performance analysiert werden kann. Das Schaubild widmet sich dabei den ersten dreißig Sekunden.

Schüler können einen Vordruck mit diesen Analysekriterien erhalten und das Blatt beim (mehmaligen) Rezipieren des Auftritts ausfüllen bzw. die begonne Analyse ergänzen.

Analyseraster zu Logan Philipps: *The Boy`s Pockets* 2007

Zeit in Min	Kamera-perspektive	Einstellung	Bildinhalt	Gestik/Mimik des Poeten	Insert bzw. Ton *(kursiv)*
00	Normalsicht	Amerikanisch	Junge Leute auf dem Weg zu und vor dem Poetry Club		*Gemurmel* Insert: Bowery Poetry Club & Café/ *Everything is subject to change/ Serving the World with Poetry/ Lucky`s*; Anmoderation durch den Poeten dringt von innen nach draußen;
08	Untersicht	Nah	Eingangsbereich/ Schaufenster des Bowery Poetry Clubs		Anmoderation durch den Poeten wird – nun sichtbar – *weitergeführt*
10	Normal, leichte Untersicht	Amerikanisch	Slam-Poet mit Mikro	Poet hat die Hände in den Hosentaschen, kratzt sich an der Nase	Insert: BOWERY POETRY CLUB/ Bowerypoetry.com; Gelächter des Publikums
17	Leichte Aufsicht	Halbtotale	Slam-Poet mit Bühne, Vorhang, Hinterköpfe des Publikums	Poet beugt sich vor das Mikrofon, senkt den Blick	
20	Leichte Untersicht	Groß	Poet vor dem Mikrofon	Gesicht mit (siegessicherem) Lächeln	„*Alright*";
21	Leichte Untersicht	Amerikanisch	Poet vor dem Mikrofon	Hände in den Hosentaschen	„*So*";
30	Leichte Untersicht	Nah	Poet vor dem Mikrofon	Hände in den Hosentaschen	Strophe 1: *There is a small boy with the world in his pockets [...]*

Im Detail bringt die Analyse der Performance, welche zunächst ohne Ton abgespielt worden ist, folgende Ergebnisse:

In den ersten zehn Sekunden und in den letzten sechs Sekunden des Mitschnitts wird die für das Event besondere Atmosphäre erzeugt. Anfangs zeigt die Außenaufnahme das auf einen Club zugehende Publikum, einige Personen bleiben vor der Tür des Clubs stehen und reden miteinander – Geselligkeit, Studentenleben, ein angenehmer Abend in der Großstadt. Kurz, aber nah wird der Eingangsbereich des „Bowery Poetry Clubs" eingefangen. Die Kamera antizipiert mit Hilfe der Inserts den Charakter der kommenden Veranstaltung: Es geht um Dichtung (Bowery Poetry Club & Café), der Club bietet den Zuschauern literarische Texte (Insert: „Serving the World with Poetry") und das angebotene Programm verspricht Abwechslung und Originalität (Insert: „Everything is subject to change").

In der nächsten Einstellung ist bereits der Slam-Poet Logan Philipps zu sehen. Er wirkt noch inaktiv, da er zwar auf der Bühne steht, jedoch noch die Hände in den Hosentaschen hat und sich an der Nase kratzt. Kurz darauf bereitet er sich auf seine Performance vor, beugt sich vor das Mikrofon und senkt den Blick.

Die Kamera fängt in der Halbtotalen alle wichtigen Elemente einer Performance zugleich ein: den Poeten, das Mikrofon, das Publikum, die Bühne und den Namen des Clubs, der auf den Vorhang gedruckt ist. Im nächsten Augenblick beginnt die Textaufführung. Logan Philipps ist ab Sekunde 20 kontinuierlich (mit nur zwei Unterbrechungen) im Bild zu sehen. Er wird die ganze Zeit in leichter Untersicht präsentiert, sodass er erhöht und somit bedeutsam wirkt. Langsam tastet sich die Kamera an die Körperteile des Vortragenden heran, die für die Performance wichtig sind: Auf eine Großaufnahme des Gesichts folgt ein Blick auf seinen Oberkörper und die Hände, bis zu einem noch genaueren Bild des Gesichts, als Logan zu sprechen beginnt. Amerikanische Einstellungsgröße und Nah wechseln sich dann ab, sodass man die Hände des Poeten sehen kann, die er innerhalb von 13 Sekunden kelchartig nacheinander nach vorne zeigt.

Darauf folgt ein Perspektivwechsel: Die Kamera filmt vom rechten Bühnenrand und schwenkt in der Halbtotalen für fünf Sekunden durch das Publikum, während der Poet seinen Text weiterspricht. Danach nimmt die Kamera denselben Blick wie vor dem Perspektivwechsel ein und fängt Logan Philipps dabei ein, wie er in der Luft Formen beschreibt und mit dem Zeigefinger auf sich selbst zeigt. Erneut wechselt die Einstellung von Groß auf Amerikanisch auf Groß. Der Performer zeigt zunächst eine sich vergrößernde Form in Höhe des linken Auges. Danach streckt er beide Arme nach oben und nach außen, schließt und öffnet seine Augen und zieht seine Hände über das Gesicht. Für über 15 weitere Sekunden agiert er mit seinen Armen: Die rechte Hand stößt nach rechts, macht von der Höhe des rechten Ohres fließende Abwärtsbewegungen und streicht dann den linken

Arm. Von Nah erkennt man eine Art Victory-Zeichen, das Logan Philipps mit zwei Fingern vor seinem Gesicht macht. Die Kamera zoomt dann über zwanzig Sekunden in den Weitwinkel bis zu Philipps Hüften und zeigt, wie er seine Arme ausstreckt und zu Fäusten ballt.

Genau sowie der erste Perspektivwechsel nach 49 Sekunden erfolgte, setzt nun nach ebenfalls 49 Sekunden ein zweiter, sehr kurzer Perspektivwechsel ein: In leichter Aufsicht vom linken Bühnenrand wird das Publikum in der Halbtotalen gezeigt. Ein Mädchen spielt an einem Handy, zwei weitere Frauen schauen an der Kamera vorbei zur Bühne. In der nächsten, langen Einstellung ist der Poet in der starken Untersicht wie aus der Fan-Perspektive zu sehen. Seine Bewegungen sind rhythmisch: Er greift mit der rechten Hand an seine Hosentasche, streckt den Arm dann nach oben und vorne, streckt abwechselnd den linken Arm nach vorne, zeigt auf sich und auf das Publikum, schließt die Augen, greift sich an den Kopf und gebärdet mit der rechten Hand.

Dann kehrt er in seine Eingangsposition vor der Performance zurück und die Kamera begleitet ihn dabei: Er geht einen Schritt vom Mikrofon weg und verbeugt sich, kratzt sich an der Nase und läuft auf die Kamera zu, hebt, zum Publikum gewandt, dankend die Hände. Die Performance ist nach ziemlich genau drei Minuten beendet. Die Kamera wechselt von der Untersicht zurück in die Normalsicht zur leichten Aufsicht. Logan Philipps verlässt die Bühne. Die Kamera zeigt ihn von hinten, er verschwindet in den Publikumsraum, vorne glüht noch immer das Licht des Eingangsbereichs.

Der Poet steht im Mittelpunkt der Filmaufnahme, er wird durch die Untersicht als Star präsentiert, durch die beiden Schwenke ins Publikum und seinen Gang durch das Publikum am Ende des Mitschnitts wird deutlich, dass auch das Publikum wichtig für die Aufführung ist. Die Publikumswertung wird jedoch nicht aufgezeichnet, der Wettkampfaspekt wird an keiner Stelle deutlich. Auch die Inserts verraten nur, dass es sich um einen Poetry Club – und nicht um einen Poetry Slam – handelt.

Bei der Gestik sind drei Bewegungen besonders deutlich: Die aus der Hosentasche gezogenen Hände, das Streichen über den linken Arm und die zu Fäusten geballten Hände. Deutlich wird auch, dass die Gebärden zügiger und rhythmischer werden. Parallel dazu filmt die Kamera noch stärker aus der Untersicht, sodass die Dramatik innerhalb der Aufführung zunimmt.

Schaut man sich denselben Clip mit Ton an, entschlüsseln sich Mimik und Gestik besser. Ganz eindeutig handelt es sich um eine textbezogene Performance. Die Fremdsprachigkeit des Textes erlaubt es aber auch dann einem Nicht-Muttersprachler, sich besser auf die Mimik und Gestik zu konzentrieren bei eingeschaltetem Ton, weil der Inhalt nicht automatisch ablenkend wirkt.

Die Anmoderation übernimmt der Poet selbst. Sie enthält ein paar lokale Anspielungen, sodass das Publikum lacht. Der Poet leitet dann wie nebenbei durch die Floskel „so" in den poetischen Text über, der mit dem Vers „There is a little boy with his hands in his pockets" beginnt. Er steht selbst mit den Händen in den Taschen auf der Bühne. Philipps will hier entweder suggerieren, dass er als Sprecher-Ich mit der Person, von der der Text handelt, identisch ist. In diesem Fall wäre der Text autobiografisch gemeint. Außergewöhnlich ist dann jedoch, dass der Text nicht aus der Ich-Perspektive erzählt wird. Diese ist in den meisten Slam-Texten üblich. Philipps könnte diese Pose aber auch einnehmen, um den Text anschaulicher zu machen. Das Publikum folgt dem audiovisuellen Vortrag besser, wenn die Aussagen körpersprachlich unterstützt und an den Vortragenden gebunden werden.

Die im Printtext (vgl. Anders 2008c, 26-29) angelegte Strophenform wird durch die Performance aufgebrochen. Die einzelnen Strophen sind nicht durch Pausen voneinander getrennt, wie der Printtext suggeriert. Auch wird nicht pro Vers performt. Vielmehr korrespondieren die einzelnen Wörter mit dem Fluss der Körperbewegungen und den Kameraeinstellungen. Während der Sprecher in der ersten Strophe wie besagter „little boy" vor dem Mikrofon steht, greift er für die zweite Strophe in die rechte und linke Hosentasche. Mit jeder neuen signifikanten Handbewegung oder Körperhaltung, die der Poet zu einem Versinhalt macht, verändert sich die Kameraeinstellung. Teilweise fügt der Poet neue Wörter ein, die nicht in dem Textabdruck stehen, oder er tauscht Wörter aus. Das ist vor allem in Min. 0:30 zu beobachten, wenn der Inhalt der Hosentaschen des Jungen beschrieben wird und sich plötzlich Steine statt Bleistifte in der linken und ein toter Schmetterling in der hinteren Hosentasche befinden.

Zusätzlich kommentiert Philipps zu dem ersten Vers „who has the world in his pockets": „And when I say this, I actually mean it literally" (Min. 0:28) und betont damit, dass der Junge grundsätzlich nicht mehr als den Inhalt seiner Hosentaschen besitzt. Die Ellipsen in Strophe drei („Back pocket: a crushed flower/ Back pocket: Black Cats") werden nur rudimentär performt, die Handbewegung zu den eigenen Hosentaschen entfällt. In der nächsten Strophe wird das Leben des jugendlichen Protagonisten metaphorisch beschrieben.

Philipps spricht von dem Haus voller Widersprüche und Kämpfe, in dem der Junge groß wird. Dabei schwenkt die Kamera durch das Publikum. Wie zur Veranschaulichung der beiden konträren Parteien (mother/ father) filmt die Kamera bei dem ersten Perspektivwechsel ein Publikum, das überwiegend aus männlichen Zuschauern besteht. Der zweite, sehr kurze Schwenk ins Publikum zeigt einen Tisch, an dem zwei Frauen sowie ein Mädchen sitzen (Min. 2:36).

Während die Kamera bei dem ersten Schwenk durch den Saal wandert, spricht der Poet die anaphorisch angelegten Verse „The boy lives in a house". Die in dem Text erzählten Zustände werden durch die Kameraführung auf die Personen im Publikum übertragen, die eben auch in dem „house" sitzen und Opfer oder Täter sein können. Der Blick des Betrachters der Aufnahme bleibt an zwei dickleibigen Männern „kleben" (Min. 0:52), die den Vater symbolisieren könnten.

Philipps schlüpft für die fünfte Strophe in eine Rednerpose. Damit veranschaulicht er die Meinung, die der Junge in seinem Text äußert: „He says [...], he says [...]". Zudem ahmt er die in den Versen angesprochenen Gegenstände wie „books" und „fire" visuell mit Handbewegungen nach.

Mit Strophe sechs wird die auffällige Handbewegung am Auge inhaltlich gefüllt: Phillips spricht von „windows for eye sockets". Die auseinandergestreckten Arme (Min. 1:27) bilden den Mantel nach, den der Junge für seine Mutter aus geschmolzenem Wüstensand anfertigen will. Dass dieser Gedanke eine Utopie bzw. ein Traum ist, versinnbildlichen die geschlossen gehaltenen Augen des Performers. In der nächsten Strophe stellt sich der Junge in dem Text vor, wie schön es wäre, wenn seine Mutter die Sonne geheiratet hätte und er die Menschen sähe, die in den Wolken lebten. Der Performer richtet für diese Aussagen seinen Blick nach oben und zieht auch die Hände nach (Min. 1:35). Er unterstützt die Vorstellung von explodierenden schwarzen Katzen durch eine aggressive Geste der rechten Hand, die von seinem Kopf fortspringt. Dann vergleicht er in Strophe sieben die gute, bräunende Kraft der Sonne mit der Gewalt seines Vaters. Dieser habe ihn nur grün und blau geschlagen. In der Performance streicht Philipps an dieser Stelle über seinen linken nackten Arm (Min. 1:47). Der Zuschauer weiß dadurch, dass mit der Metapher („his father [...] turns his skin blue and black in spots and stitches") die körperliche Gewaltausübung gemeint ist.

Philipps wird im Folgenden rasanter in seiner Performance, seine Stimme wird ärgerlicher. Die einzelnen Elemente des Textes fügen sich neu zusammen. In dem Jungen reifen zwei Träume, die sich treffen und einen Plan aushecken. Philipps veranschaulicht dies symbolisch durch das Victoryzeichen (Min. 1:59). Der Zuschauer ahnt, dass die schlechten Erfahrungen des Jungen neues Unheil stiften. Der Performer hebt seine Hände abwechselnd hoch, als ob die Gegenstände, die er aufzählt, nichts wert bzw. dem Jungen gleichgültig seien.

Markant wird die Aussage „Life is like that: blue and black when it should be brown" umgesetzt: Philipps verringert beim Aussprechen der einzelnen Farben den Abstand zwischen der rechten und der linken Hand und symbolisiert somit den Abstand zwischen Wunsch und Realität. Auch die Feststellung, dass der Vater den Mund voller Fäuste hat, also im Leben viel Gewalt erfahren musste, wird visuell dargestellt, indem Philipps seine Fäuste gegen sein eigenes Gesicht richtet. Aus derselben Bewegung heraus senkt und hebt der Performer die Fäuste, wenn er in Strophe zwölf von dem Schicksal des Jungen spricht, der seine Träume verteidigen will. Durch diese fließende Geste der Fäuste wird deutlich, dass der Vater Gewalt erfahren hat, diese an den Jungen weitergibt und dieser wieder Gewalt anwenden wird. Erneut reibt sich Philipps den linken Arm (Min. 2:29), um zu zeigen, dass Schmerz für den Jungen etwas Wiederkehrendes, Alltägliches ist („The boy's skin is blue, this feeling, nothing new").

Wieder schließt er die Augen, diesmal, um eine Erinnerung zu symbolisieren, dann führt er sehr theatralisch seine Hände von den Hosentaschen vorne und hinten nach oben und spuckt förmlich das Wort „firecrackers" aus seinem Mund, der die einzelnen Verse schneller und wie automatisch artikuliert. Er zeigt energisch auf sich und symbolisiert so, dass der Junge in seinem Herzen zwar eine eigene Welt hat, in seinen Fingern aber nur Streichhölzer findet. Philipps schließt erneut seine Augen und zieht dann mit den Händen eine unsichtbare Linie von seinen Augen zu einem Platz vor seinen Füßen, der das brennende Haus seines Vaters symbolisieren soll („watches flames").

Der Zuschauer erkennt an der Pantomime, dass der Junge selbst das Haus seines Vaters angezündet hat, um seinen eigenen Weg zu finden. Energisch spricht Logan Philipps die Sentenz des Textes aus „this boy who has to be the one to start the fire" und geht dann einen Schritt von dem Mikrofon weg.

Die Analyse zeigt, dass nicht nur die Textinhalte, sondern auch die Bildinhalte bei Slam Poetry eine Rolle spielen. Um gefilmte Performances angemessen zu beschreiben, sind einige Besonderheiten gegenüber herkömmlicher Textanalyse zu beachten:

Bei einer Textanalyse sollte die Einteilung in Strophen der Einteilung in (Auftritts-)Minuten weichen, da diese genauer die Performance abbilden. Außerdem sollte der Filmmitschnitt alle performenden Körperteile zeigen. Das gelingt am besten durch die Haupt-Einstellung „Amerikanisch" (oder Halb-Totale) im Wechsel mit nahen und großen Aufnahmen. Ein Filmmitschnitt ist nicht nur Dokumentation, sondern enthält auch eigene Deutungsangebote. In dieser Aufnahme erfolgen zum Beispiel Kameraschwenks ins Publikum an Textstellen, die zum Identifizieren des Publikums mit dem Textinhalt einladen. Eine Kommentarfunktion haben auch die Inserts am Anfang der Filmaufnahme („Everything is subject to change") sowie die Kameraperspektive: Die leichte Untersicht suggeriert, dass der Zuschauer dem erhöht Sprechenden folgt.

Innerhalb des Textes werden durch die Performance Interpretationsvorgaben von Seiten des Poeten deutlich: Die geschlossenen Augen veranschaulichen eine Wunsch- oder Traumsequenz, das Wegschleudern der Hände zeigt, dass die Situation des Jungen hoffnungslos scheint, das

Streicheln des Armes unterstreicht die körperliche Gewalt, die der Junge erleiden musste. Die Fäuste, die der Sprecher geballt hält, um den Vater zu charakterisieren, sind dieselben, die sich bewegen, wenn der Performer von dem Sohn und dessen Wut und Befreiungsversuchen spricht. Dadurch entsteht der Eindruck, dass die selbst erfahrene Gewalt neue Gewalt erzeugt. Auf der Textebene allein ist dieses Deutungsangebot nicht so deutlich sichtbar. Performance und Filmmitschnitt ermöglichen also neue Deutungsangebote durch den Poeten und den Filmenden.

Schüler können mit Mitschnitten so arbeiten wie in dem Beispiel gezeigt, also zunächst anhand einer Version ohne Ton oder wie hier im mit einem Fremdsprachentext ihre Beobachtungen schärfen und dann mit der Version mit Ton bzw. mit Textversion zu einer Analyse und Interpretation gelangen. Die genaue Analyse der filmsprachlichen Mittel ist auch bei der Produktion eigener Mitschnitte, z. B. von Performances der Mitschüler oder Freunde auf einem lokalen Poetry Slam möglich.

3.3.4 Bewertung: Auftritte beurteilen und Texte bewerten

Bei der Durchführung eines Poetry Slams in der Klasse ist oft Fingerspitzengefühl beim Beurteilen und Bewerten der vorgetragenen Texte gefragt. Bei dem folgenden Verfahren wird zwischen dem Beurteilen und Bewerten getrennt:

Ein Urteil ist zunächst einmal nichts als eine Stellungnahme zu einem Fremdtext, bezogen auf eine bestimmte Fragestellung. Das kann auf einer ganz subjektiven Ebene die Antwort auf die Frage sein: Was gefällt dir an dem, was ich geschrieben habe? Eine Bewertung impliziert eine nachvollziehbare Norm, mit der ein Schreibprodukt verglichen wird" (Abraham/ Kepser 2009, 66).

Das Rückmeldeverfahren erfolgt in drei Schritten: Richtet sich der Klassen-Slam nach dem Veranstaltungsformat – was unbedingt zu empfehlen ist – dann halten zunächst einige, durch den Moderator wie bei einem „echten" Slam willkürlich bestimmte Zuschauer aus dem Publikum Stimmtafeln mit Punkten von eins bis zehn hoch. Diese werden zusammengezählt, die höchste und niedrigste Punktzahl wird gestrichen, die Summe auf eine Flipchart oder der Tafel neben den jeweiligen (Künstler-/Team-)Namen notiert. Danach erfolgt je nach Wunsch eine Abstimmung per Applausometer, bei der der Moderator langsam und für alle (!) sichtbar mit den Fingern unterstützt und überdeutlich von eins bis zehn zählt und das Publikum aufffordert so *lange* zu klatschen, wie dem Einzelnen der zu beurteilende Text wert ist. Auch diese Zahl, bis zu der langsam gezählt worden ist, wird an der Flipchart notiert und mit der Jury-Beurteilung addiert.

Der Poetry Slam nimmt seinen Lauf, der beste Vortrag wird prämiert, alle Poeten kommen zum Abschluss und zur Würdigung ihres Mutes und ihrer Leistung erneut auf die Bühne.

Dann erfolgt der zweite Schritt, der teilweise auch in der kulturellen Praxis zu beobachten ist: Das Publikum und die Poeten sowie der Moderator (wenn es ein Lehrer ist, umso besser), führen einen „Kulturplausch" und tauschen sich frei und ohne Leitfragen über das Gesehene und Gehörte aus. Dieser Austausch gilt dem intensiven Beurteilen. Der mündliche Austausch kann auch inszeniert werden, indem man die Schüler wie auf einem Marktplatz im Klassenraum nach einer Musik (die die Atmosphäre des Poetry Slam unterstützen kann) umherspazieren lässt und die Musik stoppt. Die Schüler finden einen Gesprächspartner und plaudern, bis die Musik erneut einsetzt etc. Alternativ kann auch ein Erinnerungsprotokoll zu einzelnen Texten bzw. Auftritten oder Gefühlen und Gedanken bei einem Auftritt verfasst werden.

Im dritten Schritt – der bisher so nur im „Science Slam" Hamburg in der kulturellen Praxis vorkommt – setzen sich alle Gesprächsteilnehmer im Kreis zusammen und sprechen im gelenkten Unterrichtsgespräch über ihre Eindrücke. Das Erinnerungsprotokoll kann als Hilfe dienen. Auch die Poeten können von ihren Wahrnehmungen berichten. Dies verlangt jedoch ein Vertrauen in der Gruppe. Der Gesprächsleiter lenkt dann – oder bereits vorher – auf die Ebene der Literaturkritik:

Warum wurden welche Punktzahlen gegeben? Was waren mögliche Kriterien für das Beurteilen? Welche Entscheidungen sind schwieriger, welche leichter gefallen? Welche Notengebung hätte man im Nachhinein lieber verändert? Aus welchem Grund haben die drei Texte die höchsten Punkte erhalten? Was sagt die Wertung über den Geschmack oder die Erwartung des Publikums aus? Welche Änderungen in der Wertung hätte es vielleicht gegeben, wenn die Jury nur aus Mädchen/ nur aus Jungen/ aus älteren/ jüngeren Jurymitgliedern bestanden hätte etc.

Die Klasse befindet sich mitten in einem Gespräch über Literatur. Die Diskussion kann reflektiert werden, indem einige Schüler Verlaufsprotokolle anfertigen, fiktive Reportagen für eine Zeitung zu dem Klassen-Slam schreiben oder das Gespräch in einer Fish-Bowl stattfindet und das Gesprächsverhalten und die Argumentation reflektiert werden. Das Problem, dass sich Schüler persönlich angegriffen fühlen, wenn über ihre Texte erneut gesprochen wird, sollte im Vorfeld thematisiert und durch entsprechende Gesprächsregeln entschärft werden.

Der vierte Schritt der Beurteilung erfolgt dann auf der schriftlichen, also distanzsprachlichen Ebene:

Die Schüler fertigen anhand ihrer Erinnerungsprotokolle bzw. anhand ihrer im Gespräch mit vielen anderen Mitschülern gewonnenen Informationen eine erste Analyse eines selbst gewählten Slam-Textes an. Wer selbst aufgetreten ist, nimmt sich einen Text von einem anderen Poeten vor.

Statt eines Schülertextes kann auch ein Poetry Clip oder ein Film-Mitschnitt analysiert werden, der entweder im Simulations-Slam oder im Vor- oder Begleitprogramm des Klassen-Slams gesehen worden ist. Bei der Analyse helfen Leitfragen, wie etwa:

- Fragen zum Erzähler: Aus welcher Perspektive wurde der Text gesprochen? Wie ist das Verhältnis zwischen Performer und Sprecher-Ich zu charakterisieren?
- Fragen zum Sprecher: Wie hat sich der Sprecher anmoderiert und inszeniert?
- Fragen zum Kontext: Nach und vor welchen Texten war der Text platziert? Welche Auswirkungen hatte die Stimmung im Publikum auf die Wirkung des Textes? Passten Anmoderation und Textinhalt oder Performance zusammen?
- Fragen zur Inszenierung: Welche körpersprachlichen Stilmittel und Elemente der Stimmführung waren auffällig? Welche Veränderungen könnten bei der Inszenierung einer nächsten Performance gemacht werden? Wie haben – bei Team-Texten – die Sprecher kooperiert?
- Fragen zur Textvorlage: Mit welchen Bricolagetechniken und Zitaten, intertextuellen Bezügen spielte der Text? Inwiefern waren Merkmale mündlicher Dichtung (nach Ong, Zumthor) zu beobachten? Gab es jugendsprachliche Elemente?
- Fragen zu medialen Adaptionen: Wie könnte der Text für einen Poetry Clip filmisch inszeniert werden? Welche Kulisse und Sprecherhaltung schlägst du aus welchen Gründen vor? Welche Passagen würdest du für eine CD-Version besonders betonen?
- Fragen zum Genre: Welchen gattungsspezifischen (lyrische, erzählende, dramatische) Merkmale sind auffällig? Spielt der Text mit anderen Genres (Fantastische Geschichten, Horrorstories, Märchen, etc.)? Welche Motive behandelt der Text?
- Fragen zum Aufbau und Inhalt: Welches Thema oder welchen Grundkonflikt behandelt der Text? Sind die Informationen nachvollziehbar und schlüssig oder eher asssoziativ? Welcher Aufbau (Reimstrukturen, Pointen, Refrains, etc.) ist erkennbar?
- Fragen zur Rhetorik: Für oder gegen wen nimmt der Text Stellung? Mit welchen Ausdrucksmitteln erregt der Poet Aufmerksamkeit? Ist der Text überzeugend, zum Nachdenken anregend, mitreißend?
- Fragen zur Beurteilung zu den im Wettbewerb stehenden Texten: (Wie) ist die hohe oder niedrige Punktvergabe zu begründen? Welche Chancen hätte der Text möglicherweise bei einer

veränderten Inszenierung oder eine Inszenierung bei einer veränderten Textvorlage? Wie viele Punkte hättest du dem Text im Vergleich zu anderen Texten gegeben?
- Fragen zum handlungs- und produktionsorientierten Umgang: Wie hört sich eine Dialektfassung des Textes an? Welche Vorgeschichte hat der Erzähler? Was passiert statt/ nach der Schlusspointe? Wie könnte eine Schlusspointe für diesen Text lauten? Aus welcher Perspektive könnte ein Antwort-Text verfasst werden? Was schreibt ein Mitglied der Publikumsjury als ausführliche Begründung zu seiner Wertung? Wie sieht ein Storyboard zu einem Poetry Clip aus? Etc.

Die schriftliche Analyse kann – wenn es der Text hergibt – auch in eine Interpretation münden. Dieser Schritt ist jedoch aufgrund der oft recht plakativen und eindeutigen Texte nicht immer nötig. Vielmehr orientiert sich die Textanalyse an den bekannten schriftlichen Analysen von Reden.

Die fertigen analytischen bzw. handlungs- und produktionsorientierten Textprodukte können schließlich bewertet werden. Auch eine Prozessperspektive (vgl. z. B. Winter 2003, 2008) bietet sich an, wenn der Poetry Slam-Auftritt und die entsprechenden Rückmeldungen als Überarbeitungshinweise betrachtet werden und dazu dienen, dass das Textprodukt verändert bzw. verbessert wird (vgl. z. B. ein audiovisuelles Performance-Portfolio).

Die Premieren der aufgeführten Slam-Texte sollten hingegen nicht für die mündliche oder schriftliche Note instrumentalisiert werden, da das Veranstaltungsformat gerade keine Norm vorgibt, nach der geschrieben und benotet wird – außer, dass die Zeit eingehalten und ohne Requisite und Kostüm performt wird.

3.4 Poetry Slam als Bundeswettbewerb

Dass Poetry Slam im Deutschunterricht zum Aufbau von Kompetenzen im Sprechen, Zuhören, Schreiben und im Umgang mit AV-Medien eingesetzt werden kann, ist bereits gezeigt worden. Die Schüler, die ein längerfristiges Interesse als Slam-Poeten im Poetry Slam entwickeln, sollten über den Deutschunterricht hinaus eine Förderung erhalten, um leichter an der kulturellen Praxis Poetry Slam teilhaben zu können. Ein Bundeswettbewerb würde diese Schüler sicher motivieren und gleichzeitig die Lehrer entlasten, die trotz gelungener Poetry Slam-Projekte Zweifel daran haben, ob dies für alle Schüler gleichmäßig attraktiv ist:

Kann sich die Schule es leisten, teuer bezahlte Lehrer auf Projekte zu setzen, bei denen von 30 Teilnehmern vielleicht 3 oder 4 oder 5 ein akzeptables Ergebnis / Niveau erreichen? Vielleicht sollte man die Frage anders stellen. Schreiben können muss die Schule allen Schülerinnen vermitteln. Der Aufwand für Slamprojekte an Schulen im Verhältnis zum Ertrag ist aber entmutigend, zumindest, wenn man daraus kein Rosinenpicken machen will. Aber darauf läuft es hinaus (Krätschmer 2008, E-Mail an Anders, 2008).

Dieses „Rosinenpicken" macht noch einmal deutlich, dass die bisherigen Workshops eher von Workshopleitern geleistete Talentsuche und Aufbauarbeit für die Szene, aber keine Schreibförderung für alle Jugendlichen, sind.

Da der Slam ein Veranstaltungsformat ist, das sich bereits in vielen Städten etabliert hat und über eine stabile Infrastruktur verfügt, wäre eine Ausschreibung als Bundeswettbewerb sicher eine sinnvolle Möglichkeit, um schulische und außerschulische Lehr- und Lernkontexte zu verbinden. Außerdem würden sich Schüler, die durch ihre eigenen Klassenkameraden angefeuert werden, sicher noch besser motiviert fühlen.[38]

Im Lernbereich „Mündlicher Sprachgebrauch" gibt es derzeit drei Bundeswettbewerbe. Sie fokussieren das Vorlesen, das Erzählen/ Berichten/ Umschreiben sowie das Diskutieren und Debattieren.

Poetry Slam könnte diese Wettbewerbe vorbereiten und ergänzen oder selbst ein solcher Bundeswettbewerb werden.

---

[38] Dadurch, dass bei jeder Jury-Abstimmung die höchste und die niedrigste Note gestrichen wird, können auch sehr hohe Sympathie-Werte bei der Abstimmung nivelliert werden. Wird ein Bundeswettbewerb in Zusammenarbeit mit der Slam-Szene veranstaltet, dann können auch die seit langem entwickelten und sehr gut funktionierenden „Applausometer" für Großveranstaltungen eingesetzt werden, die ein Stimmungsbild des gesamten Publikums akustisch aufzeichnen – und zwar unmittelbar nach einem Auftritt, sodass versucht wird, die erste Reaktion auf die jeweilige Performance einzufangen und nicht den tosenden, anhalten Applaus, der sich minutenlang steigern kann.

Im Folgenden werden die drei unterschiedlichen Bundeswettbewerbe vorgestellt und problematisiert und schlussendlich Argumente für und gegen einen Bundeswettbewerb Poetry Slam formuliert:

Vorlesewettbewerb

Der Vorlesewettbewerb ist der älteste und größte Bundeswettbewerb zum mündlichen Sprachgebrauch. Er wird seit 50 Jahren (Stand: 2009) vom Börsenverein des Deutschen Buchhandels in Zusammenarbeit mit Buchhandlungen, Bibliotheken, Schulen und sonstigen kulturellen Einrichtungen veranstaltet und hat jährlich rund 700.000 teilnehmende Schüler. Der Wettbewerb wird für alle 6. Klassen ausgerichtet. Die Teilnehmer werden je nach Schulform und Leistungsniveau in Gruppen von A bis C unterteilt, die untereinander antreten. Im Schuljahr 2008/2009 haben 7.600 Schulen teilgenommen. Die Veranstalter möchten in erster Linie die Lesemotivation fördern:

Wer gerne liest und Spaß an Büchern hat, ist eingeladen sein Lieblingsbuch vorzustellen und eine kurze Passage daraus vorzulesen. [...] Der Vorlesewettbewerb bietet die Gelegenheit, die eigene Lieblingsgeschichte vorzustellen und jede Menge neue Bücher zu entdecken (www.vorlesewettbewerb.de/kids/alles-ueber/index.php).

Problematisch an dem Wettbewerb ist, dass viele Schüler kein Lieblingsbuch haben, wenn sie nicht durch das Elternhaus oder den Freundeskreis entsprechend gefördert und angeregt werden. Sie sind dann auf die in der Schule behandelte Lektüre beschränkt, die oft nicht zur Lieblingslektüre zählt oder die Kinder nicht vor einem größeren, gleichaltrigen Publikum als Lieblingsbuch vorstellen möchten. Außerdem ist es nicht erlaubt, Texte aus Schullesebüchern zu verwenden (vgl. www.vorlesewettbewerb.de/kids/alles-ueber/tipps.php), sodass die Kinder und Jugendlichen die „Ganzschriften" ausfindig machen müssen.

Die Veranstalter schlagen vor, in Bibliotheken und Buchhandlungen auf die Suche zu gehen. Sicher sind Bibliothekare und Buchhändler bei der Suche behilflich, da sie Kooperationspartner des Wettbewerbs sind. Dieser Weg erfordert jedoch auch entsprechende Vorkenntnisse: Die Schüler müssen bereits wissen, wie man ein Buch sucht und ausleiht. Ein Buch über den Buchhandel zu erwerben, ist mit Kosten verbunden. Da keine fotokopierten Seiten, sondern nur das Buch im Original in der Wettbewerbssituation zugelassen ist, ist der Kauf eines Buches – auch im Hardcover – oft unumgänglich, vor allem, wenn Jugendliche sich Neuerscheinungen aussuchen.

Ansprechend gestaltet sind die Lesetipps, die die Schüler auf der Homepage der Veranstalter finden. Dort werden erzählende Bücher zu unterschiedlichen Themen vorgestellt, die von den „Fachleuten der Kinder- und Jugendliteratur" (www.kjl-online.de) empfohlen worden sind.

Orientierung finden die potentiellen Teilnehmer auch durch den Link „Eure Buchhits", der zu den Jugendbuch-Favoriten der unabhängigen Jugendjury des Kinder- und Jugendliteraturpreises führt (www.vorlesewettbewerb.de/kids/buchhits/index.php).

Ein zweites Problem ergibt sich für Schüler nichtdeutscher Sprachherkunft. Sie haben aufgrund ihres Akzents möglicherweise Schwierigkeiten, einen Text ebenso sicher vorzutragen wie ihre deutschstämmigen Mitschüler. Die Veranstalter definieren als gutes Vorlesen, dass der Leser „einen Textabschnitt flüssig beherrsch[t], die richtige Betonung finde[t] und möglichst ungekünstelt die Atmosphäre der Geschichte vermitteln [kann]" (www.vorlesewettbewerb.de/kids/alles-ueber/tipps.php). Diese drei Fertigkeiten müssen im Deutschunterricht binnendifferenziert vorbereitet werden, damit die Chancengleichheit gewährleistet ist. Dass in der jeweils nächsthöheren Qualifizierungsrunde dann ein unbekannter „Überraschungstext" gelesen werden muss (ebd.), dürfte Schüler nichtdeutscher Sprachherkunft nicht gerade motivieren, zumal ein solches Verfahren selbst bei professionellen Sprechern überhaupt nicht üblich ist.

Ein drittes Problem betrifft Gattung und Genre der vorgelesenen Lektüre: Im Vorlesewettbewerb sind keine Gedichte und Theaterstücke akzeptiert; die Teilnehmer werden hier auf Prosa verwiesen, obwohl (Kinder-)Lyrik und (Kinder-)Theater in der Schule und in der Freizeit eine Rolle spielen und dramatische Monologe sicherlich sehr gut – und Dialoge auch im Team – zum Vorlesen vorbereitet werden könnten.

Auf dem von den Veranstaltern vorgegebenen Bewertungsbogen (www.vorlesewettbewerb.de/resources/lehrer/pdf/2003/VWB-Bewertungsbogen2.pdf) finden sich die Aspekte „Lesetechnik", Textgestaltung" und „Textverständnis", die für den Wahltext und den unbekannten Überraschungstext mit Notenpunkten von eins bis fünf bewertet werden sollen. Im Bereich Lesetechnik wird positiv bewertet, wenn der Vorleser sicher und flüssig spricht. Punkte in der Textgestaltung bezeichnen die Fähigkeit, Stimmung und Atmosphäre eines Textes an die Zuhörerschaft weiterzugeben.

Im Bereich Textverständnis werden unterschiedliche Fertigkeiten bewertet, die eher die Präsentation als das Verständnis des Textinhalts betreffen: Der Vorleser soll ein richtiges Zeitmanagement beweisen und seinen drei- bis fünfminütigen Auftritt so planen, dass er von der Jury nicht wegen Zeitüberschreitung unterbrochen werden muss. Außerdem soll er seinen Textausschnitt ansprechend anmoderieren. Kindern, die im freien Sprechen nicht so „talentiert" sind (www.vorlesewettbewerb.de/resources/lehrer/pdf/2008/vwb_bewertgrunds.pdf, April 2009), sollen Unterstützung erhalten, indem sie nach dem Gesamtzusammenhang des Romans befragt werden, anstatt diesen am Stück selbstständig zu erläutern.

Insgesamt soll die Jury bewerten, in welchem Maße das folgende Ziel erreicht wird:

Entscheidend für die Bewertung ist, inwieweit es dem Kind gelingt, seine Zuhörer zu erreichen und für das vorgestellte Buch zu interessieren. Allerdings: Engagiertes Vorlesen ist nicht mit Schauspielerei zu verwechseln! Dialoge und Stimmungslagen lassen sich auch ohne übertriebene Inszenierung und spürbar einstudierte Gestik vermitteln (ebd.).

Die Jury setzt sich auf Klassen- und Schulebene aus Mitschülern und Lehrkräften zusammen, während die verantwortlichen Organisatoren für die regionalen Wettbewerbsveranstaltungen eine Jury aus ca. fünf bis sieben Personen zusammenstellen, die vorzugsweise aus Bereichen kommen, die mit Kinder- und Jugendliteratur befasst sind, wie Buchhandel, Bibliotheken, Schulen, Jugend- und Kultureinrichtungen, sowie lesefreudige Kinder (z. B. Vorjahressieger) und Jugendbuchautoren. Die Vorlesenden werden also von einer Fachjury beurteilt. Poetry Slam könnte bei der Vorbereitung des Vorlesewettbewerbs sehr nützlich sein bzw. diesen ergänzen:

In einem solchen Poetry Slam-Workshop würden die Jugendlichen lernen, wie man einen Text anmoderiert, wie man einen Text sinntragend vorliest und wie man einen Text mimisch und gestisch so unterstützt, dass das Publikum durch den Vortrag angesprochen wird und der Auftritt dennoch nicht geschauspielert, sondern authentisch wirkt.

Auch der Umgang mit dem Zeitlimit könnte gut vorbereitet werden, da die Vortragenden in beiden Formaten drei bis fünf Minuten Zeit haben. Der Vorlesewettbewerb könnte durch lyrische und dramatische Formen sowie durch Mundarten- und selbstverfasste Texte erweitert werden, indem zum Beispiel im Vorprogramm des etablierten Wettbewerbs ein Slam-Poet aus der Erwachsenen-Liga mit einigen jungen Slam-Poeten auftritt.

Andererseits kann ein Vorlesewettbewerb auch den Poetry Slam bereichern, da dort solide Vorlesetechniken geübt werden, die auch beim Slammen von Nutzen sind. Die Schüler, die in Klasse 6 in Vorlesewettbewerben Lesetechniken und Textgestaltungsmittel kennengelernt haben, könnten in höheren Klassen an Jugend-Poetry Slams teilnehmen, ihre Lesemotivation mit dem Selberschreiben von Texten verknüpfen und so die Lesekompetenz vertiefen.

Die Formate „Vorlesewettbewerb" und „Poetry Slam" arbeiten beide mit einer Jury, die auf der Schulebene gleich funktioniert: Mitschüler und Lehrer vergeben für die Vorlesenden Punkte von 1 bis 5 bzw. beim Poetry Slam von 1 bis 10. Während die Jury beim Poetry Slam ohne vorgegebene Kriterien arbeitet und der eigene Geschmack bei der Bewertung dominiert, sind der Jury im Vorlesewettbewerb die Kategorien „Lesetechnik", „Textgestaltung" und „Textverständnis" vorgegeben. Die beiden ersten Kategorien könnten auch für den Poetry Slam fruchtbar gemacht werden.

Die Deutsch-Olympiade

Die Deutsch-Olympiade ist ein neuerer, seit 2007/ 2008 stattfindender (und trotz des Namens Olympiade) jährlicher Wettbewerb zum mündlichen Sprachgebrauch, in dem Teams der Jahrgangsstufe 9 aller Schulformen antreten. Im Schuljahr 2008/ 2009 bereiteten sich 44.400 Schüler aus rund 600 Schulen auf die Landes- und Bundeswettbewerbe vor.

Wie im Vorlesewettbewerb gibt es zwei Gruppen: die der Haupt- und Realschüler und die der Gesamtschüler und Gymnasiasten. Der Wettbewerb wird – ähnlich wie die Mathematik-Olympiade – wie ein Sportwettkampf kommuniziert: Die Teilnehmer treten in Vierer-„Teams" an, sie „trainieren" in fünf unterschiedlichen „Disziplinen" und werden im Wettkampf von ihrer eigenen Klasse „begleitet und unterstützt" (www.deutscholympiade.de/).

In dem Wettbewerb sollen sowohl sprachliche als auch soziale Kompetenzen gefördert werden, indem die Jugendlichen mit den Ausdrucksmöglichkeiten der deutschen Sprache spielen, in Gruppen kreativ zusammenarbeiten und spontan gemeinsam Ideen entwickeln. Die Veranstalter „Initiative deutsche Sprache" entwickelten die Deutsch-Olympiade auch im Hinblick darauf, Bereiche der Bildungsstandards spielerisch in der Schule umzusetzen und somit den mündlichen Sprachgebrauch zu fördern:

Mit einer kurzen Unterrichtseinheit will [die Deutsch-Olympiade] zur praktischen Umsetzung der Standards im Lernbereich „Sprache und Sprachgebrauch untersuchen" sowie im neu eingeführten Bereich „Sprechen und Zuhören" in der Schule beitragen. Der Lernbereich „Sprechen und Zuhören" gewinnt zunehmend an Bedeutung, da die Überprüfung mündlicher Leistungen beim Hauptschulabschluss bzw. Mittleren Schulabschluss mittlerweile oft gleichwertig neben der Prüfung schriftlicher Leistungen steht. [...] Hinzu kommt, dass kooperatives Lernen es eher ermöglicht, alle Schülerinnen und Schüler zu integrieren (www.deutscholympiade.de/projekt/projektidee-ziele).

Die Hauptschulen und integrierte Schulformen sollen besonders gefördert werden, indem dieses „innovative Modell der Sprachförderung [...] neue Perspektiven auf Literatur und Schriftsprache" (ebd.) eröffnet und „ein Interesse an den Normen und Konventionen der Sprachgemeinschaft unterstütz[t]" (ebd.).

Wer sich mit Formen des spielerischen Umgangs mit Sprache bereits beschäftigt hat, merkt schnell, dass bei den fünf Disziplinen offenbar Spiele wie „Activity" und „Scharade", TV-Formate der 1980er Jahre wie „Ruck Zuck" und „Montagsmaler", sowie Aufwärmübungen aus dem Improvisationstheater Pate gestanden haben. Die Jugendlichen müssen innerhalb von jeweils zwei Minuten mit oder ohne Vorbereitung gemeinsam reimen, erklären, umschreiben, erzählen und darstellen.

Diese Disziplinen konzentrieren sich laut der „Initiative deutsche Sprache" auf „Klang und Bedeutung von Wörtern, Struktur von Geschichten und Sachtexten, Sprachebenen und Redesituationen" anhand der Übungen könnten „Grundregeln der drei klassischen poetischen Gattungen Lyrik, Epik und Drama ebenso sichtbar und erfahrbar gemacht werden wie die besonderen Anforderungen, denen informative Textsorten genügen müssen" (www.deutsch-olympiade.de/projekt/projektidee-ziele).

Sicherlich werden diese Ziele bei den Disziplinen Erzählen, Darstellen, Erklären und Umschreiben erreicht. Problematisch ist jedoch, dass es bei den literarischen Formen in erster Linie um Schnelligkeit geht; ein ästhetisches, bewusstes Gestalten mit Sprache ist weniger möglich, stattdessen kommt es darauf an, Gedanken im Team zu entwickeln und die Zeit auszufüllen. Das betrifft vor allem die Disziplin Reimen. Das auf der Homepage aufgeführte Trainings-Beispiel für den Unterricht erinnert nur durch den sehr simplen Endreim an ein Gedicht bzw. an Gelegenheitsdichtung:

Vorgabe: *Am Samstagabend geht es los*
Alle: *Am Samstagabend geht es los*
A: *Wir wollen feiern und zwar groß! Erst werden alle informiert,*
B: *Was geplant ist, was passiert, Per E-Mail, Handy, SMS,*
C: *Da gibt es schon den ersten Stress, Weil alle etwas anderes wollen,*
D: *Schimpfen manche, manche schmollen, Doch plötzlich kommt uns die Idee, [...].*

(www.deutsch-olympiade.de/training/aufgabenbeispiele)

Vielleicht könnten kunstvollere lyrische Verse gebildet werden, wenn statt eines Satzes eher eine Stimmung und ein Motiv (z. B. wehmütig/ Natur) oder einige einzelne Wörter vorgegeben würden, mit denen zum Beispiel Jugendliche, die mit Rap vertraut sind, auf die Schnelle einen lyrischen Text entwickeln könnten. Dieses Verfahren würde das Reimen vermutlich auch für Binnenreime und Anaphern öffnen, weil dann kein erster Reimlaut vorgegeben wird.

Ähnlich wie bei dem Vorlesewettbewerb werden die teilnehmenden Teams auf Schulebene durch die Mitschüler bewertet und auf Landes- und Bundesebene durch eine fünfköpfige Fach-Jury. Diese vergibt jedoch keine Punkte, sondern ein qualitatives Urteil:

Die Jury [...] hebt die jeweiligen Stärken hervor und gibt Tipps, was die Schülerinnen und Schüler verbessern könnten. Kriterien, auf die es bei der Bewertung ankommt, sind zum Beispiel Ausdrucksvermögen und Sprachrichtigkeit, Zusammenarbeit im Team, Einfallsreichtum und Stimmigkeit des gesamten Auftritts (www.deutsch-olympiade.de/wettbewerb/jury).

Ebenso wie der Vorlesewettbewerb besitzt auch die Deutsch-Olympiade Elemente, die in Verbindung mit dem Format Poetry Slam fruchtbar sein können. Das betrifft vor allem die mündliche Textproduktion, die Arbeit in Kleingruppen und das qualitative Feedbackverfahren:

Die konsequente Teamorientierung ist sicher sinnvoll und könnte auch für die Organisatoren des Poetry Slam interessant sein, da sich Jugendliche möglicherweise im Team gegenseitig unterstützen und helfen können, außerdem würden die vorgetragenen Texte durch die vorab im Schreibprozess stattfindenden Diskussionen vielleicht fundierter, eloquenter und überzeugender.

Die Disziplinen Reimen, Darstellen und Erzählen könnten in Workshops zum Poetry Slam verwendet werden, damit Jugendliche schnell Ideen finden und zum freien Sprechen finden. Im Gegensatz zur Deutsch-Olympiade sollten die guten Ideen jedoch (stichpunktartig) aufgeschrieben und überarbeitet werden können.

Der Poetry Slam könnte sich auch das qualitative Feedback-Verfahren von der Deutsch-Olympiade abschauen: Statt nur Punkte zu vergeben, wären auch Werturteile möglich, die ein differenzierteres Bild bieten. Die Deutsch-Olympiade könnte hingegen von Poetry Slam-orientierten Workshops profitieren, weil die Jugendlichen dort gutes Timing und gehaltvolleres Reimen lernen. Der bisherige Wettbewerb sieht für die Gewinner der Deutsch-Olympiade einen Poetry Slam- oder HipHop-Workshop vor (vgl. www.poetry-slam-workshop.de; Projekte) – würde der Workshop jedoch vor der Olympiade stattfinden, könnte gerade denen geholfen werden, die bei der Deutsch-Olympiade besser abschneiden möchten.

Jugend debattiert

Der ebenfalls mündlich ausgetragene Wettbewerb „Jugend debattiert" zählt nicht nur zur sprachlichen, sondern auch zur politischen Bildung. Es ist einer der wenigen Versuche, das mündliche Argumentieren zu didaktisieren. Die Veranstalter verfolgen die Idee, mehr Rhetorik in die Schule zu bringen. „Jugend debattiert" findet seit 2003 jährlich statt und wird (auf Deutsch) seit 2005 auch in anderen EU-Ländern durchgeführt.

Der Wettbewerb soll *die sprachliche Bildung durch Ausbildung in Rede, Gegenrede und Debatte schulen, die politische Bildung durch Motivation zu demokratischem Handeln unterstützen, die Meinungsbildung durch Auseinandersetzung mit aktuellen Streitfragen anregen und die Persönlichkeitsbildung durch Teilnahme an Training und Wettbewerb fördern* (www.jugend-debattiert.ghst.de/fileadmin/PDFs_Broschueren/JD_Brosch__re_08_Endfassung_Doppelseiten.pdf).

Die rund 600 teilnehmenden Schulen bildeten im Schuljahr 2008/ 2009 insgesamt rund 150 schulartübergreifende Verbünde, in denen 80.000 Schüler und 3000 Lehrer aus unterschiedlichen Schulformen zusammengeschlossen sind. Dieses Schulnetz von „Jugend debattiert" soll „das Projekt in der Breite sichern, Schulen miteinander in Kontakt bringen und die Nachhaltigkeit der Projektarbeit gewährleisten" (www.jugenddebattiert.ghst.de/index.php?id=89&Lang=).

Die Teilnahme am Wettbewerb ist ab Klasse 8 möglich. Die Teilnehmer werden in zwei Altersstufen aufgeteilt: Schüler der Klassen 8 bis 10 debattieren unabhängig von den Teilnehmern der Oberstufe. Es gibt zwei Altersgruppen: In Gruppe 1 nehmen alle Schüler unter 18 Jahren teil, in Gruppe II alle Schüler unter 22 (bzw: Berufsschulen und Fachoberschulen: 24) Jahren. Ebenso wie der Vorlesewettbewerb und die Deutsch-Olympiade durchlaufen die Teilnehmer mehrere Runden von der Klassenebene bis zur Bundesebene. Die Besten erhalten Unterstützung und Fortbildung durch mehrtägige Rhetorikseminare und werden in ein „Alumni-Programm" aufgenommen. Die Lehrer werden für diesen Wettbewerb speziell fortgebildet, führen als qualifizierte Projektlehrer eine Unterrichtseinheit zum Debattieren durch und entsenden Schüler zu dem Wettbewerb.

Jede Debatte hat eine Fragestellung (z. B.: „Soll die Hundehaltung in den Städten verboten werden?", vgl. www.sz-waller-ring.de/wring/news/08_09/debattieren.php) und verläuft so, dass jeweils vier Debattanten über ein Thema, zu dem klar eine Pro- oder Kontra-Position übernommen werden muss, diskutieren. Anfangs hat jeder der vier Redner zwei Minuten Zeit, seine Position ohne Unterbrechung vorzustellen. Im zweiten Teil sprechen die Redner frei. Sie führen eine 12-minütige, unmoderierte Debatte. In der abschließenden Endrunde erklärt jeder innerhalb einer Minute erneut seinen Standpunkt. Dieser kann sich von der Position am Anfang der Debatte unterscheiden. Die Jury besteht aus Eltern, Lehrern und Mitschülern (vgl. www.jugenddebattiert.ch/it/pdf/Dokumentation-Final.pdf) und bewertet nach folgenden vier Kriterien: Sachkenntnis, Ausdrucksvermögen, Gesprächsfähigkeit und Überzeugungskraft. Jedes der drei (bzw. im Bundesfinale fünf) Jurymitglieder gibt jedem Debattanten für diese vier Kriterien jeweils maximal fünf Punkte, sodass ein Teilnehmer maximal 60 (bzw. im Bundesfinale 100) Punkte erreichen kann.

Pabst-Weinschenk resümiert, dass Initiativen wie „Jugend debattiert" das Bewusstsein für Rhetorik positiv beeinflussten (Pabst-Weinschenk 2003, 102). Eine Journalistin der Süddeutschen Zeitung stellt die Absicht des Wettbewerbs „Jugend debattiert", „gute Demokraten" nachwachsen zu lassen, in Frage und bezeichnete die Final-Veranstaltung 2008 als „Schule des Opportunismus", in der die Finalteilnehmer „weder durch Jugend-Slang noch durch sprachliche Frechheit" aufgefallen seien und eher die nächste Generation „geschwätziger Vertreter" gefördert würde (Lode 2008).

Der Poetry Slam-Wettbewerb hat mit diesem Format Gemeinsamkeiten in der Punkte-Abstimmung, außerdem geht es auch in den Slam-Texten um Ausdrucksvermögen, Überzeugungskraft und rhetorische Sprache, da ein

Slam-Poet seine Zuhörerschaft erreichen und deren Gunst erringen möchte. Allerdings bekommt ein Slam-Poet niemals unmittelbar Widerspruch von einem anderen Slam-Poeten, denn es spricht immer nur einer auf der Bühne und es gilt das Motto „Respect the Poets".

Für die Qualität der Beiträge im Poetry-Slam-Jugendwettbewerb wäre es sicher hilfreich, zusätzliche Rhetorik-Seminare anzubieten, welche den mündlichen Sprachgebrauch unterstützen. Diese sollten die Schreibwerkstätten ergänzen, welche zu Poetry Slams stattfinden, aber eher auf die Textvorbereitung als auf die Textpräsentation abzielen. Für den Wettbewerb „Jugend debattiert" wäre es jedoch sicher auch interessant, ein Aufbauseminar mit Poetry Slam-Elementen anzubieten, damit die Debattanten nicht nur lernen, eine klar definierte Pro- oder Kontra-Meinung zu einem vorgegebenen Thema zu entwickeln, sondern auch ihre eigenen Gefühle und Gedanken zu einem freien Thema verbalisieren zu können. Projekte, die politische Bildung und Poetry Slam koordinieren, gibt es seit 2008:

10.12.2008: Wenn Jugendliche sich treffen, um über Politik zu debattieren, dann bleiben Gefühle nicht aus. Und da Politik bekanntlich mit Worten gemacht wird, liegt doch nichts näher, als den Gefühlen und Emotionen, die Jugendliche bewegen, Worte zu geben. Das passende Projekt dazu heißt Poetry Slam - ein Dichterwettstreit (Kühne 2008).

U20-Poetry Slam als Bundeswettbewerb

Der Poetry Slam kann nicht nur bereits bestehende Wettbewerbe zum mündlichen Sprachgebrauch bereichern und ergänzen, sondern hat als eigener Bundeswettbewerb ein erhebliches Potenzial:

Erstens ist die Infrastruktur in der kulturellen Praxis bereits vorhanden – mehr als 100 regelmäßig stattfindende Poetry Slams existieren im deutschsprachigen Raum und die bundesweiten Meisterschaften im U20-Poetry Slam werden bereits erfolgreich seit 2004 organisiert. In Hessen gibt es seit 2009 auch erstmalig in Deutschland einen Poetry Slam-Wettbewerb auf Landesebene. Der Status als offizieller Bundeswettbewerb würde jedoch einen sehr viel verbindlicheren Rahmen schaffen und Lehrer und Workshopleiter könnten besser kooperieren, sodass sich außerschulische und schulische Lernorte ergänzten.

Zweitens fehlt in der Wettbewerbslandschaft zum mündlichen Sprachgebrauch ein Wettbewerb mit ästhetisch-musischer Ausrichtung. Ein Bundeswettbewerb „U20-Poetry Slam" würde die literarische Bildung fördern, das Sprechen mit dem Schreiben und Zuhören verknüpfen und zugleich an die Ästhetik der Jugendkultur anknüpfen. Möglicherweise könnte dieser wie oben skizziert (vgl. Kap. 2, Gesamtauswertung) noch im Alter der Teilnehmer differenziert werden.

Die ästhetische Bildung spielt in Schulen immer noch eine Nebenrolle (vgl. Liebau 2007, 62), daher sind die schulergänzenden musisch ausgerichteten Wettbewerbe für Kinder und Jugendliche wichtig. Sie unterstützen u. a. die Persönlichkeitsentwicklung (ebd., 63) und fördern Transfereffekte für die allgemeine Intelligenzentwicklung. Die ästhetische Bildung, die in Theater-, Tanz- und Musikprojekten erworben wird, schult Schlüsselqualifikationen wie Kreativität, Teamfähigkeit und Flexibilität, die sich wiederum günstig auf die persönliche und berufliche Qualifikation auswirken. Poetry Slam könnte diese Lücke füllen und Schüler zum poetischen Umgang mit Sprache motivieren.

Liebau warnt jedoch zu Recht davor, musische Projekte lediglich aus der Qualifikationsbedeutung her zu betrachten. Er räumt ihnen stattdessen eine spezifische Bildungsbedeutung ein. Denn Kunst sei auf den individuellen Leib bezogen, diene der Entwicklung der Wahrnehmungsfähigkeit und sei somit existenziell. Er stellt aus drei Gründen besonders die performativen Künste als besonders wichtig zur Persönlichkeitsbildung heraus: Sie ermöglichen sehr komplexe Lernsituationen, besitzen neben der rezeptiven auch eine produktive, handlungsfördernde Seite und bieten dem Schüler die Möglichkeiten seinen „Erscheinungsleib" (Bittner 1990, 66) zu präsentieren und zu reflektieren.

Sicher gewährleistet das U20-Poetry Slam-Projekt diese körperlich-ästhetische Präsentation, auch eine Verbindung von Sozialität und Individualität ist – wie im empirischen Teil gezeigt worden ist, möglich. Die Durchführung des Poetry Slam ist jedoch – wie ein Theaterstück – nur als kollektives Geschehen denkbar, bei dem sich alle Kräfte, organisatorische wie künstlerisch-darbietende, vereinen (Liebau 2007, 67).

Betrachtet man die außerschulischen Lernorte, an denen Schüler ihre Slam-Texte präsentieren, fällt jedoch auf: Kein einziger Jugendlicher unter 20 nimmt an den jährlich stattfindenden U20-Poetry Slam-Master-Treffen auf den deutschsprachigen Meisterschaften teil, bei denen organisatorische Aufgaben besprochen und zukünftige Aktivitäten geplant werden. Die Jugendlichen haben bei der Organisation der Meisterschaften bisher keine Lobby. Schüler werden zwar in Workshops für ihren Auftritt vorbereitet, erleben jedoch nur einen Ausschnitt aus dem gesamten Projekt, nämlich das Training ihres eigenen Auftritts. Dringend notwendig ist daher eine als Projekt verstandene Durchführung eines Poetry Slam, bei dem die jugendlichen Akteure selbst unterschiedliche Aufgaben übernehmen können. Dass dafür bereits Schüler in den Startlöchern stehen, jedoch organisatorische Hilfe und eine bessere Infrastruktur bräuchten, zeigt das folgende Beispiel:

> *[...] Ja, das Projekt war eigentlich gut durchdacht. Es genoss die Mithilfe mehrerer Schüler und zweier Lehrerinnen, die Zustimmung und Unterstützung der Schulleitung sowie des Lehrerkollegiums im Fach Deutsch. [...] Es wurde Werbung*

auf der Schul-Webseite betrieben, ich habe eine eigene Webseite dafür entworfen, im Schulhaus wurden viele, verschieden und eigens designte Plakate aufgehängt, durch verschiedenste Deutsch-Lehrer wurde auch Werbung direkt in den Klassen gemacht und ich habe mich sogar zwei Mal samt Mikro in der großen Pause auf die Tischtennisplatte im Schulhof gestellt. Meine Mithelfer nannten das ganze „Happening".

[...] Die Voraussetzungen waren gegeben, alles war perfekt, nur es gab dann doch ein Problem, welches ich zwar vorausgeahnt habe, aber einfach auch Hoffnungen hatte, dass sich dieses Problem von alleine auflösen würde. Ich fuhr, als Hauptverantwortlicher, von Anfang an die Schiene, nur Schüler der eigenen Schule als Teilnehmer zuzulassen, weil es eine Veranstaltung von der Schule für die Schule sein sollte [...] Es haben sich einfach zu wenige gemeldet, und selbst die, die sich gemeldet haben, entstammte im Schnitt der Klasse 5 oder 6, also eher Kleine.

Dass 4 (ich glaube es waren 4, drei aus der 5. und einer aus der 7.) junge, extreme Anfänger/Kinder eine solche Veranstaltung nicht tragen konnten, war klar, und selbst wenn, würde es zu wenig Anreiz für weitere Ausgaben hervorrufen. Von vielen Seiten kam zwar Interesse, aber nicht daran, aufzutreten.

Ich schätze, es gibt in einem Pool aus knapp 600 Schülern zu wenige, die schreiben und unter diesen gibt es wahrscheinlich nochmal weniger, die ihr Geschriebenes auf einer Bühne präsentieren würden. Der Fehler an der Geschichte war im Endeffekt Naivität.

Allerdings sähe ich weitaus bessere Chancen, wenn man es schul-übergreifend organisieren würde mit 3 oder 4 Schulen. Eventuell könnte man dann auch höhere Instanzen heranziehen. Schulamt oder ähnliches. [...] Jedoch werde ich wohl einen weiteren Versuch starten. Ich habe zwar jetzt mein Abi, aber mir wurde bereits angeboten, an der Schule eine Poetry-Slam-AG (Arbeitsgemeinschaft) zu veranstalten und ich könnte mir vorstellen, dass an deren Ende und am Schuljahresende ein Poetry Slam stattfinden könnte (Schüler des Goethe-Gymnasiums Karlsruhe, E-Mail an Anders vom 18.9.2008).

Ein streng durchstrukturierter und durch Medienpartner beworbener Bundeswettbewerb könnte jedoch auch die bereits bestehende Anbindung an die kulturelle Praxis verändern: Die in der Slam-Szene agierenden Künstler könnten befürchten, dass ihre Veranstaltungen kommerzialisiert werden, dass sie nicht mehr alleinige Veranstalter (Slam-Master) bleiben oder dass sich der Wettbewerb zu sehr an die Schule anbindet, wenn Klassen- und Schulsieger ermittelt werden.

Wie sich „die Szene" gegen Veranstaltungsmanager von außen wehrt, zeigt jüngst der „Offene Brief" an die Agentur Come4Events, die für Herbst 2009 ohne Absprache mit der Slam-Szene einen Europäischen Poetry Slam – unterstützt mit einer sehr hohen Geldsumme der EU – organisiert (vgl. www.euro-slam.eu).

Es ist sicherlich Fingerspitzengefühl vonnöten, um die möglichen Projektpartner, nämlich Künstler, Jugendliche, Bildungseinrichtungen und Stiftungen, für ein gemeinsames, langfristiges Projekt inklusive der bei offiziellen Bundeswettbewerben üblichen Unterstützung von Ministerien zu gewinnen. Eine genaue Planung steht noch aus, ist jedoch – auch im europäischen Rahmen – mit der bisherigen Infrastruktur realisierbar. Inhaltlich muss der Poetry Slam den im Folgenden skizzierten Qualitätskriterien der Bundeswettbewerbe genügen.

Qualitätskriterien für Bundeswettbewerbe

Die von der Koerber-Stiftung erschienene Reflexion (Fauser/ Messner 2007) über erfolgreiche Bundeswettbewerbe liefert eine Übersicht über die zu erreichenden Kompetenzen bei bundesweiten Schülerwettbewerben und schlägt Qualitätskriterien für Wettbewerbe vor, um vor allem den Multiplikatoren die Auswahl und Teilnahme an dem Überangebot von Wettbewerben zu erleichtern. Ein Blick auf die Kriterien ist nützlich, um die bereits laufenden Workshops und die Meisterschaftsveranstaltungen des Poetry Slams noch genauer im Hinblick auf ihre Effektivität einschätzen zu können und zu prüfen, ob sich die Eigenschaften dieses Wettbewerbs mit Merkmalen, die die Arbeitsgemeinschaft bundesweiter Schülerwettbewerbe (www.bundeswettbewerbe.de) klassifiziert, deckt.

Übereinstimmungen zwischen den etablierten Bundeswettbewerben und dem U20-Poetry Slam-Projekt finden sich in den allgemeinen Beschreibungen (Wagner/ Neber 2007) schnell: Die „Eigenleistungen" von Kindern und Jugendlichen werden „durch attraktive Vorhaben und Aufgaben" herausgefordert, wenn die U20-Poeten Texte verfassen und zu einem Bühnentext verarbeiten. Sie können sich „über ihre Schule hinaus im regionalen oder nationalen Rahmen profilieren". Der nationale Rahmen wird jährlich durch die deutschsprachigen Meisterschaften gewährleistet.

Die Angebote von Workshopleitern, die meist mit regionalen Theatern oder Literaturhäusern kooperieren, „stehen nicht in Konkurrenz zur schulischen Unterrichtsarbeit", sondern können diese „in sinnvoller Weise ergänzen".

Grundsätzlich ist ein Leistungswettbewerb – wie auch der U20-Poetry Slam – offen, freiwillig, kostenlos (falls eine Finanzierung gefunden wird) und altersbeschränkt. Ein guter Erfolg kann im Zeugnis vermerkt oder unter bestimmten Umständen als besondere Lernleistung in die Abiturprüfung eingebracht werden (vgl. Wagner/ Neber 2007, 75) – möglicherweise könnte eine sehr erfolgreiche Teilnahme beim Poetry Slam für die in manchen Bundesländern wie z. B. in Hamburg verlangte fünfte Abiturprüfung „Präsentieren" verwertbar sein.

Wettbewerbe allgemein zielen in der Eingangsrunde auf eine möglichst breite Beteiligung, werden durch die Lehrer als Multiplikatoren den Schülern nahe gebracht und lassen sich durch ihre Aufgabenstellungen in drei verschiedene Bereiche unterteilen: Ausführen und Darbieten, Entdecken und Herausfinden, Erfinden und Konstruieren. Der U20-Poetry

Slam-Wettbewerb fällt, genauso wie „Jugend debattiert" und der Vorlesewettbewerb, in die Kategorie „Ausführen und Darbieten", da es um „Vollzug und Präsentation einer Leistung" geht, für deren notwendige Expertise „intensives Training bzw. Üben" erforderlich ist, durch das schließlich ein „hoher Grad der Automatisierung der entsprechenden Fertigkeiten" erworben werden soll (ebd., 77). Die Kategorie „Erfinden" spielt auch eine Rolle, da Textideen auf kreative Weise entstehen; außerdem wird die Kategorie „Entdecken" berührt, da Kinder und Jugendliche eigene Talente kennen lernen und ein neues kulturelles Praxisfeld erobern.

Wettbewerbe sind prinzipiell auf Ziele ausgerichtet, die von Einzelnen allein erreicht werden können. Diese kompetitive statt kooperierende Zielstruktur hat Rang- und Positionsunterschiede zur Folge, die mit besonderen Privilegien belohnt werden (vgl. Neber 2006). Auch im Poetry Slam gibt es einen Gewinner – oder ein Gewinnerteam. Die Ermittlung dieses Wettbewerbssiegers kann aufgrund der zufällig zusammengesetzten Publikumsjury nicht als valide oder reliabel (Wagner/ Neber 2007, 78) bezeichnet werden. Typische Siegerpreise bei bundesweiten Wettbewerben im Poetry Slam sind Startplätze oder Auftrittsmöglichkeiten für weitere Veranstaltungen.

Eine extrinsische Motivation ist durch Preise wie einer Reise nach Rotterdam zum Internationalen Poetry Slam 2006 oder nach San Francisco im Jahr 2007 zwar von den Veranstaltern aus angedacht, sie wurde jedoch – wie Gespräche mit den Teilnehmenden der Jugendmeisterschaft 2007 ergaben – nicht als ausschlaggebend für ihre Beteiligung betrachtet. Zahlreiche Äußerungen während der U20-Meisterschaften zeugen davon, dass eine starke intrinsische Motivation besteht, seinen eigenen Text zu präsentieren, und der Konkurrenzgedanke oder die Siegerprämie demgegenüber eine sehr untergeordnete Rolle spielen. Die eigene Motivation und das Interesse an Poetry Slam ist bei Endrundenteilnehmern mit und ohne Sieg gleichermaßen vorhanden.

Die Bausteine, die Messner für eine gelungene wissenschaftspropädeutische Kompetenzentwicklung bei Oberstufenschülern formuliert hat, bieten Anregungen für die Optimierung des U20-Poetry Slam-Projektes:

Wichtig ist zunächst eine konstruktive Lernumgebung, die Schüler zum selbstständigen Handeln anregt (Messner 2007, 26). Dazu gehören offene und aktivitätsfördernde Aufgaben, Ermöglichung erprobenden Handelns, co-konstruktive Gesprächsformen, variantenreiche Übungsformen, prozessorientiertes Coaching sowie die Vermittlung eines Lerngerüsts mit nachlassender Hilfe. Die Zugänge zur Wissenschaft werden nicht allein durch intellektuelles Bemühen, sondern auch durch Anforderungen an „die gesamte Person, ihre Haltung, ihre Identität und Bildung" erarbeitet. Bei der Arbeit am Slam-Text kann das „beinahe obsessive Sichverlieren in einen Gegenstand" (ebd., 24). beobachtet werden – Workshops sind durch ihre

Handlungsorientierung und das ständige Ausprobieren von eigenen Texten durchaus ein aktives Konstruieren von Wissen, das durch Erfahrung und nicht durch Belehrung angereichert wird.

Ähnlich wie in „Physik-Clubs" oder anderen Forscher-Workshops, in denen die Lehrer die Rolle der Berater übernehmen, gewährleisten Slam-Workshopleiter die „soziale Stützung", die durch das Szenarium „Workshop" entsteht, sowie die „Ermutigung" (vgl. ebd., 25). Allerdings – und das ist nicht unerheblich – fehlt die Komponente der Reflexion: Innerhalb des oft mehrere Monate dauernden Schreib- und Performance-Prozesses im U20-Poetry Slam gibt es keine klar abgegrenzte „höhere Erkenntnisstufe", auf der die Jugendlichen nach dem Eintauchen in den Gegenstand wiederum zu sich selbst kommen. In der Praxis steht am Ende der Projektphase der öffentliche Auftritt, der durch Vorrunden vorbereitet wird, bei dem sich Reflexion jedoch eher zwischen Tür und Angel der Veranstaltung vollzieht.

Nach Messner ist für einen gelungenen Bundeswettbewerb auch die Methodenschulung relevant, denn: „Wissenschaftlich arbeiten heißt Methode haben" (ebd., 24). Gemeint ist damit die fachübergreifende Fähigkeit zur Materialbeschaffung, zur selbstständigen Planung und Gestaltung der eigenen Arbeit, zur Kommunikation über sie sowie zur Dokumentation und zur Präsentation der Ergebnisse. Die Gestaltung des eigenen Arbeitsprozesses sollte immer in Auseinandersetzung mit konkreten fachlichen Wissenschaftskonzepten ausgebildet werden. In Poetry Slam-Workshops sind unterschiedliche Interaktionsformen möglich: die Einzelarbeit bei der Ideenfindung, die Partnerarbeit im kooperativen Schreiben von Teamtexten und das Gruppengespräch bei der Besprechung und Beurteilung von ersten Textaufführungen der Workshopteilnehmer. Statt eines Portfolios, wie von Messner vorgeschlagen, dokumentieren die U20-Poeten ihren Arbeitsprozess in ihren Schreibkladden bzw. entwickeln Fortschritte in der körperlichen Darbietung (Stimme, Gestik und Mimik, Pausensetzung), die nicht schriftlich festgehalten, sondern inkorporiert werden. Hier wären jedoch Foto- oder Filmdokumentationen denkbar, etwa ein audiovisuelles Performance-Portfolio.

Messner betont, dass die Gratwanderung zwischen Eigenaktivität der Schüler und unterstützender Lehrerintervention, zwischen moderierender Zurückhaltung und Vorbildfunktion, bei allen Schülerwettbewerben ein „scheinbar unauflöslicher Widerspruch" ist und diese Gratwanderung immer wieder neu ausgehandelt, bedacht und umgesetzt werden muss, um schließlich das Prinzip „Hilf mir, es selbst zu tun" zu erfüllen (ebd., 27).

Die Workshopleiter in U20-Poetry Slam-Projekten haben eine noch zu dominante Lenkungsfunktion: Sie legen – aufgrund ihres Expertenwissens – fest, welche Übungen gemacht werden, fordern die

Teilnehmer zu Textproben auf und geben Impulse zur Textarbeit. Auch die Auswertung hängt noch zu stark von dem Expertenurteil des Workshopleiters ab, welches dann jedoch eher willkürlich, „aus dem Bauch heraus" und nicht nach vorher besprochenen Kriterien erfolgt. Da der Workshopleiter ein erfahrener Künstler ist, nehmen die Schüler diese Anleitung sehr dankbar an. Aber auch hier gilt, dass bei den Lehrpersonen ein Rollenwechsel zur stärker indirekt beratenden Steuerung der Schüler erforderlich wird.

Schwierig ist auch, dass das methodische Repertoire der Workshopleiter schnell erschöpft ist; ein systematischer Aufbau von Schreib- und Performance-Kompetenzen wird nicht ersichtlich. Langfristig betrachtet bewegen sich jedoch ehemalige Workshopteilnehmer innerhalb der Slam-Kultur überraschend selbstständig. Das bedeutet, dass sie durch die aufgebauten und durch Workshopleiter vermittelten Kontakte eigenständig weitergeschrieben und geslammt haben und sich so innerhalb eines Jahres einen sicheren Startplatz oder auch Fernsehauftritte (vgl. Nadja Schlüter, Lara Stoll, Dennis Schüßler bei dem WDR-Poetry Slam 2007) erarbeiten konnten – ohne dass weitere Workshops stattfanden. Auch bei dem U20-Slam-Champion Julian Heun (*1989) zeichnen sich ähnliche Parallelen ab: Nach fünf Workshopmodulen und den erfolgreichen Auftritten bei dem Slam2007 tritt er in TV-Shows (WDR, Lettra TV) sowie bei Lesebühnen und städtischen Veranstaltungen (Lange Nacht der Museen) mit neuen Texten auf.

Doch erhalten nicht alle Teilnehmer eine ausführliche Rückmeldung oder eine Motivation zur Weiterarbeit von erfahreneren Slam-Poeten. Neben den persönlichen Kontakten, die ein U20-Slam-Poet zur Szene pflegen sollte, sind weitere Aktivitäten wie die Einrichtung einer MySpace-Seite, die Teilnahme an weiteren Poetry Slams in anderen Städten oder die Teilnahme an Diskussionsforen wie die „Slamily" nötig, um wahrgenommen zu werden und langfristig erfolgreich zu sein.

Als weiteres Qualitätsmerkmal eines guten Schülerwettbewerbs nennt Peter Fauser eine co-konstruktive Orientierung (Fauser 2007, 42) des Lernens. Unter Co-Konstruktion versteht man eine „von beiden Partnern intendierte wechselseitige Perspektivübernahme mit dem Ziel der Verständigung und deren kommunikativer Validierung" (ebd., 37). Im Gegensatz zum re-konstruktiven, normorientierten Lernen, bei dem bestimmte Antworten auf Wissensfragen erwartet werden, ist die wertorientierte, co-konstruktive Erziehung durch das aktive und selbstständige Erschließen von Wissen und durch die Herausbildung von Urteilsfähigkeit geprägt. Es sollen nicht überlieferte Sichtweisen und Bewertungen übernommen und tradiert werden, sondern die nächste Generation soll in die „aktive Erneuerung, Veränderung und Entwicklung von Werten" einbezogen werden (ebd.).

Die Co-Konstruktion ist dann gewährleistet, wenn der erarbeitete Gegenstand von einem anderen, also dem Lehrer, dem Mitschüler oder einer Fachjury, anerkannt wird. Dies schließt ein, dass die Verstehensweise des lernenden Schülers erkannt und akzeptiert wird. Ein solches, auf Anerkennung basierendes Lernen, trägt zur Demokratie und damit zur Werteerziehung bei. Fauser betrachtet das Motto „Verstehen lernt man nur durch Verstandenwerden" (ebd., 43) als Grundstein für die Werteerziehung und benennt drei Komponenten, die das Verstehen und Verstandenwerden fördern: Kompetenzerfahrung, Autonomieerleben und Eingebundensein (ebd., 43). Er hebt besonders die Wettbewerbe hervor, die auch inhaltlich eine Chance für die Werteerziehung leisten, wie zum Beispiel die Schülerwettbewerbe zur politischen Bildung oder der Wettbewerb „Jugend debattiert".

Auch U20-Poetry Slam hat gute Chancen, zur Werteerziehung beizutragen. Die für die Co-Konstruktion entscheidende Perspektivübernahme vollzieht sich auf der textuellen Ebene:

Einerseits üben Kinder und Jugendliche alternative Handlungsmuster ein, wenn sie innerhalb ihrer Gedichte oder Kurztexte Fiktionen entwerfen, die mehr oder weniger an die eigene Lebensumwelt angebunden sind. Sie fühlen sich in Rollentexten empathisch in Denkweisen und Sichtweisen anderer Personen ein. Die Co-Konstruktion erfolgt außerdem in Auseinandersetzung mit anderen Poeten und mit dem Publikum: Die Kinder und Jugendlichen verfassen und präsentieren ihre Texte, um von anderen in ihrer poetischen Rede verstanden zu werden. Erst das Verstandenwerden ermöglicht das Feedback.

Das ist gleichzeitig ein heikler Punkt: Viele Teilnehmer der U20-PS-Workshops und -Wettbewerbe geben an, davor Angst zu haben, nicht von ihrem Publikum verstanden zu werden. Dieser Faktor wiegt schwerer als das Lampenfieber, das sich auf die reine Auftrittssituation auf einer öffentlichen Bühne bezieht. Um die Inhalte und die Performances der U20-Slam Poetry zu optimieren, wäre ein intensiveres und strukturiertes Veranstaltungscurriculum wie das eines schul- und jahrgangsübergreifenden Bundeswettbewerbs hilfreich, bei dem der Deutschunterricht vor allem den Schreibprozess und die Auswertung der literarischen Textbeiträge durch entsprechende Materialien und Aufgaben unterstützt. Die Teilkompetenzen, die im Bundeswettbewerb erworben werden, können positiv auf die Lernbereiche des Deutschunterrichts zurückstrahlen.

Die Planung und Durchführung des gesamten Wettbewerbs-Formates Poetry Slam müsste jedoch mit Schülern zusammen organisiert werden, sprich:

Nicht nur Poeten, sondern auch Moderatoren werden von Schülern gestellt und die Wettbewerbe sollten auch in jugendnahen Veranstaltungsräumen organisiert werden. So erst zeigt sich der von Liebau engagiert vertretene „katalytische Effekt" von Wettbewerben und Festivals auf Schüler.

Und auch nur im projektartigen, gemeinsamen, schülerorientierten Arbeiten wird Poetry Slam als performative Kunst nicht mehr als „überflüssiger Luxus", sondern als ein Bildungselement wahrgenommen werden können (vgl. Liebau 2007, 68). Als Bundeswettbewerb lässt sich der U20-Poetry Slam dann als „Schul-Poetry Slam" an den Deutschunterricht anbinden und als Erweiterung der bereits jährlich stattfindenden deutschsprachige U20-Poetry Slam Meisterschaft umsetzen.

4. Fazit und Ausblick

Die kulturelle Praxis Poetry Slam ist lebendig und wächst. Das Handlungsfeld Poetry Slam ist immer noch spontan und ungeregelt. Deswegen ist es kein Wunder, wenn versucht wird, die Vitalitätsressourcen, die Poetry Slam bereithält und generiert, anzuzapfen, ohne dabei jedoch das Format und die Kultur des Poetry Slam zu fördern. Dieses Buch hingegen stellt das bisherige Handlungsfeld Poetry Slam dar, evaluiert die didaktische Arbeit in diesem Feld und versucht – zugunsten des Handlungsfeldes selbst – diese zu optimieren. Gleichzeitig wird so das Format und dessen Motivationspotenzial für den Deutschunterricht fruchtbar gemacht.

Die Ergebnisse der vorliegenden Studie zeigen, dass Poetry Slam für viele Jugendliche vor allem individuell, aber auch sozial und kulturell bedeutsam ist. Es holt sie dort ab, wo sie gedanklich und emotional stehen, denn:

Jugendliche setzen sich in der „formativen Jugendphase der Persönlichkeitsfindung in kritischer und selbstkritischer Reflexion sowohl mit den gesellschaftlichen Deutungsangeboten und Handlungsanforderungen als auch mit der eigenen Kompetenz zu deren produktiver Aneignung und Bewältigung auseinander" (Hurrelmann 2005, 41). Genau diese Auseinandersetzung bildet das Herzstück der im Handlungsfeld produzierten U20-Slam Poetry, weil es in den Texten der Jugendlichen zentral um Konsumverhalten, Gesellschaftskritik und Medienerfahrungen geht. Die gedanklichen Reflexionen sind eingebettet in die Zweifel und Hoffnungen bei der eigenen Persönlichkeitsfindung.

Die Shell Jugendstudie 2006 hat zwar herausgefunden, dass „die Jugendlichen in Deutschland selbst vor dem Hintergrund der Wahrnehmung zunehmend schwieriger Umstände und unsicherer Zukunftsperspektiven bislang nicht mit großflächigem Protest bzw. einer Infragestellung gesellschaftlicher Zielvorstellungen und Leitbilder reagieren" (Albert/ Hurrelmann/ Langness/ Quenzel 2006, 450f.), zahlreiche Texte der U20-Slam Poetry belegen jedoch, dass Jugendliche durchaus versuchen, genau dies infragezustellen. Das Handlungsfeld U20-Poetry Slam ist dabei ein populärer werdendes Forum, in dem sich Jugendliche mit ihren Ansätzen zur Gesellschaftskritik öffentlich äußern können.

Poetry Slam ist für Jugendliche also nicht nur attraktiv, weil es ein lebendiges Literaturformat ist, sondern auch, weil sich Jugendliche selbst produktiv und souverän einbringen können.

Das Selberschreiben von Slam-Texten sowie das Zuhören und Zuschauen bei Textaufführungen Gleichaltriger oder älterer Slam-Poeten helfen den Jugendlichen bei der Suche nach Orientierung und Lebenssinn und geben, wie die Interviews mit ihnen belegen, auch Anregung, Inspiration und Bestätigung für ihre eigenen Lebensentwürfe.

Die Anziehungskraft der U20-Poetry Slams könnte allerdings auch dazu führen, dass junge literarische Talente den Weg der am schnellsten erreichbaren Befriedigung des jugendlichen Selbstbestätigungsbedürfnisses und Erfolgshungers gehen, welchen die unmittelbare Publikumsakklamation des Poetry Slam in durchaus großem Maße zu bieten vermag.

Im Vergleich zur Poetry Slam-Szene in den USA fällt auf, dass im deutschsprachigen Raum der erfolgreiche Zugang zum Poetry Slam für Außenstehende und Neueinsteiger schwieriger wird, weil immer mehr Slammer schon als U20-Slam-Poeten angefangen haben. Zwar können Neuanfänger immer noch auf Poetry Slams auftreten, insofern ist das Format weiterhin formal offen für alle, es gibt jedoch Anzeichen, dass fast nur noch Slammer, die schon eine längere Slam-Karriere bereits als Jugendliche begonnen oder gar geplant haben, auf Dauer bei Poetry Slams Erfolg haben. Zudem haben die Slammer, die jung angefangen haben, meist schon ein gut geknüpftes Netzwerk an Kontakten: Dies erleichtert ihnen nicht nur das Reisen von Slam zu Slam, sondern führt auch dazu, das sie wohlwollend bei Auftritten anmoderiert werden, weil die Moderatoren sie schon als Slam-Kollegen betrachten, was einen erheblichen Eindruck beim Publikum machen dürfte.

Das bedeutet zum Einen, dass die deutschprachige Poetry-Slam-Bewegung erfreulicherweise kein Ein-Generationenprojekt der Slam-Poeten aus den neunziger Jahren bleibt, heißt aber zum Anderen eben auch, dass sich die Poetry-Slam-Szene möglicherweise gegen später hinzukommende Neueinsteiger abschottet, was dazu führen könnte, dass – fast wie bei Parteien – nur noch diejenigen nach oben kommen, die jung angefangen haben.

Ob sich die Fähigkeiten der Jugendlichen im literarischen Schreiben durch Poetry Slams weiterentwickeln und verbessern und inwieweit die U20-Slam Poetry infolgedessen ästhetische Qualität beanspruchen kann, ist noch nicht zu verifizieren. Dies müsste langfristig und anhand von ästhetischen Kriterien in weiteren Arbeiten zu diesem Thema untersucht werden.

Fest steht jedoch, dass dieses Literaturformat Jugendliche zum Schreiben, Sprechen und Zuhören außerordentlich motivieren kann. Die Aufgabe der Workshops und des Deutschunterrichts ist es, diese Motivation derart zu formen, dass die Jugendlichen lernen, *gut* zu schreiben, vorzutragen und zuzuhören.

Insbesondere wäre es wünschenswert, wenn sich – unterstützt vom Deutschunterricht – endlich auch Jugendliche mit Migrationshintergrund und außerdem mehr Hauptschüler in diese lebendige Praxis Literatur integrieren, weil ihnen dies bei ihrer eigenen literarischen Sozialisation helfen würde und obendrein auch dem Publikum, der Slam-Szene und der U20-Slam Poetry neue Impulse geben könnte.

Die Analyse der Workshops ergab jedoch, dass in ihnen zwar sehr motivierend gearbeitet wird, aber nur wenige Jugendliche – und zwar die, die ohnehin Talent haben – unterstützt werden und zahlreiche deutschdidaktische Möglichkeiten, womit möglichst viele Jugendliche gefördert werden könnten, verschenkt werden.

Konkrete Vorschläge, die zum Aufbau von Kompetenzen durch Poetry Slam im Deutschunterricht führen, sind hier für das Schreiben, Sprechen und Zuhören gestaltet worden. Der produktive und rezeptive Umgang mit den medialen Adaptionen des Literaturformats unterstützt diesen Kompetenzaufbau zusätzlich.

Die hier vorgestellten Unterrichtsverfahren zeigen, dass Poetry Slam durchaus als Inszenierungsmuster für einen modernen Deutschunterricht trägt, denn sowohl der mündliche Sprachgebrauch als auch filmdidaktische Ansätze und prozessorientierte Beurteilungsmöglichkeiten können in die unterrichtliche Arbeit mit dem Literaturformat integriert werden.

Weitere Analysen zum Poetry Slam können daran anknüpfen und einzelne Lernbereiche noch genauer fokussieren. Wenn Poetry Slam und dessen hochinteressante abgewandelte Formen wie z. B. Dead-or-Alive-Slam, Science-Slam oder Book-Slam im Deutschunterricht stärker zum Kompetenzaufbau genutzt werden, dann können im Rahmen der empirischen Unterrichtsforschung auch direkte Vergleiche zwischen schulischen und außerschulischen Lernorten vorgenommen werden. Auch lohnt ein Blick auf Marina Abramovícs Performance-Konzept ("The Artist is Present", MoMA, New York, 2010), das Acting und Re-Performing unterscheidet.

In dieser Untersuchung ist zudem der Ansatz entwickelt worden, in Kooperation mit der Slam-Szene einen jährlichen Bundeswettbewerb U20-Poetry Slam zu organisieren, der dabei helfen könnte, die Workshops und den Deutschunterricht besser zu koppeln, die Expertise von schulischen und außerschulischen Fachkräften zu bündeln und Eltern, Lehrern, Schülern und den Slam-Akteuren selbst eine rechtlich und finanziell solide und transparente Organisationsstruktur zu ermöglichen. Zukünftig könnten dadurch mehr Jugendliche leichter und besser vorbereitet im Handlungsfeld U20-Poetry Slam agieren.

Die hier entfalteten Möglichkeiten sollen Poetry Slam im Deutschunterricht kompetenzorientiert verankern und die außerschulischen Lehr- und Lernkontexte verbessern. Dies könnte die Jugendlichen – auch wenn sie nicht aktiv als Slam-Poeten auftreten – bei ihrer literarischen Sozialisation unterstützen und dann wären sie schon auf gutem Weg in die kulturelle Praxis Literatur.

5 Literatur- und Medienverzeichnis

Abraham, Ulf (2009): Filme im Deutschunterricht. Seelze: Klett/ Kallmeyer (Reihe: Praxis Deutsch).

Abraham, Ulf/ Kepser, Matthis (2009): Literaturdidaktik Deutsch. Eine Einführung. Berlin: Erich Schmidt Verlag.

Abraham, Ulf (2008): Sprechen als reflexive Praxis. Mündlicher Sprachgebrauch in einem kompetenzorientierten Deutschunterricht. Freiburg im Breisgau: Fillibach.

Ackermann, Maria (2005): „The guy who invented poetry slam…". Marc Kelly Smith und seine Philosophie des Dichter-Wettkampfs. In: www.tuchemnitz.de/phil/leo/rahmen.php?seite=r_kult/ackermann_poetryslam.php.

Adler, Patricia/ Adler, Peter (1987): Membership Roles in Field Research. Beverly Hills: Sage.

Agar, Michael (1980): The Professional Stranger. New York: Academic Press.

Albert, Mathias/ Hurrelmann, Klaus/ Langness, Anja/ Quenzel, Gudrun (2006): Die pragmatische Generation unter Druck: Probleme und Perspektiven, in: Jugend 2006. Eine pragmatische Generation unter Druck. Hg. von Shell Deutschland Holding GmbH, Hamburg, und Fischer Taschenbuch Verlag in der S. Fischer Verlag GmbH, Frankfurt a. M., 443-451.

Alexander, Constantin (2009): Dichter dran am Kommerz. In: www.spiegel.de/kultur/literatur/0,1518,602670,00.html.

Algarin, Miguel/ Holman, Bob (1994/ 2004): Aloud: Voices from the Nuyorican Poets Café. New York: Holt Paperbacks.

Anders, Petra/ Abraham, Ulf (2008): Poetry Slam und Poetry Clip. Formen inszenierter Poesie der Gegenwart. In: dies. (Hg.): Poetry Slam & Poetry Clip, Praxis Deutsch 208, S. 6-15 (Basisartikel).

Anders, Petra (2004/ 2. Auflage 2007): Poetry Slam. Live-Poeten in Dichterschlachten. Mülheim: Verlag an der Ruhr.

Anders, Petra (2005): Live-Poesie mit Publikumsbewertung. In: Praxis Deutsch 193, S. 46-54.

Anders, Petra (2006): Poetry Clips. Literatur im Videoformat. In: www.lehrer-online.de/poetryclips.php?sid=46773632546150251524929202 920600.

Anders/ Petra mit Kutsch, Anna Lena/ Biere, Yvonne (2007): Schüler ans Mic! Slam Poetry und Poetry Clips in der Schule. In: RAABits, Deutsch 53, November.

Anders, Petra/ Krommer, Axel (2007): Live-Literatur als Lyrik des Augenblicks. In: Deutschunterricht 60, Heft 6. Braunschweig: Westermann, S. 46–51.

Anders, Petra (2007): Hip und Hop und Trauermarsch. Begleitmaterial, unter: www.randomhouse.de/content/download/schulbus/konecny_hiphop.pdf.

Anders, Petra (2008): Slam Poetry. Texte und Materialien für den Unterricht. Stuttgart: Reclam.

Anders, Petra (2008a): Poetry Slam & Poetry Clip. DVD. Seelze: Friedrich.

Anders, Petra (2008b): Mit Poetry Slam die Lesekompetenz stärken, in: www.lesen-in-deutschland.de/html/content.php?object=journal&lid=845

Anders, Petra (2008c): Activity Book. In: Rolf Wolkenstein: Young American Slam Voices. Lingua-Video.

Anders, Petra/ Brieske, Rainer (2008): Poetry Slams im Klassenzimmer. In: Deutschunterricht. Braunschweig: Westermann, S. 52f., mit CD.

Anders, Petra/ Lauterburg, Kurt/ Hofmann, Paul (2008): Konkret ist besser als abstrakt. In. Praxis Deutsch 208, S. 16–21.

Anders, Petra/ Mehta, Stefanie (2008): The Point is Poetry. In: Praxis Englisch, Heft 5, S. 24– 29.

Austin, John L. (1972): Zur Theorie der Sprechakte (How to do things with Words). Stuttgart: Reclam.

Baacke, Dieter (1973): Kommunikation und Kompetenz. Grundlegung einer Didaktik der Kommunikation und ihrer Medien. München.

Baumert, Jürgen et al. (2001) (Deutsches Pisakonsortium): PISA 2000. Basiskompetenzen von Schülerinnen und Schülern im internationalen Vergleich. Opladen: Leske & Budrich.

Becker, Susanne/ Elias, Sabine/ Hurrelmann, Bettina: Spiel: Siegener Periodicum zur Internationalen Empirischen Literaturwissenschaft. Jg. 18, 1999, Heft 1, Peter Lang, S. 153–171.

Bal, Patrick/ Dreppec, Alex (2008): Schreib' mit der Tinte, in der du sitzt. Komische Lyrik im Poetry Slam. In: Praxis Deutsch 208, S. 29–35.

Baldzuhn, Michael (2008): The companies of Meistergesang in Germany. In: The Reach of the Republic of Letters. Literary and Learned Societies in Late Medieval and Early Modern Europe. Ed. by Arjan van Dixhoorn and Susie Speakman Sutch. Leiden, Boston: Brill (Brill's Studies in Intellectual History 168), S. 219–255.

Baßler, Moritz (2002): Der deutsche Pop-Roman. Die neuen Archivisten. München: C.H. Beck.

Baurmann, Jürgen/ Menzel, Wolfgang (1990): Texte zum Vorlesen vorbereiten. In: Praxis Deutsch, 104, S. 26-33.

BASE Pressemitteilung, in: www.dsl-24.com/news/Base.html?nid=784.

Becker-Mrotzek, Michael (2003): Mündlichkeit – Schriftlichkeit – Neue Medien. In: Bredel, Ursula/ Günther, Hartmut/ Klotz, Peter/ Ossner, Jakob/ Siebert-Ott, Gesa (Hg.): Didaktik der deutschen Sprache, Bd. 1, Paderborn/ München/ Wien/ Zürich: Ferdinand Schöningh, S. 69-89.

Beatty, Paul (1991): Big Bank Take Little Bank. New Cafe Poets, No.1. New York: Nuyorican Poets Café Press.

Beatty, Paul et al (1994): Slam! Poetry. Heftige Dichtung aus Amerika. Berlin: Edition Druckhaus Galrev.

Bekes, Peter/ Frederking, Volker (2009) (Hg.): Die Poetry Slam-Expedition. Bas Böttcher. Ein Text-, Hör- und Filmbuch. Braunschweig: Westermann Schroedel Diesterweg.

Belgrad, Jürgen/ Eriksson, Brigit/ Pabst-Weinschenk, Marita/ Vogt, Rüdiger (2008): Die Evaluation von Mündlichkeit. Kompetenzen in den Bereichen Sprechen, Zuhören und szenisch Spielen. In: Böhnisch, Martin (Hg.): Didaktik Deutsch Sonderheft. Beiträge zum 16. Symposion Deutschdidaktik Kompetenzen im Deutschunterricht. Baltmannsweiler: Schneider, S. 20-45. In: www.didaktikdeutsch.de/lehre/ws0708/ Leistungsermittlung/SDD-sektionen12.pdf

Benjamin, Walter (1936): Das Kunstwerk im Zeitalter seiner technischen Reproduzierbarkeit. In: Ders. (Hg.): Das Kunstwerk im Zeitalter seiner technischen Reproduzierbarkeit. Drei Studien zur Kunstsoziologie, Frankfurt/M.: Suhrkamp, S. 7-64.

Brantley, Ben (2002): NY Times, 15. 11. 2002, in: http://theater2.nytimes.com/mem/theater/treview.html?html_title=&tols_title=RUSSELL%20SIMMONS%20DEF%20POETRY%20JAM%20ON%20BROADWAY%20(PLAY)&pdate=20021115&byline=By%20BEN%20BRANTLEY&id=1077011431308.

Berkemeier, Anne (2006): Präsentieren und Moderieren im Deutschunterricht. Baltmannsweiler: Schneider.

Berthold, Siegwart (2003): Rhetorische Kommunikation. In: Bredel, Ursula/ Günther, Hartmut/ Klotz, Peter/ Ossner, Jakob/ Siebert-Ott, Gesa (Hg.): Didaktik der deutschen Sprache, Bd. 1, Paderborn/ München/ Wien/ Zürich: Ferdinand Schöningh, S. 148-159.

Bittner, G. (1990): Erscheinungsleib, Werkzeugleib, Sinnenleib. In: Duncker, L. et al (Hg.): Kindliche Phantasie und ästhetische Erfahrung. Langenau-Ulm, S. 63-78.

Blumensath, Heinz (1990): Literarische Bildung und Poesie-Videos: Ein fächerübergreifendes Beispiel produktiver Rezeption. In: ide – Informationen zur Deutschdidaktik, Zeitschrift für den Deutschunterricht in Wissenschaft und Schule. 14. Jahrgang, Heft 4. Innsbruck/Wien: Studien Verlag. S. 104–119, unter: www.mediaculture-online.de.

Boueke, Dietrich/ Schülein, Frieder (1991): Beobachtungen zum Verlauf der Entwicklung kindlicher Erzählfähigkeit. In: Neuland, Eva/ Bleckwenn, Helga (Hg.): Stil – Stilistik – Stilisierung. Linguistische, literaturwissenschaftliche und didaktische Beiträge zur Stilforschung. Frankfurt/ Main; Bern, N.Y., Paris: Peter Lang, S. 71–86.

Böttcher, Bas (2004): Dokumentation: Poetry Clips (Vol. I). Diplomarbeit. Bauhaus Universität Weimar (unveröffentlichtes Material, Archiv der Verfasserin).

Böttcher, Bas (2006): Dies ist kein Konzert. Dresden und Leipzig: Voland & Quist.

Böttcher, Bas (2009): dran glauben. In: Neonomade. Dresden und Leipzig: Voland & Quist, S. 8–10.

Böttcher, Bas: Textboxprojekt, unter: www.textbox.biz.

Brackert, Helmut (1996): Beiträge zur Handschriftenkritik des Nibelungenliedes. In: Müller, Jan-Dirk (Hg.): Aufführung und Schrift in Mittelalter und Früher Neuzeit. DFG-Symposion 1994, Stuttgart, Weimar, S. 118–129.

Brenner, Gerd (1998, 4. Auflage): Kreatives Schreiben. Ein Leitfaden für die Praxis. Mit Texten Jugendlicher. Berlin: Cornelsen Scriptor Verlag.

Burki, Matthias: Der Dichter und sein Publikum. Poetry Slam zwischen theatraler und sozialer Performanz. Lizentiatsarbeit. Luzern 2003. Unveröffentlicht. Archiv der Verfasserin.

Buser, Laurin, unter www.youtube.com/watch?v=1446QhvXUUs

Bylansky, Ko/ Patzak, Rayl (2002) (Hg.): Planet Slam. Das Universum Poetry Slam. München: Yedermann.

Bylansky, Ko/ Patzak, Rayl (2004) (Hg.): Planet Slam 2. Ein Reiseführer durch die Welten des Poetry Slam. München: Yedermann.

Carlson, Marvin (1996): Performance: a critical introduction, London und New York: Routledge.

Chun, Markus (2007): Jugendsprache in den Medien. VDM Verlag Dr. Müller. (Dissertation an der Universität Duisburg-Essen), in: http://duepublico.uni-duisburg-essen.de/servlets/Derivate Servlet/Derivate7213/Jugendsprache%20in%20den%20Medien.pdf.

Criblez, Lucien/ Oelkers, Jürgen/ Reusser, Kurt/ Berner, Esther/ Halbheer, Ueli/ Huber, Christina (2009): Bildungsstandards. Klett und Balmer Verlag Zug. Klett Kallmeyer.

Czikszentmihalyi, Mihaly (1991): Das Flow-Erlebnis. Stuttgart: Klett-Cotta.

Daher, Lydia (2005): Salam Poetry. In: Greinus, Leif/ Wolter, Martin (Hg.) (2005): Slam2005. Buch und DVD. Die Anthologie zu den Poetry Slam Meisterschaften. Dresden und Leipzig: Voland & Quist.

www.deafberlin.de; Sehbeispiele zur Gebärdensprachpoesie unter: www.youtube.com/watch?v=A0i6QtuNmgM&feature=related
Denzin, Norman K. (2000): Reading Film – Filme und Videos als sozialwissenschaftliches Erfahrungsmaterial. In: Flick, Uwe et al. (Hg.): Qualitative Sozialforschung – ein Handbuch. Reinbek: Rowohlt, S. 416–429.

Deutsch plus. Arbeitsheft Klasse 10 (2006). Hrsg. von Gansel, Carsten/ Jürgens, Frank/ Rose, Kurt. Berlin: Cornelsen/ Volk und Wissen Verlag.

Devlin, John (1998): Slam Nation: The Sport of Spoken Word. DVD.

Diehr, Achim/ Diehr, Christine (2004): Reisende Dichter, singende Hühner und fliehende Freundinnen. In: Bein, Thomas (Hg.): Walther verstehen – Walther vermitteln. Frankfurt: Peter Lang, S. 9–29.

Ditschke, Stefan (2007): „Wenn ihr jetzt alle ein bisschen klatscht …". Text-Performance-Zusammenhänge als Faktoren für Publikumswertungen bei Poetry Slams. In: www.iaslonline.de/index.php?vorgang_id=2716.

Ditschke, Stefan (2008): „Ich sei dichter, sagen sie". Selbstinszenierung beim Poetry Slam. In: Grimm, Gunter E./ Christian Schärf (Hg.): Schriftsteller-Inszenierungen. Bielefeld: Aisthesis, S. 169–184.

Döblin, Alfred (1929): Literatur und Rundfunk. In: Bredow, Hans: Aus meinem Archiv. Heidelberg: Vowinckel 1950.

Dorsch, Hauke (2006): Globale Griots – Performanz in der afrikanischen Diaspora. Münster: Lit. Verlag.

Dreppec, Alex (Hg.): Dichterschlachten 2. Ariel Verlag 2004; auch unter: www.dichterschlacht.de.

Dumschat, Denise (2005): „Ich binz." Zur Problematik der Identität in der Lyrik Nora-Eugenie Gomringers. In: Verbalträume. Beiträge zur deutschsprachigen Gegenwartsliteratur. Hg. v. Bartl, Andrea. Augsburg (= Germanistik und Gegenwartsliteratur, Bd. 1), S. 205–230.

Dürscheid, Christa (2003): Medienkommunikation im Kontinuum von Mündlichkeit und Schriftlichkeit. Theoretische und empirische Probleme. In: www.uni-koblenz.de/~diekmann/zfal/zfalarchiv/zfal38_2.pdf.

Enders, Angela (2007): Der Verlust von Schriftlichkeit. Erziehungswissenschaftliche und kulturtheoretische Dimensionen des Schriftspracherwerbs. Berlin, Münster, Wien, Zürich, London: Lit.

Ehlich, Konrad (1994): Funktion und Struktur schriftlicher Kommunikation. In: Günther, Hartmut, Ludwig, Otto (Hg.): Schrift und Schriftlichkeit. Ein interdisziplinäres Handbuch. Berlin: de Gruyter, S. 18–41.

Ekman, Paul/ Friesen, Wallace V. (1969): The Repertoire of Nonverbal Behaviour: Categories, Origins, Usage and Coding. In: Semiotica 1, S. 49–98.

Faulstich, Werner (1996/2004): Die Geschichte der Medien, Bd. 2; Bd. 5. Göttingen: Vandenhoeck & Ruprecht.

Fauser, Peter/ Messner, Rudolf (Hg.) (2007): Fordern & Fördern. Was Schülerwettbewerbe leisten. Hamburg: Körber Stiftung.

Fauser, Peter (2007): Schülerwettbewerbe stärken ästhetische Bildung. In: Fauser, Peter/ Messner, Rudolf (Hg.): Fordern & Fördern. Was Schülerwettbewerbe leisten. Hamburg: Körber Stiftung, S. 31–55.

Fischer-Lichte, Erika et al. (Hg.) (2003): Theater als Paradigma der Moderne? Positionen zwischen historischer Avantgarde und Medienzeitalter, Tübingen/ Basel: Francke.

Flick, Uwe (2000): Triangulation in der qualitativen Forschung. In: Ders. et al. (Hg.): Qualitative Forschung – ein Handbuch. Reinbek: Rowohlt, S. 309–319.

Flick, Uwe (2009): Qualitative Sozialforschung. Eine Einführung. Reinbek: Rowohlt.

Flusser, Vilém (2000): Kommunikologie. Fischer: Frankfurt/M..

Frederking, Volker/ Krommer, Axel/ Maiwald, Klaus (2008): Mediendidaktik Deutsch: Eine Einführung. Berlin: Erich Schmidt.

Frey, Karl (2002): Die Projektmethode. Weinheim: Beltz.

Friedrich, David/ Rick, Ivo: Faultiere. In: www.youtube.com/watch?v=-dIoCj6Y7To.

Furrer, Hans (2000): Ressourcen – Kompetenzen – Performanz. Kompetenzmanagement für Fachleute der Erwachsenenbildung. Luzern: Akademie für Erwachsenenbildung.

Gans, Michael: Aristoteles opens Stage. Vom Worteklauben zur Redekunst. Ein Slam-Projekt für die Offene Bühne. In: Praxis Deutsch 208, S. 24–28.

Gansel, Carsten (2003): Adoleszenz, Ritual und Inszenierung in der Popliteratur. In: Text+Kritik. Sonderband: Popliteratur. Hrsg. von Arnold, Heinz-Ludwig/ Schäfer, Jörgen. München: edition text + kritik, S. 234–257.

Gast, Wolfgang (1996): Filmanalyse In: Praxis Deutsch 140, S. 6-16.

Garbe, Christine (2007): „Echte Kerle lesen doch?!" In: Brittnacher, Hans Richard/ Harder, Matthias/ Hille, Almut/ Kocher, Ursula (Hg.): Horizonte verschmelzen. Würzburg: Königshausen & Neumann, S. 21-34.

Gardt, Andreas (1995): Die zwei Funktionen von Sprache: kommunikativ und sprecherzentriert. In: ZGL 23, S. 153-171.

Gärtner, Stefan (2006): Krachkoma. Wo Prahlhans Küchenmeister ist: Michael Lentz. In: Ders.: Man spricht Deutsh. Hausputz für genervte Leser. Reinbek: Rowohlt.

Glaser, Barney G./ Strauss, Anselm L. (1967/ 1998): The Discovery of Grounded Theory. Strategies for qualitative research. Chicago: Aldine (dt: Grounded Theory. Strategien qualitativer Forschung. Bern: Huber 1998).

Glazner, Gary Mex (2000): Poetry Slam: The Competitive Art of Performance Poetry. Manic D Press, Inc.

Goffman, Erving (1977): Rahmen-Analyse. Ein Versuch über die Organisation von Alltagserfahrung. Frankfurt/ M..

Gölitzer, Susanne (2005): Lesesozialisation. In: Lange, Günter/ Weinhold, Swantje (Hg.): Grundlagen der Deutschdidaktik. Baltmannsweiler: Schneider, S. 202-225.

Gölitzer, Susanne (2008): Publikumspoesie. Auf Slam Poetry mit eigenen Texten reagieren. In: Praxis Deutsch 208, S. 36-41.

Gomringer, Nora (2008): Klimaforschung. Dresden und Leipzig: Voland & Quist.

Gora, Stephan (1995): Grundkurs Rhetorik. Eine Hinführung zum freien Sprechen. Stuttgart: Klett (Schüler- und Lehrerheft).

Green, Norm/ Green, Kathy (2005): Kooperatives Lernen im Klassenraum und im Kollegium: Das Trainingsbuch. Seelze: Kallmeyer.

Greiner, Ulrich (2008): Heulender Selbstgenuss. In: Die ZEIT, 07.08.2008 Nr. 33.

Greinus, Leif/ Wolter, Martin (Hg.) (2005): Slam2005. Buch und DVD. Die Anthologie zu den Poetry Slam Meisterschaften. Dresden und Leipzig: Voland & Quist.

Groeben, Norbert (2002). Dimensionen der Medienkompetenz. Deskriptive und normative Aspekte. In: Groeben, Norbert/ Hurrelmann, Bettina (Hg.). Medienkompetenz. Voraussetzungen, Dimensionen, Funktionen. Weinheim: Juventa, S. 160-200.

Gronemeyer, Matthias (2008): Projektbeschreibung „Bleib am Ball". In: www.u20-slam-stuttgart.de.

Habermas, Jürgen (1971): Vorbereitende Bemerkungen zu einer Theorie der kommunikativen Kompetenz. In: Habermas, Jürgen/ Luhmann, Niklas: Theorie der Gesellschaft oder Sozialtechnologie. Frankfurt/M.: Suhrkamp, S. 101–141.

Hagen, Mechthild (2006). Förderung des Hörens und Zuhörens in der Schule. Edition Zuhören. Göttingen: Vandenhoeck & Ruprecht.

Hama, Mathias (2007): Ein Text, der es euch richtig besorgt. www.spiegel.de/schulspiegel/leben/0,1518,510059,00.html.

Härle, Gerhard/ Steinbrenner, Marcus (2004): Kein endgültiges Wort – Die Wiederentdeckung des Gesprächs im Literaturunterricht. Baltmannnsweiler: Schneider.

Haueis, Eduard (o. J.): Brauchen wir eine Fachdidaktik für die Hauptschule? Anmerkungen zum Leseunterricht. In: www.ph-heidelberg.de/org/lesesoz/pdf-dateien/Lesen-HS-Haueis.pdf.

Heintz, Kurt: An incomplete story of poetry slam. In: www.e-poets.net/library/slam/converge.html.

Hentig, Hartmut von (1984): Das allmähliche Verschwinden der Wirklichkeit. Ein Pädagoge ermutigt zum Nachdenken über die Neuen Medien. München: Hanser.

Hentig, Hartmut v. (2002): Der technischen Zivilisation gewachsen bleiben. Nachdenken über die Neuen Medien und das gar nicht mehr allmähliche Verschwinden der Wirklichkeit. Weinheim: Beltz.

Heldmann, Konrad (1982): Die Niederlage Homers im Dichterwettstreit mit Hesiod, Hypomnemata Bd. 75, Göttingen: Vandenhoeck & Ruprecht.

Hentschel, Ingrid/ Hoffmann, Klaus (2005): Spiel, Ritual, Darstellung. Berlin, Münster, Wien, Zürich, London: Lit. Verlag.

Hess, Konrad (1959): Der Agon zwischen Homer und Hesiod, seine Entstehung und kulturgeschichtliche Stellung, Winterthur: P.G. Keller.

Heun, Julian: Eis essen (2007), CD. In: Anders, Petra/ Brieske, Rainer (2008): Poetry Slams im Klassenzimmer. In: Deutschunterricht. Braunschweig: Westermann. S. 52f.

Hildebrandt, Cordula Marisa (2008): Performanz der Bild-Assoziation im Poetry Slam. Ansätze zu einer intermedialen Poetik. München: Grin.

Hoffmann und Campe Hörbücher (Hg.) (2002): Poetry Slam 2001. 2 CD. Hamburg: Hoffmann und Campe.

Hofmann, Paul: Sendung mit der Maus. In: Anders, Petra: Slam Poetry. Stuttgart: Reclam, S. 56–59.

Hogekamp, Wolf/ Böttcher, Bas (2004): Poetry Clips. Die deutschsprachige Poetry Slam-Szene in 21 Clips. DVD. Bonn: Lingua-Video.

Högsdal, Björn/ Lenort, Andrea (2008): Eine Schule veranstaltet einen Poetry Slam. In: Anders, Petra (Hg.): DVD Poetry Slam und Poetry Clip. Seelze: Friedrich.

Holman, Bob (1999): Is it an Ong? In: http://cecilvortex.com/swath/2007/03/15/an_interview_with_bob_holman.html

Hoppe, Almut (2008): Praktika im Lehramtsstudium: Kritische Wahrnehmung ihrer Realisierung und konstruktive Vorschläge. In: Geier, Andrea/ Till, Dietmar (Hg.): Literatur im Medienwechsel. Mitteilungen des Deutschen Germanistenverbandes, Heft 3, Bielefeld: Aisthesis, S. 333–352.

Huber, Ludwig (2005): Standards auch für die „weichen" Fächer? Das Beispiel „Gedichte im Deutschunterricht". In: Standards. Unterrichten zwischen Kompetenzen, zentralen Prüfungen und Vergleichsarbeiten. Friedrich Jahresheft XXIII, S. 105–107.

Hülstrunk, Dirk (2004): ARR BEITE, in: Anders, Petra: Slam Poetry. Stuttgart: Reclam 2008, S. 28f.

Hurrelmann, Bettina/ Becker, Susanne/ Elias, Sabine (1999) Lesesozialisation im historischen Wandel von Familienstrukturen und Medienangeboten für Kinder. In: Groeben, Norbert (Hg.): Lesesozialisationen in der Mediengesellschaft. Ein Schwerpunktprogramm (IASL-10. Sonderheft), S. 146–160.

Hurrelmann, Klaus (2005): Lebensphase Jugend. Eine Einführung in die sozialwissenschaftliche Jugendforschung. Weinheim: Juventa.

Ivo, Hubert (1975): Handlungsfeld: Deutschunterricht. Argumente und Fragen einer praxisorientierten Wissenschaft. Frankfurt/M.: Fischer.

Jandl, Ernst: „Viel"; „Sieben Weltwunder", „Wir waren jung", in: Blumensath, Galerie der Autoren, SFB 1989 (unveröffentlichtes Material, Archiv der Verfasserin).

Johnson, Ellen H. (1971): Oldenburg's Giant Three-Way Plug at Oberlin, Oberlin, Ohio Kerber, B., Claes Oldenburg: Schreibmaschine, Stuttgart.

Johnson, Dirk (1988): It's pure Poetry for Cheers or Jeers, unter: www.nytimes.com/1988/03/03/us/chicago-journal-it-s-pure-poetry-for-cheers-or-jeers.html.

Josting, Petra/ Maiwald, Klaus (Hg.) (2007): Kinder- und Jugendliteratur im Medienverbund. München: kopaed.

Kage, Jan (2002): American Rap. Hip Hop und Identität. Mainz: Ventil.

Kammler, Clemens (2002): Gegenwartsliteratur im Unterricht. In: Bogdal, Klaus-Michael/

Korte, Hermann (Hg.): Grundzüge der Literaturdidaktik. München: dtv.

Kammler, Clemens (2006): Literarische Kompetenzen – Standards im Literaturunterricht. Anmerkungen zum Diskussionsstand. In: Ders.: Literarische Kompetenzen – Standards im Literaturunterricht. Modelle für die Primar- und Sekundarstufe. Seelze: Klett/ Kallmeyer, S. 7-22.

Kammler, Clemens (2006) (Hg.): Literarische Kompetenzen - Standards im Literaturunterricht. Modelle für die Primar- und Sekundarstufe. Seelze: Klett/ Kallmeyer.

Kerlen, Dieter (2005): Jugend und Medien in Deutschland. Eine kulturhistorische Studie. Weinheim und Basel: Beltz.

Klein, Gabriele (2005): Pop leben. Pop inszenieren. In: Neumann-Braun, Klaus / Richard, Birgit (Hg.): Coolhunters. Jugendkulturen zwischen Medien und Markt, Frankfurt/ M.: Suhrkamp, S. 44–52.

Klein, Gabriele/ Sting, Wolfgang (2005) (Hg.): Performance: Positionen zur zeitgenössischen szenischen Kunst. Bielefeld: transcript.

Klein, Wolfgang: Gesprochene Sprache – geschriebene Sprache. In: Zeitschrift für Literaturwissenschaft und Linguistik 59, S. 9–35.

Klieme, Eckhard et al. (2003): Zur Entwicklung nationaler Bildungsstandards. Eine Expertise. Berlin.

Klieme, Eckhard (2004): Was sind Kompetenzen und wie lassen sie sich messen? In: Pädagogik 56, Heft 6, S. 10–13.

Kliewer, Heinz Jürgen/ Kliewer, Ursula (2000) (Hg.): Jugendlyrik. Arbeitstexte für den Unterricht. Stuttgart: Reclam.

Knapp, Werner (1997): Schriftliches Erzählen in der Zweitsprache. Tübingen: Niemeyer.

Knoblauch, Hubert (2004): Die Video-Interaktionsanalyse. In: Sozialer Sinn. Zeitschrift für hermeneutische Sozialforschung 5, S. 123-139
Koch, Peter/ Oesterreicher, Wulf (1985): Sprache der Nähe – Sprache der Distanz. Mündlichkeit und Schriftlichkeit im Spannungsfeld von Sprachtheorie und Sprachgeschichte. In: Romanistisches Jahrbuch 36/85, S. 15–43.

Köller, Olaf (2008): Bildungsstandards – Verfahren und Kriterien bei der Entwicklung von Messinstrumenten. In: Zeitschrift für Pädagogik, Heft 54, 163–173.

Konecny, Jaromir (2006): Hip und Hop und Trauermarsch. München: cbj/ Bertelsmann.

Konecny, Jaromir: Zen oder die Kunst Kartoffeln zu schälen. In: www.myvideo.de/watch/4028457/ Jaromir_Konecny_ Zen_und_die_ Kunst_Kartoffeln_zu_schaelen_Poetry_Slam

Koslowsky, Wehwalt (2001): nitti gritti. In: ders.: Slämmology. It's pure, it's raw, it's poetry. Audio CD. Bern: Der gesunde Menschenversand.

Krausmann, Beate (2003): Gebärdensprachpoesie im Deutschunterricht, Teil und Teil II, in: Das Zeichen, Volume 17: 64, Hamburg: Signum, S. 208–217; S. 376–388.

Krämer, Sebastian: HipHop. In: www.youtube.com/watch?v=IEolHbBfUj0.

Krämer, Sebastian: Anna Lena. In: www.sebastiankraemer.de/, Kostproben.

Krämer, Sybille (2002): Sprache – Stimme – Schrift: Sieben Gedanken über Performativität als Medialität. In: Wirth, Uwe (Hg.): Performanz. Zwischen Sprachphilosophie und Kulturwissenschaften. Frankfurt/M.: Suhrkamp, S. 323–346.

Krommer, Axel/ Hesse, Matthias/ Müller, Julia (2006): POEM. Ein Film von Ralf Schmerberg. In: Diekhans, Johannes (Hg.): Einfach Deutsch. Unterrichtsmodell. Braunschweig: Schöningh/ Bildungshaus Schulbuch-verlage.

Kühne, Sarah: Dicht it. In:www.politikorange.de/jufo2008/2225688.html.

Kultusministerkonferenz 2003: Bildungsstandards im Fach Deutsch für den Mittleren Schulabschluss. Beschluss vom 4.12. 2003. München.

Kultusministerkonferenz 2005a: Bildungsstandards im Fach Deutsch für den Primarbereich. Beschluss vom 15.10. 2004. München.

Kultusministerkonferenz 2005b: Bildungsstandards der Kulturministerkonferenz. Erläuterungen zur Konzeption und Entwicklung. München.

Kutsch, Anna Lena (2007): Medienprodukte der Slam Poetry im Spiegel der Presse. Staatsexamensarbeit, archiviert unter: http://www.zfl.uni-bremen.de/cms/index.php?option=com_content&task=view&id=33&Itemid=62.

Lahm, Swantje (2008): Rezension von Anders, Petra: Poetry Slam, unter: www.zeitschriftschreiben.eu/pdf/sla_rez_anders.pdf.

Lehmann, Hans-Thies (2001): Postdramatisches Theater. Frankfurt/M.: Verlag der Autoren.

Lévi-Strauss, Claude (1966): The Savage Mind, Chicago, IL: The University of Chicago Press.

Liebau, Eckart (2007): Schülerwettbewerbe stärken ästhetische Bildung. In: Fauser, Peter/ Messner, Rudolf (Hg.): Fordern & Fördern. Was Schülerwettbewerbe leisten. Hamburg: Körber Stiftung, S. 55–73.

Linke, Angelika/ Voigt, Gerhard (1991): Sprachen in der Sprache. Soziolinguistik heute: Varietäten und Register. In: Praxis Deutsch 110, S. 12-20.

Lipczinsky, Maike (2005): Der Blick aufs Alltägliche, aber aus einer etwas anderen Perspektive: ein Gespräch mit Bastian Böttcher. In: Bartl, Andrea (Hg.) Verbalträume Beiträge zur deutschsprachigen Gegenwartsliteratur, Augsburg: Wißner, S. 285-303.

Lode, Silke (2008): Debattierwettbewerb: Mach's Maul auf! In: http://jetzt.sueddeutsche.de/texte/anzeigen/436849, 17. Juni 2008.

Lübbert, Sophie: Shakespeare war gut, in: FAZ, 26.4. 2009.

Ludwig, Otto (1993): Einige Gedanken zu einer Theorie des Schreibens. In: Grosse, Siegried (Hg.): Schriftsprachlichkeit. Düsseldorf, S. 37-73.

Lüdin, Markus (1996): Rhetorik – ein ideales Feld integrativen Unterrichts. Der Deutschunterricht 48, Heft 6, S. 34-43.

Mattenklott, Gundel (1979): Literarische Geselligkeit – Schreiben in der Schule. Stuttgart: Metzler.

Matthias, Dieter (1999): Über Videoclips sprechen. Assoziationstraining mit Videoclips. Meine kleine Schwester von Spectacoolär. Praxis Deutsch 153, S. 29-34.

Mayer, Jörg (1999): Prosodische Merkmale von Diskursrelationen. Linguistische Berichte 177, S. 65-86.

Mayring, Peter (2003): Qualitative Inhaltsanalyse. Grundlagen und Techniken. Weinheim, Basel: Beltz.

Mederer, Hans-Peter (2003): Slam Poetry. Im Abseits der Massenmedien. In: Literatur im Unterricht 4, Heft 3, S. 179-189.

Mersch, Dieter (2005): Life-Acts. Die Kunst des Performativen und die Performativität der Künste. In: Klein, Gabriele/ Sting, Wolfgang (Hg.): Performance. Positionen zur zeitgenössischen Kunst, Bielefeld: transcript, S. 33-50.

Merton, Robert K. / Kendall, Patricia L. (1979, zuerst 1945/46): Das fokussierte Interview. In: Hopf, Christel & Weingarten, Elmar (Hg.): Qualitative Sozialforschung. Stuttgart: Klett-Cotta, S. 171-204.

Messner, Rudolf (2007): Schülerwettbewerbe stärken ästhetische Bildung. In: Fauser, Peter/ Messner, Rudolf (Hg.): Fordern & Fördern. Was Schülerwettbewerbe leisten. Hamburg: Körber Stiftung, S. 15-30.

Meuser, Michael/ Nagel, Ulrike (2002): ExpertInneninterviews – vielfach erprobt, wenig bedacht. In: Bogner, Alexander/ Littig, Beate/ Menz, Wolfgang (Hg.) Das Experteninterview. Opladen: Leske & Budrich, S. 71-95.

Mey, Curt (1901): Der Meistergesang in Geschichte und Kunst. Ausführliche Erklärung der Tabulaturen, Schulregeln, Sitten und Gebräuche der Meistersinger, sowie deren Anwendung in Richard Wagners "Die Meistersinger von Nürnberg" . Veröffentlicht von H. Seemann Nachfolger, University of Michigan, in: http://books.google.com/books?id=kYxt1cRE68kC&dq=meistersänger+tabulatur&hl=de&source=gbs_summary_s&cad=0.

Möbius, Thomas: Das „literarische Sehgespräch" als sprachlich-kommunikative Vermittlungsweise bilddominierter Medienangebote. In: Frederking, Volker/ Kepser, Matthis/ Rath, Matthias (Hg.): LOG IN! Kreativer Deutschunterricht und neue Medien. München: kopaed, S. 141–146.

Müller, Jan-Dirk (Hg.) (1996): Aufführung und Schrift in Mittelalter und Früher Neuzeit. DFG-Symposion 1994, Stuttgart, Weimar: Metzler.

Neumeister, Andreas/ Hartges, Marcel (1996) (Hg.): Poetry! Slam. Texte der Pop-Fraktion. Reinbek: Rowohlt.

Nissen, Christine (2001): Schülerorientierter Lyrikunterricht. Eine Fallstudie über den Einsatz von Jugendlyrik in der Sekundarstufe 1. Dissertation, Universität Kiel, archiviert in: http://deposit.d-nb.de/cgi-in/dokserv?idn=969926804&dok_var=d1&dok_ext=pdf&filename=969926804.pdf

Nöth, Winfried (2000): Handbuch der Semiotik. Stuttgart, Weimar: Metzler.

Nussbaumer, Markus/ Sieber, Peter (1994) Texte analysieren mit dem Zürcher Textanalyseraster. In: Sieber, Peter (Hg.) Sprachfähigkeiten – Besser als ihr Ruf und nötiger denn je! Aarau: Sauerländer, S. 141-186.

Oelkers, Jürgen/ Reusser, Kurt (2008): Qualität entwickeln – Standards sicher – mit Differenz umgehen. In: www.bildungsstandards.ch/index.php?option=com_docman&task=doc_details&gid=144&Itemid=108.

Ong, Walter (1987): Oralität und Literalität. Die Technologisierung des Wortes. Wiesbaden: Westdeutscher Verlag.

O'Keefe Aptowicz, Cristin (2008): Words in your Face. New York: Softskull Press.

Ossner, Jakob (2001): Elemente eines Denkstils für didaktische Entscheidungen. In: Rosebrock, Cornelia/ Fix, Martin (Hg.): Tumulte. Deutschdidaktik zwischen den Stühlen. Baltmannsweiler: Schneider, S. 17–32.

Ossner, Jakob (2006): Kompetenzen und Kompetenzmodelle. In: Didaktik Deutsch 21, S. 5-19.

Ottmers, Clemens (1996): Rhetorik. Stuttgart, Weimar: Metzler.

Pabst-Weinschenk, Marita (2003): Geschichte der Sprech- und Gesprächsdidaktik. In: Bredel, Ursula/ Günther, Hartmut/ Klotz, Peter/ Ossner, Jakob/ Siebert-Ott, Gesa

(Hg.): Didaktik der deutschen Sprache, Bd. 1, Paderborn/ München/ Wien/ Zürich: Schöningh, S. 93-106.

Pabst-Weinschenk, Marita (2007): Gut zu hören und gut zuhören. In: Grundschule Deutsch 15, S. 40-43.

Petersberger Forum 2009, in: www.bonn.de/rat_verwaltung_buergerdienste /presseportal/pressemit teilungen/06466/index.html?lang=de.

Pieper, Irene / Rosebrock, Cornelia / Wirthwein, Heike / Volz, Steffen (2004): Lesesozialisation in schriftfernen Lebenswelten. Lektüre und Mediengebrauch von HauptschülerInnen. Weinheim und München: Juventa Verlag.

Pittroff, Mia, in: www.wordup hd.de/content/e356/e359/e565/ index_ger.html.

Poetic License (1999/ 2004), in: www.itvs.org/poeticlicense/index.html

Rebelein, Stephan (2002): Poetry Slam – Das laute Comeback der Poesie 30 min. Beta SP. Mainz: 3Sat.

Poier, Wolfgang (2008): It's Shoetime. Schreiben nach Mustern erfolgreicher Spoken Poetry Texte. In: Praxis Deutsch 208, S. 42-51.

Porombka, Stephan (2001): Slam, Pop und Posse. Literatur in der Eventkultur. In: Harder, Matthias (Hg.): Deutsche Literatur der 90er Jahre. Interkulturelle Studien. Würzburg: Königshausen und Neumann. S. 27-42.

Porombka, Stephan (2006): Clip-Art, literarisch. Erkundungen eines neuen Formats (nebst einiger Gedanken zur so genannten ‚angewandten Literaturwissenschaft'). In: Künzel, Christiane/ Schönert, Jörg: Auto(r)-Inszenierungen. Würzburg: Königshausen und Neumann. S. 223-244.

Preckwitz, Boris (2002): Slam Poetry – Nachhut der Moderne: Eine literarische Bewegung als Anti- Avantgarde. Books on Demand GmbH.

Preckwitz, Boris (2005): Spoken Word und Poetry Slam. Kleine Schriften zur Interaktionsästhetik. Wien: Passagen Verlag.

Pross, Harry (1972): Medienforschung. Film, Funk, Presse, Fernsehen. Darmstadt: Habel.

Rahmenplan Bremen, in: www.lis.bremen.de/sixcms/media.php/13/07-04-26_deutsch_gy.pdf, 15.

Rahmenplan Berlin, in: http://bildungsserver.berlin-brandenburg.de/ fileadmin/bbb/unterricht/faecher/sprachen/deutsch/pdf/LISUM_Material_Sek._II _4.Kurshalbjahr.pdf, 50.

Römer, Felix: Es ist schön. In: www.youtube.com/watch?v=U8JTtcbf6F0.

Römer, Felix: Großvater. In: http://zeitzeuge.blog.de/2007/09/20/felix_romer_poetry_slam~3009173

Rehberg, Sabine (1997): Eine Zirkusschule für das Sprechen. Praxis Deutsch 144, S. 26–29.

Roselt, Jens (2004): Kreatives Zuschauen? Zur Phänomenologie von Erfahrungen im Theater. Der Deutschunterricht 55, S. 46–56.

Ruppel, Lars (2006): Bread Pitt. In: www.youtube.com/ watch? v=CODlDvpckXo.

Ruppel, Lars (2006): Viva la Penetration. In: Anders, Petra (2008): Slam Poetry. Stuttgart: Reclam, S. 89ff.

Ruppel, Lars/ Rabsahl, Sebastian (2008): Performance und Selbstbewusstsein. Mit gezielten Übungen den Vortrag eigener Texte vorbereiten. In: Praxis Deutsch 208, S. 21–23.

Schechner, Richard/ Appel, Willa (1990) (Hg.): By Means of Performance: Intercultural Studies of Theatre and Ritual Cambridge: Cambridge University Press.

Scherer, Klaus (1977): Die Funktion des nonverbalen Verhaltens im Gespräch. In: Wegner, Dirk (Hg.) Gesprächsanalysen. Bonn: Buske, S. 275–297.

Schickert, Katharina (2005): Der Schutz literarischer Urheberschaft im Rom der klassischen Antike. Tübingen: Mohr/Siebeck.

Schlobinski, Peter/ Heins, Niels-Christian (1998) (Hg.): Jugendliche und „ihre" Sprache. Ein Projekt von Schülern und Studierenden aus Osnabrück. Opladen: Westdeutscher Verlag.

Schlobinski, Peter/ Kohl, Gaby/ Ludewigt, Irmgard (1993): Jugendsprache. Fiktion und. Wirklichkeit. Opladen: Westdeutscher Verlag.

Schlobinski, Peter (2002): Jugendsprache und Jugendkultur; in: Aus Politik und Zeitgeschichte, B 5/2002. In: www.bpb.de/publikationen /NE0MPT, 4,0,Jugendsprache_und_Jugendkultur.html#art4.

Mein erstes Mal. Nico debütiert beim Poetry Slam. In: SchulSpiegel, 25.08. 2008. In: www.spiegel.de/schulspiegel/leben/0,1518,573237,00.html.

Schulte-Steinicke, Barbara/ Werder, Lutz, von (2008): Schreiben von Tag zu Tag: Wie das Tagebuch zum kreativen Begleiter wird. Ein Handbuch für die Praxis. Düsseldorf: Patmos.

Schütz, Xóchil A. (2009): Slam Poetry – eigene Texte verfassen und performen. Buxtehude: Persen.

Schütz, Xóchil, A. (2008): Mein kleines Workshop Ah und Oh. In: Praxis Deutsch 208, S. 10f.

Schütz, Xóchil A.: Babylon Revisited. In: www.youtube.com/watch?v=MqwyxPDtw-o.

Scott, J. (1990): A Matter of Record – Documentary Sources in Social Research. Cambridge: Polity.

Sebastian 23: Ich bin online. In: www.wdr.de/tv/poetryslam /videos/ lit_cologne/sebastian_rabsahl_02.jsp.

Semler, Christian (1999): Die Jugend von heute – kaum zu fassen. In: Le monde diplomatique. Oktober, 18 f.

Sieber, Peter (1998): Parlando in Texten. Zur Veränderung kommunikativer Grundmuster in der Schriftlichkeit. Reihe Germanistische Linguistik (RGL), Band 191, Niemeyer, Tübingen.

Siegmund, Gerald (2005): Erfahrung, dort, wo ich nicht bin: Die Inszenierung von Abwesenheit im zeitgenössischen Tanz. In: Klein, Gabriele/ Sting, Wolfgang (Hg.): Performance. Positionen zur zeitgenössischen szenischen Kunst. Bielefeld: Transcript, S. 59–75.

Simmons, Russell: Def Poetry-Slam. In: www.hbo.com/defpoetry.

Smith, Marc Kelly/ Kraynak, Joe (2004): The Complete Idiot's Guide to Slam Poetry. New York: Alpha Books.

Somer-Willet, Susan (2009): The Cultural Politics of Slam Poetry. In: www.susansw.com/JMMLASomersWillett.pdf.

Strauss, Anselm L. (1991): Grundlagen qualitativer Sozialforschung – Datenanalyse und Theoriebildung in der empirischen soziologischen Forschung. München: Fink.

SMAAT: Love. In www.youtube.com/watch?v=JfX8k5LmEcs.

Spinner, Kaspar H. (1981): Lyrik der Gegenwart; In: Praxis Deutsch 46, S. 7–13.

Spinner, Kaspar H. (1993): Kreatives Schreiben. In: Praxis Deutsch 20, S. 17–23.

Spinner, Kaspar (2004): Der standardisierte Schüler. Rede bei der Entgegennahme des Erhard-Friedrich-Preises für Deutschdidaktik am 27. 9. 2004. In: Didaktik Deutsch 18/ 2005, 4–13.

Spinner, Kaspar, H. (2006): Literarisches Lernen. In: Praxis Deutsch 33, S. 6–16.

Stahl, Enno (2003): Trash, Social Beat und Slam Poetry. Eine. Begriffsverwirrung. In: Arnold, Heinz-Ludwig (Hg.): Pop-Literatur. München: Edition Text + Kritik.
Staiger, Michael (2007): Medienbegriffe, Mediendiskurse, Medienkonzepte. Bausteine einer Deutschdidaktik als Medienkulturdidaktik. Baltmannsweiler: Schneider.

Strübing, Volker: Massentierhaltung. In: Schmidt, Jochen et al. (2005): Chaussee der Enthusiasten. Die schönsten Schriftsteller Berlins erzählen was! Dresden und Leipzig: Voland & Quist. CD.

Switalla, Bernd (1993): Die Sprache als kognitives Medium des Lernens. In: Eisenberg, Peter/ Klotz, Peter (Hg.): Sprache gebrauchen – Sprachwissen erwerben. Stuttgart: Klett, S. 35–62.

Ueding, Gert (1985): Rhetorik des Schreibens. Eine Einführung. Königstein/Ts.: Athenäum.

Ueding, Gert/ Steinbrink, Bernd (2005): Grundriß der Rhetorik. Geschichte – Technik – Methode. Stuttgart: Metzler.

U20-Slam Poetry-Textportal 2007. In: www.abc-der-menschheit.de/coremedia /generator/wj/de/05 __Veranstaltungen/ Wettbewerbe/Sieger_20Vorrunden_20des_20U20-Poetry-Slams.html.

Uschner, Bert (2008): Kamera läuft. In: Praxis Deutsch 208, S. 52–56.

Verlan, Sascha (2005): SchlagZeilen – Punchlines. Vermittlung von Nachrichten in Rap-Texten, in: Deutscher Germanistenverband (Hg.): Mitteilungen. Heft 2, Songs, Bielefeld: Aisthesis, S. 286–297.

Vits, Astrid (2004, 2005): Du und viele von deinen Freunden. Bd. 1, Bd. 2. Berlin: Schwarzkopf & Schwarzkopf.

Wagenknecht, Christian (2007, 5. Auflage): Deutsche Metrik. Eine historische Einführung. München: Beck.

Wagner, Harald/ Neber, Heinz (2007): Schülerwettbewerbe fördern Begabungen. In: Fauser, Peter/ Messner, Rudolf (Hg.) Fordern & Fördern. Was Schülerwettbewerbe leisten. Hamburg: Körber Stiftung, S. 73–85.

Wagner, Klaus R. (1986): Erzähl-Erwerb und Erzählungs-Typen. In: Wirkendes Wort, Heft 2, S. 142–156.

Wagner, Roland W. (2003): Methoden des Unterrichts in mündlicher Kommunikation. In: Bredel, Ursula/ Günther, Hartmut/ Klotz, Peter/ Ossner, Jakob/ Siebert-Ott, Gesa (Hg.): Didaktik der deutschen Sprache, Bd. 2, Paderborn/ München/ Wien/ Zürich: Schöningh, S. 746–759.
Wagner, Rolf Rüdiger (2004): Medienkompetenz revisited. Medien als Werkzeuge der Weltaneignung: ein pädagogisches Programm. München: kopaed.

Waldmann, Günter (2003, 8. Auflage): Produktiver Umgang mit Lyrik. Eine systematische Einführung in die Lyrik, ihre produktive Erfahrung und ihr Schreiben. Baltmannsweiler: Schneider.

Waltons, Die (Hamner 1972). In: www.youtube.com/ watch?v=hek GHsQFeHc.

Weiss, Jen/ Herndon, Scott (2001): Brave New Voices. The Youth Speaks Guide to Teaching Spoken Word Poetry. Portmouth: Heinemann.

Weiß, Matthias (2007): Madonna revidiert. Rekursivität im Videoclip. Berlin: Dietrich-Reimer-Verlag.

Wenzel, Horst (1996): Einführung: Aufführung und Repräsentation. In: Müller, Jan-Dirk (Hg.): „Aufführung" und „Schrift" in Mittelalter und Früher Neuzeit. Stuttgart, Weimar: Metzler, S. 141–148.

Wermke, Jutta (1995): Horchen – Hören – Lauschen. Zur Hörästhetik als Aufgabenbereich der Deutschdidaktik unter besonderer Berücksichtigung der Umweltwahrnehmung. In: Spinner, Kaspar (Hg.): Imaginative und emotionale Lernprozesse im Deutschunterricht. Frankfurt/ M.: Peter Lang, S. 193–216.

Werner, Florian (2007): Rapocalypse. Der Anfang des Rap und das Ende der Welt. Bielefeld: transkript.

Westermayr, Stefanie (2005): Poetry Slam in Deutschland. Theorie und Praxis einer multimedialen Kunstform. Würzburg: Tectum.

Wieler, Petra (1997): Vorlesen in der Familie. Fallstudien zur literarisch-kulturellen Sozialisation von Vierjährigen. München: Juventa.

Winter, Felix (2003): Person – Prozess – Produkt. Das Portfolio und der Zusammenhang der Aufgaben. In: Friedrich-Jahresheft XXI: Aufgaben, S. 78–81.

Winter, Felix (2004/ 2008): Leistungsbewertung. Eine neue Lernkultur braucht einen anderen Umgang mit den Schülerleistungen. Baltmannsweiler: Schneider.

Wirth, Uwe (2002) (Hg.): Performanz. Zwischen Sprachphilosophie und Kulturwissenschaften. Frankfurt/M.: Suhrkamp.

Wirth, Uwe (2002): Der Performanzbegriff im Spannungsfeld von Illokution, Iteration und Indexikalität. In: Ders. (Hg.): Performanz. Zwischen Sprachphilosophie und Kulturwissenschaften. Frankfurt/M.: Suhrkamp, S. 9–62.

Wolff, Stephan (2000): Dokumenten- und Aktenanalysen. In: Flick, Uwe et al. (Hg.): Qualitative Forschung – ein Handbuch. Reinbek: Rowohlt, S. 502–514.

Wolkenstein, Rolf (2007): Young American Slam Voices. Bonn: Lingua-Video.

Wolkenstein, Rolf (2007): Slam Revolution. Die Poetry Slam-Dokumentation. USA/ Deutschland/ Frankreich. Bonn: Lingua-Video.

Weinstein, Susan/ West, Anna/ Chancelier, Skidmore (Hg.) (2006): Wordplay. Teen Writing Project. Curriculum. „Big Buddy Program" Chicago. In: www.bigbuddyprogram.org/wordplay.htm.

Zabka, Thomas (2001): Zum Symbolverstehen von Videoclips. Didaktische Reflexionen und Ratschläge. In: Wermke, Jutta (Hg.): Hören und Sehen: Beiträge zu Medien- und Ästhetischer Erziehung. München: kopaed, S. 109–124.

Zumthor, Paul (1983): Einführung in die mündliche Dichtung. Übersetzt von Irene Selle. Berlin.

Zur falschen Zeit am falschen Ort (2006). Regie: Tamara Milosevic.

Auswahl verwendeter Internetquellen

www.alzpoetry.com
www.arte.tv/de/kunst-musik/Poetry-Slam/WebSlam/1765212.html
www.assembleart.com/u20/u20.htm
www.bookslam.de
www.deutsch-olympiade.de
www.dramaslam.eu
www.4teachers.de/?Action=userinfo &sid=&user=70242
www.gehoerlosen-bund.de/download/pdf/AnkuendigungGH.pdf
www.jugend-debattiert.ghst.de
http://jugendlyrikbremen.wordpress.com/poetry-slam-im-uberseemuseum-bremen/poetry-slam-allerorts
www.kjl-online.de
www.kultur-hessen.de/de/Szene/Poetry_Slam=21/index.phtml
www.lesebar.uni-koeln.de/rezensionlesen.php?id=313
www.lueneburg-liest.de
www.linowirag.de/vita.htm
www.nehrke-clan.de/weltgebaerdensprachfestival2006.htm
www.netzwerk-lesefoerderung.de/content/blogcategory/41/44
www.nytimes.com/2006/04/10/arts/design/10kaprow.html?_r=1&scp=2&sq=Allan+Kaprow&st=nyt
www.myslam.de
www.nuyorican.org/AboutUs/AboutUs.html
www.poetry-slam-usingen.de
www.slam2008.ch/?page_id=153
www.slam-it.ch
www.slamnation.com
www.slampapi.com
www.slammin-poetry.de.
www.slamrevolution.com
http://sprachennetz.blogspot.com/2006_03_01_archive.html, 1.9.2008
www.sternenkino.at/alt/filme/inliebe.htm
www.stiftung-kunstundrecht.de/start.php?m=u20-tagung-oberwesel
www.sz-waller-ring.de/wring/news/08_09/debattieren.php
www.treffen-junger-autoren.de
www.u20slam.ch
www.vorlesewettbewerb.de
www.WDR/PoetrySlam.de
www.youthspeaks.org

6 Anhang (CD)

- U20-Slam Poetry SLAM2007 (31 Texte)
- Ausgewählte Interviews mit Jugendlichen (Gruppe Workshops, Gruppe Schulprojekt, Gruppe Meisterschaft SLAM2006)
- Fragebogen und Ergebnisse der Umfrage mit Workshop-Leitern (Februar 2009)